小寺武久

都市・建築空間の史的研究

中央公論美術出版

編者一覧（五十音順）

片木　篤　名古屋大学大学院教授

西澤泰彦　名古屋大学大学院教授

野々垣篤　愛知工業大学准教授

堀田典裕　名古屋大学大学院助教

溝口正人　名古屋市立大学大学院教授

編者序

本書は、故小寺武久博士（一九三三―二〇〇六）が、一九七七年九月に東京大学に提出した博士学位請求論文『都市の空間形態に関する史的研究』（以下、学位論文、学位授与は一九七八年六月）を基にした都市・建築空間の史的研究に関する著書である。本書とこの学位論文との関係は以下の通りである。

本書の章構成は、学位論文の構成をほぼ踏襲したが、学位論文では、第Ⅶ章の末尾に入っていた「付　近世名古屋の会所地について」を本書では、文章としては短いもののひとつの章として独立させた。これは、次の二つの理由による。一つは、学位論文の第Ⅶ章が「近世城下町」と題して、全国各地の城下町について、多数の具体的事例を用い、武家屋敷と町屋敷、武家地と町人地を対比させるかたちで城下町の特徴を論じているのに対し、「付　名古屋の会所地について」は、名古屋城下の特徴のひとつであった会所地を武家地と町人地の双方とは異なるものとして扱っているためである。理由の二つ目は、学位論文では、第Ⅶ章の後ろに「付　名古屋の会所地について」が組み入れられており、一つの独立性を持った扱いがなされていたことである。以上の理由により、編者の判断でこれを一つの章として扱うこととした。そして、この部分の内容は近世の話題であるが、会所地を形状と利用形態という異なった視点から都市史上に位置づける工夫を試みた点は、学位論文全体を通して用いられた方法であるため、独立した一つの章という扱いを取った。

なお、各章の表題のうち、第1章は学位論文では「古代平安京」であった表題を「古代平安京の造型」と変更した。これは、第1章の本文で論じている主題が古代平安京の全体形を中心とした造型原理、街区平面、羅城

（城壁）、朱雀大路という具合に、平安京の都市造型を主題としているため、その内容を反映させたものである。同様に第3章も学位論文では「古代地方都市」となっていたが、内容をより正確に示すため、本書では「古代地方都市の造型」とした。

本書の本文と註、図表は、全体を通して学位論文を再録し、誤字脱字を修正するにとどめた。また、あとがきは、学位論文のあとがきであるため、学術誌掲載部分の明示と必要最小限の謝辞になっているが、そのまま再録した。

そして、各章の末尾に編者補記を加え、本書全体末尾に編者による簡単な解説を付した。これは、学位論文が一九七七年に書かれたもので、その後の都市史、建築史研究に与えた影響を踏まえて、本書を位置づけるためである。

最後に、故小寺武久博士と編者の関係を記しておく。小寺博士は、一九六五年四月に名古屋大学工学部建築学科の助手に着任以来、講師、助教授、教授を合計三十一年間務められ、一九九六年三月に退官された。本書の基になった学位論文は、小寺博士が名古屋大学着任以前から始めていた約十五年にわたる都市史研究の集大成であったが、それと並行しておこなっていた建築史研究は、学位論文作成から名古屋大学退官までに多方面に展開し、日本の近代建築史、インドをはじめとするアジアの建築史、歴史的建造物の保存再生に関する問題、という具合に広がっていった。本書の編者は、小寺博士が名古屋大学在職中に指導を受けた者や教員として同じ研究グループを構成した経験を持つ者、合わせて五名から成るが、小寺博士の研究テーマが多様な展開を見せたので、それを反映して編者の研究テーマも多様である。今回、本書を刊行するにあたり、編者は、各人が受けた学恩を踏まえ、小寺博士が示した複眼的視点に立った研究手法を後世に伝えることを第一義的目的として本書を編集した。

目　次

都市・建築空間の史的研究

序

本論文は、わが国の都市とその変遷を、主として空間的視点から究明しようとするための基礎的な考察であり、各時代における都市空間とその変遷を論じることを主眼としている。

本論文の各章は、取扱う時代や対象も異なり、主題も必ずしも一定ではないが、全体を通じていくつかの視点を設定している。第一には、最も基本的な課題ともいうべき、都市空間の復原である。これは物理的な空間の復原のみではなく、その中における人間の行動をも同時に復原することが重要と考える。それによって、その空間の性格や意味を、より明確にすることができよう。

第二には、都市建設に当っての計画理念あるいは造型理念の考察である。わが国の古代都市計画は中国のそれに影響されるところが大きかったが、それから脱して、わが国独自の計画理念がつくり出される経過は、わが国の都市史においても重要な問題といえよう。

第三には、建築と都市空間の相互関係である。建築は都市空間を形成する主要な要素であり、一方、とくに近世以後は、建築は都市と密接に関連して発展したものと考える。建築を都市的視点で捉えることは、都市空間を考える上からも、また建築そのものを研究する上からも重要なことであろう。

第四に、都市空間とそこに育まれた文化との関連である。公家や武家、あるいは町人の独自の文化パターンは、それぞれの生活空間のパターンと結びついていると考えるのであるが、これに関してはなお問題提起の域を出ていない。

本論文は七章から成っているが、それぞれが一応独立した論文である。

第1章は古代平安京の形態に関する考察である。平安京は唐の長安を模して造られたものとされているが、ここではむしろ両者の相違を描き出すことにより、わが国の都市の特質を見出そうとした。まず都市造型の基本的な理念について考察し、両者の相違点を検討し、ついで平面計画に関し、平城京の等間隔のグリッドによる計画と、平安京のディテールから出発する計画の差を論じ、それが彼我の理念の差に基づくものとした。ついで羅城について考察し、中国大陸においては必須条件であった周壁も、わが国の京師では単に正面を飾るものに過ぎなかったと推論した。最後に代表的な都市空間として朱雀大路をとりあげ、それを中国の制度を表面的に採り入れた結果必要であった儀礼的な都市空間であったとし、儀礼の衰退・日本化とともに、この朱雀大路も急速に荒廃してゆき、わが国の都市空間としては定着しえなかったと論じた。

第2章では、この平安京の空間とその性格の、とくに平安末期における変化を、行幸路次の変遷を資料として考察した。まず平安時代の行幸の一般的方式を考察し、ついで京内を縦断して南下する春日社および石清水八幡社への行幸を中心に、当時の日録等から路次を時代順に追跡した。その結果、十一世紀までは殆んど常に朱雀大路が路次として用いられていたのが、十二世紀以後はもっぱら大宮大路あるいは東洞院大路が使われるようになり、さらにそれまで行幸路次として使われることのなかった小路を通る場合もでてきたこと、それが上皇の見物栈敷前を通るためであったり、忌中の家の前を避けるためであったりしたこと、などが明らかになった。つぎに全般的な考察として、まず路次決定の要因を検討し、とくに陰陽道思想に基づく時間的空間的タブーによって決定される行動パターンが、平安京のグリッド・パターンと密接に結びついていたと推論した。次に大路と小路の性格とその変遷について論じ、古代都制の大路小路というヒエラルヒーの崩壊と、とくに路線商店街ともいうべき新しい都市空間の形成について考察した。最後に街路建築の一形態である見物栈敷について、新しい都市空間を造る一つの要素という観点から考察を加えた。

第3章は国府を中心とした古代地方都市に関する考察である。この時代に数多くの地方都市が計画的に建設されたことは、わが国の都市史上特筆すべきことと考えられる。まず太宰府と国府について、その規模や形態さらに羅城等の施設に関して考察し、太宰府については、その条坊制は当初からのものではなく、再編成によるものと推論した。さらに東日本の城柵についても同様な考察を行ない、ついで全般的な考察を、京師と比較しつつ行ない、まず規模としての方八町には、象徴的な意味があったと推論し、つぎに方位と方向性に関し、全体がグリット・パターンであるのに、方位は必ずしも厳密ではなく、中国の計画理念からさらに離れていること、国庁あるいは内城は、京師と異なり、中心部におかれることもあり、その点では正面性は必ずしも強くなく、一方、土居や柵の存在とも相俟って、求心性が強い場合もあったことなどを論じた。また条里との関連について触れ、最後にかかる記念性の強い都市も、それだけに機能的な実質性に乏しく、京師と同様にその当初の形態を保ち得なかったと推論した。

第4章は中世京都に関する考察である。京都における中世は、唐制に基づく古代平安京の都市空間から、近世的都市計画によるそれへと橋渡しをした意味で重要な時代であったと考える。まず宅地について、遺された当時の売券等からその形状と変化を追い、古代都制による四行八門制からの変遷をたどるとともに、その中に街路建築が生みだされてゆく契機を求め、地口と奥地との二元的性格がつくり出されてゆく過程を論じた。また方一町のブロック内部での地割を追求し、近世さらに近代にも見られる典型的な地割が、十四世紀ごろから成立していったと推論した。つぎに京内の街路について考察し、まず道路の巷所化の具体例を推定し、それをも一つの原因として、古代の「大路小路」の区別が実体性を失ってゆき、中世末には都市空間を「町小路」と総称されたように、その形態も性格も変っていったと論じた。また中世の辻子についてもその実例を挙げて論述した。最後に町の形成について述べ、多様な支配形態をもつ中世京都において、それが一元化するにつれて、空間的なまとまりと人々の共同組織体としての町が徐々に形成され、最後には行政的な単位として支配機構に組み入れられる過程を、祭礼のあり方などに触れながら考察した。また町屋について、天正～慶長期の急激な発達は、その原因の一つに豊臣秀吉による永代地子免除があるとし、京都の近世的再編成も、それによって可能となったと推論した。

第5章は中世鎌倉についての若干の考察である。まずしばしば京都の朱雀大路と対比される若宮大路について、本来は都市空間としての街路ではなかったこと、幕府や御所などの都市中心施設も、これと無関係に占地されていることなどを挙げ、朱雀大路との基本的な性格の相違を論じた。ついで御家人の宅地について述べ、そのあり方が近世城下町の拝領屋敷のそれに近いと推論し、さらに京都とは異なって幕府の強力な一元的市制下にあった鎌倉のさまざまな都市禁制についても考察し、これらも近世都市のものに近いとした。そして京都とは必ずしも結びつかない、武家の都市鎌倉から近世城下町への流れの存在について問題を提起した。

第6章は近世的な「町」の空間的性格についての考察である。まず「町」という言葉について考察し、とくに近世の「町」には、建物の正面を連ねることによって造られる空間という概念があったと論じ、それを近世都市空間の特色の一つとした。つぎに町屋を都市空間的視点から考察し、その内部空間と都市空間の相互滲透により、町屋に店と奥という空間が分離して確立していったと論じた。ついで町屋が協同して造る「町」という空間について述べ、それを軸として「町」という共同体も町人というその成員も成立っているとした。最後にそれぞれの「町」が閉鎖性を保ちながら線的に結合することにより、都市全体の空間を構成しており、その結合の仕方が各「町」の特色を造っていると論じた。

第7章は近世城下町に関する考察である。ここではやや視角を変えて、武家屋敷と町屋敷、あるいは武家地と町人地という対照的な性格をもつものを、対比的に把えながら近世城下町の空間的特質を描き出そうとした。まず建築的・物理的側面から両者の性格を論じ、武家屋敷の完結的、「郭」的性格に対し、町屋敷が格子などにより多様な機能に対応しながら、都市建築として発展してゆき、その中で都市空間に属する「店」と、私的な「奥」という空間が確立していったとし、つぎに所有・制度面を軸として考察し、拝領屋敷である武家屋敷と、多くは沽券地である町屋敷の差を、武家あるいは町人の意識の相違とともに推論し、さらに厳しい土地利用形態の下に存在した土地と建築形態との一元的関係が、明治の地租改正によって崩壊したと論じた。ついで武家地と町人地の都市空間としての性格の差を考察し、そこに農村志向的な武家文化と、都市文化の担い手であった町人の文化の空間的表現が見出されると論じた。最後に城下町の都市計画について、本来計画理念的にも性格の異なる武家地と町人地を、いかに一体としてまとめ上げるかが、計画上重要なポイントであったとし、その際の歪みが城下町によく見られる道路の「くい違い」等の原因の一つであろうと推論した。また、やや性格の異なる「会所地」に関し、名古屋の場合の形状とその利用形態について考察した。

第1章　古代平安京の造型

わが国の古代京師である藤原京、平城京、平安京などは、唐の都城制を模倣して造られたものであり、とくに唐の長安をそのモデルにしたと思われる。しかしながら、国力も国情も異なり、また造型に対する考え方も違い、とくにそれまで中国のような大きな都市らしい都市をもっていなかったと思われるわが国においては、いかに忠実に模倣しても、当然何らかの違いがでてくる筈である。一方、藤原京あるいは難波京以来平安京に至るまでのわが国内における独自の発展ないし変遷も考えられよう。平城京の規模とされる南北一六二〇丈（九里）、東西一四四〇丈（八里）（外京を除く）と、平安京の南北一七五三丈、東西一五〇八丈（延喜式による）とは、大きさにおいてはあまり差はないが、その造られ方を考えるとき、この小さな数の差に結果する造型上の理念的な差は、かなり大きなものとも思われるのである。

延暦三年（七八四）、平城から長岡へ京を遷した桓武天皇は、長岡宮の造営がまだ完成しない延暦十二年、さらに都を長岡の東北、葛野の北に定め、翌年遷都が行われた。このあわただしい遷都の理由は、いろいろ論じられているが、いずれにしても新しい都づくりにより、天皇の権威を高め、律令制にてこ入れをすることにより、古代国家の再編成を企ったのであろう。そのことは、後に問題とするように、平安京の著しい形式性によく表われているると思われるのだが、一方そのような再編成が、日本の国情にあった、いわばある意味での日本化を伴なったものであり、造型的にもそのことが示唆されていると考えられる。

古代平安京は、『延喜式』や『拾芥抄』あるいは『大内裏図考証』などによってその古制を比較的よく知ることができ、それらに基づいてすでに多くの研究がなされているが、ここでは上に述べたような事柄とも関連し、主として造型的視点から考察を試みる。

一　造型の原理

わが国の古代京師は、周知の如く、中国の都城を模倣して造られたものである。しかしながら上述したように、自然や風土、そして造型に対する考え方が異なったわが国に、中国のものがそのままスムーズに採り入れられたとは考えられない。とくに平安京の建設は、すでに藤原京、平城京と造都の経験を経てきた後のものであり、その間にもさまざまな改変がなされて来たことも推測されるのである。

A. Boyd は、中国の個々の建物から都市に至るまで、さらに歴史的にも一貫して存在する原理として、

a　walled enclosure

b　axiality

c　north-south orientation

d　the courtyard

を挙げている。(1) これらはごく基本的な事項であり、ほぼ是認することができると思われるのだが、これらの原理について考えられることはその「立体性」ないしは「空間性」である。周壁は、いわば自然から空間を切り離し、人工的に確立することであり、わが国にしばしば認められる自然の中への融合とは正反対の志向といえよう。南北方向性の基礎ともなっている「天子南面」「四神相応」といった思想も、見方によっては著しく空間的である。広大な土地においては、方位という目に見えない方格線が強い規制力をもち、それが天体の運行、つまりある意味では宗教と結びつくことによって厳密性を要求し、かつ支配力を強めることが推測される。わが国では方位はそれ程強い規制力をもっていなかった。それよりもむしろ、神奈備山などすぐ目に入るものが、空間を規制する依りどころとなったと思われる。

中庭は周壁と切り離せない関係にある。まず周囲を定め、それに接して建物や部屋を内部に向けて設けることにより中庭が成立する。その空間は都市そのものと同様、自然から切りとって獲得した空間である。このような手法は、とくに乾燥地帯に広く用いられている手法であるが、わが国では一般的ではない。わが国では外敵に対しても自然に対しても防御の切実性が少なかったともいえよう。このことは内部空間の閉鎖性を著しく減少させるものである。中国においては一つの都市の城門（羅城門）を入り、坊門を入り、さらに個々の家の門を入って中庭に達するまで、徐々に高まってゆく内部感を伴なっていたであろうが、羅城や坊垣が不可欠なものと考えられていなかったわが国においては、羅城門を過ぎ、坊門を過ぎることは、必ずしも内部感を高めるものではなかったであろう。

また、わが国の造型における特色の一つは、古くは法隆寺の伽藍配置に見られるように、むしろ非対称性にあるといわれる。法隆寺では、大きさも形も異なった塔と金堂を左右に並べ、さらに中門を一間ずらせることにより、いわば定量的ではないが微妙なバランスを造り出している。このことは、一方では、法隆寺の造型における正面性と羅列性を示唆するものとも解されよう(2)。いずれにせよ、わが国では、必ずしも定量的な左右対称にこだわらない、むしろそれを崩すことによって、豊かな表現を生み出すという考え方があったといえよう(3)。一方、中国などにおいては、都市全体を一つのモニュメンタルな造型と見なす考え方が認められる。わが国においても、京師を造るとき、そのような考え方を一つの概念としては採り入れたかも知れないが、現実の造型としての実体は伴なわなかったといってよい。

わが国の古代京師は、このように異なった原理によって造られた中国の都城を、形式的に模倣したものといえる。ある意味では、中国の空間的な原理が造り上げた都市を、一度平面に投影し、それを基本にして造ったものということもできよう。この際多くのものが欠落したに違いない。『周礼』の「孝工記」によると「匠人営国方九里　旁三門」と、まず都市の四周を定めているのであるが、平安京では、全体の大きさは単に詳細に計算されたディテールの合計であり、『延喜式』にみられる「京程　南北一千七百五十三丈　東西一千五百八丈」はそれ自体「方九里」といった意味はもっていない。したがって唐の長安や、それと同様の方式をとった平城京にみられる坊の大きさの不揃いは、平安京においては避けられているのだが、それを技術的進歩とみることは、平城京との比較においては可能であろうが、造型原理の異なる中国の都市との比較においては殆んど意味がない。それは周壁から内部へ、あるいは全体から部分へと向う造型の考え方と、部分から全体へと向うそれとの差ともいえよう。この二つの方式によって造られたものが、もし形態としてあまり変らなかったとしても、その理念的な差は大きく、したがってその発展の過程において形態的にも差が現われてくるものと思われる。ディテールの集積による全体は、それ自体としては強い造型的な意味をもっていないし、逆に中途で止まることも可能である。

そこに平安京の形態がいち早く崩れていった要因の一つがあったと思われるのである。

一方、平城京においてもそうであるが、わが国の京師では南北は九条だが、東西は八坊であることも考えてみるべきであろう。つまりここでは「方九里」ではなく「九里×八里」となっている。古代中国における都市計画の基本的な数と思われる「九」は、三等分してゆくことにより、9、（6）、3、1という数系列をとるが、二等分することには向いていない。実際、唐の長安における中央南北道（朱雀大路にあたる）は、やや無理に押しこまれた形となっている。朱雀大路を軸として考えれば、東西を例えば平安京のように、「八」といった偶数に分割する方が、旁三門を設けるにも合理的であると思われる。「八」という数は、二等分を原則として8、4、2、1という数系列をとり、わが国の都市計画においても、宮城域あるいは周防をはじめとする多くの国府でも方八町という規模が推定されている。[4] 一方「八」という数は、「八雲」「八重垣」というように、わが国では古くから特殊な意味をもっていた。[5]

二　平　面

平安京の当初の計画を推定した復原図と、[6] 同じく唐の長安を模した平城京のそれを比較して強く感じられるのは、平安京の著しい形式性である。東西両寺、東西両市、東西鴻臚館、左右京職など平安京における厳密な対称性は、殆んど平面図上における絵画的なレイアウトによる計画とさえ想わせるものである（図1）。また平城京では、最近の発掘調査によると、宮城は従来考えられていた八町四方から、さらに東へ拡大されたらしいと推定されているが、[7] 平安京では、東西八町、南北十町と、当初から北方へ拡大されていた。この八町×十町の宮城域

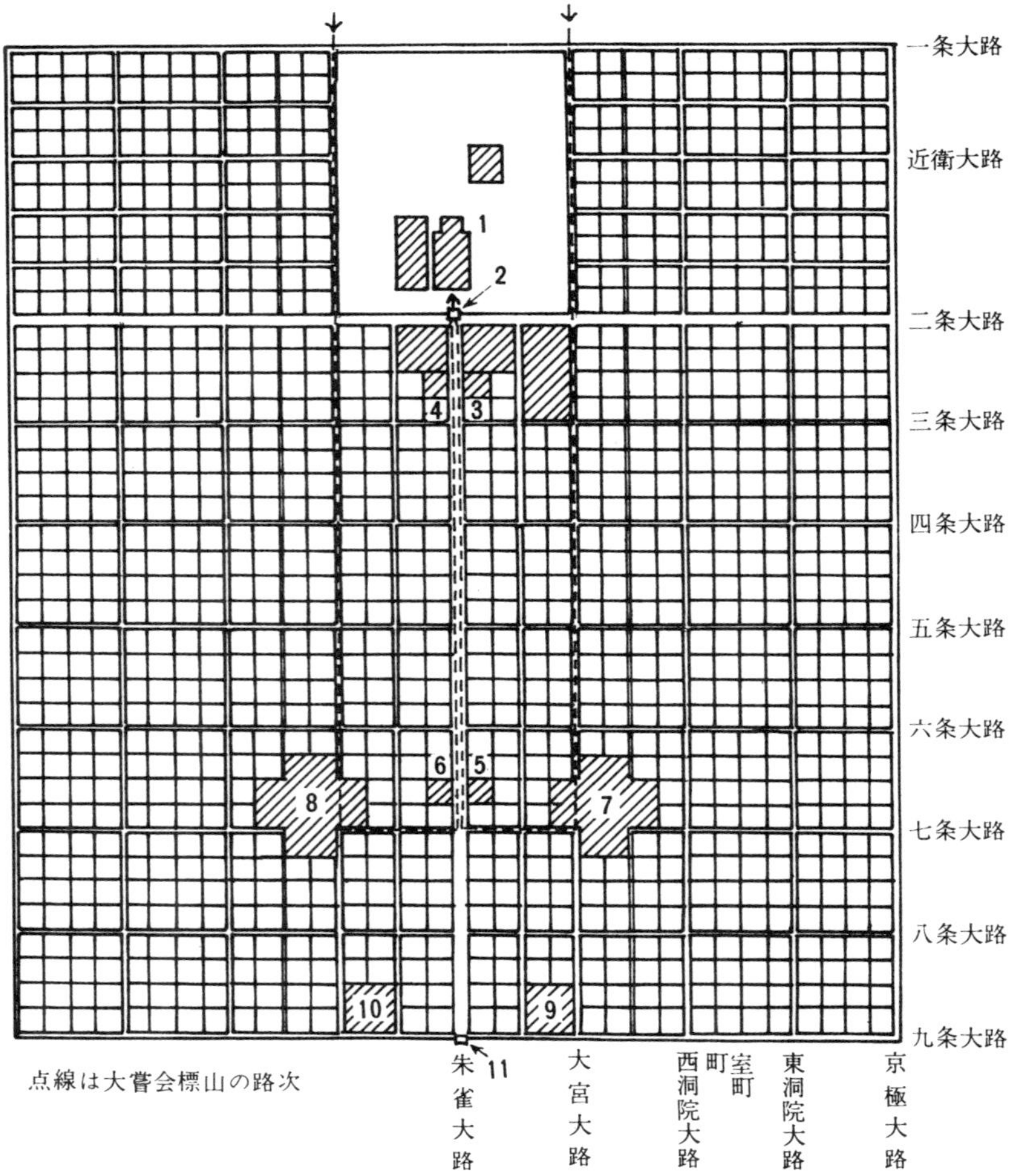

図1　平安京平面図

1．朝堂院　2．朱雀門　3．左京職　4．右京職　5・6．鴻臚館
7．東市　8．西市　9．東寺　10．西寺　11．羅城門

がどのようにして定められたか明らかではないが、結果的には宮城のプロポーションは京城全体のそれに極めて近くなっている。そのことが意図されたのかどうかはわからないが、平安京にみられる著しい形式性、さらに時代は下るが、福原遷都に関する論議の中で、福原が五条までしか設けられず、平安京の約半分であることに対し、藤原兼実は宮城も南北五町、東西四町とそれぞれ半分にすればよいだろうと述べていること、(8)などを考え合わせると、必ずしもあり得ないことではないだろう。

さらに平城京では、まず等間隔のグリッド（一八〇〇尺＝一里）によって全体の骨格をつくり、そのグリッドを大路の中心線として各坊を割り振っており、したがって特に幅の広い朱雀大路に面する坊などは、他の坊に比較して狭くなっているが、平安京においては、前にも触れたように、このような事態を避け、坊の大きさを等しくし、幅の広い路があればその分だけ外へ送り出している。したがって大路の中心線は必ずしも等間隔のグリッドとはならず、また全体の大きさも完数とはなっていない。つまり平城京では、中国大陸の方式がとられており、この両者の差は中国とわが国の理念の差とみるべきであろう。ただし平城京においても、すべて中国の造型理念が採り入れられていたとはとうてい考えられず、したがって、平城京と平安京にのみ限ってみれば、平安京の地割の方法は、少なくとも日本的価値観からみての進歩・改良であったとみてよいであろう。結果的には中国の理念からさらに遠ざかることとなった。

政治史的にみると、平安京の著しい形式性は、乱れた政情と崩れつつあった律令制の再編成を意図した試みの一つの現われとみることもできようが、造型的にみれば、少なくともその理念において、平城京よりさらに日本的な要素を感じさせるものである。藤原京から平城京への遷都のときとは対照的に、寺院は南都に置き去りにされていたし、新しく造られた東・西両寺も、平城京の大寺院と比べれば規模も小さくなっている。平城京におけるように「壮麗に非ずんば何をもってか徳を表わさん」[9]とし、「造塔の寺はまた国華たり」[10]とした考えとは異なり、平安京においては、その壮大さによって目を驚かせるような建築を造るといった考えは薄かったのではないだろうか。外国の使臣など大陸の人々への示威は朱雀大路を中心とした施設にとどめられ、さらに遣唐使を中心とする中国との国交も九世紀中頃以後廃絶するに及び、中国への志向自体も衰退していった。

それはまた、いわば平城人と平安人の差とも考えられる。平安京の羅城門の造営に際して、その建設途中に視察した桓武天皇が工匠に対し高さを一尺減ずるよう命じたが、工匠はその命に逆らい五寸しか減じなかったところ、後にそれをみた天皇が、一尺五寸を減じるよう命ずべきであったと嘆じたので、その工匠が恐懼して五寸しか減じなかったことを告白したという話が伝えられている。[11]このエピソードは、桓武天皇のデリカシーを通じて、日本人の美的感覚を示すものとも解釈されているが、一方この高さを減ずる理由として、一棟建ての建物を高くすると、大風に弱いものであるという極めて散文的で、ある意味で合理主義的な事項が挙げられていることも注目すべきであろう。その真否は別として、これは平安時代の造型に対する考え方の一端を示唆するものであり、「たかやかにてさふらうこそ、きらきらしくさふらへ」[12]として天皇の命に応じなかった工匠の考え方は平城人の造型に対する考え方を代表するものと解することも可能であろう。

平安京の著しい形式性の中で、一つ奇異に思われるのは、羅城門に入ったとっつきの部分、つまり左右京の九条一坊四町に特別な施設がみられないことである。『拾芥抄』所収左京右京図では、左京のそこには書き入れはなく、左京のこの部分は四町にわたって花苑と記されている。また、『九条家蔵延喜式』所載左京右京図では、左京のこの部分に田畠と書かれており、右京のそこには記載がない。「花苑」が奈良時代の寺院の花苑院にあたるものとも考えられるが、とくに京師を飾るような施設があった様子は認められない。少なくとも平安末期にはかかる施設はまったくなく、またかつてあったにせよ、すでに忘れさられていたとも想像される。

しかしながら、この地点は平安京にとって極めて重要な場所であったと思われる。羅城門を入って第一に目につく所であり、ハレの空間である朱雀大路の起点でもある。当初から何も計画されず田畠とか花苑とされていたとは考え難い。例えば東西両寺をそれぞれ二町ずつ動かして、朱雀大路に接するようにしてもよかったのではないだろうか。

ここで想起されるのは、東西両寺と鴻臚館の関係である。『大内裏図考証』には「古本拾芥抄首書曰、東西鴻臚館地、延暦遷都所定、而館舎未成、弘仁、更移七条、始建館舎、故地為護国寺、東西二寺是也、[13]」と述べられ、また『河海抄』にも鴻臚館について、「此館延暦遷都之始、東西大宮被㆑置㆑之、而弘仁に以㆓東鴻臚館㆒為㆓東寺㆒、賜㆓弘法大師㆒、以㆓西鴻臚館㆒為㆓西寺㆒、賜㆓修因僧都㆒、其後七条朱雀鴻臚館立、（後略）[14]」と記されている。一方、東寺は延暦一五年（七九六）に造東寺長官の名が現われ[15]、西寺についてもその翌年には造西寺司の存在が知られているので[16]、実際の建設はかなり遅れたとはいえ、寺地などは遷都の時期にこの位置に計画されていたと考えられる。それに対し大岡実氏は、鴻臚館は最初東西両寺内にあったとされているが[17]、寺院と鴻臚館の結びつきを考えると示唆的である。唐においては外国客の接待を担当するのは鴻臚寺とされている[18]。わが国では玄蕃寮であったが、実際の接待にあっては、彼我の交流を通じて中国の文化に接していた僧侶が大きな役割を果したであろうことは想像に難くない。とくに高僧の来朝の場合などは、寺院に止宿するのが常であったろう。承和頃（八三四～八四七）招かれて来朝した唐僧義空は、勅命によって迎えられ、東寺の西院に館した[19]。この西院は、現在の大師堂を中心とした西院の位置であったかどうかわからないが、空海が没したのは承和二年（八三五）であり、その時はまだ講堂、塔は完成していなかったともみられている[20]。いずれにせよ義空が来朝したとき、伽藍がすべて完備していたとは云いきれない。一方、大岡実氏は東寺の当初の伽藍に関する復原的研究の中で、奈良時代のものと比較した特色の一つとして、主要堂宇が大体寺地（四町）の殆んど全体を占めていることを挙げられている。(21)ここに示された復原案が正しいものとすれば、少なくともこの二町四方の寺域内における西院の存在は、とくになお伽藍が必ずしも完備してはいなかったと思われる承和の時期を考えると極めて疑しい。とすれば、この西院はさらに西方に求めるべきではないだろうか。

一方、川勝政太郎氏は、『日本後記』の弘仁六年（八一五）三月癸酉の条、つまり当時鴻臚館の管理がゆきとどいていなかったこと、同じ弘仁六年の正月には造東寺長官・造西寺長官の任命もあり、造寺司が二寺の造営に活動している時であるから、寺内は常に監視されていたはずであること、などから、大岡実氏がいわれるように東・西寺内に鴻臚館があったとは考えられず、やはり当初から七条に設けられていたものであると論じられている。(22)しかし、当時における造寺長官の任命が、直ちに活発な造営活動に結びつくとは必ずしも考えられず、事実東寺の五重塔や講堂は、さらに後の造営とみられている。また、寺内に設けられていたのではなく、一応独立した形で朱雀大路に面して建てられていたと考えれば、納得もゆこう。そして、この隣接した地区と両寺との結びつきが鴻臚館の移転後かなり経ってから『河海抄』のようないい伝えとなったとも考えられよう。

いずれにせよ、京の正門である羅城門を入ったとっつきの左右京九条一坊四町のあたりには、平安京の計画から考えて、何らかの重要な施設があったと考えたい。そして羅城門における国使等の送迎の儀式なども関連して、鴻臚館がその機能からみてもっともふさわしいと思われるのである。ただしこの場合、何故後に七条に移されたかについては疑問がのこる。

三　羅城

古代平安京の復原的研究は『大内裏図考証』をはじめとし、多くの人々によってなされているが、羅城に関しては『大内裏図考証』が四周にめぐっていたとするのに対し、川勝政太郎氏は京の南面にのみ設けられていたとされている(23)。それは『延喜式』の記事の解釈の相違に基づくものであるが、機能的にみればわが国では、羅城は都市を飾るということ以外、殆んど必要性は認められないし、『延喜式』の解釈からみても、川勝氏のいわれるように、南面のみ設けられていたとみるべきであろう。史料的にも考古学的にも、少なくとも南面以外の羅城の存在を示すと思われるものはみられない。

景観的にみて、羅城はどのようなものであっただろうか。『延喜式』によると、「羅城外二丈　垣基半三尺犬行七尺溝広一丈」にみられるように、垣基幅六尺とされている。高さについては記載はないが、「凡築レ垣功程片牓二示条坊。莫レ令二違越一。其法見二木工式一。」とあり、それに該当すると思われる「木工寮」の築垣の項には、垣基幅と高さ、および工数の基準が記されている。すなわち「高一丈三尺。本径六尺。末径四尺。(工数略　以下同じ)高一丈二尺。本径五尺六寸。末径三尺六寸。高一丈一尺五寸。本径五尺五寸。末径三尺五寸。高一丈。本径四尺五寸。末径三尺。高九尺。本径四尺。末径二尺六寸。高八尺。本径四尺。末径二尺六寸。高七尺。本径三尺。末径二尺。」とかなり細かく分類されている。このような細かい規定がどれだけ正しく守られていたかわからないが、羅城など重要なものについては、この基準に従っていたとみてよいだろう。そうすると羅城の高さは一三尺ということになる。ところが『延喜式』の「京程」には、さらに各大路の側垣、すなわち坊城も基幅六尺とされているから、坊城の高さもやはり十三尺となってしまう。もし他の形状が同じであれば羅城と坊城は景観的にも相違はなくなる。

羅城には、より防御的な性格の形態が期待されるのだが、基幅六尺、高さ一三尺という垣は、もし土で築かれていたとすれば、例えば中国の市城のように、その上を兵士が移動して防備するといった施設にはなり得ない。

また南面のみの羅城であれば、そのような防御性は殆んど意味がなく、意図があったとも思われない。したがって、おそらく羅城も坊城も、上に瓦あるいは板で屋根をつくった、いわゆる築地塀のような形状をもつものであったろう。(24) そうであれば、例えば京極における坊城を完備させたとすれば、少なくとも景観的には羅城を必要としなかったとも思われる。南面にのみ羅城を設けたのは、羅城門とともに京師の正面を飾るものとして必要であったと解されよう。それと同時に、正面のみは「旁三門」といった制度を守ろうとしたのかも知れない。

京師の正面を飾ることと関連して、東西両寺の位置も注目に値しよう。南辺に左右対称に配されていることに、羅城および羅城門とともに京師の正面を飾る意図が推察される。羅城門から真直に南下している、いわゆる鳥羽の造道もまた一連の目的をもったものと考えられよう。鳥羽の造道を北上して平安京に近づく人々は、長く横たわる羅城の中央正面に立ち上る羅城門と、その両側に相称的に配された両寺の塔と金堂に目を奪われたに違いない。また、これらの構成は京師の正面を飾る上での羅列的な発想を示すものかも知れない。その意味では法隆寺の構成とも共通するものがあるようにも思われる。

羅城を南正面のみに設けたということは、わが国の羅城が機能的にも形態的にも、中国のそれとはまったく異なることを示すと同時に、この平安京においては、都市としてのいわば正面のみを有し、側面も背面も存在しなかったことを物語っている。それはわが国の神社などで、正面にのみ一文字の塀や回廊などをいくつか設ける方式と共通するものといえよう。しかしこの平安京の唯一の立面である正面も、のちには崩れてゆき、京師はいわば外形あるいは外観のない都市となっていった。

四　朱雀大路

羅城門を入ると、路幅二八丈（約八五メートル）、長さ約一二八〇丈（約三八八〇メートル）の朱雀大路が宮城正門の朱雀門まで続いていた。両側の坊垣は先に見たように高さ一三尺（約四メートル）で、およそ閉鎖的な空間とはいえないし、幅八五メートルという空間は、続いていたというよりも拡がっていたという方が適切であるかも知れない。この朱雀大路を構成するものには、坊垣のほかに坊門や柳並木などが挙げられる。川勝政太郎氏によると、平安京において坊門と称せられるものは、朱雀大路に面してのみ造られた門であり、また朱雀大路に面する各坊は、中央の坊門によってしか朱雀大路に開かれていなかったとされている。(25)つまり中国においては、すべての坊に坊垣がありその四面中央にそれぞれ坊門が開かれていたのであるが、わが国は羅城と同様に各坊を防御するような形態の坊垣は存在しなかったといえよう。三位以上および参議、またはその子孫に対して大路に門を開くことを許していること自体、(26)坊門の存在を否定するものといえる。したがって朱雀大路の両側の坊の坊垣も、それぞれの坊を囲むというよりも、朱雀大路を飾るものであったと考えられる。坊門についても同様のことがいえる。貞観四年（八六二）の太政官符にみられる各坊門に配置された兵士達には、坊を守るのではなく、朱雀大路を維持する任務が課せられていたのである。(27)坊門の形態は明確ではないが、かなり大きな規模であったであろうことは、川勝氏も述べられているように、その倒壊によって兵士幷妻子四人が圧死したことや、(28)藤原道長の法成寺造営のために坊門の礎石が持ち去られたこと、(29)などから推察される。一方柳並木もかなり美しい景観をなしていたであろうことは、催馬楽の「大路に沿ひてのぼれる　青柳が花や　青柳が花や　青柳が撓ひを見れば今さかりなりや」あるいは、「浅緑　濃い縹　染めかけたりと見るまでに　玉光る　下光る　新京朱雀のしだり柳」などから推察される。[30]

朱雀大路の路面に何らかの舗装がなされていたとは思わない。時代は下るが康治元年（一一四二）の大嘗会について『本朝世紀』は「日来霖雨之間　朱雀大路悉変二泥塗一、行事官等歩行之間、甚多二其煩一」[31]と述べている。また仁安三年（一一六八）十月にも大嘗会にあたって、大宮大路と朱雀大路の七条までの泥途を掃除するべく宣旨が下されている。[32]しかし『大鏡』には、小一条の南、勘解由の小路には石だたみがされていたとあり、[33]古代において路の舗装がまったくなかったとはいえないが、一般にはどこも土のままであったであろう。平安後期においては、剣璽の渡御などでは筵道が敷かれることもあったが、[34]これにも本来は舗装という考え方はなかったようである。[35]

このような朱雀大路は、われわれの常識からみれば、あまりにも広過ぎ、あまりにも長過ぎる。ヴィスタを造るには左右が開放的に過ぎるし、四キロメートルあまり離れた朱雀門あるいは羅城門は、遠すぎて視線を受けとめるものとはなり得ない。外国においても手本とされた中国の都城以外には、このような空間は見当らない。近代パリのオースマンによる街路がやっとこれに匹敵するが、そこでは高い建物や大きな並木がそれを縁どっていたし、しかもなお、広過ぎて直線すぎる故をもって、当時非難されている。[36]

朱雀大路は単に路としての機能では説明できない。それはいわば儀礼的空間であり、八省院や豊楽院などと性格を同じくするものであろう。井上充夫氏は、このように年に一度か二度の必要性しかない施設を、常に保持しようとすることが古代の性格の一つであると論じられている。[37]前にも述べたように、貞観四年の太政官符により各坊門に配された兵士には朱雀大路を維持する任務が与えられていた。同じ太政官符には、「朱雀者両京之通道

也　左右帯垣人居相隔[38]」とあるが、この表現は儀礼的空間としての、いわば自律性を示すとともに、積極的に相隔つべき両京があって初めて完全な都市であるという考え方を示唆している。羅城門前における践祚大嘗大祓でも、門外の道に左右京の坊令坊長姓らが、それぞれ相対して並んで行われることになっていた[39]。

鳥羽の造道、羅城と羅城門、朱雀大路、朱雀門、八省院は、坊門や東西鴻臚館などとともに、平安京における一連のハレの施設あるいは空間であり、それらを軸として組み上げられていた。逆にいえば、わが国においては、それだけが整っていれば、全体の形などは問題とならなかったとも考えられる。朱雀大路で行われる儀礼的行事は、外国使臣の送迎のための行列などのほかに、六月十二日の朱雀門前における大祓、羅城門前における践祚大嘗大祓などがあり、また貞観七年（八六五）五月には、災疫を避けるため、七条大路衢、朱雀道東西に僧を配して般若心経を読させている[40]。しかしもっとも華やかであったと思われるのは、大嘗祭の標山引きであろう。

平安京における都市的スケールをもつ祭礼は、この大嘗祭の標山引きと祇園御霊会の山鉾巡行とが考えられる。両者はいろいろな面で対照的な性格を持っており、前者は朱雀大路を舞台とし主役は官人であるが、後者は三条または四条大路を舞台とし、一般市民が主役を演ずる。大嘗祭は後には宮中のみで行われるようになっていったが、祇園会は大嘗祭の衰退とほぼ時を同じくして隆盛に向い、以後さらに発展していった。

時代は下るが、その消長をよく伝えていると思われるので、永享二年（一四三〇）の大嘗祭の標山引きの様子を『康富記』によってみてみる。

是日大嘗祭也、午刻許両国標山自㆓斎場所㆒令㆑引㆓四条㆒先々到㆓七条㆒而永徳応永近例如㆑此　悠紀近江国標経㆓東大宮㆒、主基丹波標経㆓西大宮㆒、両方供奉人史以上、東大宮南行、大略乗㆑車、史或乗㆑輿最略也、両方史生官掌等乗馬輩、皆西大宮南行、於二四条朱雀一行事史已下上二乗物一相二両標一、朱雀北行、国司等猶乗物、路次不便之故歟、到二三条一下車、于レ茲上下整二行列一、所々預不二供奉一之云々、（中略）、未刻標山会昌門前引二留之一（下略）[41]

すなわち古代においては、両標山は、宮城の北野に設らえられた斎場より、各々東西大宮大路を七条まで南下し、七条大路を朱雀大路へ向い、七条朱雀において合流、そこから並んで朱雀大路を北上、朱雀門を入り、会昌門中にそれらを立てるのである（図1）。この並んで引かれることが重んじられたことは、『中右記』の「見物車馬道路無レ隙　近江丹波人夫相挑引之間、主基山引懸見物車、三町許遅々云々[42]」や、『平戸記』の「然而依レ無レ路無二並引之儀一已違例、於二所々一標山車軸令レ折云々[43]」などから推測される。また、大路に見物の人や車が多く群がっていたことは、これらの記事のほかに多くの資料にみられる。

平安末期である仁安三年（一一六八）の大嘗祭も、両標山は七条朱雀に会し、そこから引き上っており[44]、『大槐秘抄』も七条から引くとしているが[45]、より古い時期については不明であり、また七条からとした理由も明確ではない。東・西市の通過に何か意味があったのか、あるいは『大槐秘抄』の示唆するように、東西鴻臚館の存在と関係があったのかも知れない。

この大嘗祭の形態は、平安京そのものの計画と同種の理念に基づくものであり、さらに朱雀大路の儀礼的・記念的な性格をよく表わしているものといえよう。動きなく静かにあらしめ、平けく長くあるべし、といった古代朝廷の理想のように、朱雀大路は広く長くなければならなかった。しかし一方では、この大路を都市空間として維持することには限界があったのである。それは、中国の都城をいわば平面的にとり入れたことに、すでにその衰退の要因があったともいえよう。この朱雀大路を広すぎると感じたとき、都市空間への異なったアプローチが始まるのであろう。

この大嘗祭標山引きの消長は、朱雀大路あるいは平安京そのものの儀礼的性格の消長と対応するものと考えられる。前の『康富記』の記事は、応永頃を境として朱雀大路上の標山引きの距離が五分の二に短縮され、しかも実際に整列して引くのは、「路次不便之故歟」五分の一になってしまっている。このような傾向はすでに古代末期にはみられるところであり、仁安三年（一一六八）の大嘗会でも行事官を勤める平信範は、七条朱雀に合流した両標山と共に歩きだしたが、一町歩いただけで車に乗り、一町東の坊城小路を五条大路まで上り、そこから再び朱雀大路に出て、標山と共に歩いており、「依長途無術　頗略歩行也」と述べている。(46)これらのことはまた、この祭礼がそのハイライトである朱雀門入りに集約されてきたともいえよう。見物も朱雀門辺におけるものが多かったらしい。康治元年（一一四二）の大嘗祭では　標山が上皇の御幸を待たずに朱雀門内に引き入れられてしまったので、後に関係者を糾問している。(47)

しかし実際には朱雀大路は、平安末期においてすでに相当荒廃していたと考えられる。前に触れた『小右記』の記事のように、治安三年（一〇二三）道長の法成寺造営のために、羅城門や坊門や左右京職の礎石まで持ち去ったということは、儀礼的都市空間としての朱雀大路を見捨てたものと解すべきであろう。仁安三年（一一六八）の大嘗会をひかえた十月五日の宣旨には、すでに朱雀大路の一部が田畑などとなる、いわゆる巷所化している様子が示されている。(48)したがって、祭礼という本来保守的性格をもつ標山引きに、かえって朱雀路の儀礼的性格の名残りをかろうじてとどめていたと見るべきなのかも知れない。

このように見捨てられた朱雀大路は、広大すぎるが故に、市民的な広場としてのアミニティーも持ち得ず、いたずらに左右両京を分かつ空地となっていった。後にそこが巷所化するのも当然であったといえよう。また右京の著しい衰退はこの広大な朱雀大路の存在にも一因があったとさえ思われる。ただ『今昔物語』には、朱雀門の下に老少の男女が多くいて休んでいる描写や[49]、朱雀門へいって涼をとる話などがでてくるので[50]、朱雀門辺が市民の一種の憩いの場といった雰囲気をもっていた時期があったのかも知れない。しかし一方同じ『今昔物語』には、朱雀門の曲殿に病女が破れ莚を敷いて臥っていたことや[51]、羅城門の上層に死人が多くおかれていたこと[52]、などが記されている。井上充夫氏の論ぜられたような、年に数度しか使わない施設を殊更に保持してゆくという古代の心が[53]、それをいわば不合理なものとして軽んじてゆく傾向にとって替りつつあった時代とも考えられよう。

また一方、朝堂院や豊楽殿で行われていた儀式が、だんだん紫宸殿などで行われるようになっていったことは、朝堂院に直結する朱雀大路も、むしろ大宮大路にその機能を移してゆくことになった。そして内裏を中心とした、いわゆる日本化された儀礼の成立とともに、朱雀大路の存在意義もきわめて稀薄なものになっていったといえよう。平安京は新らたに大宮大路あるいは町小路などを軸として再編成されてゆくことになると同時に、中国の影響を形態的にも断ち切るのである。

小結

中国においては、唐の長安の中央大路は、その後原理的には遼の中京や[54]、明の北京などに受け継がれているが、空間的にはかなりの変化があった。北京ではこの大路は中央の純粋に交通のための部分と、露店が建ち並び群がって休んでいる両側の部分から成っていたとされる[55]。またさまざまな装置により、この広く長い単調な大路にアクセントを加え、空間的に密度の高いものとしていたらしい[56]。

以上、古代平安京の都市空間を、主として朱雀大路を中心として考察してきた。平安京の計画における都市空間造型上の関心は、儀礼的空間に向けられており、その造型の原理は平面的、羅列的であったといえよう。平安京はもとより中国の都城を手本として造られたものであり、そこで行われる儀礼もまた中国のそれを取入れたものであるが、すでに何度かの経験を経たのちの造営でもあり、その著しい形式性にもかかわらず、中国とは基本的に異なった造型の考え方が認められるのである。その一つが前にも述べたように、極めて空間的な原理を、平面的に採り入れたことであり、またその際、儀礼に必要なディテールを中心に考えられたことであろう。したがって一つの都城を空間的に自然から切り取るものとしての境界＝羅城は、わが国では殆んど実質的な意味をもたず、事実平安京は東方へ境界を越えて発展していったし、儀礼そのものが変質してゆく過程の中で、例えば朱雀大路といった空間は、あっけなく崩れていったのである。

しかし以上の考察は、一つの試みに過ぎず、平安京だけについても残されている問題は多い。特に中世以後の「まち」の母胎となったと思われる東西両市や、坊、町、といった空間単位の変質など重要な問題である。さらに、古代都市では、藤原京、平城京はいうまでもなく、太宰府や国府など研究の対象も数多い。それらについてもなお検討してゆく必要がある。

註

1　Andrew Boyd, *Chinese Architecture and Town Planning*, (1962), p. 49.

2　太田博太郎氏は日本の建築の特色として、平面性、羅列性を挙げられている。『日本の建築』（一九五四）、一二八頁。

3　このような造型の傾向が顕著にみられるのは平安時代以後であろうが、その萌芽は以前からあったと思われる。

4 第3章参照。

5 滝川政次郎氏は、この九条八坊は、それぞれ陽と陰の極数であり、陰陽思想に基づいて採られたものとされている。『京制並に都城制の研究』（一九六七）、三四六～七頁。それについて充分な批判はできないが、ただ滝川氏は洛陽のいわゆる「九六城」をあげられ、わが国京師の九条八坊もまた唐制の模倣であるとされておられるが、「九六」と「九八」ではやはりかなり性質が異なっているように思われるのである。

6 平安京の復原は、『延喜式』の「左右京職、京程」や、拾芥抄所収の図などによって作られたもので、実際に一時期でもかかる形態が現実としてあったかどうか不明であるが、少なくともこのように意図されたものとみて差支えないだろう。一方平城京については、平安京を参照しつつ、主として実際の存在が確認される平城宮、各寺院、条坊、路などによって復原されたものであり、したがって両者を比較するには慎重でなければならないが、ごく一般的な傾向については、比較は可能であろう。

7 『昭和三十九年度平城宮跡発掘調査概要』奈良国立文化財研究所年報（一九六五）。

8 『玉葉』治承四年六月十五日条。

9 『続日本紀』神亀元年十一月甲子条。このあと、したがって五位以上の者および庶民で可能な者に令して、瓦葺の住居をつくらせ、赤白に塗らせるべきだとしている。

10 『続日本紀』天平十三年三月三日乙巳条。

11 『宇治大納言物語』（世継物語）。また『寛平御遺誡』にこのもとになったと思われる話がでており、そこでは桓武天皇が五寸高さを縮めよと命じたのを工匠が煩わしいのでまったく縮めなかったとされている。前者は後者をもとに創作されたものであろうが、少なくとも平安時代における考え方を示すものとして受取ることはできよう。

12 『宇治大納言物語』古事類苑　居処部より。

13 『大内裏図考証』故実叢書より。ただし、そこでは「始建館舎故地、為護国寺」となっているが、この部分は本文のように変えた。

14 『河海抄』（古事類苑　外交部一）より。

15 『扶桑略記』延暦十五年条。

16 『類聚国史』百七、造西寺次官の名がでてくる。

17 『日本建築様式』高等建築学第一巻、（一九三四）、一九〇頁。

18 滝川政次郎『京制並に都城制の研究』（一九六七）、二〇三頁。

19 「元亨釈書」巻六浄禅。滝川政治郎・前掲書、二四一頁。

20 『国宝教王護国寺五重塔修理工事報告書』（一九六〇）。

21 大岡実「東寺の伽藍配置」『建築史』二ノ一、（一九四〇）、三九頁。

22 川勝政太郎「平安京の鴻臚館について」『桓武朝の諸問題』（一九六一）所収、二三〇～一頁。

23 川勝政太郎「平安京の外郭垣」『史迹と実術』一六三、（一九四四）。

24 滝川政次郎氏は『延喜式』の羅城や坊城の築垣の制度が、中国の黄土によって築く制度をそのまま取り入れたものであり、それを埴土でもって造ったことが労を徒に多くさせ、羅城も南面のみに終った原因であるとされている。（『京制並に都城制の研究』一九六七、一四九頁）。しかし土塁や築地塀については、すでにわが国でも多く造られており、滝川氏のいわれるように唐制を重んじるあまりの失敗とは考えられない。むしろ、防御性を初めから期待せず、美観を重んじることから採用された築地塀あるいは練塀であり、また南面のみの羅城であったと思われる。

25 川勝政太郎「平安京の構成」『史迹と美術』二四八（一九五四）、三六三頁。

26 『延喜式』左右京職。

27 『類聚三代格』貞観四年三月八日条。

28 『三代実録』貞観十六年八月二十四日条。

29 『小右記』治安三年六月十一日条。
30 「大路」および「浅緑」、古典文学大系（岩波）より。喜田貞吉氏は、後者を長岡京を詠んだものとされている（『帝都』一九三九、二三二頁）。
31 『本朝世紀』康治元年十一月十五日条、国史大系より
32 『兵範記』仁安三年十月五日条。
33 『大鏡』三、太政大臣忠平。
34 『小右記』長和五年一月十四日条。
35 第2章、一参照。
36 S. Giedion, *Space, Time and Architecture*, 4th Ed.（1962）, p. 674.
37 井上充夫『日本上代建築における空間の研究』（一九六一）。
38 『類聚三代格』巻十六、国史大系より。
39 『延喜式』左右京職。
40 『三代実録』貞観七年五月十三日条。
41 『康富記』永享二年十一月十八日条。古事類苑、神祇部より。
42 『中右記』天仁元年（一一〇八）十一月二十一日条。史料大成より。
43 『平戸記』仁安三年（一二四二）十一月二十一日条。史料大成より。
44 『平範記』仁安三年十一月二十二日条。
45 「七条、朱雀、東西に鴻臚館と申所候。異国の人の参れる時、いる所にてなむ候ける。（中略）いままでもへうの山は、其所より　ひき候なる。」（新校群書類従21より）。
46 『兵範記』仁安三年十一月二十二日条。第2章図10参照。

47　『本朝世紀』康治元年十一月十五日条。
48　『平範記』仁安三年十月五日条。巷所化については、第4章参照。
49　『今昔物語』（日本古典文学大系。以下同じ）巻二十四—二十一。
50　巻二十三—二十一。
51　巻十九—五。
52　巻二十九—十八。
53　井上充夫　前掲書（註37）。また今昔物語にも、「古代の心」が失われて、いわゆる当世風になったということを示唆するような文が認められる（巻二十九の12）。
54　中国科学考古研究所『新中国の考古収穫』杉村勇三訳、（一九六三）。
55　S. E. Rusmussen, *Towns and Building* (1951). p. 6.
56　A. Boyd, *Chinese Architecture and Town Planning*, (1962), p. 64.

〔編者補記〕
藤原京の京域については、喜田貞吉が長安と同様な北闕型を提示したものの明確な証拠があったわけではなかった。戦後、中つ道、下つ道を東西限、横大路を北限とした北厥型の復元案（「藤原京の宮域」一九六八初出、『宮都と木簡』一九七七所収）を岸俊男が示し長く採用されてきた。本章の記述も北闕型の前提にたっている。ただし近年の発掘成果によれば方格地割はさらに広く設定されることが明らかとなったので、藤原京に関する本書の記述は修正されるべきとなる。京域は『周礼考工記』に記される王城と同様に宮城を中央に置く「十条十坊」の復元案が中村太一や小澤毅により示されている（小澤毅『日本古代宮都構造の研究』二〇〇三）。ただし東と南へはさらに京域が広がる可能性もあり、平城京に関しても左京では九条以南に街路が検出されており十条まで街区が想定され、京域の南限が再考される段階にある（山中章「日本古代宮都の羅城をめぐる諸問題」『東アジア都城の比較研究』二〇一一所収）。

近年、藤原京から平城京への遷都と北闕型への都城形状の大きな変化の契機は、景雲元年（七〇四）に帰国した遣唐使の報告にあったとみられている。平城京の朱雀大路の幅員が唐長安城の半分であり、藤原京の朱雀大路の幅員は平城京の三分の一しかなかったことも明らかとなっており、当時の東アジアの国際的な政治状況から平城京は位置付けられている（井上和人『日本古代都城制の研究』二〇〇八）。

造型理念の根本的な相違とみなされる、分割型（真々制）で街区が割付けられる平城京から、集積型（内法制）で割付けられる平安京へという街区計画の変化については、宮城域の前面および側面を集積型、以外を分割型で割付ける長岡京の計画の実態が明らかになっている（山中章『日本古代都城の研究』一九九七他）。平安京成立への過渡期ともいえる長岡京の実態が明らかとなって、平城京から平安京へという変遷過程の解明が進んでいる状況である。

本書で採用する『延書式』に記す平安京の形状について、瀧浪貞子「初期平安京の構造」（『日本古代宮廷社会の研究』一九九一所収）では、平安宮北辺が段階を経て拡張された結果とする。すなわち、かつて土御門大路が一条大路だったとする『山槐記』長寛二年六月二七日条の記述をもとに、初期の平安京では大内裏が京の北端に接しておらず上東門以北二町分は「北辺」という区画であったが、平安時代のある段階で宮城が拡大し宮城に加えられたとした。一方、藤本孝一「都城拡大論と『山槐記』」（『古代文化』第四六巻第九号、一九九四）では、『山槐記』の記述を平安京に限定する見解に疑義を示し、山田邦和（「平安京の条坊制」奈良女子大学21世紀COEプログラム報告集Vol.16、八〇～九四頁）では、発掘成果をもとに宮城の改変が想定される長岡京と平安京を比較した記述ではないかとみる。

アンドリュー・ボイドの著作に示される、中国の都市や建築の四つの造型原理について、本書では原著にある英語で記載されるが、「歴史時代における都市空間」初出時には著者の訳語として、「囲繞」「軸性」「南北の方向性」「中庭」が示されている。後に同書邦訳として『中国の建築と都市』（田中淡訳、一九七九）が出版されている。

第2章　平安京の空間的変遷——行幸路次を中心として——

前章にも触れたように、平安京ではすでに早くから右京の衰微や朱雀大路の荒廃が認められ、市街も東偏していったと考えられる。本章では、主として行幸路次の変遷を中心にそれをより具体的に追求するとともに、そのことを通じて大路・小路といった都市空間の形態や性格の変化を見出そうとするものである。また空間形態とそこにおける行動形態との相互関係についても考えてみたい。とくに方位的にも正しいグリッド・パターンに基づいた平安京の都市空間は、その上における行動にいろいろな意味で影響を与え、その行動のパターンをも造っていたと考えられるのである。

過去の空間の性格を、そこで行われた行動を通じてとらえようとすることは、とくに史料の面から大変困難である。行幸といった行動も、その儀礼的性格から考えると、都市空間の性格やその変化を必ずしも直接的に反映するものとは思われない。したがって、より広範囲のより日常的な行動もあわせて考察すべきであるが、残念ながらそのような行動を示す史料は少なく、また行幸のように系統だててとらえることは難しい。ここでは断片的に触れるにとどまった。

また時代的には、資料が主として十一世紀以後に限られているため、とくに院政期を中心として、その前後にも触れながら考察を進めてゆく。

一　行幸の路次

一―一　平安時代の行幸

平安時代に慣例的に行われた行幸には、朝覲行幸や石清水八幡社をはじめとする各社への行幸などがあるが、とくに各社への行幸が慣例的になるのは、政治の実権が天皇の手を離れた摂関政治期以後である。このことは、これらの行幸がもともと政治性の薄い年中行事的な性格をもっていたことを示すものといえようが、行事の性格は、さらに時代とともに変化していった。この変化はその路次の変遷にも窺うことができる。

一般に正式な行幸が行われる場合には、行幸の日時をはじめ、行幸の行事所始、行幸点地、行幸路巡検、奉幣、大祓、御読経などの日時が、陰陽寮の勘申によってあらかじめ定められ、そのスケジュールに基づいてそれぞれの行事が進められた。たとえば、久安三年（一一四七）の近衛天皇の春日行幸では、同年一月十八日に行事所始および神宝始の日（同日）が定められ、一月二十四日には奉幣および行幸大祓の日時（それぞれ、二月六日　時午二点、二月十六日　時午）、一月二十五日には御読経、点地巡検の日時（それぞれ、二月十六日　時艮二点、二月八日　時寅、二月二十日　時夘二点）が定められている(1)。

行幸の日時定では、出御の時刻とその方角が定められた。久安五年（一一四九）八月の松尾社ならびに北野社行幸については、次のような勘申がなされている。

陰陽寮
　択申可被行幸松尾并北野社日時
　　松尾社
　　　今月廿日己巳　　時夘二点
　　　　従西陣可出御
　　北野社
　　　廿二日辛未　　時夘二点
　　　　従西陣可出御
　　久安五年八月十日
　　　　権助兼権天文博士　安部朝臣晴道
　　　　頭兼権暦博士脩前権守賀茂朝臣憲栄(2)

平安後期以後、里内裏が多く用いられるようになり、さらに建物における「ハレ」と「ケ」の部分が東西方向に配されるようになると、出御の方角の決定が、それと無関係に行なわれたのかどうか問題となろう。久寿三年（一一五六）三月の後白河天皇の石清水行幸は、西晴と考えられる高松殿(3)の東門からの出御らしいが(4)、陰陽道の方忌といったものと、「ハレ」と「ケ」の秩序とが、どのような関係にあったか、いまのところ明確にすることはできない。

行幸の日時が定められると、その路次が決められ点地がなされ、それに基づいて「路次作」が行われる。嘉保二年（一〇九五）三月二十九日の石清水行幸では、三月十二日に点地がなされ、「路次作」が令せられたが、十九日の巡検では、なお「浮橋未出来　又道々未作了」といった状態で、さらに二十六日には鳥羽殿の白河上皇より、「鳥羽辺行幸之路　全未令作　甚懈怠也」として、作路が催促されている。[5] これらの作路は、具体的にはわからないが、一般的な道の整備ともいうべきものであろう。

この作路は、一般に京内は左右京職、京外はほかの諸国に割り当てられた。永年二年（一〇九七）三月二十七日の春日行幸では、二月十日に点地がなされ、その作路は、皇居の閑院から二条大路と朱雀大路の四条以北を左京職、朱雀大路の四条以南九条までを右京職、九条南から桂河南岸までを山城国、桂河南岸から樋瓜橋南小路までを紀伊国、そのほか和泉、近江、但馬、摂津、河内、大和の諸国にそれぞれ割り当てられている。また別に浮橋も、分割してほかの諸国に割り当てられた。[6]

また、平安末期においては、行幸に準ずるというべき劒璽の渡御が歩儀で行われる場合には、路次に筵道が敷かれるのが普通であった。『小右記』によると、劒璽の渡御が大路を歩行して行われたのは長和五年（一〇一六）が最初で、それに際し藤原実資は、渡御の道を俗路と異ならすため、筵道を用いるべきだとし、その意見がとり入れられた。[7] 嘉承二年（一一〇七）七月十九日の鳥羽天皇の践祚に際する、堀河院より大炊殿への劒璽の渡御でも、路地に筵道が敷かれ、辻毎に幕が引かれた。[8] 仁安三年（一一六八）二月十九日の場合も、同様に筵道と辻毎の幕が設けられ、筵道はほぼ一町ずつ、つぎつぎに敷いては巻かれていった。[9]

この筵道は、『小右記』に示されているように、シンボリックなものであったから、劒璽を捧ずる者のみがその上を歩くものであったと思われるが、のちには必ずしもそれは守られていない。治承四年（一一八〇）二月二十一日の劒璽の渡御では、雨によって道が深泥と化していたので、劒璽の左右に相副うべき近将らも、皆前行して筵道を歩いた。『山槐記』はそれを「甚狼藉」として非難している。[10] ここでは筵道は、いわば仮設的な舗装としての機能も果たしている。しかし、鎌倉時代の仁治三年（一二四二）一月二十日の劒璽の渡御は、雨中であったが筵道は設けられず、『平戸記』はそれを「不審」とし、治承の例を挙げて雨儀においても敷くべきであろうと述べている。[11] おそらく、筵道の舗装としての機能が主になることはなかったと思われる。

行幸の当日には、出発に際して、上卿を通じ路次が宣下される。しかし、鎌倉時代の例であるが、弘安九年（一二八六）三月二十九日の春日行幸では、『勘仲記』によると、「路次事　於陣不仰之　加点地巡検路次今更仰之条　其理不叶　仍寛元文永不仰　今度又同前也」[12] とされている。これは合理主義的な考え方による変化かも知れない。

また、定められていた路次が変更されることもあった。前に述べた永長二年三月二十八日の春日行幸の路次は、『中右記』の二月十日の点地の記事によると、閑院から二条大路を西行、朱雀大路に出て南行とみられるが、同じく三月二十七日の記事では、「行幸路従東陣出御　経二条大宮五条朱雀大路等」とされており、点地と行幸の間に路次が変更になったものと解されるが、その理由は明らかでない。のちに述べるように、ちょうどこの時期が、朱雀大路が使用されなくなる転換期であった。また、治承三年（一一七九）の石清水行幸では、鳥羽殿で見物される筈であった法皇が、急に三条烏丸殿で見物することになったので、その前を通るため路次も急に変更された。[13] その前年の治承二年一月四日の閑院から法住寺殿への朝覲行幸は、当日になって路次が変更されたらしい。

したがって作路もなされず「甚狼藉」であった。この変更は三条東洞院の高倉三位の家を避けるためであった。[14]

一方、鎌倉時代の例であるが、定められた路次を誤って進んだ例もみられる。正応元年（一二八八）十月十九日の冷泉富小路第より太政官庁への行幸では、宣下路次は富小路南行　二条大路西行　万里小路北行　大炊御門大路西行となっていたが、出御後、御輿はにわかに富小路を北行し、大炊御門大路を西行し始めたので、途中で御輿をとどめ協議したが、いまさら還御はできないとし、そのまま路を進め、後に続く賢所もその誤った路次に従った。[15]この時期の朝廷の儀礼などは、平安末期に較べて必ずしもより衰えていたとはいえないので、むしろ路次の決め方の不合理さが、時代を背景として表われたものと思われる。少なくとも宣下路次よりも誤って進んだ路次の方が、最短距離でもあり、より合理的なものといえよう。

一—二　春日社および石清水八幡社行幸

この両社への行幸は、京内を縦断して南下するので、その路次の変遷は、朱雀大路を中心軸とした京師の都市形態変遷をよく反映するものと考えられる。

史料綜覧により、平安時代と鎌倉時代における両社への行幸例を拾うと、春日社が二十九例（うち平安時代十八例）、石清水八幡社が六十六例（平安時代五十三例）みられる（表1、2）。これらのうち、京内における行幸路次が、今まで当たり得た史料によって判明するもの、あるいは推定できるものは、春日行幸で十例（平安時代七例）、石清水行幸は十四例（平安時代十一例）である（図2、3）。これらは、時代的には必ずしもよい分布を示すものとはいえないが、一応の変遷をたどることはできる。

これら二十四例のうち、宮城からの出御は五例のみで、ほかは里内裏からの行幸である。この五例は、保元三年（一一五八）の一例を除くと、すべて朱雀大路を全長にわたって南下している。また、路次の判明例に加えられていない永保元年（一〇八一）の春日行幸も、宮城からの出御と考えられるが、源経信が朱雀大路の五条ないし六条辺でその行列を見物しているので[16]、朱雀大路を全長にわたり南下したものと思われる。しかし保元三年の春日行幸は宮城からの出御であるが、「平範記」によると、東大宮大路を七条まで下り、七条大路を西行、朱雀大路を南へ下っている。したがって、時代が下ると、宮城からの出御でも必ずしも朱雀大路が全長にわたって用いられなくなっている。

また、宮城から出御する場合、朱雀門を用いた例は少なく、確実なものは長元十年（一〇三七）の石清水行幸の一例のみであり、しかも東脇門を通ってい

表1　春日社行幸

年	月　日	天　皇	皇　居	資　料
①永延3　（989）	3．22	一条	宮城	小右記
治安元（1021）	10．14	後一条		
長暦2（1038）	12．20	後朱雀		
永承4（1049）	11．27	後冷泉		
延久2（1070）	8．22	後三条		
承保2（1075）	12．7	白河		
〃3（1076）	12．7	〃		
永保元（1081）	12．4	〃	宮城	師記
②寛治3（1089）	3．11	堀河	堀河院	後二条師通記
③永長2（1097）	3．28	〃	閑院	中右記
④天永2（1111）	2．11	鳥羽	大炊殿	〃
保安2（1121）	10．28	〃		
大治3（1128）	4．27	崇徳		
⑤久安3（1147）	2．22	近衛	土御門殿	台記
⑥安元3（1158）	2．28	後白河	宮城	兵範記
応保元（1161）	2．28	二条		
永暦2（1170）	3．22	高倉		
⑦治承2（1178）	3．22	〃	閑院	庭槐抄
⑧文治5（1189）	10．29	後鳥羽	閑院	玉葉
承元4（1210）	8．20	土御門		
建保2（1214）	3．26	順徳		
安貞元（1227）	12．14	後堀河		
嘉禎4（1238）	3．8	四条		
⑨〃4（1238）	3．28	〃	閑院	玉蘂
寛元4（1246）	1．17	後嵯峨		
建長7（1255）	10．19	後深草		
文永7（1270）	3．14	亀山		
⑩弘安9（1286）	3．27	後宇多	二条殿	勘仲記
元徳2（1320）	3．8	後醍醐		

○印は路次のわかるもの（中の数字は図2に対応）

表2　石清水八幡社行幸

	年	月 日	天 皇	皇 居	資 料
	天元2 (979)	3.27	円融		
	永観2 (984)	3.24	〃		帝王編年記*)
	永延元 (987)	11.8	一条		
	長徳元 (995)	10.21	〃		
	長保5 (1003)	3.4	〃		
	長和2 (1013)	11.28	三条		
	〃6 (1017)	3.8	後一条		
	長元2 (1029)	11.28	〃		
①	〃10 (1037)	3.9	後朱雀	宮城	行親記
	文承2 (1047)	3.8	後冷泉		
	〃6 (1051)	2.15	〃		
	天喜4 (1056)	11.28	〃		
	康平5 (1062)	4.27	〃		
	治暦5 (1069)	3.15	後三条	三条殿	扶桑略記
	承保2 (1075)	3.24	白河		
	〃3 (1076)	3.4	〃		
	〃3 (1076)	3.16	〃		
	〃4 (1077)	3.9	〃		
	承暦2 (1078)	3.11	〃		
	〃3 (1079)	3.22	〃		
	〃4 (1080)	3.28	〃		
△2	永保元年 (1081)	10.14	〃	宮城	帥記
	〃2 (1082)	3.26	〃		
	〃3 (1083)	3.16	〃		
	応徳元 (1084)	3.8	〃		
③	寛治2 (1088)	3.9	堀河	堀河院	兵範記
④	嘉保2 (1095)	3.29	〃	大炊殿	中右記
⑤	康和5 (1103)	11.5	〃	宮城	〃
	天仁2 (1109)	4.26	鳥羽		
⑥	永久2 (1114)	11.14	〃	小六条殿	中右記
	〃5 (1117)	8.29	〃		
⑦	元永3 (1120)	2.20	〃	土御門殿	中右記
	保安2 (1121)	3.14	〃		
	天治2 (1125)	10.9	崇徳		
	長承3 (1134)	5.10	〃		
	保延4 (1138)	10.7	〃		
	〃5 (1139)	9.26	〃		
	〃6 (1140)	5.27	〃		
	久安元 (1145)	11.9	近衛		
	仁平元 (1151)	8.17	〃		
	〃2 (1152)	3.25	〃		
⑧	久寿3 (1156)	3.15	後白河	高松殿	兵範記 山槐記
	永暦元 (1160)	8.20	二条		
	応保2 (1162)	3.16	〃		
	〃3 (1163)	3.26	〃		
	〃3 (1163)	10.23	〃		
	長寛2 (1164)	8.19	〃		
	〃3 (1165)	3.23	〃		
⑨	嘉応元 (1169)	4.26	高倉	閑院	兵範記
	承安3 (1173)	3.20	〃		
	〃5 (1175)	3.28	〃		
	治承元 (1177)	10.5	〃		
⑩	〃3 (1179)	8.27	〃	閑院	庭槐抄
⑪	文治3 (1187)	11.7	後鳥羽	大炊殿	玉葉
⑫	建久7 (1196)	10.27	〃	閑院	〃
⑬	元久元 (1204)	11.3	土御門	〃	明月記
	建暦3 (1213)	3.10	順徳		
	承久3 (1221)	3.15	仲恭		
	嘉禄元 (1225)	11.25	後堀河		
	嘉禎3 (1235)	4.23	四条		
	寛元元 (1243)	12.1	後嵯峨		
	建長5 (1253)	1.26	後深草		
	弘長2 (1262)	3.26	亀山		
	弘安元 (1278)	3.13	後宇多		
	正安2 (1300)	1.22	後伏見		
	元亨4 (1324)	3.23	後醍醐		

○印は路次のわかるもの，△は部分的にわかるもの（中の数字は図3に対応）　＊）史料綜覧にはない。

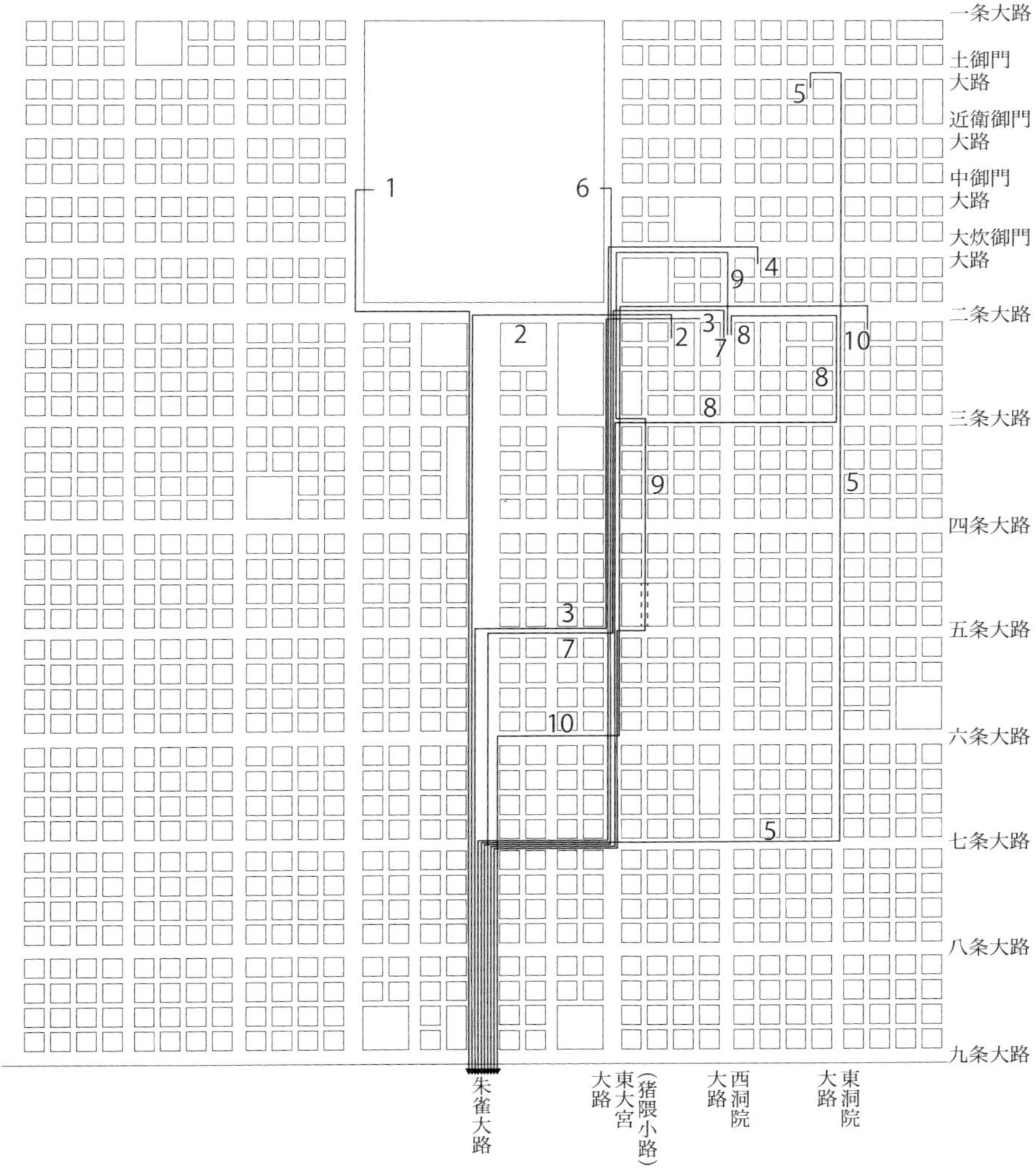

図 2　春日行幸路次（数字は表 1 に対応）

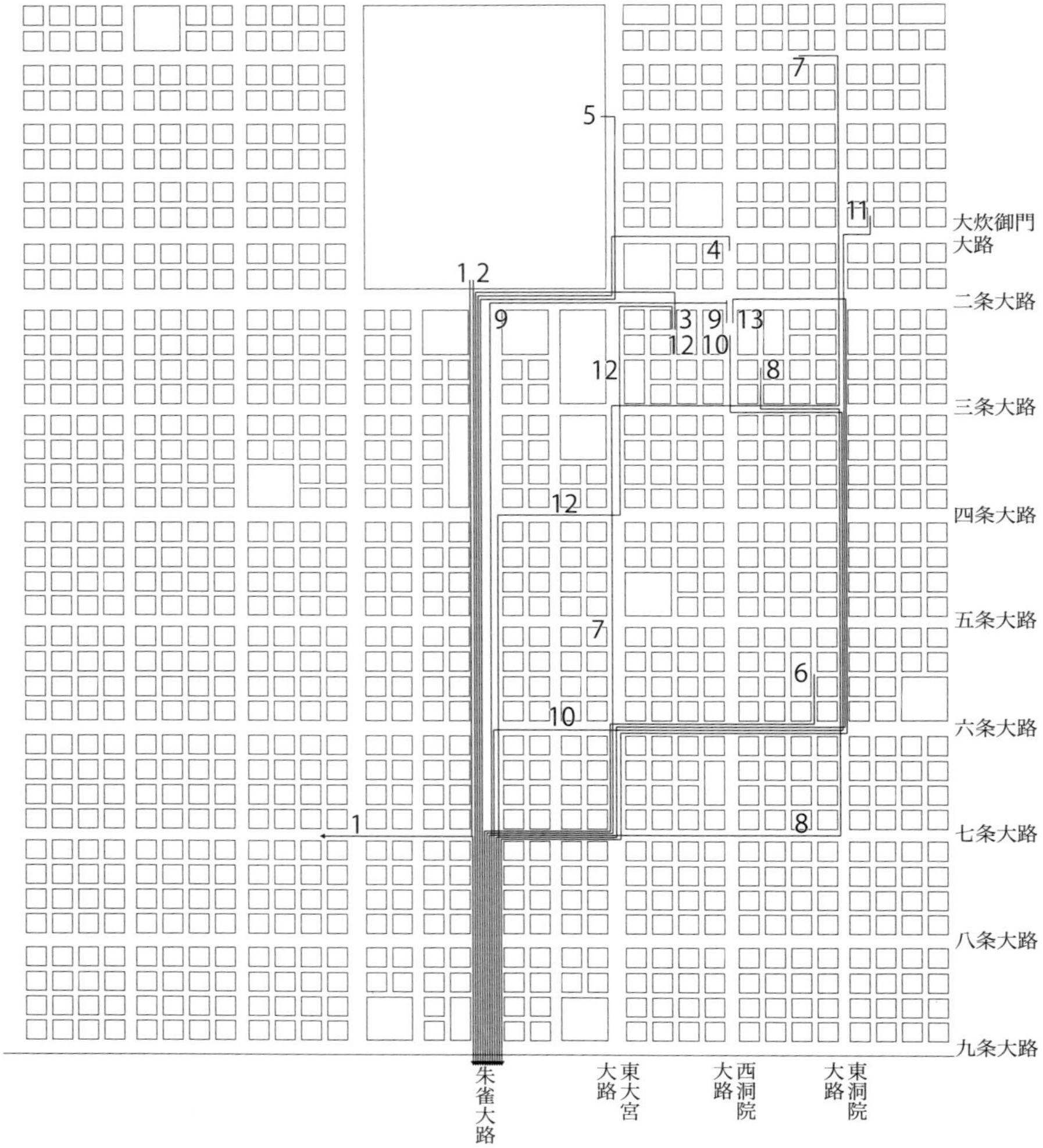

図 3　石清水行幸路次（数字は表 2 に対応）

る。宮城の西側の門を用いた例も、初めて春日行幸の行われた永延三年（九八九）の一例だけで、このときは藻壁門を出ている。一方、里内裏よりの行幸に際しても、その位置に問題はあろうが、初めのうちは可能なかぎり朱雀大路を用いていたようである。しかし一一〇〇年頃を境として、むしろ大宮大路や東洞院大路がよりよく用いられ、朱雀大路は主として七条以南の一部だけが使われるようになった。前に述べた堀河天皇の春日行幸の路次が、二条大路西行、朱雀大路南行から、二条大路西行、大宮大路南行、五条大路西行、朱雀大路南行と変更された永長二年（一〇九七）以後、両社への行幸において朱雀大路が全長にわたって用いられた例は、知られる限りでは、宮城を皇居とした康和五年（一一〇三）と、仁安四年（一一六〇）の閑院より石清水行幸の二例のみであるが、後者の行幸について『平範記』は、その路次が寛治二年（一〇八八）の例に叶うものとくに述べている。(17)また両社への行幸ではないが、後に述べる鳥羽殿への行幸に際しても、一一〇〇年頃には朝覲行幸のような正式なものは朱雀大路、それ以外は大宮大路といった使いわけがみられる。しかし、この時期を過ぎると、朝覲行幸でも朱雀大路を全長にわたって用いることはなくなったようである。

　鎌倉時代の両社への行幸では、路次の判明する六例のうち、朱雀大路をもっとも長距離にわたって用いたのは建久七年（一一九六）の石清水行幸で、四条大路から朱雀大路に出て南下しているが、そのほかの例はほとんど七条大路から朱雀大路に出ている。十三世紀後半以後は行幸例も少なく、路次の判明したのは弘安九年（一二八六）の春日行幸のみであり、その変遷を知ることはできないが、上皇の石清水行幸で路次の知られる例を見ると、文応元年（一二六〇）八月七日の行幸が七条大路から朱雀大路に出ているほかは、同じく文応元年四月二十八日の御幸から延慶三年（一三一〇）十月六日の御幸まで知られる五例は、いずれも朱雀大路をまったく用いず、大宮大路ないし壬生大路を九条まで下り、九条大路を西行して羅城門の位置に至って再び南下している。(18)

しかし、両社への行幸では、平安・鎌倉時代を通じ、長元十年（一〇三七）の石清水行幸を除いては、すべて羅城門もしくはその位置から出京している。長元十年の石清水行幸では、朱雀大路を七条まで南下し、七条大路を西へ向っているが、初めの頃の路次がすべてそうであったかどうかはわからない。その次に路次の知られる石清水行幸は永保元年（一〇八一）で、その間にかなりの時間的な隔たりがあり、その間の事情はわからないが[19]、少なくとも永保元年以後の例では、すべて羅城門を南下して鳥羽造道を経ている。この路次の変化は、一〇八六年の鳥羽殿の造営と直接関係はないかも知れないが、院政期には上皇がしばしば鳥羽殿において行幸を見物したり、また天皇も鳥羽殿に立ち寄るようになっている。

朱雀大路が徐々に用いられなくなってくると、それに代って大宮大路と東洞院大路がよく用いられるようになるが、西洞院大路の三条以南は、いま知られる限りではまったく使われていない。久寿三年（一一五六）の石清水行幸は、高松殿からの出御であったが、先例の路次である大宮大路は、その前年の四月に藤原顕輔[20]が六条大路で没しているのでそれを避けたが、代りに、より近い西洞院大路ではなく、東洞院大路が用いられた[21]。

西洞院大路の三条以南を用いた例がまったくみられないのは、両社以外への行幸でも、また御幸・御啓や公卿達の行動についても同様である。このことは、閑院をはじめ東三条殿や高松殿などが三条の西洞院大路に面してあったことから考えても不思議なことに思われる。ここで取り上げている例は、ほとんどが儀式めいたいわゆる行列であり、一般的な行動については不明であるので判断は難しい。

『九条家本延喜式』の「左京図」によると、西洞院大路には中御門から南下している水流があり、さらに四条大路において室町小路を南下している水流が合流している。したがって四条大路以南は水量も増し、河幅も広くなり、行列に適さなかったとも考えられる[22]。一方宮内庁所蔵の寛永十四年の洛中絵図によると[23]、西洞院大路に当る路の三条以南には小川が描かれている。さきの図にみられた水流の後身と考えられよう。また、『故実叢書』所収の「中古京師内外地図」には、西洞院大路は大宮大路や東洞院大路に較べて非常に狭く描かれており、七条付近では南北に貫通していない。同じく「中昔京師地図」でも、大宮大路や東洞院大路は南北に貫通しているが、西洞院大路は貫通していない。これらの地図をそのまま信じることはできないが、中世以後の西洞院大路の主要道としての機能の衰退を窺うことはできる。その衰退は、おそらく平安時代にすでに始まっていたものと思われる。

また、春日行幸と石清水行幸を比べると、前者では大宮大路がよく用いられ、後者では東洞院大路がよりよく用いられているようにみえるが、久寿三年（一一五六）の石清水行幸は、前に述べたように、六条大宮を避けるために東洞院大路が使われたものであったし、治承三年（一一七九）[24]および建仁四年（一二〇四）[25]の場合は、いずれも上皇の見物する桟敷前を通るための路次と考えられるので、春日行幸と石清水行幸の路次に、慣習的な相異があったとは思われない。

一方、大宮大路あるいは東洞院大路などから朱雀大路に出るのには、七条大路が、いわば交通上の一つの中心的性格をもっていたらしい。両者への行幸ではないが、保延二年（一一三六）三月二十三日の鳥羽新御堂供養のための鳥羽行幸について、藤原頼長は「東洞院下ニ至二六条一。自二六条一至二大宮一。自二大宮一至二七条京中一。不レ具二雑色一。以二随身一令レ張二差縄一。於二七条大宮一上レ馬。差縄上臈随身乗二乗代馬一。副随身下臈等乗レ馬。[26]」と記している。この「七条京中」の意味は明らかでないが、[27]いずれにせよ七条大宮は通行上のある結節点をなしているように思われる。仁平二年（一一五二）三月十六日、三位少将基実も鳥羽殿からの帰途、七条大宮辺において車を替えている。[28]あるいは何らかの施設があったのかも知れない。また、嘉承三年（一一〇八）一月二十九日、源義親の首

表3　鳥羽行幸

年	月　日	天　皇	皇　居	資　料
①*) 康和4（1102）	1. 2	堀　河	高陽院	中右記
② 〃 4（〃）	3. 18	〃	〃	〃
③ 〃 4（〃）	4. 14	〃	〃	〃
④ 〃 4（〃）	6. 18	〃	〃	〃
⑤*) 〃 5（1103）	1. 2	〃	宮　城	〃
⑥*) 嘉承2（1107）	3. 5	〃	堀河院	〃
⑦ 天永3（1112）	12. 19	鳥　羽	大炊殿	〃
⑧ 保延2（1136）	3. 23	崇　徳	二条東洞院	宇槐雑抄
⑨ 仁安2（1167）	4. 23	六　条	五条東洞院	兵範記
⑩ 弘安9（1286）	12. 14	後宇多	二条東洞院	勘仲記

（数字は図4と対応）　*) 朝覲行幸

が入洛したときも、河原から七条大路を西行して西大宮大路に至り、北上して西獄に運ばれており、路は見物の男女で満ちあふれたという(29)。七条大路は東西の主要道の一つで、商業地域に結びつくことにより、延喜式に示されているような古代的大路から、いわば繁華街的な主要街路へと移行していったものと思われる。右京においても、大原野社への行幸には七条大路が用いられており、丹波への道と結びついて、古くから西へ向う主要道路となっていた。

一―三　そのほかの行幸

春日社、石清水八幡社への行幸と同様に、京内を南へ縦断し京外へ出る行幸に鳥羽行幸がある。しかし、その路次の知られる例、そして行幸そのものにも時代的な偏りがあり、白河院政期の十二世紀初頭に多い。『中右記』に「行幸御幸相次　希代之例也(30)」と記されている時期である。また鳥羽行幸には、朝覲行幸から方違行幸まであり、それらを同列に考えることはできないが、春日社、石清水八幡社への行幸における路次の変遷の傾向は、ここでも認めることができる。ちょうどこの時期が、一つの大きな転換期であったといえる（表3、図4）。

前にも少し触れたように、康和四年（一一〇二）一月二日の鳥羽殿への朝覲行幸は、高陽院から出御して朱雀

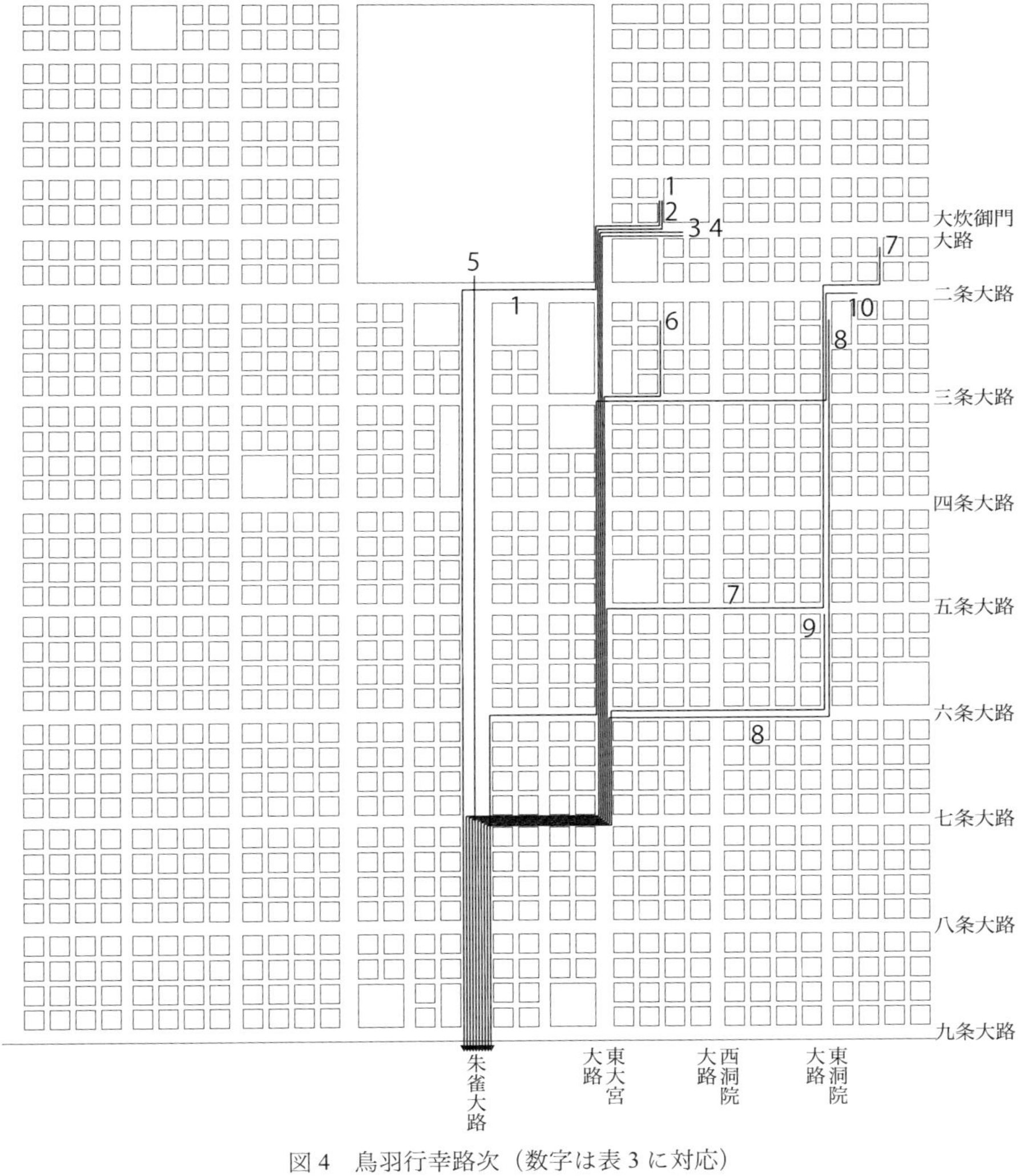

図 4　鳥羽行幸路次（数字は表 3 に対応）

大路を全長にわたって南下しているが、同三月十八日の白河法皇五十才の祝賀のための行幸、同閏五月十四日および六月十八日の方違行幸は、同じく高陽院からの出御であるが、大宮大路を七条まで下り、七条大路を朱雀大路に出て南下している。[31]一方、翌康和五年一月二日の朝覲行幸では、宮城からの出御ということもあろうが、朱雀門の東脇門を出て、朱雀大路を南下した。[32]しかし、嘉承二年（一一〇七）三月五日の朝覲行幸は、堀河院からの出御であるが、もはや朱雀大路の全長を用いず、大宮大路を七条まで下っている。[33]その後の鳥羽行幸では、知られる限り、朱雀大路が全長にわたって用いられた例はみられない。鎌倉時代の例で、いま路次が知られるのは、弘安九年（一二八六）閏十二月十四日の方違行幸のみであるが、二条高倉殿より東洞院大路、三条大路、大宮大路、六条大路を経て朱雀大路に達し、そこから南下した。[34]

表4　各社への行幸

年	月　日	天　皇	皇　居	資　料
稲荷・祇園				
①　寛治5（1091）	10．3	堀　河	堀河院	為房卿記
②　久安5（1149）	11．25	近　衛	四条東洞院	兵範記
松尾				
③　永久元（1113）	10．11	鳥　羽	大炊殿	長秋記
④　建久2（1191）	12．8	後鳥羽	閑　院	玉　海
平野				
⑤　長久元（1040）	12．25	後朱雀	二条第	春　記
⑥　大治4（1129）	10．19	崇　徳	土御門	中右記
⑧　応保元（1161）	8．20	二　条	二条第	山槐記
⑧　治承3（1179）	3．15	高　倉	閑　院	〃
大原野				
⑨　治安2（1022）	11．28	後一条	宮　城	左経記
⑩　大治4（1129）	11．7	崇　徳	土御門	長秋記
⑪　応保元（1161）	8．25	二　条	東三条	山槐記

（数字は図5と対応）

ただし、鳥羽行幸では、いずれの例も羅城門の位置から出京し、鳥羽造道を経ている。

その他の行幸のいくつかについてみると（表4、図5）、稲荷社と祇園社への行幸は、多くは同じ日になされているが、いくつかの例によると、東洞院大路あるいは京極大路が多く用いられている。寛治五年（一〇九一）十月三日の堀河天皇の行幸は、堀河院から南下して三条大路を東へ進み、東洞院大路をさらに南下したが、五条大

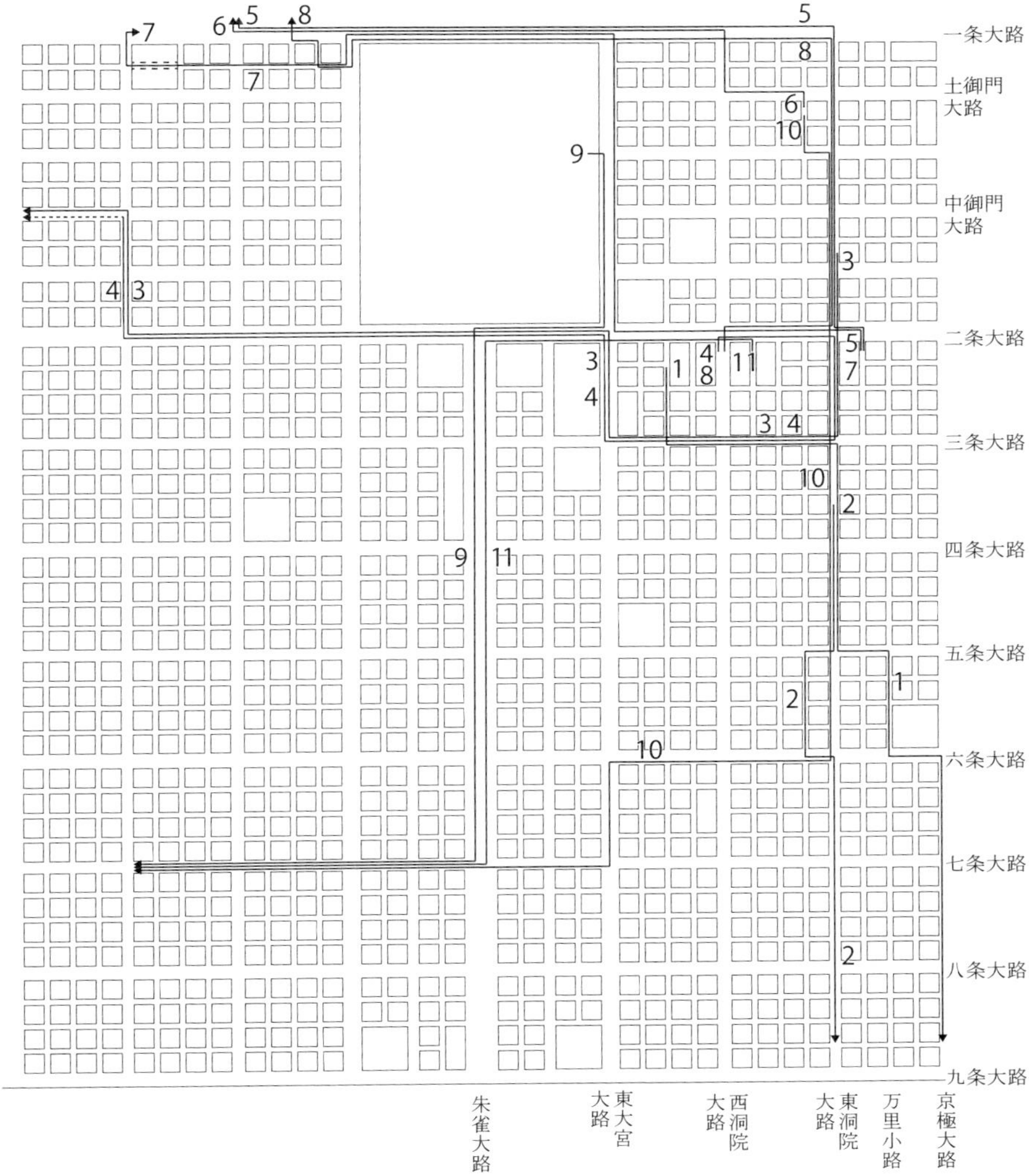

図 5　各社への行幸路次（数字は表 4 に対応）

路と六条大路の間は、白河法皇の見物する六条殿の桟敷前を通るため、万里小路を用いた。『為房卿記』は「経小路備御路　雖無先例　依院宣令渡御六条殿御桟敷也」と記している。[35] これは院政という政治形態の直接的な反映であろうが、都市形態の変遷を考える上でも重大な事件といえよう。

大原野社行幸は、朱雀大路あるいは大宮大路、東洞院大路などを経て七条大路に至り、七条大路をさらに西へ向う路次がとられている。

松尾社への行幸は、永久元年（一一一三）十月十一日の例によると、二条大路を西行して右京に入り、右京の東洞院大路に当たる木辻大路に至って北上し、さらに近衛御門大路を西へ向っている。[36] また、建久二年（一一九一）十二月五日の例でも、ほぼ同じ路次がとられているが、『玉海』は木辻までの路次を述べたのち、「以西之路不レ知二其名一仍不レ記レ之」と記している。[37]

平野社ならびに北野社への行幸では、西へ向うのに一条大路が用いられた。しかし、とくに平安末期以後の平野社あるいはその方面への行幸では、北野社の前を通るのを避けることが多く、一条大路を西行して西大宮大路に至ると、それを南に下って正親町小路を西行し、さらに北上するという迂回路をとる例がしばしばみられる。長久元年（一〇四〇）十二月二十五日、[38] 大治四年（一一二九）十月十九日[39]の平野行幸では、北野社前をそのまま通過しているようであるが、永暦二年（一一六一）八月二十日[40]治承三年（一一七九）三月十五日[41]の例では、いずれも迂回して正親町を通っている。治承三年のときは、大将軍堂などの前も竹によって塞いでいるが、[42] これは治承三年の例だけに限られるものではなかろう。

鎌倉期に入っても、弘安九年（一二八六）八月二十五日の北山第への行幸では、北野社前を避けて方一町の迂回をしている。[43] また北野社前を避けるのは、行幸に限らず、仁和寺への親王の渡御や、喪送の行列などにもみられる。[44]

二　御幸そのほかの路次

御幸や行啓、あるいは公卿達の春日参詣などの路次には、あまり形式にとらわれない、ある自由さが窺われる。それだけに、当時の京師の状態や、その変遷をより敏感に反映するものと思われるが、残念ながらその路次を知るべき資料は少ない。（表5、6、7、図6、7、8）

春日社への御幸あるいは公卿達の参詣では、行幸と異なり、必ずしも羅城門の位置から出京せず、東の京極などを南下し、いわゆる九条口を出京している例も多い。春日祭の上卿を勤める藤原氏の公卿達も、上皇が鳥羽殿で行列を見物するとき以外は、むしろ東の道を通って宇治へ向うことが多かったらしい（図8）。また鳥羽殿へ向う場合でも、仁平二年（一一五二）三月十六日に三位少将基実が慶賀のため鳥羽殿へ参じたときは九条口から出京している。[45] ただし、帰路は鳥羽造道を経て朱雀大路を入京した。一方、保元元年（一一五六）九月二十五日の場合は、鳥羽殿からの帰路に東路を用いている。[46]

石清水八幡社への御幸では、平安時代の例は二例しか知られず、そのうち一例は不完全である。路次の判明する最初の寛治四年（一〇九〇）の例では、朱雀大路を全長にわたって用いているが、[47] それ以後、鎌倉時代を含めて、知られる限りでは、全長にわたって用いられた例は見られない。保延七年（一一四一）の御幸は、八条東洞院から東洞院大路を北行、七条大路を西行、大宮大路を南行し、『平範記』によると「以南如恒」とされている。行幸やそのほかの例でも、八条大路から朱雀大路に出た例は見当らないので、これは鎌倉時代にしばしば見られるように、九条大路を西行して羅城門の位置に出たものと推定される。したがって、御幸においては、行幸の場合とは異なり、かなり早くから朱雀大路をまったく用いない路次がとられることがあったものと思われるが、資料が不完全であるので断定はできない。しかし、鎌倉時代になると、大宮大路を九条まで下ってから、東寺の前を通って羅城門へ出る例が多くなる。これは、東寺が京の南部における一つの中心をなしていたことと関連するものであろう（図6、7）。また、これらのことは、逆に行幸における朱雀大路への執着を示すものとも解される。

表5　御幸・行啓（平安時代）

①	八幡御幸	寛治4（1090）	11．29	中右記
②	春日〃	〃 7（1093）	3．20	〃
③	高野〃	天治元（1124）	10．21	高野御幸記[1]
④	宇治〃	長承元（1232）	9．24	中右記
⑤	春日〃	保延元（1135）	2．27	長秋記
⑦	鳥羽行啓[2]	久寿2（1155）	12．1	兵範記
⑧	高野御幸	仁安4（1169）	3．13	〃

（数字は図6に対応）　1）群書類従
2）ただし帰路

表6　御幸（鎌倉時代）

①	八幡御幸	建久9（1198）	2．14	三長記
②	〃　〃	文応元（1260）	4．28	妙槐記
③	〃　〃	〃（〃）	8．7	臨幸記
④	〃　〃	文永6（1269）	8．23	後深草天皇御記
⑤	〃　〃	正安元（1299）	1．23	新院御幸記
⑥	〃　〃	延慶2（1309）	5．17	秀長記
⑦	〃　〃	〃 3（1310）	10．6	後代見天皇御記

（数字は図7に対応）

表7　公卿出行

①	春日上卿	寛治6（1092）	2．6	中右記
②	〃　参詣	嘉承元（1106）	12．16	〃
③	〃　上卿	長承2（1133）	2．9	〃
④	〃　参詣	仁平元（1151）	8．10	台記別記
⑤	鳥羽慶賀	〃 2（1152）	3．16	兵範記
⑥	〃　〃[1]	〃 2（〃）	〃	〃
⑦	春日上卿	〃 4（1154）	1．30	〃
⑧	〃　〃	久寿2（1155）	2．6	〃
⑨	鳥羽慶賀	〃 3（1156）	2．5	〃
⑩	〃　〃[2]	〃 3（〃）	〃	〃

（数字は図8に対応）　1）帰路　2）帰路

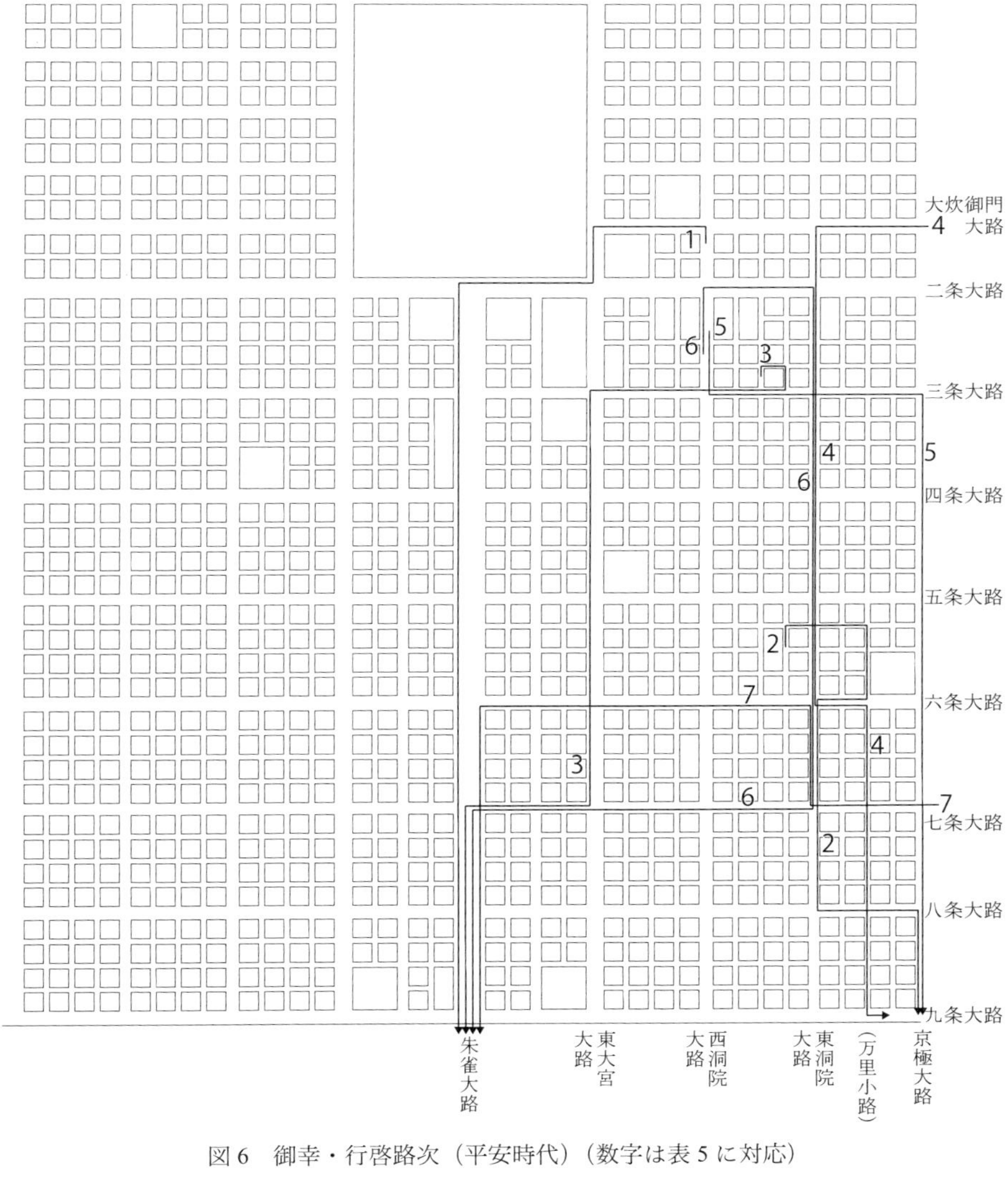

図 6　御幸・行啓路次（平安時代）（数字は表 5 に対応）

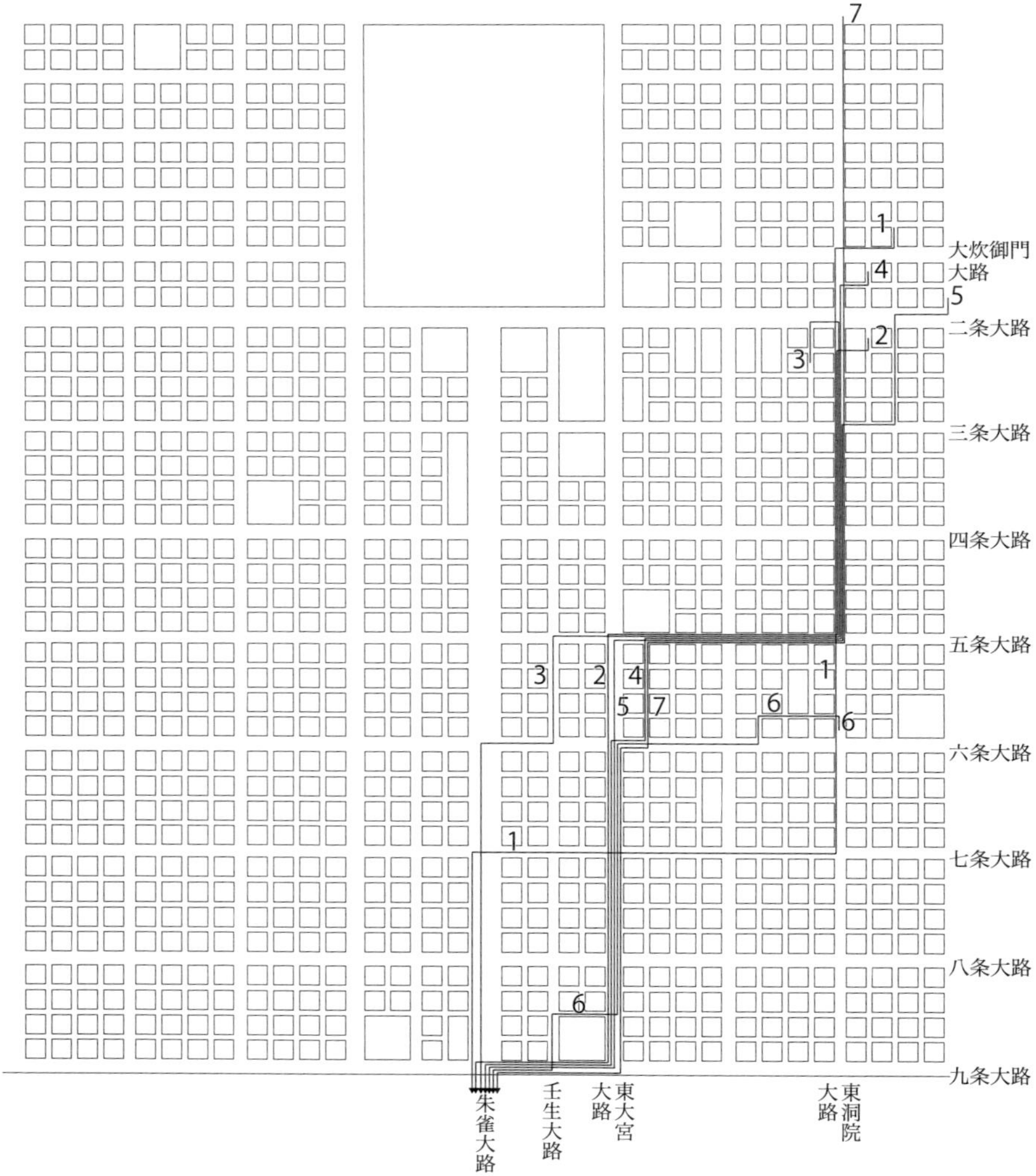

図 7　御幸路次（鎌倉時代）（数字は表 6 に対応）

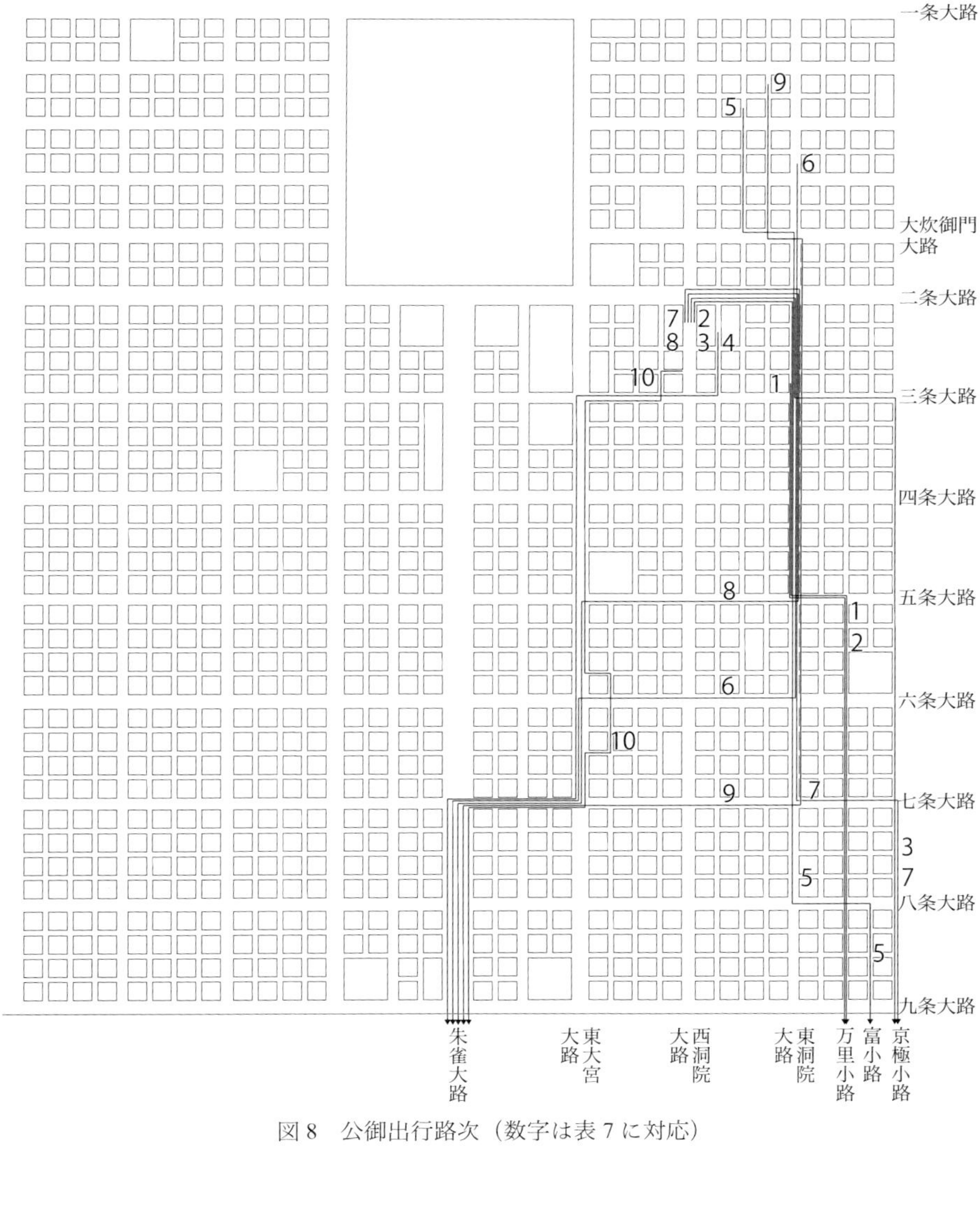

図 8　公御出行路次（数字は表 7 に対応）

そのほか、ここに集められたさまざまな路次例は、すべて十一世紀末以後のものだが、寛治六年の石清水御幸を除いては、朱雀大路を全長にわたって用いた例はない。南北の路では大宮大路と東洞院大路が用いられ、三条以南の西洞院大路を用いた例が皆無なのは、行幸の場合と同様である。東西の路では、七条大路、二条大路、三条大路が主として使われているが、鎌倉時代には五条大路が多く用いられている。

鎌倉時代で知られる御幸は（図7）、主として十三世紀後半以後のもので、二条東端部からの出御が多いこともあるが、羅城門の位置までの路次に、五条以北を東洞院大路、五条以南を大宮大路が用いられる例が多い。この東洞院大路、五条大路、大宮大路、九条大路という路次は、十三世紀後半から十四世紀にかけても、もっとも一般的な路次であったものと解されよう。

一般に御幸や公卿達の出行も、大路を用いるのが常であったが、寛治六年（一〇九二）二月六日、春日祭使として南都に向った藤原忠実は、五条以南を万里小路により九条まで南下しており[48]、これは前年の稲荷行幸と同様、上皇の見物する六条殿前を通るためと思われるが、嘉承元年（一一〇六）の同じく忠実の春日参詣でも、同じ路次がとられている[49]。このときは早朝の出発で、京内における見物は考えられない。この路次がすでに慣例的なものになっていたのかも知れない。

三　考　察

三―一　路次決定の要因

行幸などの路次が決められる場合、単に最短距離であるとか、道がよいとかいったことのほかに、それを決めるいくつかの要因が考えられる。

まず第一に儀礼的要因ともいうべきもので、この要因の占める比重は、当然ながら、その行動の儀礼的性格の多少によって異なってくる。前に述べた康和四～五年の五度の鳥羽行幸のうち、より儀礼的性格の強い朝覲行幸には朱雀大路が用いられ、他の方違行幸などには大宮大路が用いられているのはその例である（図４）。

京師を南下して出京する正式な行幸の場合は、朱雀大路を一路南下して羅城門を出るのが、朱雀大路の性格から考えても当然のことであり、少なくとも平安中期以前には、選択の余地のない路次であったに違いない。十一世紀以前の例では、ほとんどこの路次がとられている。とくに宮城を皇居とする場合、この路次は最短距離でもあり、また貞観四年（八六二）の太政官符に見られるように、少なくとも平安前期には、朱雀大路の維持に努力がはらわれていた(50)。

皇居に里内裏が用いられているときでも、最初のうちはできるだけ朱雀大路を用いようとした傾向が窺える。路次の判明する春日・石清水八幡両社への行幸で、朱雀大路が全長にわたって用いられた最後の例は、仁安四年

（一一六九）の一例を除くと康和五年（一一〇三）の石清水行幸であるが、それ以前の行幸で里内裏から出御した四例のうち、永長二年（一〇九七）の春日行幸以外はすべて朱雀大路を全長にわたって用いている。永長二年の例は、前に述べたように、計画された路次は朱雀大路であったのが、何らかの理由で変更されたものである。[51]鳥羽行幸においても、朝覲行幸のみをみれば、康和四年（一一〇二）の一例だけではあるが、里内裏から出御して朱雀大路を通っている。また仁安四年の例も閑院からの出御で、おそらく久し振りに朱雀大路が使われた例と思われるが、前にも述べたように、『兵範記』はことさらに、堀河院から出御した寛治二年（一〇八八）の「代始初度行幸」の先例に叶うものと記している。[52]

慣例的な行幸は、年中行事的な一種の「まつりごと」であり、先規が重んじられるのは当然といえようが、後になるとさまざまな理由により、先規を守ることも難しくなっていった。しかし、この『兵範記』の記事は、平安末期においても、なお、朱雀大路という儀礼的空間と、先規に従うことに対する強い志向があったことを示すものといえよう。

この朱雀大路は、その形態からみても、もともと儀礼的性格の強い空間であるといえようが、『小右記』の治安三年（一〇二三）六月十一日の記事、すなわち「上達部及諸大夫令曳法成寺堂礎。（中略）或取坊門　羅城門左右京職　寺々石云々。可歎可悲。不足言。」の示す状態が、実資の誇張ではなく、また道長の個性に基づく一時的なものでもないとすれば、十一世紀の初め頃には、すでにかなり荒廃していたと考えられる。その荒廃の程度ははっきりしないが、前に述べた康和四〜五年の鳥羽行幸例から考えると、少なくとも十二世紀以後では、道としての一般的機能は朱雀大路よりも大宮大路の方が優れていたと判断される。そして大規模な「作路」などの行われない方違行幸などでは、当然大宮大路が選ばれたものであろう。

朱雀大路の儀礼的性格は、著しく広いということ以外実質的な形態は失われていった。それは京師そのものの儀礼的形態や朝廷の儀礼の衰退と軌を一にするものである。しかしなお、行幸のもつ儀礼的性格が、十二世紀半ばにおいても、朱雀大路を志向させたのが仁安四年の行幸例であったということができよう。さらに、朱雀大路とより密着した儀礼である大嘗会の標山引きは、規模を縮小しつつも中世まで朱雀大路で行われている(53)。だが一般に、実質を失なった朱雀大路は、広大なるが故にかえって荒廃の度合を深めていったに違いない。すでに仁安三年（一一六八）の大嘗会を目前にして出された宣旨には、朱雀大路が田畑などに侵奪され、あるいは荒廃している様子が認められる(54)。

朱雀大路が用いられなくなっても、先例、とくに吉例が重んじられた。これは先規を重んじるという儀礼的性格が、その一つの要素となってはいようが、この場合には、むしろ、さまざまな行動をそのときどきの吉凶と結びつけて考える陰陽道的な思想が、大きな要素となっているものと思われる。行幸とは限らないが、行動例とそれに関連する吉凶事が折に触れて論じられていたようである(55)。またそれは、朱雀大路という絶対的な路次が失われた後の、一つの拠り所となっていたともいえよう。

路次の決定に関係する第二の要因としては、この陰陽道思想に基づく時間空間的タブーが挙げられる。これは「方忌」にもっともよく表わされているもので、この思想は、とくに摂関期以後盛んになり、天皇を頂点とする貴族達の生活にさまざまな規制を与えていた。

行幸の場合、行幸の日と出御の時刻および方角が、陰陽師によって定められた。具体的な資料はないが、路次の決定にも陰陽師などが参加したものと思われる。

当時の方位は、円周の等分、すなわち角度の等分によって定められるのではなく、正方形の各辺の等分によっ

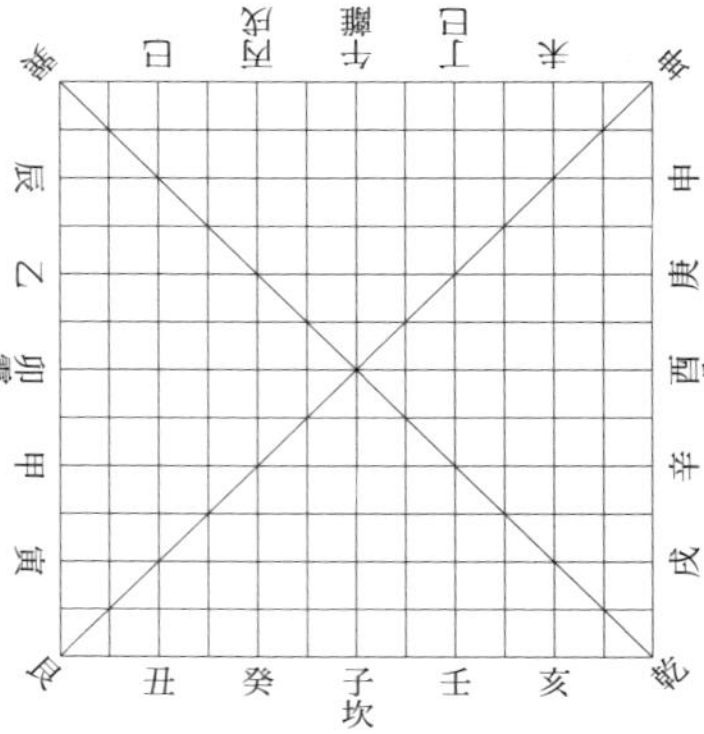

図９　拾芥抄所収方角図
（増訂故実叢書）

て求められていた（図９）。これは京師全体の計画とも関連する「天円地方」の思想に基づくものと思われるが、少なくとも正しい方位で定間隔に割られたグリッド・パターンをもつ平安京において、「方忌」といったものを生活に定着させるのに大変都合のよいシステムであるといえよう。つまり、方位は器具などによって測定する必要はなく、起点からの「東行〇町　南行〇町」といった、いわゆる直交座標の数値によって簡単に示されるからである。拾芥抄に載せられた方位図の一つに、多くのグリッドが引かれているのも、故のないことではなかろう（図９）。むろん、このような方位に関する考え方があって、初めて京師のグリッド・パターンができたのかも知れないが、すでに京師全体の幾何学的形態が失われたときになっても、このシステムはなお有効であったといえる。方忌などでは現在の起点と目的地との相互位置関係が重要なのであり、京師全体での位置は問題でなかった筈である。

仁安元年（一一六六）十月十五日に、二十七日に行われる御禊地の点定が陰陽寮によって次のように勘申された。

陰陽寮
　勘申　點定大嘗會御禊地事
乙方　卯與辰之間　二條大路北辺　鴨川西辺

自御在所　東行八百三十丈　京内六百九十九丈　京外百三十一丈
自御在所　南行二百六十丈
右自賢門末　鴨川西辺　至于郁芳門北小路是卯地　自郁芳門北小路　至三條大路北小路
是乙地内也　仍勘申如件
仁安元年十月十五日
陰陽師　菅　野　宗　成
（以下氏名略）[56]

すなわち、御在所を原点として、東行と南行が、ちょうど座標の成分を示すように記され、路と対応させて方位を示している。また『江家次第』の斉院御禊点地の条には、京師の各路と町の丈尺が記され、禊地の位置を直交座標の成分、すなわち東行・南行の丈尺へ、そしてさらに方位へ対応させる便宜がはかられている[57]。

また、このようなシステムは、正しい方位をもって配置された建物においても有効であったろう。鎌倉時代の例ではあるが、方違行幸に当り、九条兼実は自から夜御殿より東門への方角を、東行南行の丈尺によって測っている[58]。東行〇丈、南行〇丈といった行動のパターンは、建物の内部や南庭における儀式にもみられ、儀礼的な行動の一つのパターンとなっていた。

一方、このような方忌などとともに、いろいろな神や死霊生霊の祟り、あるいは穢れなどに対する恐れなども、路次を決める要素となった。平野社行幸など一条大路を西行する場合、平安末期以後には北野社前を通ることを避け、迂回することが多かった。平野行幸では、前にも述べたとおり、知られる限りでは永暦二年（一一六一）

の行幸例から北野社前を迂回しており、治承三年（一一七九）例では、大将軍堂などの前を竹によって塞いでいる。平野行幸以外では、嘉承二年（一一〇七）七月二十四日の堀河天皇の御喪送[59]、大治四年（一一二九）七月十五日の白河法皇の御喪送[60]、さらに仁平三年（一一五三）三月二十七日の守覚法親王の仁和寺への渡御[61]などは、いずれも北野社前を迂回した。行幸と喪送では当然性格は異なるし、またその人の個性によっても差があると思われるので、このような習慣がいつ頃始まったのか、いまのところ明確にすることはできない。一方、鎌倉時代に入っても、資料は少ないが、弘安元年（一二七八）七月十三日の御深草上皇の仁和寺行幸[62]、同じく九年（一二八六）八月二十五日の北山第行幸は[63]、ともに北野社前を方一町にわたって南に迂回している。

北野社前を避ける場合、このように南へ一町の迂回をする例が大部分であるが、永暦二年（一一六一）の平野行幸では、正親町を木辻大路まで西行し、そこから北上してさらに東へ戻っている[64]。

また、平安末期には、喪中の家を避けて通る例も多くみられる。春日・石清水行幸例において、いま知られるその最も早い例は、久寿三年（一一五六）の石清水行幸で、六条大宮で死去した顕輔卿の家を避けて、先例の大宮大路を用いず東洞院大路が路次に使われた[65]。やはり東洞院大路を用いた治承三年（一一七九）の石清水行幸も、『山槐記』によると、喪中の家を避けるための路次とされている[66]。両社以外の行幸でも、久寿三年一月七日の方違行幸、治承二年（一一七八）一月四日の朝覲行幸でも、喪中の家を避ける路次がとられた。とくに前者では、先例の路次も直接喪中の家の前は通らないが、その路次から喪中の家がよく見えるという理由で変更された[67]。また後者では、行幸の当日になって急に路次が変更されたらしい[68]。

一方、このような例は、上皇や公卿達の行動にもみられる。久寿三年二月五日、藤原基実の鳥羽殿からの帰京の路次は、先に述べた顕輔卿の家を避けて、六条大宮の部分を一町東の猪隈小路に依って迂回している[69]。また、仁安四年（一一六九）三月十三日の後白河上皇の高野山参詣でも、七条坊門の左大弁母堂の喪家を避け、大きく迂回して六条大路から朱雀大路に出ている。[70] 治承三年（一一七九）十二月十六日の東宮の西八条第への行啓でも、仏師法橋院慶の死去した錦小路大宮を避け、油小路を四条まで南下した。[71]

鎌倉時代にも、仁治三年（一二四二）十月十八日の大嘗会御禊行幸では、先帝の崩御された閑院前を避けている。[72] また暦仁元年（一二三八）の春日行幸は、大宮大路を南下しているが、三条大路と五条大路の間だけは、一町東の猪隈小路を通っており、おそらく有事の家を避けた結果と思われる。[73]

このような習慣がいつ頃から始まったのか、はっきり解らないが、知られる例では平安末期以後に多い。行幸においては、少なくとも朱雀大路が絶対的な路次であったときには考えられないことである。おそらく、平安中期以前には、有事の家を避けることは、必ずしも一般的なことではなかったのではあるまいか。

また、これが喪家の門前を避けるのか、家の周囲全体に適用されるかもはっきりしない。例は異なるが、祭に際し神輿が皇居前を通る場合、天皇は他所へ避けられるのが例であるが、一条殿を皇居とした後一条天皇は、一条殿に北門がないという理由で一条大路を渡る神輿を避けなかった例がある。[74] しかし一方では、前に述べたように、ただ喪家が見えるという理由で路次を変更した例もあるので、その規準は認め難い。また、それがどの程度の人々にまで適用されるか、さらにその期間はどれだけかということも不明確である。さきの治承三年十二月十六日の東宮行啓においても、『山槐記』は「佛師法橋院慶去四月於錦小路大宮入滅　被去件所前也　此事先月大進來之時予所示合也　去十月中宮行啓之時令過件所給　無沙汰歟　或人云　故鳥羽院被仰云　申除服以後不憚也者　然而先々一周忌之間皆所憚來也」と記しており、[75] また治承四年（一一八〇）五月二十二日の大内から八条坊門櫛笥二品亭への行幸についても同様な論議を述べている。[76] このように、一周忌という一応の基準があったとしても、絶対的なものではなく、個人の考え方によっても異なる、むしろ私的性格の強いものと考えられる。大治五年（一一三〇）九月十四日に、鳥羽上皇が広隆寺から還御した際、三条油小路を避けて姉小路に依り迂回したが、殆んどの者はそのまま三条大路を直行している。(77)また、北野社の前を避けるのも、必ずしも行幸に供奉するすべての者とは限らなかったようである。(78)このような習慣は、本来私的な性格の強いもので、正式な行幸にまで適用されるようになったのは、朝廷の儀礼そのものの私的性格化によるものではなかろうか。

このように、有事の家を避ける場合も、路次を大きく変更する場合と、その部分だけ局部的に脇道を迂回する場合とがある。行幸や御幸の場合は多くは前者で、おそらく小路を通ることを避ける意味があったのであろう。しかし、前に述べた鎌倉時代の、暦仁元年の春日行幸の路次は、後者の例に当るものと思われる。これは、時代による変化とも考えられるが、資料が少ないので断定はできない。出発の地点にもよるが、小路を通ることを避けず、また、やや姑息的な感じを意に介しなければ、後者の方が迂回の距離の少ない、より合理的な方法といえよう。前に述べた久寿三年二月五日の基実の路次も、この方法によるものであった。

いずれにせよ、このような行動は、京師のグリッド・パターンに裏付けされたものであった。

このように、都市内における行動も、先規を重んじる儀礼的志向や、陰陽道的タブーによって、さまざまな規制を受けていた。一方、とくに行幸において、不動の路次というべき朱雀大路が捨てられた後は、考えられる多くの恣意的な路次に、かえってこれらの規制が、ある秩序を与えるものであったともいえよう。しかしそれは、儀礼の私的性格化を促す性格をも有していた。

そして、その私的性格化をさらに進めた要因として、第三番目のいわば世俗的要因が挙げられる。(79)一般の行動においては、この要因の占める比率は当然大きかったであろうが、行幸のような儀礼的行事には、この要因の入る余地は、とくに平安中期以前には少なかったに違いない。しかし院政期になると、行幸の路次さえも、上皇の私的な要求によって左右されるようになった。前にも触れた寛治五年（一〇九一）の稲荷行幸では、院宣により、白河上皇の見物する万里小路を通ったが、『為房卿記』によると、行幸路に小路を用いたのは前例のないことであった。また『中右記』によると、その時関白師実はその路次をとらなかったが、(80)あるいは一種の抵抗であったのかも知れない。行幸には大路を用いるという原則が、上皇のまったく私的な要求によって破られたことは、院政という政治形態をよく示す事件であるとともに、一方このような行幸の儀礼的性格の変質と秩序の破壊は、同時に、大路・小路といった古代都市空間秩序の崩壊を意味するものである。むろんこのような崩壊が、この事件によって突如として起ったわけではないが、それを象徴する事件であるといえよう。

久安五年（一一四九）の稲荷行幸に際しても、東洞院大路を南下してきた行列は、上皇の見物する小六条殿前を通るため、五条大路と六条大路の間だけは一町西の烏丸小路が用いられた。(81)これは喪中の家を避けるのと同じパターンの行動であるが、まったく異なった要因に基づくものである。このほか、上皇の見物に基づいて路次が組まれたり、あるいは変更されたりした例は多い。永久元年（一一一三）十月十一日の鳥羽天皇の松尾行幸でも、上皇の見物する三条殿前を通るため、大炊内裏から一度三条大路まで下り、桟敷前を通って再び二条大路に戻るという迂回を行なっている。(82)また、治承三年（一一七九）の石清水行幸の路次もその例である。(83)このように上皇の見物が重視される風潮とともに、天皇とその行幸自体の権威は衰退してゆき、供奉する人数も減少していった。治承二年（一一七八）の春日行幸では、供奉する公卿達の多くは、途中から車で勝手に宇治路へ向っている。(84)また、上皇の見物する場所だけ行列に加わるものも多かったらしい。鎌倉初期の例だが、建久二年（一一九一）十二月八日の御鳥羽天皇の松尾行幸に関し、『玉海』は「近代晴行幸供奉之上下　只出レ自二院桟敷左一入レ自二同右一

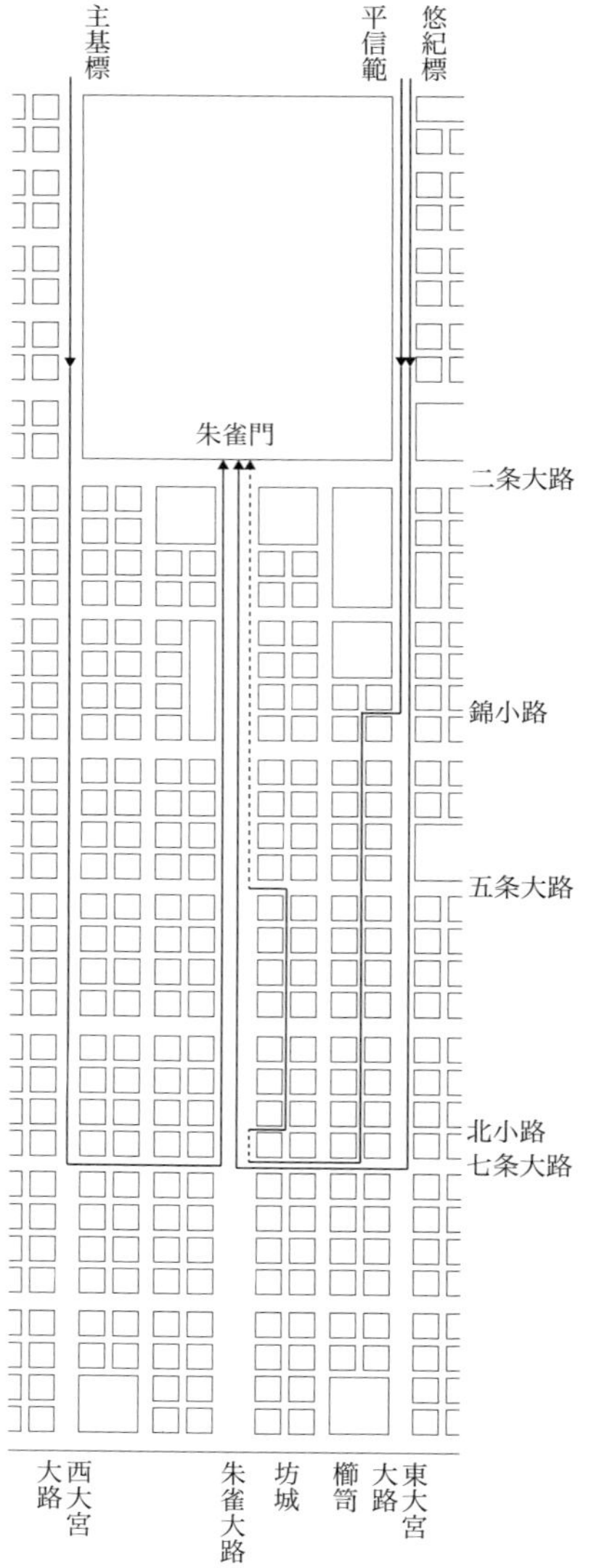

図 10　仁安 3 年大嘗会、標山と平信範の路次
（信範の実線は乗車、点線は歩行）

仍於二彼辺両三町之外一見物之輩ハ僅見二十分之一一云々　人々不忠以レ之可レ知」[85]と述べている。このときも、三条烏丸の桟敷前を通るため、閑院から出御して一度二条大路を逆に東へ向い、東洞院大路、三条大路、大宮大路を経て再び二条大路に戻り、そこから西へ向うという大きな迂回を行っている。『玉海』は、その路次を述べ「已上経□院御桟敷一犯道及二廿町一云々」と記している。

また、とくに平安末期以後にみられる合理主義的傾向も、路次を決める要因になっていたと思われる。大きな視点から見れば、朱雀大路が捨てられたことも、他の古代からの儀式における合理主義的省略などと同じ意味をもつものであろう。この傾向は、宮廷の権威の衰微、儀礼の私的化などとも関連し、右京の衰微や朱雀大路、朝堂院の荒廃、さらには京師の律令都市的形態の崩壊を招くものであった。『今昔物語』にも、平安後期には「古

代の心」が失われ、より合理主義的になったことを示唆する記事が見られる。(86)

仁安三年（一一六八）十一月二十二日の大嘗会の標山引きには、平信範は行事を勤めたが、標山の路次と彼の行動には平安末期の儀礼における、公的性格と私的性格の混乱や、合理主義的傾向がよく窺われると思う（図10）。(87) 悠紀の標山は、北野の斉場所を出て、東大宮大路を南下し、七条大路に至って東行、七条朱雀において西大宮大路を下ってきた主基標と合流し、朱雀大路と並んで北上した。行事を勤める信範も、車に乗って東大宮大路を南下したが、錦小路に至って一町だけ西へ行き櫛匣小路を七条まで下った。これは四条大宮の九条院御所前を避けるためであった。(88) さらに七条大宮を朱雀大路に出て、主基方と相並び歩いて朱雀大路を北上し始めたが、歩行したのは一町のみで、北小路から「密々乗車」し、一町東の坊城小路を五条大路まで上り、そこから再び朱雀大路に出て行列に加わったが、これには「依長途無術　頗略歩行也」と述べている。当時の日記が、儀式などの次第を後世に伝え、人に読ませるという性格をもつものとすれば、このような信範の行動は、当時においては非難さるべきものではなく、極く当り前の、むしろ合理的行動であったのかも知れない。そして、この行動もまた、京師のグリッド・パターンに裏付けられたものであった。

三―二　大路と小路

平安京の京制においては、京内の路に大路から小路に至るヒエラルヒーが存在しており、形態的にはその広さと築垣の高さで示され、その頂点にあるのが朱雀大路であった。このヒエラルヒーは、宮城を中心とする幾何学的な位置に基づいて組み立てられていた。(89)

少なくとも当初の京制においては、大路は往還であるとともに、各坊を厳しく分離すべきものであり、各坊は形態的にそれぞれ独立した存在であった。大路は「渡る」べき場所であり、一様な坊垣で画された大路には、そこに出ること自体を目的とさせるような、都市空間としてのアミニティーは存在しなかったであろう。

朱雀大路は、宮城と京外を結ぶ儀礼的空間であり、行列道路的性格をもっていたが、同時に、左右の京を正しく相隔つべきものであった。貞観四年（八六二）の太政官符には、「朱雀者両京之通道也　左右帯垣人居相隔」[90]とあるが、この表現は、儀礼的空間としての朱雀大路の自律性を示すとともに、積極的に相隔つべき両京があって初めて完全な都市であるといった考え方を示唆している。[91]羅城門における大祓も、門外の道に左右京の坊令坊長姓らが相対して並んで行われることになっていた。[92]したがって左右京の対称性が実質的に失われてくると、朱雀大路の存在意義も、その大きな部分が失われたといえよう。

朱雀門も、儀礼的空間を飾る要素として、象徴的な性格が強い。この門は大祓などには用いられているが、出入りには行幸の場合でも脇門が使われることが多かったようである。『西宮記』には「行幸之日　乗輿若出自朱雀門者　可用腋門」とあり、延喜十六年（九一六）の例を挙げているので、かなり古くからの慣例であったと思われる。[93]また路次の知られる、長元十年（一〇三七）の石清水行幸、康和五年（一一〇三）の朝覲行幸でも、いずれも朱雀門の東脇門から出城しており、朱雀門そのものを通った確かな例は見当らない。一方少なくとも平安後期には、朱雀門は庶民達の涼みの場などに用いられていたらしい。[94]

各坊を相隔てるという性格の強かった大路は、とくに夜ともなれば、盗賊や悪鬼の跳梁する場所であった。朱雀大路は、すでに貞観四年の太政官符にみられるように「盗賊の渕府」となっていたし、『今昔物語』には、大宮大路や一条大路、二条大路などで、夜盗や百鬼群行に出会った話や、大路に出た者が、夜中どの家にも入れてもらえず凍死した話などがみられる。[95] また『今昔物語』などで、一般的な名称として「大路」が使われているときは、暗くなって「大路」に出た妻に狐が化けた話や、死んで「大路」に棄てられるとか、[96]「大路」をまったくの「外」とする考え方が強く感じられるものが多い。これは必ずしも京中の大路を指すものではなく、「大路」という語のもつ一般的性格を示すものであろう。しかし京中の「大路」を、一般の「大路」と分けて、それを都市の内部空間とする考え方も見られない。

一方、行幸や祭の行列などは、大路を用いることを原則としており、大路に公的な性格を与えていた。さらに大路は、さまざまな禁忌を免かれ「天下の公道」的性格をも有していたと思われる。仁平三年（一一五三）四月、左大臣頼長の女が宇治で死去した際、死人を乗せた車が宇治橋を渡ることが来月の祭の神輿の通過に憚りがないか、宇治の古老に訪ねたところ、「雖無先例　依准大路　不存禁忌」と答えている。[97] これが京内の大路にも適用されるかどうか、直ちに判断はできないが、「首」が京内の大路を渡ったりしていることをみると、同様に考えてもよいのではなかろうか。ただし、それは喪中の家の前を避けることとも関連して検討する必要があろう。

大路を通るときは、一応身分のあるものは車か馬で通るのが普通であったようである。『今昔物語』にも「五位許ノ者」が、「昼中ニ大路ヲ歩ニテ」七八町も走ったのを見て、人々が大いに笑ったという話がでている。[98] 乗車に関しては、古くから多くの禁制が出されていたようだが、剣璽の渡御の際、筵道が敷かれたのも大道が車馬の行路であり、神物をもって歩行するのはおそれ多いといった理由からであったようである。[99]

小路については、その性格を示すような資料は少ない。『今昔物語』に、ある島に漂着して大蛇に助けられた漁人が、後にその島に永住して繁栄する説話があるが、その中で、島を垣間見た者が「髣ニ見シカバ　其嶋ニハ人の家多ク造リ重テ　京ノ様ニ小路有ゾ見ヱシ。人ノ行違フ事数有キ」と語っている。[100] ここで用いられている

「小路」は、家の建て込んだ繁華な市街を示唆するものと思われる。それは恐らく当時においては、平安京以外にはあまり見られない都市建築の形態であったに違いない。この「小路」は、築地塀に囲まれた大邸宅のある小路にも適用されるものとは思われない。しかし、このような「小路」の使われ方が、当時一般的であったかどうかは、他に例が見当らないので明確ではない。

模式的に考えると、当初の平安京には、各坊を相隔てる往還としての「大路」と、建物と密着した「小路」とが、それぞれ機能を厳しく分かち合って存在していたといえよう。しかし実際には延喜式に見られるような京制が、どの程度完結していたか疑問であるし、また平安時代を通じてかなり早くから、当初の形態が崩れていったことも知られている。朱雀大路は十一世紀の初めにはかなり荒廃しているし[101]、『今昔物語』にも、延喜式に示された制度が、必ずしも守られていないことを示す記述が見られ[102]、さらに年中行事絵巻には、大路に面する町屋と思われるものが描かれている[103]。

このように、京制の衰退とともに京全体の幾何学的形態に基づく儀礼的性格は失われてゆき、朱雀を頂点とする路のヒエラルヒーも、行幸例も示すように、より実状に則した大宮、東洞院、二条、七条などを軸として再編されていった。景観的にも、大路と小路の厳密な差異は薄れてゆき、邸宅地、商業地といった都市機能に即した再編がなされ、のちには、大路と小路は必ずしも路の大小を示す言葉でなくなっていった。そして、とくに小路を軸とした商業地域の発展と、その大路辺への進出が、以前には見られなかった新しい街路と、都市空間としての密度の高さを造り出していった。また、このような街路建築の発展は、かっての坊単位の居住区を分解し、中世の町を形成してゆく原動力の一つとなった。

中世においては、商工業地と純住宅地は、なお混在している例が多いが、身分制と居住形式の一致をみる近世城下町では、両者は町地と武家地に厳しく分離されるのが普通であった。この場合、商工業地域を「町」と称し、武家の居住地を「小路」と称することがあったが、この使われ方は、さきに述べた『今昔物語』における使われ方とむしろ逆のように思われる。その間の変遷の過程は明らかでないが、武家地としての「小路」が平安京のそれと繋がりをもつものとすれば、敷地あるいはロットを主体とする武家地の住居形式と、平安京の本来の形式との一致に求められよう。景観的には、両者ともに築地などで画された路である。近世の武家地に対し「坊」の字を当てて「こうぢ」と呼んでいる例もある。また固有名詞として公家の家名にされた「万里小路」「武者小路」などが、屋敷地ということと関連して影響を与えたことも考えられよう。

近世には、さらに「広小路」などの用例があり、小路の概念も必ずしも一定していないが、そのような混乱は、古代から中世にかけて、小路を軸として発展した商業地が、都市機能に基づく再編成の下に都市の中心的位置を占めるに従い、都市空間において生じた、古代的ヒエラルヒーの逆転ともいえる変化を示すものではなかろうか。

三―三　見　物

行幸やその他の行列の見物は、当時においては重要な娯楽の一つであったと思われる。『枕草子』にも「見ものは　臨時の祭。行幸。祭のかへさ。御賀茂詣。」（二一九段）とあり、さらに「行幸にならぶものはなにかはあらん。」（二二二段）と述べている。とくに院政期には、上皇の見物が行幸の路次などにも大きな影響を与えた。康治元年（一一四二）十一月十五日の大嘗会では、標山が上皇の御幸を待たずに朱雀門内に引き入れられてしまったので、関係者を糾問している。[104] また、天仁元年（一一〇八）の大嘗会では、藤原宗忠は遅ればせながら朱雀門へ車を馳せたが、すでに標山は引き入れられており、「甚遺恨也」と記している。[105] 庶民達にとっても同様で、年中行事絵巻には、その様子がいきいきと描かれている。

上皇などの見物は、主として道に面して造られた桟敷でなされることが多く、[106] 平安末期には、大規模な桟敷殿と称されるようなものも造られるようになっていた。仁安三年（一一六八）の御禊行幸見物のため新造された上皇の桟敷は五間四面であった。[107] しかし、この二年前の仁安元年の御禊のときも、上皇のための桟敷が新造されており、[108] これらが常設のものとして造られたかは疑問である。川上貢氏は、この五間四面の桟敷などは、当時の主要殿舎である寝殿と建築的には大差ないものであろうとされている。[109] 都市の観点からみると、このような大規模な建物が、とくに築地と関連して、どのような位置に建てられたのかが問題となろう。

寛和二年（九八六）十月二十三日の御禊行幸に際して、宮達は「東三条のきたおもてのついぢくづしておほんさじきさせ給て」[110] 見物した。「おほんさじき」は仮設のものに対比させた語と思われるが、具体的な形態はわからない。一方、元暦元年（一一八四）の御禊行幸に際しては、三位入道俊盛に院桟敷の新造が命ぜられたが、中山忠親は、時節柄新造は困難であるとし、この寛和二年の例を引いて、東三条殿の築地を壊して既存の建物を桟敷に利用するよう進言している。[111]

このことは、逆に築地を壊さないで造る桟敷と、それが少なくとも御禊行幸見物の上皇桟敷では一般的であったことを示唆するものであろう。その場合、築地の内部または上部に高く造るか、あるいは路上に造ることが考えられる。

築地に高く造りかける桟敷は、『古今著聞集』に見られるが、[112] この桟敷はおそらく小規模のもので、前記の五間四面などのように寝殿と大差ない大規模のものが、このような形式で造られたとは想像し難い。一方路上に建

図 11　年中行事絵巻　住吉本第 16 巻

てたとすると、それを常設のものと考えるのは難しい。

御禊行幸の路次は、平安後期には二条大路に定まっていたらしく[113]、また二条大路は主要な通りであったので、常設の桟敷もあったとは思われるが、一代に一度の盛大な儀式という御禊行幸の性格から考えると、その見物のための上皇桟敷などは、むしろ新造されるのが慣例であったと思われる。さきの『山槐記』の記事や、鎌倉期ではあるが、正安三年（一三〇一）の御禊行幸見物の桟敷が、翌年伏見殿に移されて遊義院御所の寝殿とされていることなどは[114]、それを示すものであろう。これらの桟敷は、建築的には仮設のものとはいえないが、位置は一時的なものであり、したがって路上に建てたとも考えられる。

しかし、年中行事である加茂祭の見物桟敷や、行幸例で述べたように、しばしば上皇などの見物が行われた六条殿（東殿）や三条烏丸などには常設の桟敷が造られていたに違いない。年中行事絵巻、住吉本第十六巻には、加茂祭の見物桟敷が描かれており（図11）、福山敏男氏は、これを院、女院などの桟敷とされているが[115]、礎石や築地との関係から見ても常設のものであろう。鎌倉時代においては、嘉禎三年（一二三七）の加茂祭に際し、九条道家が築地を壊して造

図12　年中行事絵巻　田中家蔵別本第3巻

った七間一面の桟敷や[116]文応元年（一二六〇）に八間のものを一〇間に拡張された院桟敷などは[117]、常設のものに違いない。

見物のための桟敷は、皇族や上級貴族だけではなく、一般にも多く造られている。承暦三年（一〇七九）四月二十二日、播磨守山階為家は、加茂祭見物の桟敷が過美であるとして、関白師実から勘当を受けたが、この桟敷は一〇間であったという[118]。また師実は、永長二年（一〇九七）三月の春日行幸を三条南大宮東の懐信法眼房桟敷で、同じく四月二十六日の祇園行幸は三条高倉の左衛門督桟敷で、密々に見物している[119]。この二つは、あまり規模の大きくない常設のものを想像させる。治承三年（一一七九）三月十五日の平野行幸でも、中山忠親は、一条南堀河に桟敷を構え密かに見物した[120]。この桟敷は、仮設のものかも知れない。

年中行事絵巻には、このような見物桟敷がいくつか示されている。さきに述べた加茂祭の桟敷は、四足門の両側の築地の位置に造られた七間と九間のもので、七間のものは片側に、九間のものは両側に、半間の出入口があり、おそらく路上の牛車から直接入るようになっていたものであろう。柱は礎石に建てられ、長押も打たれているが、柱は角柱のようであり、地覆がおかれた地面ま

図13　年中行事絵巻　鷹司本第13巻

で壁になっている。その奥行きや屋根はわからないが、おそらく路上の見物を唯一の目的とした常設の建物といえよう。田中家蔵別本の第三巻にも桟敷がみられるが（図12）、これも築地の一部に造られたものだが、間口三間で板葺の小規模なもので、柱も掘立てらしい。開口部には蔀が設けられ、その下部は網代の壁となっており、外からの出入口は設けられていない。このようなプライベートな桟敷は、他にも多く設けられていたのであろう。師実が行幸を密かに見物した懐信法眼房や左衛門督の桟敷も、このようなものではなかろうか。一方、鷹司本第十三巻の斉院御禊の中程にみられる五間の桟敷などは、独立して建てられているように見える（図13）。この五間の桟敷は、左三間に垂布が下げられ、それらの様子から身分の高い人々の見物桟敷と見受けられるが、壁は網代で、仮設的なものかも知れない。右方に端部の描かれている築地が、つながっているとすれば、この桟敷は路上に建っていることになる。正面に特別の入口はないが、同じく第八巻の春日詣の部分には、車を正面につけて、踏板のようなものにより、直接出入りするらしい様子が描かれている。また、この両巻には、二層になった桟敷もみられる（図14）。

図 14　年中行事絵巻　鷹司本第 8 巻

一方、小規模で粗末な桟敷もあったらしい。鎌倉初期の例ではあるが、建暦元年（一二一一）の御禊行幸の際には、馬が見物桟敷に馳け入り、それを引きずったという。[121] また嘉禎元年（一二三五）の御禊行幸を藤原定家が見物した桟敷は、「殊不法　葺板不合[122]」といったものであった。また年中行事絵巻には、一般の民家からの見物も多く描かれており、中には土間の部分に仮説的な床を張っているものも見られる（図15[123]）。

平安末期には、このような常設仮設のさまざまな桟敷が多く造られており、いわば街路建築の一種として、都市空間を造る重要な要素の一つとなっていたと思われる。[124]

また車による見物も多く、大嘗会には朱雀大路に見物車が参集し、標山とぶつかって事故を起した例も見られる。[125] 行幸に際しても、源経信は永保元年（一〇八一）の春日行幸を朱雀辺に車を立てて密かに見物した。[126] 行幸や御幸の見物には規制があったと思われるが、具体的にはわからない。延慶三年（一三一〇）十月六日の後伏見上皇の石清水御幸の記事には、「路頭例見物車数多　近来法不制止也[127]」とあるが、平安時代でも長承元年（一一三二）九月の鳥羽上皇の平等院御幸では、「見物東（車ヵ）無隙」となり[128]、

図 15　年中行事絵巻　住吉本第 12 巻

仁安四年（一一六九）三月の後白河上皇の高野山御幸でも、「見物人々連車置並　道路爲市」[129]という状態であった。年中行事絵巻の朝覲行幸でも、かなり自由な見物の様子が描かれている。祭の行列見物などはさらに自由で、屋根の上から見物する者もあり、今昔物語にも、頼光の郎等らが加茂祭の行列を女車で見物しようとした話や、ある翁が見物の場所を確保するため、一条大路辺に札を立てた話などがみられる[130]。

しかし、行列など大路における行事は、古くは貴族達の独占するところのものであった。庶民にとっては、その行事が儀礼的性格の強い行幸であろうと、あるいは祭であろうと、それらは等しく見物の対象としての「お祭り」的なものであったに違いない。一方、貴族社会の中においても、のちには、行幸路次が見物のために変えられるなど、大路で行われる儀礼的行動を見物の対象として、いわば「お祭り」化する傾向がみられる。それは築地を壊したり、路上に進出して造られた桟敷や、車などからの見物という行為を通じた、都市空間への積極的な働きかけともいえるものであり、同時に延喜式的都市空間の解体と結びつくものでもあった。

一方、平安末期から中世になると、大路での行列といった行事も、必ずしも貴族の独占するものではなくなり、祇園会の山桙巡行のように、庶民も主役として参加するようになった。このことは、庶民の生活と都市空間の新しい繋がりと、それに基づく中世的都市空間への展開を示すものであろう。

小結

平安時代における京師の変遷には、二つの転換期が考えられる。一つは十一世紀の初めで、政治的には藤原氏の全盛期に当り、法成寺の造営のため羅城門や坊門の礎石が持ち去られた事件に象徴される。他の一つは、十一世紀から十二世紀へ移る時期で、政治的には院政の開始期に当り、白河上皇の院宣により、行幸路次に先例のない小路が用いられた事件に象徴されよう。朱雀大路は前者の時点において、その儀礼的形態を失い、後者の時点においては、行幸路次としても放棄され、その象徴的な意味も失われてしまった（図16、17、18）。

そのような過程において、京師を支配していた幾何学的形態に基づく空間的ヒエラルヒーは分解してゆき、いくつかの都市的中心とそれを結ぶ路を軸として、より都市生活の機能に則した再編が行われていった。一方、大路と小路といった区別も、延喜式に見られるような性格を失ってゆき、道の大小を示すものから、次第にある都市空間的性格を示すものになっていった。その過程においては、いわゆる街路建築の発展が、大きな要素として働いたと考えられる。

行幸においては、絶対的路次であった朱雀大路が放棄されると、陰陽道的な要素や、見物といった世俗的要素が、その路次を決める重大な要因となっていった。これは、行幸に限らず、都市内における他のさまざまな行動

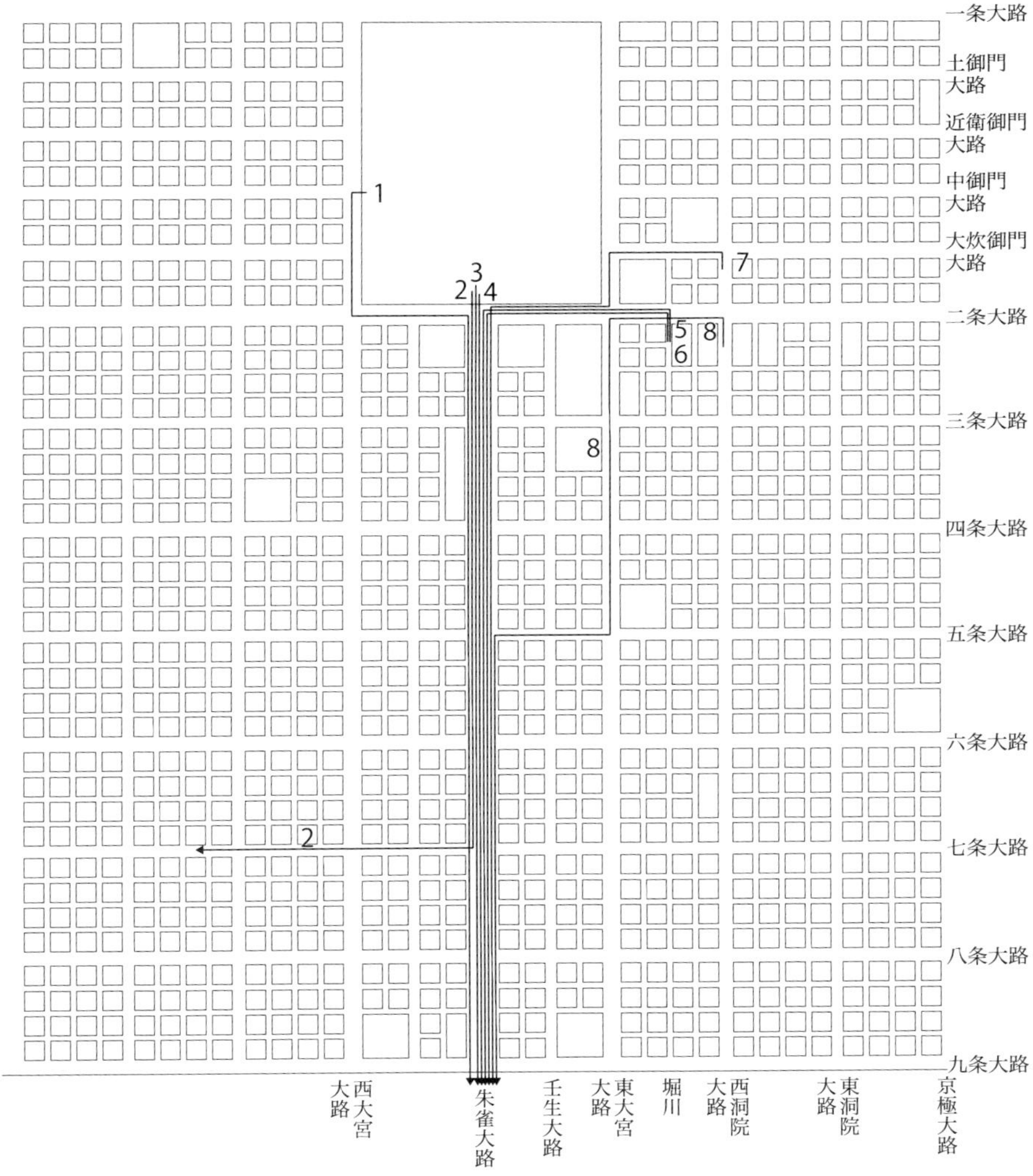

図 16　春日・石清水行幸路次（～ 1100）

1 春　日	989.3.22	5 石清水	1088.3.9
2 石清水	1037.3.9	6 春　日	1089.3.11
3 石清水	1081.10.14	7 石清水	1095.3.29
4 春　日	1081.12.4	8 春　日	1097.3.28

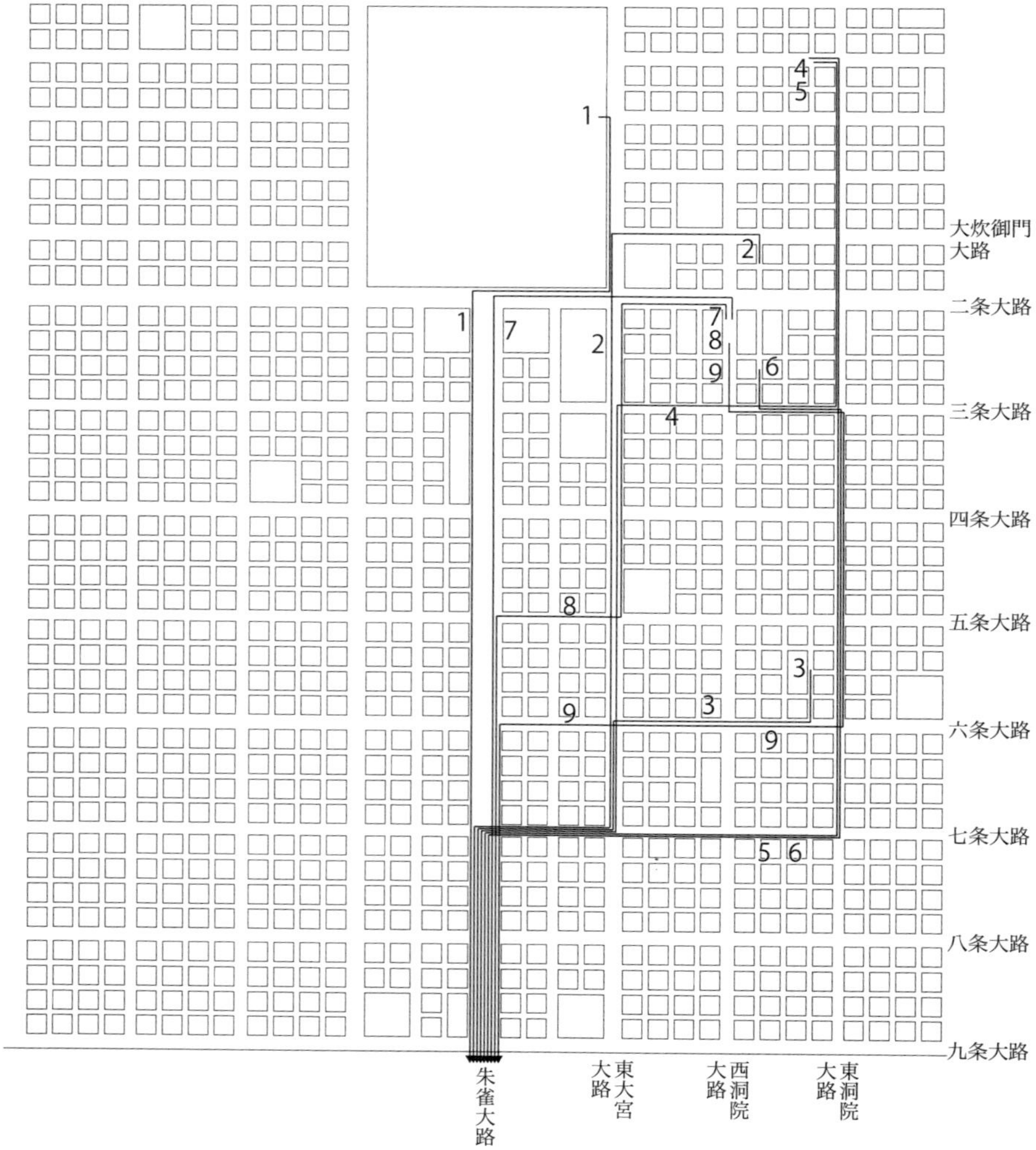

図 17　春日・石清水行幸路次（1101 〜 1185）

1 石清水	1103.11.5	6 石清水	1156.3.10
2 春　日	1111.2.11	7 石清水	1169.4.26
3 石清水	1111.11.4	8 春　日	1178.3.22
4 石清水	1120.2.20	9 石清水	1179.8.27
5 春　日	1147.2.22		

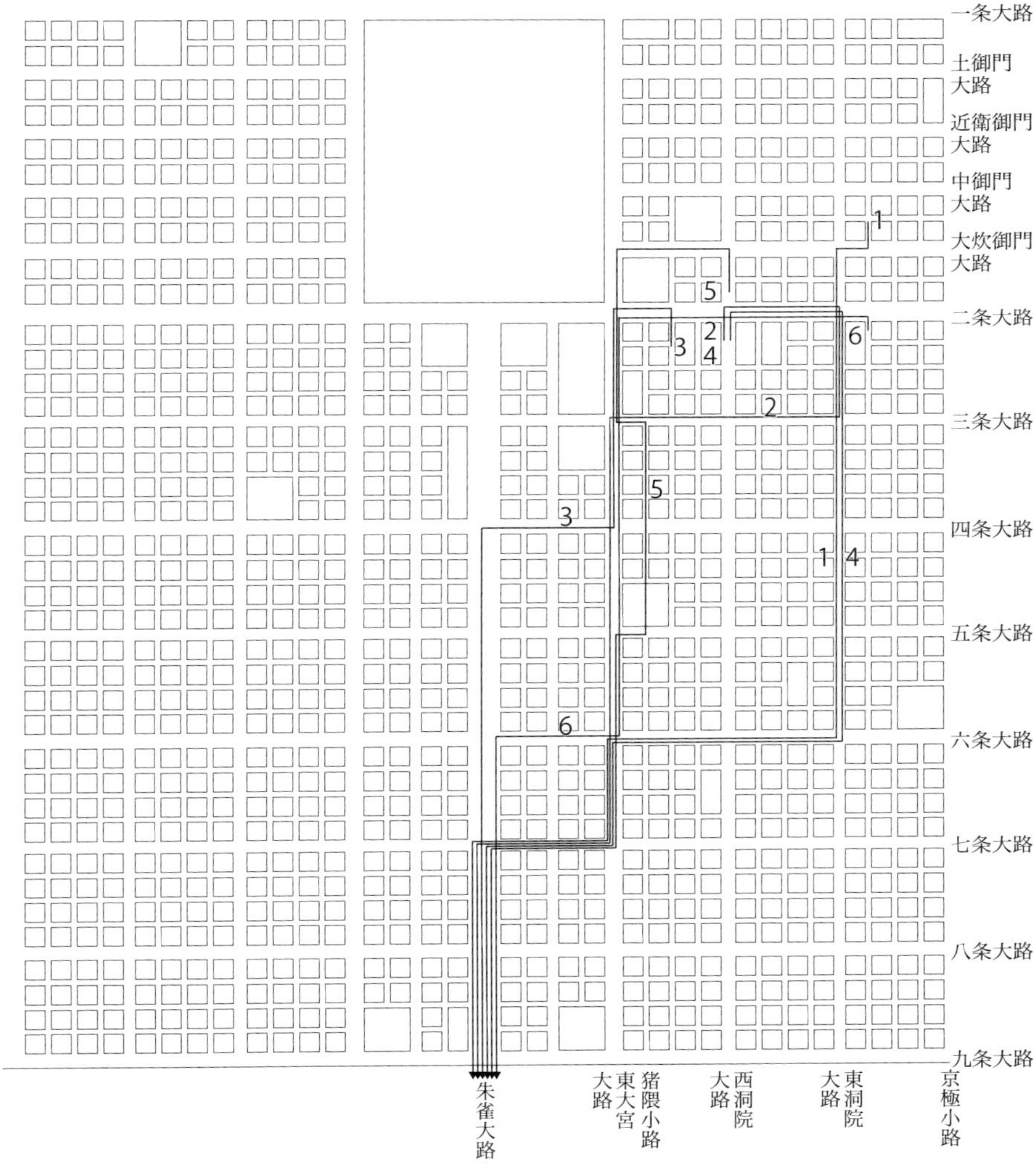

図 18　春日・石清水行幸路次（1186 ～）

1 石清水	1187.11.7	4 石清水	1204.11.3
2 春　日	1189.10.29	5 春　日	1238.3.28
3 石清水	1196.10.27	6 春　日	1286.3.27

についてもいえることである。そして、それらの行動は、正しい方位をもつ京師のグリッド・パターンに支えられるところが多かった。逆にこのような京師の形態が、主として貴族達の生活や、「東行南行」といった行動のパターンを形成していたものともいえよう。したがって、平安京を離れることは、その行動秩序の崩壊を意味していた。治承四年（一一八〇）の福原新内裏への行幸に際する路次の宣下には、そのようなとまどいが感じられる[131]。

しかし、この時期に必要とされたものは、京全体の幾何学的形態ではなく、ただ等間隔に直交した路のシステムであった。「方違」などの考え方も、起点と目的地との相互の位置関係が重要なのであり、その意味では、平安末期の京師の空間は、井上充夫氏のいわれる[132]、解析幾何学的空間秩序から位相幾何学的空間秩序への移行を示すものといえよう。そして、それはわが国の都市空間の特色の一つとなっていった。

中国大陸から導入された都市造型理念に対する関心は、結果的には、むしろ細部的なものに向けられていたといえよう。

一方、陰陽道的タブーは、複雑化することにより、その不合理制を露呈していったと考えられる。鎌倉時代の例であるが、約半月の間をおいて行なわれた、冷泉富小路第から宮城への行幸でも、すでにその路次は異なっており、しかも、いずれも最短距離ではない[133]。また宣下路次を間違って進んだ例でも、むしろ宣下路次の方に無理な不合理さが感じられる[134]。これらを直ちに陰陽道に結びつける資料はないが、その路次決定に、他の要因もいまのところ考えられない。

平安京の延喜式的京制の衰退は、築地で画された一律的な都市空間に変化を与え、一方、儀礼の私的性格化と、それに伴なう「お祭り」化は、その空間にさまざまな表情を付加してゆき、ある種のアミニティーを造り出していったと考えられる。それは、ある意味では人々の都市空間に対する積極的な参加であり、生活と密着した都市空間の創造に繋がるものであったといえよう。

註

1 『本朝世紀』のそれぞれの日付の記事による。行幸日時定についての記載はないが、『台記』の記事（一月十九日）から判断すると、一月十八日に行なわれたと思われる。
2 『本朝世紀』久安五年八月十日条（国史大系）。
3 川上貢氏が指摘されているように、『山槐記』（久寿二年九月二十六日条）は高松殿を「西礼」としている（川上　貢『日本中世住宅の研究』一九六七、八頁）。
4 『山槐記』久寿三年三月十日条（史料大成）には「出御左衛門陣南行　三条東行」とある。
5 『中右記』嘉保二年三月十二日条、同三月十九日条、同三月二十六日条（史料大成）。
6 『中右記』永長二年二月十日条、ただし後で述べるように、行幸路次はこの点地路次と異なっている。
7 『小右記』長和五年一月十四日条　また『宮槐記』も、この筵道は実資公の発議により長和に始まったものとしている（承元四年十一月二十五日条）。
8 『中右記』嘉承二年七月十九日条。
9 『兵範記』仁安三年二月十九日条。
10 『山槐記』治承四年二月二十一日条。
11 『平戸記』仁治三年一月二十日条（史料大成）。
12 『勘仲記』弘安九年三月二十九日条（史料大成）。

13 『庭槐抄』治承三年八月二十七日条 この路次は西洞院を三条大路まで下り、西行して朱雀大路に出たものであるが、一方『山槐記』は、この路次を錦小路大宮の仏師法眼院慶の喪中の家を避けるためのものであったとしている（治承四年五月二十二日条）。

14 『山槐記』治承二年一月四日条「二条東行　洞院東大路南行　三条東行　昨日自宮使庁日　六条東行　而俄改定歟　予不聞及此事　卒爾之間不作路　甚狼藉　三条東洞院依高倉三位事有憚　不令過給歟　京極南行」。

15 『勘仲記』正応元年十月十九日条。

16 『師記』永保元年十二月四日条。

17 『兵範記』仁安四年四月五日条。

18 『石清水臨幸記』（頼親卿記）文応元年八月七日条（群書類従）。『妙槐記』文応元年四月二十八日条。『後深草天皇御記』文永六年八月二十三日条（史料大成）「正安元年新院両社御幸記」正安元年一月二十三日条（続群書類従）。

19 『延慶二年八幡御幸記』（秀長記）延慶二年五月十七日（続群書類従）。『御伏見天皇御記』延慶三年十月六日条（史料大成）。治暦五年（一〇六九）の石清水行幸は、『扶桑略記』によると朱雀院東門前で輿の杁が損じたとあるので、朱雀大路を南下したと考えられるが、七条大路を西行したかどうかはわからない。

20 『公卿補任』によると、顕輔の死去は五月七日となっているが、『兵範記』は四月としている。

21 『兵範記』久寿三年三月十日条、『山槐記』同日条。

22 福山敏男氏の御教示による。旧稿では挙げていないが、御指摘のように、この水流の存在が決定的であったと思われる。

23 内藤昌氏の御教示による。
24 註13参照。
25 『明月記』元久元年十一月三日条、上皇は六条堀河の桟敷で見物している。
26 『宇槐雑抄』保延二年三月二十三日条（群書類従）。
27 福山敏男氏の御教示によると、この部分は、「自㆓大宮㆒至㆓七条㆒、京中不㆑具㆓雑色㆒」と読むべきものであり、それによるとこの「京中」は無理なく理解できる。
28 『兵範記』仁平二年三月十六日条。
29 『中右記』嘉承三年一月二十九日条。
30 『中右記』康和四年一月十九日条。
31 いずれも『中右記』同日付条。
32 『中右記』康和五年一月二日条。
33 『中右記』嘉承二年三月五日条。
34 『勘仲記』弘安九年閏十二月十四日条。
35 『為房卿記』寛治五年十月三日条（古事類苑　神祇部）。
36 『長秋記』永久元年十月十一日条。
37 『玉葉』建久二年十二月日条、右京はすでに路名さえ忘れられる状態であったといえよう。
38 『春記』長久元年十二月二十五日条。
39 『中右記』大治四年十月十九日条。
40 『山槐記』永暦二年八月二十日条。
41 『山槐記』治承三年三月十五日条。

42 『平野行幸次第』(群書類従)。
43 『勘仲記』弘安九年八月二十五日条。ただし、増補史料大成所収の『勘仲記』には二十九日となっているが、二十五日の誤りと思われる。
44 これらの例については、三―一において述べる。
45 『兵範記』仁平二年三月十六日条。
46 『兵範記』保元元年九月二十五日条。
47 『中右記』寛治四年十一月二十九日条。
48 『中右記』寛治六年二月六日条。
49 『中右記』嘉承元年十二月十六日条。
50 『類聚三代格』巻十六　貞観四年三月八日条。
51 一―一、三七頁参照。
52 『兵範記』仁安四年四月五日条。
53 大嘗会には朱雀大路を悠紀・主基両国標を並び引く儀式がある。平安時代には七条から北上していたが、永徳頃からは四条から北上するようになった。前章参照。
54 『兵範記』仁安三年十月五日条。
55 例えば『長秋記』保延元年六月七日条には、御霊会の路次と吉凶の関係を議論した記事が見られる。
56 『兵範記』仁安元年十月十五日条。
57 『江家次第』第六　斉院御禊点也。
58 『玉海』文治三年六月十二日条。
59 『中右記』嘉承二年七月二十四日条。

60 『中右記』大治四年七月十五日条。
61 『兵範記』仁平三年三月二十七日条。
62 『御深草院御記』弘安元年七月□日条。
63 註43参照。
64 『山槐記』永暦二年八月二十日条。
65 『兵範記』久寿三年三月十日条。
66 『山槐記』治承四年五月二十二日条。
67 『山槐記』久寿三年一月七日条。
68 『山槐記』治承二年一月四日条。註14参照。
69 『兵範記』および『山槐記』久寿三年二月五日条、兵範記によると、この迂回は三条坊門から楊梅小路までとしているが、山槐記は五条大路までとしており、両者にくい違いがある。
70 『兵範記』仁安四年三月十三日条。
71 『山槐記』治承三年十二月十六日条。
72 『平戸記』仁治三年十月十八日条。
73 『玉蘂』暦仁元年三月二十八日条（大日本史料所収）。
74 『長秋記』保延元年六月七日条。
75 『山槐記』治承三年十二月十六日条（史料大成）。
76 『山槐記』治承四年五月二十二日条、ここにも喪中の家を避ける期間について、中陰か周忌かの議論がみられる。
77 『長秋記』大治五年九月十四日条、この迂回は為隆卿の家を避けるためであったが、源師時は、これを別当の思い違いだとしている。

78 『平野行幸次第』によると公卿達は北野社前を避けずに乗馬のまま通過している例もみられる。

79 世俗的要因には、最初に述べたような、道がよいとか最短距離であるとかいうものも当然含まれるが、ここでは主として上皇の私的要求に基づくものを取りあげている。世俗的要因という言葉は、必ずしも適当とは思われないが、儀礼的なもの、宗教的なものと対応させて用いたものである。

80 『中右記』寛治五年十月三日条。

81 『兵範記』久安五年十一月二十五日条。

82 『長秋記』永久元年十月十一日条。

83 註13参照。

84 『庭槐抄』治承二年三月二十二日条　実定は「末代之作法　王威如無歟」と記している。

85 『玉海』建久二年十二月八日条（古事類苑　神祇部より）。

86 『今昔物語』巻二十九―十二。

87 『平範記』仁安三年十一月二十三日条。

88 この避けた理由は明らかでない。九条院（藤原呈子）の崩御は安元二年なので、他の誰かがこの御所で死去したのかも知れない。いずれにせよ、標山はそのまま通過したのであるから、むしろ信範の私的な理由によるものといえよう。

89 『延喜式』巻第四十二　左右京職。

90 『類聚三代格』巻十六（国史大系）。

91 滝川政次郎氏は、左右京の制度は陰陽道の思想に基づくものとされている。『京制並に都城制の研究』（一九六七）三四六頁。

92 『延喜式』巻第四十二　左右京職。

93 『西宮記』臨時十（故実叢書）。

94　『今昔物語』巻二十三―二十一、二十四―二十一。
95　『今昔物語』巻十四―四十二、十六―三十二、二十三―十五、二十八―十六・三十一、二十九―八。
96　『今昔物語』巻二十七―三十九、二十八―十七。
97　『兵範記』仁平三年四月二十八日条。
98　『今昔物語』巻二十八―三十二。
99　『小右記』長和五年一月十四日条。
100　『今昔物語』巻二十六―九。
101　前述の『小右記』の記事（治安三年六月十一日条）。
102　源忠理が方違に行った家の大路面は檜垣であった（巻二十九―十二）。また大蔵の寂下の史生、宗岡の高助の家は八戸主で、近衛御門大路面に唐門屋を建てていた（巻三十一―五）。延喜式では坊垣は築地で、大路面に門を開けるのは三位以上と定められていた。
103　絵巻中、場所が大路であり、建物が町屋であると判定することは難しい。住吉本第一巻の京極大路辺の家は門松があり庶民の家と思われるが、その様子から桟敷かも知れない。鷹司本第十三巻は一条大路を描くものと思われるが、土間をもった町屋ふうの建物がある。しかしそこで見物している人々は庶民とは見えない。その他、祭の行列や馬長の行列の絵には町屋が描かれているが、場所が必ずしも大路かどうか判明しない。
104　『本朝世紀』康治元年十一月十五日条。
105　『中右記』天仁元年十一月二十一日条。
106　この平安京の桟敷については、主として当時の或る社会階層の生活との関連、さらに中世における芸能鑑賞の場としての萌芽を予見せしむるという視点からの、林屋辰三郎氏の論文があり、その景観についても述べられている（「平安京の街頭桟敷」一九四六成稿、『古代国家の解体』一九五五）。

107 『兵範記』仁安三年十月二十一日条。
108 『兵範記』仁安元年十月二十七日条。
109 川上　貢『日本中世住宅の研究』（一九六七）八六〜八七頁。
110 『榮花物語』巻三（国史大系）。
111 『山槐記』元暦元年九月九日条。また治暦年にも陽明院が閑院の北築地を壊し、孫廂を新造して見物したことをあげている。
112 『古今著聞集』巻九　武勇第十二「築地に桟敷を造りかけて　桟敷のまへに堀ほりて　其はたに蕀などうへたりけり」（国史大系）。
113 貞観元年には四条大路を用いているが、その後は、いま知れた範囲では二条大路を通っている。
114 川上　貢　前掲書、八七頁、『実躬卿記』正安四年八月五日条。
115 福山敏男「年中行事絵巻について」（『日本絵巻物全集』第二十四巻〔一九六八〕所収）。
116 『玉蘂』嘉禎三年四月十六日条。
117 『妙槐記』文応元年四月二十四日条。
118 『水左記』承暦三年五月二日条。
119 『中右記』永長二年三月二十九日条。
120 『山槐記』治承三年三月十五日条。
121 『玉蘂』建暦元年十月二十二日条。
122 『明月記』嘉禎元年十月二十日条。
123 住吉本第十二巻、稲荷祭。
124 林屋辰三郎氏は、「町桟敷」の名称が小規模な桟敷の普及を示唆し、「御桟敷町」が大小の桟敷の多く並ぶ景観を示すものではないかと述べられている（前掲論文〔註106〕一七一〜一七二頁）。

125 例えば、寛治元年十一月十九日（『中右記』）、久寿二年十一月二十三日（『台記』）。

126 『師記』永保元年十二月四日条。

127 『後伏見天皇御記』延慶三年十月六日条。

128 『中右記』長承元年九月二十四日条。

129 『兵範記』仁安四年三月十三日条。

130 『今昔物語』巻二十八―二、巻三十一―六。街路における見物の場のいわば占有権については、桟敷の街路上における建設の権利、あるいは市場などにおける店の占有権などと関連し、都市空間の形成という面から大へん興味深いが、今のところ明確ではない。

131 『吉記』治承四年十一月十一日条、「路ハ御所南大路ヲ東行、至于東大路、南行更東折、自東造路南行、至于入道太政大臣亭北大路　西折　自西南門入御　無大路之名之間　以今案新儀相計大概許也　更不可爲後例　上卿被答云　路難覚悟」（史料大成）。

132 井上充夫「解析幾何学的空間と位相幾何学的空間」（『建築雑誌』九四九、一九六五）。

133 『勘仲記』弘安十一年二月二十七日条、三月十五日条、前者は、右衛門陣―富小路北行―春日小路―東洞院大路―大炊御門大路―大宮大路―待賢門、後者は右衛門陣―富小路南行―二条大路―東洞院大路―大炊御門大路―大宮大路―待賢門、いずれも最短距離ではない。

134 註15『勘仲記』正応元年十日十九日条参照、この誤まった路次は、右衛門陣―富小路北行―大炊御門大路―大宮大路―待賢門で、最短距離である。

〔編者補記〕

古代都市の空間秩序としての大路・小路からなる階層的な街路設定が平安京の全域に完遂されたかは、都城としての平安京が完成したかといった問題と関わっている。山田邦和『京都都市史の研究』（二〇〇九）では、考古学データをもとに右京の南半部では必ずしも『延書式』に記すように大路・小路が造られていたわけではない点、条坊制に基づく街区割りが完遂してはいなかった点を指摘し、『池亭記』をもとに右京が「衰退」したという従来の理解について、造都以来未完であったとして疑義を呈する。平安時代における街区の統合や分割、小路の付け替えや拡幅、改廃の事例として、発掘により明らかになった小六条殿の事例があり（京都市埋蔵文化財研究所「京都市考古資料館発行リーフレット」四四、一九九二年八月）、九条家本延喜式左右京図の描写からも同様な状況が想定される。また著者の指摘を発展させて古代から中世にかけての町屋の生成過程について考察したものとして、野口徹『中世京都の町屋』（一九八八）がある。

図2以下、原書における行幸路次を示す平安京の下図は、インキングによる作図における路次のわかりやすさへの工夫から、前半と後半で街区表現に差異がある。また意を含んでいるものか街区割りの細部でも各図で差異がある。しかしながら本書では見やすさを考慮して、著者が執筆した「平安京」（『日本文化史2平安時代』一九六五）掲載図をもとに各図の体裁をそろえた。朱雀院の占地に関しては東西二町とみるのが一般的であるが、本書では原著に準じて東西一町としている。

第3章　古代地方都市の造型

古代における国府を主とした地方都市については、あまりわかっていない。一つには、その都市的生命が短かったものが多く、遺構的にも不明なことと、文献的資料も非常に限られているからである。

しかし、いかにその生命が短かったにせよ、古代とくに律令時代に数多くの地方都市建設がなされたことは、わが国の都市史ないし都市計画史の上でも極めて重要なことであり、京師の研究とも関連する、無視することのできない事実であろう。現時点における資料不足は否みえないが、これまでにわかったことからだけでも、その都市造型的考察を試みることは、少なくとも今後の研究のための問題提起として必要なことと考える。

これまでの古代地方都市の研究は、主に歴史地理学の諸先学と、発掘調査に基づく考古学者の方々によるものである。これら諸先学の研究の成果を基にして論議をすすめてゆきたい。

一　大宰府と国府

一―一　大宰府

古代における京師以外でもっとも重要な都市は、いうまでもなく大宰府である。鏡山猛氏を中心とする調査研究によれば[1]大宰府は四町四方の政庁を北辺中央に置き、東西二四坊、南北二二条（ただしこの坊、条はいずれも一町を単位とするとみられている）の、平城京あるいは平安京に似た都市配置をもっていた。しかし地形的にみて、この地域全域にわたって規則正しく道路が通され、都市として利用されていたとは思われず、周辺は山地部にかかってしまう。したがって、これを単純に平城京や平安京と同一の都市計画あるいは都市造型とみなすことは危険である。大宰府には計画当初から都市全体としての幾何学的形態があったとは思われない[2]。しかしながら、右郭、左郭あるいは何条、何坊といった呼称[3]は当然京師を志向したものとみてよいだろう。

とすれば、この計画あるいは建設の時期について問題がのこる。大宰府が現在の大宰府の地に設けられたのは、水城や大野および椽の二城が築かれた天智天皇の三年（六六四）頃と考えられている。しかしこの時どのような計画で、どこまでつくられたか問題であろう。もし、当初からいわゆる唐の長安タイプで計画されたものであるとすれば、それは藤原京に先立つものである。それ以前の大化の難波京の都市計画に関しては、その条坊制を併う復原案がいくつか出されているが、具体的な形態についてはなお定説をみず、また否定的な意見もあり、比較は難しい[4]。

遺跡の調査によると、大宰府の政庁は平城宮や平安宮の朝堂院に似た配置をもっており、その正殿と考えられる建物は七間×四間で、丸い造り出しをもつ礎石が遺っている。これが天智期のものとは考えられないが、白鳳から平安期までの瓦が出土しており、創建当初からこの位置に存続していたと推定され、現在みられる礎石の下に認められる掘立柱が当初のものと考えられているが、建物の規模や配置は確かめられていない。一方白雉三年(六五二)に完成したとされる難波長柄豊碕宮では、中心的な建物も掘立柱で檜皮葺であり、しかも藤原宮以後の宮殿と似た配置をもっているので、大宰府においても当初からこのような配置をもっていた可能性はある。

一方、大宰府は天平十四年(七四二)に一度廃されるが、天平十七年再び復されている。条坊制による都市計画は、この再建の時期に行われたとみることも可能であろう。

また、鏡山猛氏は大宰府を生んだモデル都市を、百済滅亡を契機とする、百済最後の国都扶余の防衛施設(羅城)と都市に求められている。(5) このことは、その際に多くの百済人がわが国に移住したことを考えると大いにあり得べきことであろう。いま扶余の都市形態が不明確なので確かめられないが、(6) 当時の状勢から考えても、大宰府の当初の形はより軍事性の高いものであり、扶余から採り入れたものも、むしろその点についてであったと推察される。そして現在問題としている都市計画は、むしろ緊張の緩和した奈良時代において、外国に対する威信を示すためにも、京師にならって行われたものと考えたい。

このことと関連して問題となるのは観世音寺である。観世音寺の創立の最初の計画は天智天皇の勅願により六七〇年頃に企てられ、大宝元年(七〇一)頃から本格的に整備が急がれたが、なかなか完成をみず、養老七年(七二三)には僧満誓が造筑紫観世音寺別当として派遣され、さらに約二十年を経て天平十七年(七四五)十一月には僧玄昉が遣わされた。そして翌天平十八年六月五日にようやく落慶供養が行われるのである。(7) 一方、大宰府が復置されるのは、玄昉の遣わされた天平十七年の六月であり、両者の間に何らかの関係があったと推定することもできよう。すなわち、大宰府の都市的整備にともなって、観世音寺の寺域も左郭における方三町として都市計画に組み入れられたとも考えられる。あるいは、古い政庁や観世音寺の位置が、都市の区画に何らかの規制を与えたのかも知れない。政庁の位置も大野城のある山裾にあり、また蔵司とされる遺跡もかなり高い所にあり、それ以外の諸官衙も政庁の背後にあったとすれば、かなり山裾に入り込むことになる。かかる配置も、大野城と結びついた防御性の高い、当初の形態を示唆するものとも考えられよう。ただ大宰府における条坊割の単位が、平城京とは異なって、条里のそれと一致しているようであるが、これは藤原京と規を一にするものであり、そこに問題はのこる。あるいは、地割は条里として天平以前に行われ、それがそのまま都市計画に踏襲されたのかも知れないが、細かい地割については不明な点が多いので結論は出せない。

いずれにせよ、前にも少し触れたように、東西二四坊、南北二二条の(8)いわば方形の都市が画然とここに存在したとは、地型からみても考えられない。中国においては、都市を内外に厳しく分けて存在する周壁すなわち羅城も、ここでは存在しなかったとみるべきであろう。大宰府における羅城の機能は、むしろ周囲の地型を利用して築かれた水城や、大野、椽（基肄）の両城に委ねられていたと考えられる。したがって左郭右郭、条坊といった区画割も、政庁や中央大路（朱雀大路に当る）などを中心として、内から外へと計画されたものといってよかろう。つまり、少なくとも形態的にみて、ここには都市のいわば外形は存在しない。このことは、平城京、平安京についても多かれ少なかれいえることであるが、大宰府は中国の都城と比べると、ごく限られた制度上の形式的摸倣に過ぎない。あるいは、中国の都城を形式的に摸倣した平城京を、さらに形式的に踏襲したものというべきかもしれない。

一―二　国　府

周防国府

国府の中でその形態がもっともよく知られているのは周防国府である。(9) その府域は国衙土居八町と称されるように方八町で、中央南北には朱雀路が通されていたらしく、その名が小字に遺されている。

国庁はこの府域の北端ではなく、中央から、やや北寄りに方二町が設定されていた。(10) この国庁の中心を貫通して南北の道が通っているが、中世以降のものとも考えられる。方二町の国庁には基部幅約三メートルの土居が回らされ、四辺中央に門が造られていたらしい。ただし、国庁内の東西、つまり東国衙、西国衙とよばれる地区の間には、土地の高低や出土遺物にも差があるとされていること、(11) 北からのアプローチも考えられることなどから、あるいは国庁の南北中心線上には建物は建てられず、道が通り抜けられるように造られていたものかも知れない。

付近の条里は正確には東西南北の方位にのっていないが、米倉二郎氏によれば、六町おきの里の境界線は、丁度この方八町の中心部に交点をもっている。(12) この朱雀路と東西中心道の交差点付近は、後世まで集落がのこるので、この交差点が都市の中心としてある意味をもっていたとも考えられる。しかし古代の駅家のあった勝間は、朱雀路の南端の外にあるので、正式なアプローチは南からであったろう。藤岡謙二郎氏によれば、この国府を回る土居も、古代においては南辺のみであったとされる。(13) 国府の南は海に近く、海からのアプローチも当然考えられていたであろう。府の南端、朱雀路の西側には「市田」という小字名が遺されて市の存在を示唆しており、この位置は京師のそれに似ているが、それ以上に海からの便が考えられたのかも知れない。また、この市田の西に

「大領田」という小字も存在する。[14] この国府には佐波郡の郡家も併置されていたとも考えられるので、郡の長官である大領の名は、郡家の位置を示すものかも知れない。その場合、市と並んでいることは示唆的である。また、この「大領田」を大領の職田とみることも可能であり、その場合はそれが国府域内にあることが問題となろう。

伊勢国府

藤岡謙二郎氏らの調査研究によると、[15] 現鈴鹿市国府町の三宅神社付近を中心とする方八町が府域として推定されており、その東限および西限には一部に土塁を発見して境界にあてている。中央北部には「長之城」と呼ばれる丘陵があり、そこには現在も「城」「本丸」「御殿」などと称される地区がある。こらの名称は中世以後の城砦の存在を示すものであろうが、ここから発掘された布目瓦や土師器などは、この地域に奈良時代から平安中期にかけての何らかの建造物の存在を示すものと考えられており、すなわちこの地に国庁を求めることも可能であるとされている。

推定府域のほぼ中央に当る三宅神社は式内社で、伊勢国の総社とされている。この付近は周辺部よりやや高燥で、長之城と同様な奈良、平安時代の布目瓦や祝部式土師器などが出土している。この場所にも同時代の何らかの重要な建物の存在が推定されている。

この全体の地形は南から北へと傾斜しており、とくに推定された南北中央道いわゆる朱雀路の延長は丘陵にさえぎられている。したがってここへの出入は、東あるいは西からが多く、官道はこの府域のほぼ中央を東西に横切っていたと考えられる。

すなわち、この推定国府では立地上、南北道よりも東西道が主道になり、そしてこの道と朱雀路の交点には何らかの施設が設けられ、都市の一つの中心となっていたらしいことも注目に価する。これらの点からみても、国府、府庁のより確実な設定が望まれる。

近江国府

近江国府は、同じく藤岡謙二郎氏によると、瀬田町の真米付近を中心とする方八町域が指定されている(16)。最近の発掘調査によると、国庁はこの推定府域の南北中心軸上の、中央からさらに南寄りに方二町を占め、その中心部には発掘者が南正殿（または正殿）、北正殿（または後殿）と呼ぶ東西に長い建物と、その両側前方に張り出して、東脇殿、西脇殿と呼んでいる南北に長い建物が発見され、全体として京師の朝堂院に似た構成を示している。また周囲には築地が回らされ、南正面に門（発掘者は中門と呼んでいる）を開き、それからさらに一町南には府域の南門があり、そこからさらに南下する幅三メートルの道が造られていた(17)。

国庁が中心より南に偏しているのは、ここが地形的に高燥の地であることからとみられているが、国庁の北部に経済的な中心を想定すれば、むしろこの方が「周礼」の「匠人營国、方九里、旁三門、……左祖右社、面朝後市」の「面朝後市」の形態に近いものともいえよう。

米倉二郎氏は、国庁の北側、府域の中心部にあたる「真米」を「馬篭」の転化とし、ここに駅家的な厩を想定されており、これに対して藤岡氏は、設立当初の国府域に駅家が存在したことについては疑問とされている(18)。

しかし旧東海道は真米付近で直角に曲り、一種のターミナル的形態をもっており、さらに国府時代においてもやはり府の中心としてある意味をもっていたと考えたい。国府の南正面からのアプローチは、国庁にいわば遮ぎられる。国庁を国府の政治的な中心として、形式的にも南面性を整え、その背後に、西あるいは北からのアプローチを考えた経済的な中心があったとは考えられないであろうか。

越前国府

越前国府はその旧地割が現武生市に部分的に踏襲されているものとされている。その府域については、藤岡謙二郎氏は現武生市街を南北に貫く、旧北国往還の一部を国府の朱雀路に当るものの遺構であるとし、この道が現武生市の中心部で一町屈折する地点を南北の中心として、方八町の府域を推定されている。そして西北隅の土塁跡、東辺あるいは南辺の道路の存在をもってその傍証ともされる(19)。

国庁の位置は明らかでないが、北辺にあったとすれば、その内濠とも考えられる遺跡が認められている。また現在、この想定府域内の西部にある国分寺および総社は、もとは中心よりもやや北寄りに朱雀路をはさんで相対していたともいわれており、藤岡氏は、この国府にあっては方八町域が東西南北に四分され、総社および国分寺が中央北半分に相対しておかれていたのであろうと推定されている。

この場合、普通は国府域外に設けられる国分寺が、府域内のしかも中心部にある理由はわからないが、これが必ずしも当初の形と考える必要もなかろう。国府の衰退後、国庁の位置に国分寺や総社を移す可能性も考えられよう。したがってこの部分には、周防国府の場合と同様な形で国庁を考えることもできるように思われる。その場合東西および南北の中心道路は、府域を貫通しそれを四分していたとも考えられる。

また、この藤岡氏の推定国府では、条里の里の境界線の交点は、府域の西北隅に一致している。

備中国府

備中国府の地は前後三転したとされており、その最後のものが比較的よく調査されている。[20] それは総社市の東部金井戸集落の小字御所ノ内を中心とし、府域は方三町で、東西北の三面に幅半町の濠が回らされていたとされる。また付近の条里の里の境界線は、その府域の南北中心軸と前面の道路と一致している。ただしこの条里は東西南北の正方位から大分傾いており、府域もまたそれに従って正方位をとらない。

この方三町の府域は、同じ上国のランクをもつ周防国の方八町に比して著しくせまいが、移転を重ねるうちにせまくなっていったとも考えられる。つまりこの備中国府は都市というよりも国衙の所在地としての意味が強く、この方三町域はむしろ国庁と考えた方がよいのではなかろうか。ここへの移転の時期が当然問題となろうが、いま明確ではない。少なくとも形態的には、むしろ中世の豪族の館を想わせる。

ただしこの方三町域は、米倉二郎氏も述べておられるように、条里に強く規制されている。南北中心軸に条里の線を合せているので、東辺および西辺は条理線にのらないが、半町幅の濠によってそのずれを正しているようである。このように条里を考えて計画する方法は、それほど時代が下るものとも思われない。また、このように奇数の町数をもつ場合は、中心軸と道路割の関係が問題であるが、ここでは、この方三町を国府とみるか、国庁とみるかによって事情は異なってこよう。

美濃国府

藤岡謙二郎氏の推定される美濃国府は、現垂井町府中にあり、南北に通って「御幸道」と呼ばれている道を、いわゆる朱雀路の遺構とし、国庁跡と考えられる安立寺（古くは府中寺と称した）を中央やや南寄りに置いた方八町域であり、府域の東辺および西辺に一部検出された土塁をも傍証としている。また推定された国庁の四隅にはそれぞれ井戸が遺されているが、国府時代から存在していたものかはわからない(21)。

国庁が近江国府と同様に、中央よりやや南寄りであるというのは、府中の丁度南にあたる垂井が、中世以後の鎌倉道あるいは中山道の宿駅であり、古代においても不破関を抜けてくる主要往還がこの部分を東西に通っていたと考えられるので、国府への主要なアプローチは南からであり、国庁の位置もこの南からのアプローチを重視した配置とも考えられる。

この場合も周防国府と同様に、往還は府域内を通過せず、その南側を通っており、その往還と朱雀路の延長との交差点付近に駅家が設けられていたものであろう。

また藤岡氏は、垂井のさらに南の宮代集落にも、方八町域を想定し、それを不破郡家と推定され、不破の行宮もここに求められている(22)。これが郡家であるか否か、あるいはその地域としてこの方八町が妥当であるかどうかは別としても(23)、ここに何らかの都市的集落が存在していたとすれば、国府との関連において興味ある存在というべきであろう。

この郡家に推定されている地域の中心部には、「市場」という小字名が遺されており、またそれに近接して「政所」という名も存在している(24)。これらの名称の時代的な起源は不明であるが、何か市場をその中心とした集落の存在を示唆している。むろんこれが古代の郡家であってもかまわない。むしろ「市場」に近接する「政所」に郡庁をもとめ、あるいは市司的な役割をも考えることが可能ではないだろうか。

この郡家と国府が同時に存在し、また同時にその機能を果していたかはわからない。前者の付近における南宮神社、行宮の存在は、後者における南宮神社御旅所とともに、前者の集落のより古い起源を示唆するものであろう。しかし両者が共に存続したとすれば、中間の往還道をはさんで、北に政治性のつよい都市、南に経済性の高い都市が機能を分離して存在したことも考えられよう。ただし、この場合両者が共に方八町といった、いわゆる都市的なスケールを保っていたかは疑問であろう。

陸奥国府

陸奥の国府は、もともと蝦夷防衛のため神亀元年（七二四）に設置された、多賀城の名称で呼ばれる北方の鎮守府であり、他の多くの国府とは異なって軍事的な機能の強いものであった。

この鎮守府としての機能は延暦二十一年（八〇二）にさらに北方の胆沢城に移された。

内城とされる約方一町の周囲には何重かの土塁が遺っており、さらにその周囲には、東西約八〇〇メートル、南北約一一〇〇メートルにわたって土塁が部分的に遺っている。この外周の土塁には、内城のそれと同様ほぼ東西南北の正方位を示すものと、それと約一〇度の傾きをもつものの二種類のものが認められている。

藤岡謙二郎氏は、この内城をほぼその中心とする方八町を国府と想定されており、この二種類の土塁については、同じく方八町で、約一〇度ずれている二つの府域を考え、両者は建設の時期が異なるものとされている。(25)はじめ藤岡氏は、ほぼ東西南北の正方位をとるものを創建当初のものとし、約一〇度傾いた方位をもつものを鎮守府が胆沢に移った後のものとされているが、(26)のちには、「正南北の方格地割をもとの国府地割としたのはよいが」約一〇度傾いているものは「むしろ以前の鎮守府すなわち多賀城のそれであると考えられる」とされている。(27)しかしこの「もとの国府」と「以前の鎮守府すなわち多賀城」の相互的な関係については明確ではない。

いずれにせよ、前にも述べたように、陸奥国府は、とくにその創設当初は軍事性のつよいものであり、また地形的に考えても必ずしも正しい方形域をとったかどうか疑わしい。とくに創設より約六十年を経た宝亀十一年には、多賀城は一度賊徒に奪われており[28]、藤岡氏の示唆されているように、二次の再建があったとすれば、全体の形態にとらわれることなく、より防禦的な考慮がなされたと考えてよかろう。北辺の加勢沼に接する部分の土塁や、東辺の複雑な土塁の跡は、そのことを物語るものではないだろうか。また内城の周囲に遺る土塁は、内城が幾重かの土塁に囲まれた防禦性の高いものであったことを示すものであろう。

和泉国府

和泉国府は府中村にあり、古代からの重要な二つの交通路とその交差点を基準として、方五町域が米倉二郎氏によって推定されている[29]。国庁はこの交差点の東の「御館森」に想定されており、道をはさんで「五社総社」と相対している。国府の地割は付近の条里に合致させているが、この条里は東西南北の正方位から約四八度傾いており、国府もまたそれに従っている。しかし、その東南部に接する方二町の、聖武天皇和泉離宮の跡とも考えられている泉寺跡は、東西南北の正方位をとっている。もし両者がそれ程時期を離れずに建設されたとすれば、離宮あるいは寺院において重んじられた方位(あるいは南面性)は、国府においては殆んど問題とされず、むしろ交通路や条里などによる現実に存在する地形などがより重要視されていたといえよう。このことは国庁の位置についてもいえることであろう。ここでは京師と反対に府域のむしろ東南端におかれていたらしい。また方五町では、朱雀大路を軸とする京師のような配置は考え難い。あるいは、方位と同様、そのような形式性はもともと考慮されていなかったのかも知れない。方五町という規模は、和泉国が、「大上中下」の四つのランクのうち下国であったことと関連して考えることもできようが、他の例がよくわからないので、基準とみることはむろんできない。

その他の国府

上記以外の国府についても、その形態、府域などについてさまざまな推定がなされている。

常陸国府は石岡市の石岡小学校の部分を国庁とした方九町の府域が、豊崎卓氏によって推定されている。[30] この国庁は方二町で、府域の西辺中央に位置し、西に約半町外に張り出している。方九町では中央道を設けることが難しく、この推定図でも国庁中央にぶつかる道はない。この方九町という府域、あるいは国庁の外への張り出しは、他に例はみられず、形態的にも興味深いが、それだけにより確かな証拠が欲しい。

備前国府には、岡山市の東北高島村の、現在でも国長官、北国長と呼ばれている地区の方二町を国庁とし、それを北辺中央においた方八町域が推定されている。[31] 条里の里の境界線は北辺中央にその交点をもっている。すなわち、京師と同じ形式の配置といえよう。また府域の少なくとも西北には土居がめぐらされていたとされる。[32] また尾張国府についても、まったく同様な配置で方八町の国府域と国庁が推定されている。[33]

一方、因幡国府と伯耆国府も、北辺中央に国庁をおく国府域が推定されているが、これらは方六町とされ、また因幡国府は東西南北の正方位をとらず、かなり傾きを示すとみられている。[34] 丹波国府にもほゞ同様な形態が推定されているが、ここでは国庁を北辺中央ではなく、西辺中央においた方がよいとする意見もある。[35]

それらに対し、姫路市東方に比定されている播磨国府には、里の境界線を中心とした方二町の国庁と、さらにそれを中心とした方八町の府域が推定されている。[36] すなわち京師とは異なり、中心に国庁をおくことによって、少なくとも形態的には求心性の強い、あるいは囲繞性のつよいものとなる。肥後国府（託麻国府）、豊後国府についても、条里を基準とした同様な手続により、同様な形態が推定されている。[37] なお前者は発掘により、築地で囲まれた方二町の国庁域と、正庁跡が確認されており、[38]また後者に対しては異論もみられている。[39]越中国府では方六町の府域が想定され、その東南隅の勝興寺が国庁跡とされている。この国庁の偏在位置については、海港都市としての性格のあらわれとみることにその説明が求められている。[40]

このほかの国府についても、多くの研究がなされているが、都市の形態を考える上ではいずれもまだ充分には明らかにされていない。

一―三　諸施設

羅城

国府には、いわゆる羅城が回らされることが多かったと考えられ、部分的ではあるが土塁の遺構がみられることが多い。しかしその形状や大きさは明確でない。平城京はわからないが、平安京の羅城は垣基幅六尺で高さは一三尺と推定され、南辺にのみ設けられていたと考えられる。第1章で述べたように、おそらく瓦葺きの美しいもので、羅城本来の機能である都市の防壁というより、都市を飾るためのものであったと思われる。

国府の羅城の機能についてもさまざまな場合が考えられる。これはそれぞれの国府自体のもつ機能に関連し、たとえば軍事的性格の強い陸奥国府では、規模の大きい防壁としての土塁が考えられるし、遺構もそれを物語っている。一方外国使節の通過地に当る国府などでは、大同元年（八〇六）五月の駅舎の整備に関する詔勅[41]にみられるように、その体面を重んじるような配慮がなされ、羅城もまたそのような機能の一端を担った時期があったかも知れない。外国使節の通過地である周防国府では、藤岡謙二郎氏の調査に基づく見解によると、ここでは当初府域の南辺にのみ土塁が築かれたものであり、他の部分の土塁は後世のものとされている。この南面のみの羅城が直ちに国府に飾るためのものとすることはできないが、前の大同の詔勅の直接の対象である駅舎は、ここでは国府のすぐ南の勝間にあったことを考えると、当初の意図は別にしても、かかる機能が与えられたことがあったとも想像されよう。

現在多くの国府に見られる遺構は、ごくわずかの土塁跡にすぎない。とくに防御などという機能を羅城が持たなかった国府などでは、当初にもし築かれたとしても、平安京の例などと同様に、かなり早くから失われていったと考えられる。このことは逆に、羅城の機能がむしろ国府の律令制的な政治性と強く結びつき、その権威の象徴といった意味をもつものであったことを示唆するものであろう。

大宰府については、前にも触れたように、鏡山猛氏は都市を守る外周の城郭施設という意味で、大野城と椽城および水城をもって羅城と称されている(42)。しかし、鏡山氏の復原された東西二四坊、南北二四条の都市域そのものをめぐる羅城の存在は、前にも述べたとおり考え難い。一方この都市域が、その外部と何らかの形で区別されていたことは、貞観十五年（八七三）十二月二日の『三代実録』の記事、「大宰府廓中飢疫。賑給之。」などに示唆されるが、このことが直ちに羅城の存在に結びつくものでないことはもちろんである。

大宰府は西北部と東南部を除いて殆んど山に囲まれており、中国大陸の都市とは異なり、とくに羅城を回らさなくとも、感覚的には「廓中」と呼べるだけの閉鎖性をもっていたとも考えられよう。そして博多方面からの主要なアプローチである西北部には水域が横たわっており、都市域を限るという意味での羅城もとくに必要であったとは思われない。

また養老五年（七二一）七月に焼けた「大宰府城門(43)」を、いわゆる羅城門とし、それを南辺に求めるならば(44)、少なくとも南辺には羅城があったのではないかとも考えられるが、前にも述べたように、大宰府の京師に準じた計画は天平以後のものと考えるので、この「城門」も、より軍事性の高い文字通り城の門であったと考える。あるいは水城付近の門であったかも知れないし、またはより防御性の強い時代の府庁の門であったとも思われる。

諸官衙

大宰府には前にもみたように、京師の朝堂院の規模を小さくしたような配置の建物が、遺跡によって明らかとなっている。その立面はわからないが、礎石などから考えると、おそらく京師の朝堂院と同じような、中国風の建築であったと思われる。『三代実録』の貞観十一年（八六九）十二月十七日の記事、「又有二大鳥一集二大宰府庁事幷門楼兵庫上一」（国史大系）に見られる庁事は、この建物を示すものであろうが、門楼は具体的にはわからない。ただし同じ事件を記した他の所には「庁楼兵庫」と書かれている。(45)

大宰府にはその他、蔵司と呼ばれている丘に三間×九間の建物跡が発見されており、東大寺の正倉院に似た双倉が推定されている。さらに辰山と呼ばれている丘には漏刻台が考えられており、これらを含む方四町域をもって府庁域と推定されているが、その内部にはかなり高低差があり、前にも触れたように、より防御性を重んじた当初の形態を示唆するものとも思われる。この府庁の南辺を画する道路は、中央で外側にやや湾曲しており、堀の存在も確認されているが、おそらく平城京の羅城門のところにみられるような、外側へ張り出した形をとっていたのであろう。(46)

その他、学業院、鴻臚館、続命院などの存在が記録にみられ、それ以外にもさまざまな官衙があったと思われるが、具体的な形についてはまったく不明である。

一方、国府内の諸官衙については、遺跡もあまり調査されていないが、近江国府では、前に述べた通り、構成的には京師の朝堂院と同系列の建築群が発掘されており、瓦積基壇の上に建っているので中国風の建物が想像される。したがって、少なくとも中心的建築は、京師、大宰府、国府と、規模はだんだん小さくなるが、同じ原則に基づく構成をとっていたと考えてもよいであろう。国府の調査が充分でないので、断定することは難しいが、それぞれの性格からみても、当然考えられることである。

また、これらに関する記録も少ないが、六国史の時代でそのいくつかを拾いあげてみると、

是日。通夜地震三日三夜。美濃国櫓館正倉。仏寺塔。百姓廬舎触処崩壊。（天平十七年四月甲寅、続日本紀）

甲斐国言。災㆓于不動倉二宇及器仗屋一宇㆒。皆悉煨燼。（承和三年三月己未、類聚国史）

摂津国言。依㆓去天長二年正月廿一日。承和二年十一月廿五日両度勅旨㆒。定㆓河辺郡為奈野㆒。可㆑遷㆑建㆓国府㆒。而今国弊民疲。不㆑堪㆑発㆑役。望請。停㆑遷㆓彼曠野㆒。便以㆓鴻臚館㆒為㆓国府㆒。且加㆓修理㆒者。勅聴㆑之。（承和十一年十月戊子、続日本後紀）

参河国上言。今月六日庁院東庫振動。（天安元年六月庚寅、文徳実録）

山城国奏言。河陽離宮。久不㆓行幸㆒。稍致㆓破壊㆒。請為㆓国司行㆑政処㆒。但不㆑廃㆓旧宮名㆒。行幸之日。将㆑加㆓掃除㆒。許㆑之。（貞観三年六月七日、三代実録）

陸奥国地大震動。（中略）城墎倉庫。門櫓墻壁。頽落顛覆。不㆑知㆓其数㆒。（貞観十一年五月二十六日、三代実録）

石見国庁事壇三処自開陥。一処深七尺。径二尺。一処深五尺。径五尺。一処深七尺。径一尺五寸。（貞観十四年正月十四日、三代実録）

紀伊国司言。今月廿六日亥時。風雨晦暝。雷電激発。震二於国府庁事及学校幷舎屋一。被レ破二官舎廿一宇。縁辺百姓卌三家一。(元慶二年九月二十八日、三代実録)

などがみられる。[47] これらにより、国府には庁事のほかに、正倉、不動倉などの倉や、学校、器杖屋、櫓館などがあったことがわかるが、それらの形状は不明である。石見国の庁事の壇が陥没したという記事は、土間床の中国風の建物を想像させる。また摂津国で国庁の建物に転用された鴻臚館は、その建物の性質上中国風の建物であったに違いない。この転用は、儀礼的な空間構成がすべてほぼ同じ原理に基づいていた古代(とくに前期古代)においては、容易に行われ得たと考えられる。一方、山城国の国庁とされた河陽離宮は、日本的な建物であったかも知れない。これから想像すると、当初は近江国府にみられるような整った構成をとっていた国庁も、のちにはだんだん崩れてゆき、建築に対しても特に定まった形式があまり要求されなくなったものと思われる。それは平安京における朝堂院の変遷と性格を同じくするものといえよう。朝廷の儀式も朝堂院から紫宸殿を中心とする内裏へ移っていった。やや時代は下るが、福山敏男氏が「仁治二年交替実録帳」によって示された筑後国の国庁では、中心建物として「寝殿」が示唆されており、大治ごろから多く荒廃していたとされているので、[48] 平安末期においても、ほぼ同様であったと思われる。また、このような変遷は、国府そのものの変質をも暗示するものであろう。美濃国「櫓館」は、美濃国が軍事的にも重要な拠点であったので、あるいはそのような施設であったのかも知れない。

倉は主要な施設であり、特にその防火には注意がなされており、互いに一〇丈以上離さなければならないとか[49]倉から五〇丈以内に館舎を建ててはならない[50]といった規制がつくられている。おそらく草葺のものも多かったに違いない。国府の例ではないが、貞観十七年（八七五）に肥後国菊地郡倉舎の葺草を、鳥がついばんで抜いたという記録がある。[51]

とくに平安時代以後は、このような官衙を整えることが困難であったらしいことは、さきの摂津国や山城国の例でもわかる。また、清原真人岑成や紀朝臣夏井の記録には、それぞれ大和守、讃岐守時代において、官舎や倉を多数造営したことが功績として挙げられている。[52]

寺院・神社

国府と関連して考えられるべきものに国分寺、国分尼寺があるが、両者とも国府域外に設けられるのが普通であり、その配置についても特に何らかの法則性は認められない。[53] 越前国府では府域内に国分寺が考えられているが、これも後に国庁の位置に移されたものとも思われる。

大宰府には、奈良時代からの寺院として、観世音寺、国分寺、般若寺、塔原（廃）寺、杉塚（廃）寺などが知られているが、[54] その配置にも、平城京と同様に、何らかの法則性は認められない。

国府に関連する神社には、総社、六所社、国府八幡、国府天神、守宮（国庁社）などが挙げられている。[55] これらの配置についても、寺院と同様、特に法則性は認められないが、府域の四隅に置き、府の守護神としたと考えられる形式のものも多い。特に陸奥国府で推定されているように、府域の鬼門に神社を置くことが多かったようである。

国府内の中心部に総社が置かれているものもあるが、その中には国庁の衰退後そこへ移されてきたものもあろう。ただ守宮（国庁社）は本来国庁の守護社であり、国庁内あるいはそれに隣接して置かれたもののようである。

国庁の衰退後、この守宮と総社が合併した場合も考えられよう。

市

大宰府の市には、左廓の二〇条三坊付近の現在の二日市町が考えられよう。この位置は配置的にみれば、平城京、平安京の東市の位置にあたる。しかし、二日市の地名が直接に古代の市へつながるわけではないので、なお明確ではない。

周防国府にもいわゆる朱雀路の南端部の西側に、市の名称が小字に遺されている。この位置も京師の西市との類似性が認められるが、すべての国府での市がその府域の南部にあり、また府域内にあったとも考えられない。備前国府では国府市場と称せられる地区は、想定府域の東の外にあたる。美濃国府についてはすでに述べた通りである。また府域内に設けたとしても、近江国府のように国庁が南へ偏している場合「周礼」の「面朝後市」の如く、むしろ北に設けたと考えた方が自然であろう。さらに和泉国府では、府域の東南の端部に推定されている国庁の北部に、市の名称を遺す地区がある。

市なるものは、国府の開設以前にも何らかの形で存在したものと思われる。そして交通の要所であるという立地条件を等しくする国府の設定にあたって、国府が市の付近に置かれたり、またそれを府域内に含み込むような場合も考えられよう。付近に市があった場合、必ずしもそれを府域内へ移す必要もなかったであろう。あるいは既存の市を中心とする、いわゆる都市的な吸引力のバランス関係によって、さまざまな形態をとったとも考えられよう。

いずれにせよ、国府においては、平城京や平安京に共通してみられるような、市の位置に関するある種の規則性は殆んど認められず、むしろその地域のさまざまな特性に応じて設けられたものと思われる。

駅家

一般に駅家は国府付近に一つ置かれたとみられている。しかし『延喜兵部式』に載せられた駅家に関する限り、必ずしも国府付近に一つあるとは限らない。大和、伊賀、伊豆、美作などにはみられないし、また和泉国や常陸国では、駅家は国府からかなり離れている。しかし、国府が重要なターミナルである以上、何らかの駅家的施設が当然考えられよう。米倉二郎氏は和泉国の推定国府域の南端にある「馬司」という地名の遺っているところが、それに当るのではないかとされている。(56) また常陸国府の付近にも『延喜式』に載せられていない駅家の存在が推定されている。(57) さらに近江国府の中心に当ると思われる「真米」(馬篭?)、あるいは推定伊勢国府の中心部などで、国府内の交通上の中心としての駅家的施設の存在を推察することは可能と思われる。

出雲国府は「風土記」によると、国庁と黒田駅は同位置となっている。そして黒田駅は他の場所からそこへ移されたことになっているが、国庁あるいはそのすぐ近くにある郡家が、それを引き寄せたものといえよう。そして黒田駅は国庁のすぐ北に接して、十字路に置かれたらしい。(58)

駅家の建物については不明だが、客館が付属しており、とくに外国の使臣が通るような駅では、中国風に整えられた建築であったと思われる。(59)

二 城柵

二―一 東日本の城柵

奈良・平安時代における軍事都市ともいうべき城柵、軍団あるいは関などについても、その調査研究はいまだ充分ではないが、これまで明らかにされた事実からだけでも、都市造型の上から興味ある問題が認められる。

一般にこの時代の城柵には、山城と平城の二種類があり、前者は西日本に多く、後者は東日本に多いとされている。[60] そして前者は地形を利用して不規則な形態をとり、後者は規則的な方形の形をとることが多いといえる。

東日本の城柵が西日本のそれと異なるのは、東日本の場合、多くは城柵の建設に移住農民、すなわち柵戸を伴うことが多かったことである。すなわちこれらの城柵は、いわば植民都市であり、農民達は城柵の中に住み、付近の農耕に従事する。あるいは城柵外に住んでいても、一旦緩急あれば城柵にたてこもり、自らも武装して防衛にあたるといった、いわゆる屯田兵的な性格がつよかった。その建設も短期間に行われることが多かったようで、[61] 形態的にも性格的にも自然発生的な都市とまったく異なったものとみることができる。遺構の示すところからみても、これらは規模も比較的大きく、また当然ながら閉鎖性も高い。

しかし柵戸は必ずしも東日本の城柵に限られたものではなく、『続日本紀』の大宝二年（七〇二）十月丁酉の記事、[62] あるいは天平神護二年（七六五）六月丁亥の記事[63]には、西日本にも柵や柵戸の存在が示されている。しかしその形態はわからない。記事の中の「要害之地」はむしろ山城を思わせるし、隼人経営はすでに早く終了していたとも考えられているので[64]、蝦夷経営における城柵ほどのものがあったかどうかは疑問である。

ここでは城柵であるとともに植民都市でもあった東日本の城柵について考えたい。

城輪柵

城輪柵は一辺約六・五町のほぼ正方形の城域をもち、四辺はほぼ東西南北の正方位をとっている。周囲は約一尺角の角材を立て並べて囲い、四辺の中央部にはそれぞれ門を開いていた。南門がもっとも大きく、もっとも小さい西門の約一・五倍の規模をもっていた。また柵の四隅には角楼が設けられていた[65]。柵内の丁度中心部には小高い区域があり、瓦が出土しているので、そこに内城の存在が考えられる[66]。

それ以外の内部の状態については不明であるが、その形から判断される限りにおいても、非常に軍事的な機能性の高いものとみることができよう。しかも六・五町という規模は、内部にかなり多くの人口が想定される。また南門がとくに大きいことは、南を全体の正面としたものであろう。

胆沢城

胆沢城もほぼ東西南北の正方位をとる約方六町の規模とされている。ここでは内部の中央東寄りに、かなり大規模な掘立柱の建物跡が三棟発掘されている。発掘者が正殿と呼んでいる建物は四間×七間で東西に長く、他の二棟は南北に長い。正殿の西には門跡が発掘されている。

またこの方六町城の南のすぐ外に、南北の中心軸をはさむような配置で、南北に長い二棟の建物跡が発見され、兵舎のようなものであろうと推測されている。さらにその外側、方六町域から一町離れて、柵柱らしいものが発見されており、これが全域をとり囲んで、全体としては方八町となる可能性が考えられている[67]。

この南辺に相対しておかれた兵舎とも考えられている建物の存在は、その中間に南北に通る中心道路と、さらに南からが主要なアプローチであったことを示唆するものであろう。また内部のいわゆる正殿が東偏していることは、この城が何らかの形で東西にわけられていたとも推測させるものである。さらにこの東偏した正殿へのアプローチが、その西に発見された門からであったとすれば、さきの南からの南北中心道路は、この城域を南北に貫通し、城域を東西に分かっていたと考えられる。同じく陸奥国の桃生城は、宝亀五年（七七四）に蝦夷に侵され、その「西郭」が取られたと報じられているが[68]、この「西郭」には単に西の地区という以上の意味が感じられる。しかし、それがこの胆沢城のような形態であったかどうかはわからない。一方東西の道路に関しては、少なくとも中央を貫通する道路は正殿の位置からみて考え難い。しかし、東および西にも城門があったことは充分考えられよう。いずれにせよ、中心部に内城的なものの存在を考えてよいであろう。あるいは何重かの柵や土塁に囲まれ、さらにいくつかの郭に分けられていたのかもしれない。

払田柵

払田柵は整形ではなく、楕円形に近い外形をもっている。これは内部にある二つの丘陵の形に従ったもので、いわゆる後世の平山城の形態である。柵は外柵と内柵にわかれ、丘の一つを内城として内柵が設けられている。また外柵には東西南北に四つの門が設けられており、主要なアプローチは北からのようである。全体の規模は東西約一・三キロメートル、南北約〇・七キロメートルである[69]。このように地形を利用して不整形に造られた城柵は他にもあったと思われるが、このような形式のものと、城輪城や胆沢城のように整形なものとの差が、単に地形的な条件に基づくものかどうか、興味のある問題であるが、今のところ明確ではない。

秋田城

秋田城はその正庁跡などが発掘調査されているが、全体の形態についてはなお明確にされていない。藤岡謙二郎氏は、この正庁を中央やや北寄りにおいた方六町域を城域として推定されている。(70) いずれにせよ、内城をほぼその中央においた形態とみることができよう。

二―二　諸施設

このように東日本の城柵は、その割合はなお正確にわからないが、正方形の平面をもつものがかなりみられ、また木材による柵を回らし、さらに郭内中心部に内城を設けていたと考えられる。この内城も、京師や他の国府にみられるような北辺に置かれるものと異なって、極めて軍事的な機能性の高いものであった。

外柵の要所には楼が設けられていた。秋田城に関する『三代実録』の記事には、(71) 元慶二年（八七八）三月に夷俘が叛乱を起し、「秋田城幷郡院屋舎城辺民家」を焼損したとあり、さらに元慶五年四月には、その時賊によって失われた施設として「宮舎一百六十一宇。城櫓廿八宇。城棚櫓廿七基。墎棚櫓六十一基。」をあげている。(72) この「城棚櫓」「墎棚櫓」は具体的にどのようなものであったかわからないし、またこれらの数が、秋田城だけのもので、しかも一時期のものであったかも不明であるか、城輪柵の角櫓のようなものが、かなり多数あったのかも知れない。あるいは「棚櫓」は、その「基」という単位から考えて、移動することのできる施設とも推察される。またこの記事の「城」は内城を、「墎」は外郭を表わすものと思われる。

これらの城柵の景観は、おそらく木材の豊富な諸外国のそれと似たものであったろう。

また前にも述べたように、桃生城に関する『続日本紀』の記事中の「西郭」には、(73)京師における左京右京といった区別以上に、施設としての郭の存在が感じられる。すなわち、外城、内城と同時に、東郭、西郭といった防御的な区画があったとも思われるのである。城柵ではないが、同じく軍事的な性格のつよい鈴鹿関について、『続日本紀』の宝亀十一年(七八〇)六月辛酉の条に、「伊勢国言。今月十六日己酉己時。鈴鹿関西内城大鼓一度鳴。」(国史大系)とあり、つづいて天応元年(七八一)三月乙酉の条には「伊勢国言。今月十六日午時。鈴鹿関西中城門大鼓。自鳴三声。」(国史大系)と記されているが、これは内城の存在を示すとともに、それが東西に区画されてあったのではないかと思わせるものである。あるいはこの城は、軍団の所在地であったのかも知れない。(74)国府とほぼ同じくして設けられたと思われる軍団の形態も、大変興味あるものであるが、それが都市的形態をとっていたかどうかも判明しない。これも今後の調査に待つほかはない。

三　造型上の諸問題

以上のような事柄から導きだされる、古代の地方都市に関する都市造型上の諸問題について考えてみたい(図19)。しかし前にも述べたように、なお不明確な点が多い現在、充分な論議を盡すことは不可能であるが、いくつかの点について考察を行い、あるいは問題の提起を試みるものである。

また、平城京、平安京など京師との比較も重要な問題であろう。

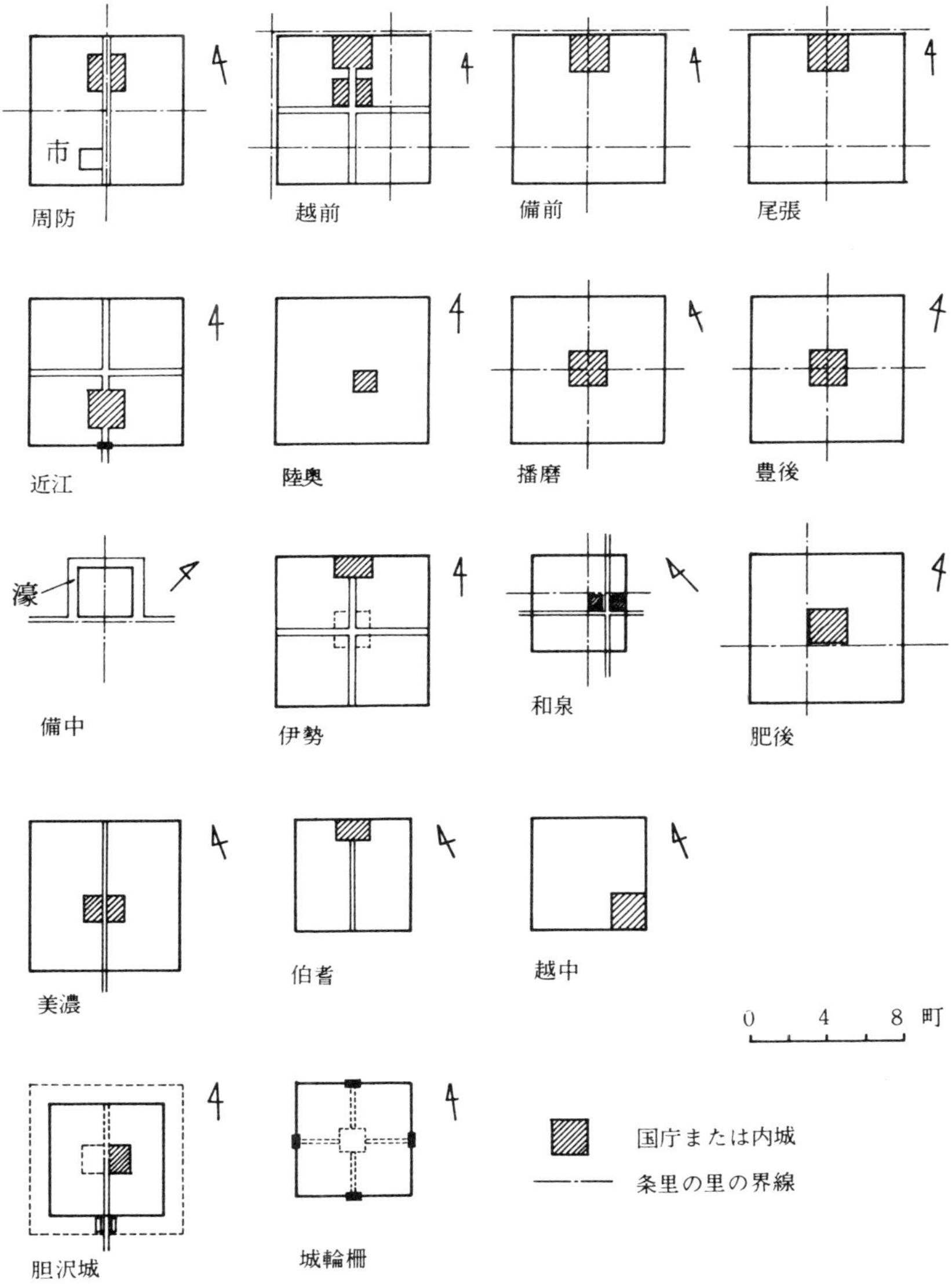
市
周防
越前
備前
尾張
近江
陸奥
播磨
豊後
濠
備中
伊勢
和泉
肥後
美濃
伯耆
越中
0　4　8 町
胆沢城
城輪柵
国庁または内城
条里の里の界線

図19　国府と城柵

三—一　規模

これまで復原されている国府または城柵の規模は必ずしも一定ではない。各国は「大・上・中・下」の四つのランクに分けられていたので、国府の規模もそれに基づいて変えられていたのではないかということが当然考えられるが、いまそのような規則性を認め得るだけの資料はない。周防国は「上国」で、その府域は方八町であるが、同じ「上国」の備中国府は方三町である。ただし、前にも触れたように、この備中国府は移転後のものであり、当初の規模はあるいはより大きかったとも思われる。伊勢国は「大国」であるが、国府域には方八町が推定されており、和泉国は「下国」で方五町の国府域が想定されている。

一方、方八町の府域をもつと考えられる国府はかなり多く、この規模が一つの基準となっていた可能性は強い。周防国府跡は、古くから「国衙土居八町」の名称で呼ばれてきており、また岩手県には「方八町」と呼ばれる地名が多く、胆沢城跡もその一つである。[75] このように、とくに「八町」が地名に遺されていることは、やはり「方八町」が古代においても一つの基準であり、また何らかの意味があったものと推測させる。しかし、その約八六〇メートル四方の規模は、現代の常識的な意味での都市機能の要求に基づくものとは考え難く、むしろ理念的、観念的なものと考えるべきであろう。

「方八町」に関連してすぐ考えつくのは、京師の宮城が方八町を基準としていることである。「八」という数にも何らかの意味があるのかも知れない。

古代中国における都市計画の一つの基準と考えられるものに、『周礼』の「匠人造国。方九里。旁三門。……」

がある。しかしわが国の平城京や平安京では、東西八坊（八里）、南北九条（九里）に分けられている。東西を偶数の八等分にすることは、南北中心道路である朱雀大路の設置を容易にし、少なくとも幾何学的にはより合理的であるといえよう。また、宮城域を八町にすることは、いわゆる「旁三門」を等分に設けるのに都合がよいともいえる。

ところが、わが国の京師がその計画のモデルと考えられている唐の長安では、その朱雀大路の存在にもかかわらず、基本的には「方九里」の原則に従って分割されている。[76] そして朱雀大路の存在は、坊の大きさの不揃いという結果を招いている。いいかえれば、古代中国にあっては、「周礼」の「方九里」がそれ程の意味の強さをもっていたと解することもできよう。そしてわが国では、その意味の翻訳にあたって、ある種の日本化あるいは「合理化」が行われたと考えられる。

「八」という数は、「八雲」「八重垣」などにみられるように、「多数」を代表し、わが国では古くから特殊な意味をもっていたと考えられる。したがって平城京や平安京では、中国的な「九」という数と、日本的な「八」という数との混交された原則に基づいて計画されたとも考えられよう。

地方都市における方八町という規模が、京師の坊を町におきかえることにより、その各辺を京師のほぼ四分の一、したがって面積的には十六分の一となっていることは、京師と国府などの規模の割合にも、京師と宮城との場合と同様な、ある規則性があったとも思わせるものである。ただし「方八町」は完全な正方形であり、「九」が「八」へ移されているとはいえ、都市造型的には京師などよりはむしろ、中国の「方九里」の概念に近いものといえよう。しかしそれによって直ちに「方八町」を「方九里」の日本的翻訳とすることは飛躍に過ぎよう。正方形のグリッド・パターン自体は、地域や時代的な特性の非常に稀薄なものといえる。また古代中国都市とのつながりは、京師を経てのつながりであり、京師の段階におけるさまざまな変質を、京師という特殊事情のもとに考えた上での説明が必要であろう。

三―二　方位と方向性

国府の計画にあたっては、既にその地に条里の方格線が存在する場合、それに規制されることが多かったとされている。[77]ところが条里は必ずしも東西南北の正方位をとるとは限らない。ところによっては著しく偏していることもある。したがって、このような条里にのせられた国府では、例えば和泉国府などのように、町割自体は整形でグリッド・パターンであるにもかかわらず、当然それは東西南北の正方位をとっていない。一方、国府は必ずしも条里にのっているとは限らない。肥前国府は正方位をとるのに反し、付近の条理は、それとある角度をもっている。米倉二郎氏はそれについて、国府の建設が条理の施行に先行したものであろうとされている。[78]また国府ではないが、その地域に条里が設定されていなかったと考えられる胆沢城や城輪柵の場合は、ほぼ東西南北の正方位をとっている。すなわち、条里などによる制約がない場合は、この正方位をとることが一般的であったと考えられる。逆に考えると、古代中国的な方位に関する原則は、その程度にしか重んじられていなかったということであり、これは京師の場合と非常に異なるところである。

京師の場合、藤原京、平城京あるいは平安京にしても、その方位性は厳しく守られている。これらの京師の付近の条里も、東西南北の正方位をとっているが、それのみによる規制とは考え難い。後に述べるように、平安京の地割は必ずしも条里の線上にのっていない。京師の方位性は、「四神相応」「天子南面」などの思想に基づく、古代中国の都市造型理念の摸倣と思われる。それは京師という特殊な事情によるものであろう。国府などの地方都市には、その種の厳密性は存在しない。

地方都市では東西南北の方位よりも、条里という方格線に規制されることが多かった。したがって、この場合はむしろ条理の方位が問題となろう。条里制はいうまでもなく、古代中国の制度を採り入れたものであり、中国においてはその地割の方向は、原則的には東西南北の正方位をとるものであった。しかしわが国は地形が複雑であり、とくに広大な平地に乏しい地域では、主に水路の関係から条里の方位も複雑な変化をみせ、それぞれの地形に応じた方位の地割をとっている場合も多い(79)。

古代中国の都市における厳格な方位性の思想は、著しく大陸的なものといえるであろう。広大な土地においては、いわば目に見えない東西南北の方位に基づく方格線が、かえって一つのよりどころとしての重要な規制力をもち、そしてそれが天体の運行に立脚する宗教に結びつくことによって、厳密性を要求する。

しかしわが国のように、地形的に変化に富むところでは、このような考え方は生れないのではなかろうか。このように目に見えないような方位などよりは、もっと身近な山や川などが、何かを造る場合のよりどころとなる場合が多かったであろう。宗教的なものとの結びつきも、むしろ神奈備山などとの結びつきが考えられる。また、たとえ日照などが考慮されたとしても、それは本来それ程の厳密性を要求するものではなかろう。広大な大陸に生れた都市造型理念は、ここでは地形に応じた狭い範囲での合理的解釈におわる可能性がつよかったといえよう。

東西南北の方位を重んじた古代都市においては、その方位性は南面性と結びつき、さらに南面性の強調は、南を正面とする正面性につながる。「四禽図ニ叶ヒ　三山鎮ヲ作ス(80)」ところの京師の地は、「天子南面」の思想とともに、必然性にその南面性を造り出す。すなわち京師では、中央南端の羅城門をその正門とし、京への正式なアプローチはすべてこの正門によるのである。外国から来朝した使節も、また外国へ向う使節も、この門から出入した。ここでは、方位性と南面性そして正面性が一致して存在している。

しかし国府などにあっては、朱雀大路に相当する南北中央路があっても、必ずしもその南端を正門、あるいは少なくとも主要な出入口にしたとは考えられない場合がある。伊勢国府は地形的にみて東西からのアプローチが主道であったと考えられる。つまり、国庁が北辺に置かれ、形態的にみれば南面性が認められても、実質が伴わない場合もあったと思われる。出雲国では『風土記』によると、幹線道路は国府および郡家の北を通り、そこで十字路となっていたらしく、国府へは北からのアプローチも考えられる。また、和泉国府のように、その方位が東西南北の正方位から著しく偏している場合には、南面性などは殆んど問題にしていないようであるし、また正面性にも欠けている。ここでは、四方から集まる街道の交差点に、その国庁が置かれていたと思われる。一方常陸国府や丹波国府では、その国庁の位置として府域の西端中央部が推定されている。この場合は京都の形式のものをちょうど九〇度回転したような形となり、南面性はそっくり欠落しているといえよう。しかし周防国府や城輪柵、胆沢城のように、南からのアプローチを強調していると思われるものも多く、おそらく可能な限り方位性とともに南面性が考えられたに違いない。近江国府では一般的なアプローチとしては旧東海道である西および北からが考えられるが、一方、やや南寄りに置かれた国庁から南下する道も特に整備されていたらしく、国庁への正式なアプローチはそれによったものであろう。すなわち南部に、ごくわずかではあるが、政治性のつよい儀礼的な都市空間が、京師にならって造られ、南面性、正面性を強調していたと考えられる。

むろん都市の方位や南面性は、そのまま方向性や正面性に結びつくものではなく、本来別個の性質であり、都市自体のもつ方向性を考えるためには、他の方面からの考察も必要である。京師においてそれが一致するといっても、これまでみてきたように、それを古代の都市に普遍的なものということはできない。

古代都市空間のもつ方向性を考える上で一つの指標となり得るものに、都市の中心である国庁あるいは内城の、都市域内での位置があげられよう（図20）。京師のようにそれを北辺に置く場合は、南北の方向性がつよくなる。すなわち京師の場合、羅城門、朱雀大路、朱雀門、朝堂院という方向性が、都市空間を厳しく規制していた。しかし国府などでは、国庁を府域の中心部に置かれたこともあったらしく、この場合は必ずしも一つの方向を強調する造型とはなっていない。建築にたとえれば、法隆寺東院のように、中心の建物が完全に回廊に囲まれているものと、東大寺のように、主建物が後退して、回廊はその前庭をとり囲んでいるものとの相違とみることができよう。むろん都市にあっては、問題はそれ程単純ではなく、国庁または内域が都市の唯一の中心とは必ずしもいえないし、またとくに内城の位置は軍事的な配慮もあったと考えられる。

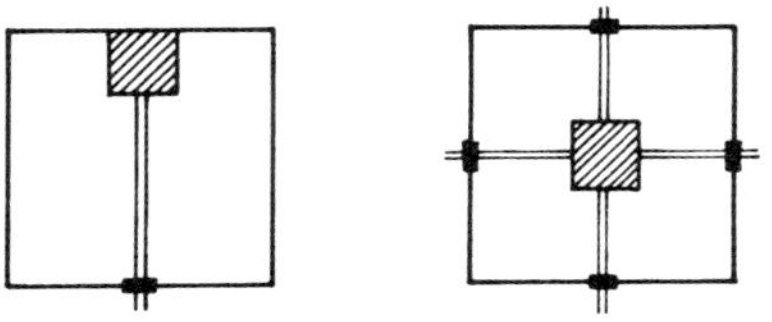

図20　二つのタイプ

また京師や近江国府のように、主要道路の真正面に都市の中心としての主建築物を置く場合と、その主軸から主建築物を外して主要道路を貫通させる場合とでは、かなり異なった性格となる。近江国府では正殿は南北中心軸上に正しくのっているが、周防国府では、国庁は東西に分けられ、中央を道が貫通していた可能性がある(81)。胆沢城のいわゆる正殿は、南面はしているが東北中心軸から東の方へ偏しており、ここでも南北中心道路が城域を貫通していたとも考えられる。ただ、正殿が確かめられた実例が少ないので、総論は今後の調査にまたねばならない。

国府などの地方都市計画においては、方位や方向性は一つの原則ではあったかも知れないが、京師の計画にみられるような厳格なものではなく、それぞれの地に応じて柔軟性をもっていたようである。とくに正面性については、平面にみるかぎり必ずしもそれ程強く意識されていたとは思われない。むしろそれを京師における特色とみることもできよう。

古代中国の造型理念から考えると、京師や国府のように記念的性格の強い都市を計画する場合、その造型理念は寺院建築のそれと共通するものと思われるのだが、わが国の国府では、必ずしもそうではなく、前にもみたように、いわばかなり日本化された理念に基づいて造られているように思われる。著しく方位の偏っている和泉国府の推定府域と、そのすぐ南に接して、正しい東西南北の方位をとっている泉寺跡との対比は、そのことを象徴的に物語っているようである。

三—三　囲繞性と求心性

前にも述べたように、国府などの地方都市に多くみられる「方八町」の規模は、本来の都市機能の要求によるのではなく、むしろ観念的なものから定められたと考えられる。この府域とその外との、羅城あるいはそれに類したものによる分離は、かなり明確なものであったに違いない。この方八町域の全体にわたって建物が建てつめられていたとは考え難く、府内にも外と同様な田園的景観が多く残されていたとすれば、少なくとも何らかによる分離がなされなければ、「方八町」は意味がなくなってしまう。

少なくとも建設の当初においては、律令制に基づく強力な中央権力を背景とした国府は、中央政府の地方における出先機関の所在地として、政治性のつよい閉鎖的空間を形成していたのではないだろうか。比較的小規模な地方都市の場合は、中国大陸における場合のように、建設の最初に先ず周壁を造りあげることは比較的容易であったであろうし、その規模が機能そのものとは別の、観念的なものから決められていたらしいことも、逆に独立した存在としての「羅城」の建設を説明するものともなろう。

軍事都市である多賀城（陸奥国府）や胆沢城、城輪柵などでは、羅城が完備していたのは当然であり、この場合はもっと直接的に純粋な機能と結びつく。内城の位置も城内の中心に置かれることが多い。

この内城、あるいは国府における国庁の位置関係については、都市のもつ方向性に関連して前に述べたが、このことは囲繞性に対しても大きな要因ともなっている。つまり京師のように北辺に置かれるよりも、中心部に置かれたものの方が、幾重にもとり囲むことによって囲繞性が高まり、かつ求心性の強いものとなる。城柵などの軍事都市においては当然としても、国庁を府域の中心部に置くものがかなり推定されていることは、国府を単に京師を模倣したものとさせない、異なった性格を示すものであろう。

常識的に考えると、国庁あるいは内城のような都市の中心的施設を、その中央部に置くことは極く自然の方法であり、『周礼』の「面朝後市」もその形を示している。したがって長安やわが国の京師などがむしろ特殊なケースであって、その特殊性は天子の座する首都であることによるものといえよう。(82)

また国庁が府域の中心部に置かれていない場合でも、その中心部に国庁以外に何らかの都心的な意味が付加されていたのではないかと想像させるような例がある。伊勢国府の場合、国庁は北辺に推定されているが、府の中心部の主要道路の交差点にあたると考えられる部分にも、何か重要な建築物の存在が、出土する瓦などによって推察されている。前に述べたように、近江国府、越前国府などの例も、中心部の主要道路の交差点に、国庁とは別の何らかの都心的施設の存在を想わせるものである。むろんこれらは、国府建設当初のものであるかどうかは明確でないので、それによって当初の都市計画の性格を云々することはできないが、国庁以外の施設が、国庁より以上に、その都市の中心的なものとなり、そこにいわゆる都心を形成することは充分考えられる。

一方、確実ではないが、周防国府などのように、東西・南北の主要中心道路が府域を貫通していたものもあるらしいことは、ローマ時代のとくに植民都市計画における方式を想わせるものである。[83] 平将門の乱に関する『扶桑略記』の記事に、上野国府において、「其後領㆑府入㆑庁。固㆓四門陣㆒。」とある。[84] この「四門」は府の門であるか庁の門であるかわからないが、城輪柵の東西南北に設けられた門を考えると、府の門とみてもかなり具体性をもってくる。

都市域の四辺に開かれた門と主要道路、そしてそれらによる中心部（内城）へのアプローチという形態は、都市の強い求心性を造り出すが、一方この性格は前に述べた正面性と相反することが多いといえよう。

大宰府の場合は、事情がやや異なっている。大宰府もいわゆる囲繞性は高いが、それは地形に基づくものであり、都市域のみを囲う羅城は存在しなかったと思われる。また政庁は南面し、条坊も京師にならって南面した計画ではあるが、主要なアプローチは西北からであった。

三―四　条里との関連

国府の計画にあたっては、条里という方格線が既に存在した場合、それに規制されることが多かったらしいことは前に述べたとおりである。米倉二郎氏は、原則として条里線のうち適当な里の界線の交点を基準とし、それを含む幾個かの坪（各坪は方一町）に国庁を設け、その周辺の幾坪かを国府の郭内としたのではないかと論じられている。[85] このことは、既に存在した条里という方格線が都市計画に与えた規制がどのようなものであり、それを見出すことにより、逆にその計画の基準といったものが見出せるのではないか、という問題を提起している。

京師の場合を考えてみると、まず藤原京は、田村吉永氏の復原によると、[86]大和条里の基準線とも考えられている「下つ道」をその西限とし、北限を条里の里の界線と合致させている。しかし朱雀大路の通る南北中心線は里の界線とは一致しない。したがって、藤原京において、里の界線の交点が都市計画上の基準とされたとすれば、基準点は宮城ではなく京の西北隅であったと考えられる。このことは甚だ示唆的ではあるが、京域の復原自体必ずしもまだ定説をみないので、ここで早急な判断は下せない。ただ藤原京の地割は、条里のそれと一致しており、その点では平城京や平安京と同一には考えられない。

平城京は「下つ道」を南北中心軸とし、大和東部の条里の北限を京の北限と一致させている。[87]条里を基準としたとすれば、この場合は宮城を基準点として設定したと考えられよう。ただし、平城京や平安京では、五町を一里（令制の一里、すなわち唐の一里とほぼ等しい）とし、それを四等分しているので条里の坪とは合致していない。

平安京についても、米倉二郎氏は平城京と同じく既存の条里地割を利用して、その上に計画されたものと考えられている。[88]しかし復原されている条里の界線が、平安京の東西・南北の大路と正確に一致するところは認められないように思われる。むろん東西南北の正方位をもつ山城の条里を、一応の目安としたということは考えられるが、平城京や周防国などと比較すると、むしろ条里を無視した計画とも考えられる。平安京は平城京や多くの国府とは異なり、その京域は各ディテールの累積された和としてあらわれてきている。したがって、等間隔に引かれた方格線とは原理的に相反するものといえよう。[89]しかもこの地は四つの郡の境界部にあたり、条里も複雑になっている。

したがって、条里の復原が正しいとすれば、平安京の正確な位置を決定したものは、条里以外の何らかに求めるべきではなかろうか。それがどの地点における、どのようなものか明確ではないが、あるいは喜田貞吉氏のいわれる秦氏の邸宅と関係あるものかも知れない。[90] いずれにせよ、条里との関連における平城京と平安京との差は、両者の都市造型的な理念の差と考えたい。

国府の建設は、時期的には平城京と対応させることができよう。国府の場合、周防国府ではその幾何学的中心点が里の交点と一致すると考えられる。また備中国府では方三町域の南北中心線と、南辺の線が、それぞれ里の界線と一致している。一方、藤岡謙二郎氏の推定による越前国府では、府域の西北の角が里の界線の交点となっている。

乏しい資料から断定することはできないが、米倉二郎氏の述べられているような原則性らしきものは、必ずしも見出せない。[91]

国府では、平城京や平安京と異なり、その地割の寸法は条里のそれと合致することが多いとされている。すなわち、条里の方格線がそのまま国府内の地割と完全に重なり合っていると見られる場合が多く、原理的には、条里における任意の正方形の六四坪が、そのまま国府域となり得るのである。このように、規模やパターンがあらかじめ与えられている都市では、どの点を基準点にするかということは、それ程問題とはならなかったのではないだろうか。いずれの点にせよ、一点が決まれば、同時に全域が組み上ってしまうからである。したがって、条里の里の界線の交点に国庁を置くことよりも、むしろ国庁の部分が地形的によい位置を占めるように、条里という方格線上に「方八町」という府域を定めたものと考えられないだろうか。その間の操作において、国庁を北辺に置くか、中央部に置くかの選択もあったと思われる。むろん条件が同じであれば、里の界線やその交点を計画の基準としたことも充分考えられるが、それが原則的なものであったとは考え難い。

しかしながら、伊勢国府や土佐国府[92]あるいは肥前国府（託麻国府）などのように、付近の条里と無関係と思われるものもかなりあり、問題は必ずしも単純ではない。とくに条里の施行と国府建設の時代的な関係に不明確な地域もあり、結論は今後の調査研究をまたねばなるまい。

三―五　都市計画と都市

これらの古代地方都市の内部の景観については、殆んどわかっていない。その都市人口も不明であるが、官吏の数からみても、それ程多かったとは思われない。したがって「方八町」の府域全体にわたって建物が建ち並んでいたとは考えられない。周防国府の「大領田」という小字名が、大領の職田の遺名であるとすれば、かなり早くから田地が府域内に存在していたことを示すものであろう。あるいはその他の職田も府域内にあったのかもしれない。いずれにせよ府域内に、京師と同様に、あるいはそれ以上に、水田や閑地がかなり多く存在していたであろうことは想像に難くない。

このようなものを都市といえるかどうかということにも問題はあるが、少なくとも都市計画は存在したということはできるであろう。むしろ、このいわば都市不在の都市計画というべきものが、古代計画都市の一つの特質とも考えられるのである。

大化の改新と、それに伴う律令制の強力な推進は、都市建設においても古代中国にならい、都市自体が記念性の高い造型物であるという思想に基づいて、藤原京や平城京を始めとし、各国の国府の建設となって現われたとみることができよう。「非二是壮麗一、何以表レ徳。[93]」という理念は、京師のみではなく、程度の差はあったとしても、その出先機関である国府においても基本的な理念になっていたに違いない。そしてその記念性の表現が、都市全体をあたかも一個の寺院の如く考えて、幾何学的な原則に基づいた造型に求められた。都市としての機能とは無関係の「方八町」といった規模もそこからきたものであろう。

しかし、このように都市を一個の記念物と考える時代も、律令制の衰退とともに急速に終りをつげる。それは京師とくに平安京における形態の変化が如実に物語っている。国府におけるその後の変遷の経過についてはあまり明らかではないが、今日、田畑の中にかろうじて名称を遺している国府が多く、あるいはその位置さえもわからなくなってしまっているものもあることは、国府のその後の発展が順調ではなかったことを物語っている。国府としての都市的形態を早急に失い、単に国司の館としての形をとどめるに過ぎなくなったものも多かったに違いない。備中国府や山城国府(94)(あるいはいずれも国庁というべきかも知れない)などの再度にわたる移転は、このことを示唆するものであろう。また、国府のその後の消長を考えるためには、その付近にあった既存の集落あるいは郡家や市などと、新しく造られた記念性の高い国府とのバランス関係が一つの手掛りとなるように思われる。そして後者の都市としての記念的性格と意味が失われてゆくとともに、あるものは全く都市的生命を失い、その国衙としての機能は前者に吸収されたり、あるものは逆に前者を吸収して再編成されることもあったかも知れない。山城国府(庁?)が、当時すでに繁栄の地であった山崎へ遷されたことも、そのことを物語るものともいえよう。

城柵の場合は事情は異なってくる。東日本の城柵は、前に述べたとおり、植民都市的な性格をもっていた。そしてその入植民すなわち柵戸を送り込むことに常に意が払われており、したがって東日本の城柵では人口も充実し、全体的に都市的な景観を呈していた可能性は充分考えられよう。ある意味ではこれらの城柵は、当時における形態的にも機能的にも最も充実した都市であり、都市計画であったというべきであろう。それは中国的な都市計画理念とも機能的に結びつき、形態的には最も大陸の都市に近いものとなっていたともいえる。むろんその形には記念的なものも感じられる。平野に出現した壮大で整った城柵は、人々に畏怖の念を抱かせると同時に、大和朝廷の力の象徴でもあったろう。

しかし、この城柵の生命も長くはなかった。蝦夷の屈服とともに、その機能的、記念的な存在意義は薄れてゆき、平安時代になると、城塞も平城よりむしろ規模の小さい平山城、山城に拠ることが多くなっていった。(95)

小結

国府は一般に京師を模倣して建設されたものとされている。しかしこのようにさまざまな点から考えてみると、必ずしも単なる模倣とはいえない面がある。

同じく政治的な都市といっても、京師における政治性は、そこを根本的な起点とする政治性であるが、国府におけるそれは、いわば中継点としての政治性である。むしろその差が、国庁の位置やその他の都市形態の差となって現われたとみることもできよう。

ただ、飛鳥・奈良時代の都市計画についていえることは、それらの都市に造型によるある記念性を与えようとする意図がみられたことであろう。その意味では、古代中国大陸の都市造型理念の源流に対する正統性を主張しているといえるが、その理念の具象化にあたっては、必ずしも一定の解釈がなされたと思われない。その理念はさまざまな要素に分割され、ある要素は京師において正当な表現をとり、ある要素は比較的小規模な国府において具象化されたとみられる。

しかし、このような時代も急速に過ぎ去り、より微視的な合理性が支配的となってゆく。

以上の地方都市に関する考察は、殆んどそのプランをもとにしたものである。都市内部の空間に関しては、現在のところ殆んどわからないといってよい。ただし、少なくとも古代都市計画においては、その特色はプランにもっともよく表わされているとみてよいだろう。

いずれにせよ、なお不明な点が多く、多くを推定に頼らざるを得ず、古代地方都市の性格を充分に解明するには程遠い。今後の調査研究によって、より実質的な都市空間が明確にされることが期待されよう。

註

1　鏡山猛「大宰府の都城」『北九州の古代遺跡』（一九五六）、同「大宰府と博多」『日本の考古学Ⅶ』（一九六七）所収。
2　前章にも述べたように、このことは平城京、平安京についても、多かれ少かれいえることであろうが、例えば平安京では当初の計画として一応条坊の数とその範囲は考えられていたとみてよい。
3　鏡山猛氏が主として観世音寺史料より見出されたものであるが、平安時代のものに限られている。
4　中尾芳治「難波宮と難波京」『都城』（一九七六）所収。沢村仁氏、藤岡謙二郎氏、長山雅一氏らが復原案を出されているが、文献史家の多くは否定的である。
5　鏡山猛「大宰府の都城」『北九州の古代遺跡』（一九五六）一四八頁。
6　扶余では扶蘇山城を設け、さらに外郭の城壁と錦江の流れが都市を囲繞しているが（関野貞「百済の遺蹟」（一九一五）『朝鮮の建築と芸術』（一九四一）所収、四六一頁）、少なくともその外郭は整形をとってはいない。
7　福山敏男「観世音寺の研究」『建築学研究第三集』（一九二七）。

8　とくに二二条は、記録にでてくる範囲であり、あるいは二四条とも考えられ、鏡山猛氏は一応二四町×二四町の正方形の府域をも想定されている（「大宰府の都城」一六六頁）。
9　三坂圭治『周防国府の研究』（一九三三）、福山敏男「地方の官衙」『日本の考古学Ⅶ』（一九六七）所収。
10　国庁は方八町の府域の中心から一町北を南辺とすると考えられているが、藤岡謙二郎氏は、自らの調査に基づき、この国庁域の南辺を中心とする方八町の府域を想定されている（藤岡謙二郎『国府』（一九六九）、二一五頁）。
11　小野忠熙氏の調査研究による（藤岡謙二郎『都市と交通路の歴史地理学的研究』（一九六〇）、四八頁より）。
12　米倉二郎『東亜の集落』（一九六〇）二一一頁。
13　藤岡謙二郎『国府』（一九六九）二一六頁。
14　小字名は、米倉二郎前掲書、二一三頁による。
15　藤岡謙二郎『都市と交通路の歴史地理学的研究』（一九六〇）三三一〜三三六頁。
16　藤岡謙二郎　前掲書（註15）、四五〜四七頁。
17　水野正好『近江国府国衙地区発掘調査概要』（一九六五）。
18　藤岡謙二郎　前掲書（註15）四七頁。
19　藤岡謙二郎　前掲書（註15）、四三〜四五頁。
20　永山卯三郎『岡山県史蹟名勝天然記念物調査報告　第七』（一九二八）。
21　藤岡謙二郎『日本歴史地理序説』（一九六二）一三八〜一四五頁。
22　藤岡謙二郎　前掲書（註21）、一四五頁。
23　郡家に所属する施設のみを考えれば、方八町域は必要と思われず、とくに国府が近くにある場合、ここにも方八町の都市域があったとは考え難い。藤岡氏は軍団の併置も示唆されている。しかし、いずれにせよ一つの形式として方八町域が設定されていたことは考えられないことではない。

24 藤岡謙二郎　前掲書（註21）、一四三頁。
25 藤岡謙二郎　前掲書（註15）、四九～五一頁。
26 藤岡謙二郎　前掲書（註15）、五〇頁。
27 藤岡謙二郎　前掲書（註13）、一五七頁。
28 『続日本紀』宝亀十一年三月丁亥条（国史大系）。
29 米倉二郎　前掲書（註12）、二一四～二一六頁、また藤岡謙二郎氏も、ほぼ同様な府域を想定されている（『国府』八五～八八頁）。
30 『図説日本文化史大系四』（一九五八）、八〇頁の図による。
31 米倉二郎　前掲書（註12）、二二二～二二四頁。
32 石田寛氏の調査による（『岡山市史古代編』一九六二）。
33 米倉二郎　前掲書（註12）、二二九～二三二頁。
34 藤岡謙二郎　前掲書（註13）、一八八～一九二頁。
35 藤岡謙二郎　前掲書（註13）、一七四～一八一頁。
36 米倉二郎　前掲書（註12）、二一八～二二一頁。
37 米倉二郎　前掲書（註12）、二二四～二二九頁。
38 松本雅明「肥後の国府―託間国府址発掘調査報告―」『古代文化』（一九六六、九）。なお、この方位は付近の条里と一致しないとされている。
39 藤岡謙二郎　前掲書（註13）、二五五～二五六頁。
40 藤岡謙二郎　前掲書（註15）、三九～四一頁。
41 『日本後紀』大同元年五月丁条。「勅。備後。安芸。周防。長門等国駅館。本備〔蕃客〕。瓦葺粉壁。……」（国史大系）。

42　鏡山猛　前掲論文（註5）。
43　『類聚国史』巻百七十三、災異七、火。
44　府の南西部に大門という地名があるが、それは位置からみても羅城門の跡とは思われない。
45　『三代実録』貞観十一年十二月二十九日条。
46　鏡山猛氏は甕城を想定されている。
47　いずれも国史大系より。ただし差支えないと思われるところでは、旧字を新字に改めた。
48　福山敏男　前掲論文（註9）、一一二頁。
49　『続日本紀』延暦十年二月癸卯条。
50　『令義解』倉庫令　第廿二。
51　『三代実録』貞観十七年六月二十日条。
52　『三代実録』貞観三年二月二十九日、貞観八年九月二十二日条。
53　角田文衛「国分寺の設置」『国分寺の研究』（一九三八）所収。
54　鏡山猛　前掲論文（註5）。
55　太田亮「国府・国分寺関係の神社」『国分寺の研究』所収。
56　米倉二郎　前掲書（註12）、二一六頁。
57　『新編常陸国誌』
58　『出雲風土記』
59　註41参照。
60　坪井清足「城柵の設置」『世界考古学大系』（一九六一）、六一頁。
61　陸奥国の伊治城は、三旬に満たずに建設されたという（『続日本紀』神護景雲元年十月辛卯条）。

62 「唱更国司等今薩摩国也言。於二国内要害之地一。建レ柵置レ戍守レ之。許レ焉。」（国史大系）。
63 「日向。大隅。薩摩三国大風。桑麻損盡。詔勿レ収二柵戸調庸一。」（国史大系）。
64 高橋富雄「古代国家と辺境」『岩波講座　日本歴史三』（一九六四）。
65 坪井清足　前掲論文（註60）、六七～六八頁。
66 大類伸、鳥羽正雄『日本城郭史』（一九三六）、一三八頁。
67 斉藤忠『胆沢城跡調査報告　岩手県文化財調査報告三』（一九五七）。
68 『続日本紀』宝亀五年七月壬戌条。
69 『秋田県史』考古編（一九六〇）。
70 藤岡謙二郎　前掲書（註13）、一五九頁。
71 『三代実録』元慶二年三月二十九日条、国史大系より。
72 『三代実録』天慶五年四月二十五日条、国史大系より。
73 註68。
74 藤岡謙二郎　前掲書（註15）、六〇～八〇頁。
75 斉藤忠　前掲書（註67）、胆沢城跡は方六町であるが、前に述べたように方八町であった可能性もあるとされている。
また名称のみ「方八町」と呼ばれたということもあり得よう。
76 平岡武夫『唐代の長安と落陽』（一九六一）。
77 米倉二郎　前掲書（註12）、二〇九～二三六頁。
78 米倉二郎　前掲書（註12）、二三三頁。
79 米倉二郎　前掲書（註12）、一四七頁。
80 『続日本紀』和銅元年二月甲戌条。

81　庁域の南北中央に門があったとすれば、それがいわゆるアイ・ストップとなった可能性はある。
82　滝川政次郎氏は、宮城を北辺に置くいわゆる北闕制を、北斗信仰と天帝思想の結びつきによるものとされている。『京制並に都城制の研究』（一九六七）、三〇〇頁。
83　藤岡謙二郎　前掲書（註15）、一八一頁。
84　『扶桑略記』天慶二年十二月十五日条。
85　米倉二郎　前掲書（註12）、二一四〜二一八頁。
86　田村吉永「飛鳥の宮阯」『飛鳥』（一九六四）所収。
87　大井重太郎『平城京と条坊制度の研究』（一九六六）、八一頁。
88　米倉二郎　前掲書（註12）、二〇〇〜二〇五頁。
89　第1章参照。
90　喜田貞吉『帝都』（一九三九）、二五九頁。
91　藤岡謙二郎氏もこのような原則については否定的である（藤岡謙二郎　前掲書（註15）、五一〜五四頁）。
92　藤岡謙二郎　前掲書（註15）、三〇〜三二頁。
93　『続日本紀』神亀元年十一月甲子条。
94　西田直二郎『京都史蹟の研究』（一九六一）、四〇四頁。
95　東京大学東洋文化研究所編『館址』（一九五八）。

〔編者補記〕

発掘調査の進展に伴って国府に関する研究の蓄積は著しい。その概要に関しては『古代の国府の研究』(国立歴史民俗博物館研究報告第十集、一九八六年三月、以下『報告』)、『古代の国府の研究(続)』(国立歴史民俗博物館研究報告第二十集、一九八九年三月。以下『続報告』)にまとめられており、本書以後の調査・研究の進展がわかる。特に中核部となる国庁については発掘も進んで建築的な実態が明らかになった事例も多く、いくつかの国府で本稿に指摘するような朝堂院の簡略化とも理解できるコの字形の建物配置が確認されている。一方で「方八町」の領域設定を前提とする国府の城市的な計画性については、現在は否定的な考えが主流である(山中敏史「国府の実態」『古代地方官衙遺跡の研究』一九九四)。本書で拠るところが多い藤岡謙二郎の研究に代表されるような地名や地籍図をもとにした歴史地理学的なアプローチの限界も指摘されている。また条里制と国府の計画に関しては、少なくとも遺構の上からは先行する条里を踏襲して国府の条坊的地割が施行されたとは判断できないようである。

個々の事例では国府の規模や平面で本書の記述は訂正されるべき部分がある。方八町を占める古代国府の典型例とされた周防国府については、復原の手がかりとなる字名が近世や近代に至って出現すること、字名の位置の移動がみられることが指摘されており(八木充「周防国府と小字図」『続報告』所収)、土手など国府時代の痕跡と考えられていた遺構が中世を遡らないこと、全面的な方形地割が認められないことなどが考古学的に明らかになった。北闕型で想定されている伯耆の国府は、藤岡が想定した位置の西北方で国庁と考えられる遺構が発見されており、時代による国府の移動を考慮する余地があるものの図19にみる北闕型の構成とは判断しがたいようである(木下良「国府の周郭と方格地割について」『続報告』所収)。平安時代以前の近江国府も、検出遺構からは従来の復原案とは異なる可能性が高いとされる。著者が「地形的に考えても必ずしも正しい方形域をとったかどうか疑わしい」と指摘する陸奥国府(多賀城)は、奈良時代初期に遡る木塀や築地による不等辺四角形の周郭が明らかとなったが、国府郭外の南面域で九世紀以降の地割が確認されている(岡田茂弘「国府調査の現状と課題」『幻の国府を掘る』一九九九所収)。城輪柵は、発掘により政庁域の建築的な実態が明らかになっており、平安期の出羽国府と想定されている。胆沢城に関しては、築地で区画される方六七五メートルの外郭を持ち、その中央南寄りを占めて大垣で区画される方九〇メートルの内郭にコの字形に建物が配される政庁域、その周辺の官衙となる建物群が確認されていて、現段階で図19は訂正されることとなる。桃生城については、平成六年からの発掘調査でコの字配置の建物が建つ東部政庁域と西部官衙地域、西郭の存在を示すと思われる周郭の分岐が確認されている。

このように、方八町の領域設定と方形街区割を明瞭に証明する国府は確認されておらず、造型理念の解明につながる国府の領域的な実態に関しては未だ明らかでない部分が多い。関連する記述と図版は学位論文の状態のまま採録することとし、以上を補記する。

第4章　中世京都の都市空間

中世京都に関しては、なお不明なところが多く、形態的な復原も充分にはなされていない。本章では中世京都における都市空間を、まずできるだけ物理的にとらえ、さらにその性格や発展について考察しようとするものである。京都における中世は、唐制に基づく古代平安京の都市空間から、豊臣秀吉の近世的都市計画による都市空間への、いわば橋渡しの役割を果したと考えられるのである。

中世京都に関しては、主として経済史、文化史の面から、多くの秀れた研究がなされてきている。ここでは、それらの先学の研究に多くを負いながら、やや異なった面から考察を試みたい。

先ず遺された当時の売券や寄進状などから、中世における宅地の形状とその変化を追い、さらに各ブロックにおける敷地割の形状についても考えてみる。史料は限られており、また時代的にも地域的にも片寄り過ぎている嫌いがあるのだが、一応の考察資料とはなり得よう。

次に京内の道路とその空間的な変化について考察する。とくに巷所化などによって、古代都制による大路小路が物理的にも変化し、さらに都市空間としても変質してゆく過程をできるだけ追ってみる。また、それに関連して、中世の辻子について考えてみたい。

続いて中世において成立してきた「町」の問題を、空間的なまとまりと、自治的共同体的まとまり、さらに行政的な単位という面から考察を試みる。このことは、近世の都市空間として確立された「町」の確立過程としてとらえることもできるように思われる。

以上の構成は、都市空間における基本的な要素である土地（宅地）、道（街路）、町を軸としている。それは、これらの要素の都市空間における、いわば重要性の変遷が、わが国の都市そのものの発展とよく対応するように思われるからである。

一　宅地

一―一　平安時代の宅地

古代平安京の都制に基づく宅地割は、周知のごとく、方四〇丈に分たれた各ブロック（町）がさらに四行八門に分割され、その一つを一戸主として宅地班給の単位とするものであった。この四行八門の制度では、ブロックの中央に南北の小径を設ける必要があり、また三位以上の者と参議、およびその子孫以外は大路に門を開くことが許されなかったので、場合によっては、一・二行あるいは三・四行の間にさらに南北の小径が造られることになっていた。(1)しかしこのような制度がどの程度厳密に行なわれていたか疑問であり、少なくとも平安後期にはそれと合致しないものが現われてくる。平安後期には東西路にその地口を開く南北に長い宅地が出来してくることは、すでに早くから関野克氏が指摘されているところであり、(2) また三位以下でも大路に門を開いている例が認められる。(3)

平安時代の宅地の形状については、最近、秋山国三氏が詳しい論文を書かれており、(4) そこには平安遺文・朝野群載等から抽出された、位置・形状の知られる宅地六十二例が整理されている。ただし、そこでは主として地点の表示法に焦点があてられているので、この六十二例中には同一の宅地もかなり含まれている。

これらのごく限られた例から、京内の宅地の形状を一概に論じることは不可能であるが、中世にも関連してゆくいくつかの事柄を指摘しておきたい。

まず一般的には、秋山氏も述べられているように、平安後期における四行八門制からの脱却が挙げられよう。とくに平安末期には東西路に地口をもつ、南北に長い宅地が多く見られるようになってくる。また、それぞれの宅地も、奥行は多少の増減を無視すれば、なお一〇丈、二〇丈のものが多く、古制に則っているようだが、とくに小規模な宅地の間口は五丈からかなりの変化が認められる。

次に、各ブロックの中央部の利用状態の問題がある。ここにあげられたものには、このブロックの中央部、たとえば二・三行の三・四・五・六門などが、独立して宅地となっているものは一例もない。また表示に忠実に従えば、二・三行をまたいでいると考えられる宅地も認められ、(5) この場合、ブロック中心に南北に通っていたとされる小径の存在が疑わ

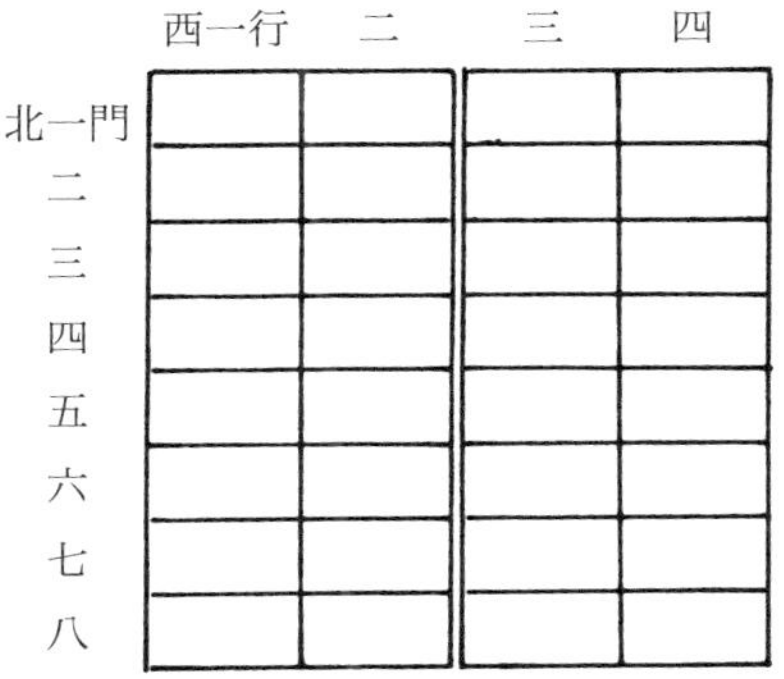

図21　四行八門制

しくなる。一方、間口は狭くても奥行が一〇丈以上あり、ブロックの中心部が、大路・小路に間口をもつ宅地の、いわば地尻となっているような例はいくつか認められる。むろんこれは、京内における密集地と、むしろ田畑などが混在していた地域では当然異なってこようが、このブロック中央部が四行八門制に基づく宅地として独立的に利用されることは、古代においても比較的少なかったと推定することは、必ずしも不可能ではなかろう。そして四行八門制が崩れてゆき、宅地の間口がブロックの四周に開かれてゆく中で、中央部がいわば都市空間からとり残されていった例も多かったと推察される。この中央部分、例えば五×二〇丈といった宅地の奥の部分が、どのように使われていたか、平安時代においては殆んど不明であるが、後に述べるように、中世にみられる「奥屋」あるいは「奥畠」「舂戸の麦」といった言葉が、それを示唆するものかも知れない。

一方、京制にみられる各ブロック内の小径は、もし公道として造られていたとしても、このような変化の中でいわば「巷所化」したものが多かったと考えられる。(6) 藤田元春氏が示唆されているように、(7) 後の辻子になったものもあったかも知れないが、のちの辻子がすべてこの小径を前身とするものとは考えられない。むろんブロックの中央部を何らかの形で利用するために、小径を必要とする場合も当然あり得よう。しかし、その利用形態にもよるが、その小径は京制のそれと機能的に必ずしも一致せず、場合によっては東西の小径が造られてもよい筈であり、また近世の路次のように宅地内の私道であってもよい。平安時代のものについては、具体的にはまったく解らないが、中世については辻子と関連して後節で触れたい。

一—二　地点表示法の変化

中世になると、平安京における上記のような宅地の変遷はさらに進められていったと考えられる。一方、中世における商業の発達は、京制に基づく東西市以外にも、商業地域といったものを生み出し、都市空間に均一でないさまざまなアクセントを造り、宅地の形状も地域によって色々異なったものとなっていったと推察される。

このような宅地の変化とともに、その地点を示す表示法も、条坊町行門という古来の方法がその実質性を失ってゆき、道路名との関連に基づく表示法に変っていった。そのことについては、前述の秋山国三氏の論文に詳しく述べられてあり、その変化の時期を十二世紀前後とされている(8)。ここに多くの付言は必要ではないが、鎌倉時代においてもなお部分的に用いられている条坊町行門の表示法にも、すでに古代末から、内容に実質的な変化が認められるように思われるので、簡単に触れておきたい。

秋山氏は鎌倉時代に行門制の表示が使われている例として、正嘉二年（一二五八）の売券をとり上げられ、そこに記されている「在左京七条一坊柒町東二三門内北面但自櫛選東」の内容が不明瞭で、表記法としては形骸化していると述べられている(9)。ところでこの売券は東寺百合文書（ヘ—三）にある一連の手継券文の一つであり、前に述べた関野克氏のとり上げられた宅地でもある。いまこの手継券文から各時代の表示法をみると次のようになる(10)。

	東西	南北	条坊町	行	門
① 永久三（一一一五）	一〇丈	五丈	七・一・一五	西一	北八
② 久安六（一一五〇）			七・一・一五	西一・二	北七・八
			自七条坊門北匣毛東坊門面東行一戸主次也		
③ 承安元（一一七一）	五・二五	九・五	七・一・一五	西一・二	北七・八
			但此地口ハ本櫛毛面地、今二人子息ニ所分時、防門面成地口		
④ 建久三（一一九二）	五・二五	九・五	七・一・一五	西一・二	北七・八
			自七条坊門北自匣毛東坊門面		
⑤ 建保三（一二一五）	五・二五	九・五	在左京七条坊門匣毛東坊門面		
⑥ 建保四（一二一六）	五・二五	九・五	七・一・一五	西一・二	北七・八
⑦ 建保五（一二一七）	五・二五	九・五	七・二・一五	西一・二	北五・六・七・八
⑧ 寛喜元（一二二九）	五・二五	九・五	七・二・一五	西一・二	北五・六・七・八
⑨ 寛元三（一二四五）	五・二五	九・五	七・一・一五	西一・二	北五・六・七・八
⑩ 正嘉二（一二五八）	五・二五	九・五	七・一・七	東二・三	門内北面但自櫛遏東
⑪ 文応元（一二六〇）	五・二	九・三五			

これによると、先にあげた正嘉二年の売券の七町は十五町、東二三門は西一二行の誤りと考えられる。

この宅地は、①②③に示されているように、もとは西一行北八門の一戸主であったが、同じく北七門の宅地と合わせて東西に分割され、南北に長くなったものと考えられる。したがってその位置は②の「東行一戸主次也」が示唆するように、なお西一行内にあると思われるのであるが、すでに②において西一二行と記されている。これは間口が五丈より二尺五寸延びており、この部分が二行目に入っていたとも解釈されるのだが、それ程厳密であったかどうか疑わしい。さらに⑦においては、北五六七八門とされており、九・五丈の奥行の敷地が五六門にかかるとはとうてい考えられない。この西一二行北五六七八門は一町の四分の一を示しており、内容的には「自七条坊門北、自櫛毛東」という道路名による表示と殆んど同じといってよい。つまり古来の形式で記されてはいても、実質はまったく異なってきており、地口の位置が示されない場合は、道路名による表示よりかえって不明確であるといえよう。[11]

　また、同じく秋山氏の挙げておられる天治二年（一一二五）保元三年（一一五八）および安元二年（一一七六）の売券にみられる宅地は、東西口二・五一丈、南北一九・八丈で、「左京八条一坊十六町西一二行北五六七八門」と記されており、一二行の両方にかかるものと解されている。たしかに、奥行一九・八丈は北五六七八門に及ぶのであるが、間口の二・五一丈が本当に一二行にまたがっていたか、やや疑問である。この宅地も東寺百合文書に見られるもので、中世にも引続き、元治元年（一一九九）、承元三年（一二〇九）、貞応二年（一二二三）の売券が知られる。[12] 前二者はそれ以前のものと同じ表示法であるが、貞応二年のものは、「自塩少路北、櫛笥東塩小路面中許地也」と記されている。さらに貞和五年（一三四九）には、隣接する五×二〇丈の宅地と合わせて東寺御影堂に寄進されるのだが、[13] そこには「塩小路大宮以西北頬中程」と書かれている。[14] 一方、貞和四年の売券には、「在塩小路櫛笥自塩小路北櫛笥面東顔口南北参丈奥東西拾参丈」という宅地が見られる。[15] つまり同じブロックの西側に間口を開く宅地であるが、この「在塩小路櫛毛」という記載は、その宅地が中央から南寄りつまり塩小路櫛毛に近いところにあることを示唆するものと思われる。それであれば、先の宅地は櫛笥小路から一三丈以上離れていなくてはならず、西一行にかかることはあり得まい[16]。そうなると、この「西一二行北五六七八門」も、前述のものと同様、道路名による表示法以上のものではなくなってしまう。

もう一つだけ例を挙げよう。東寺百合文書にある承久三年（一二二一）の平信正地券紛失状案には次のように記されている[17]。

合積壱戸主餘弐拾捌丈 口南北漆丈捌尺 奥東西拾丈
壱処北寄　口南北二丈八尺　奥東十丈　（略）
壱処中央　口南北二丈五尺　奥東西十丈（〃）
壱処南寄　口南北二丈五尺　奥東西十丈（〃）
在左京八条三坊四町西三四行北二三四門内
（後略）

ここでも奥行一〇丈では、正確にいえば西四行のみとなり、「八条院相論事書案[18]」でもこのことが問題にされているが[19]、この宅地に関連した他の文書でもすべて西三四行となっており、一般にはそれ程矛盾なく受けとられていたのではなかろうか。また上記の三つの宅地の一つと思われる、口南北二・五丈、奥東西一〇丈についての、貞応三年（一二二四）以下、天福二年（一二三四）までの四通の売券にも[20]、同様に「西三四行北二三四門」と記されている。口二・五丈で二三四門にまたがることはあり得ない。これは宅地が分割されたためと思われるが、結果的には殆んど無意味なものとなっており、「自梅小路南自町西　同面梅小路寄」という表現と、[21] 実質的にはまったく変らないばかりか、むしろ不合理さをあえて暴露しているものともいえよう。

前節にもみてきたように、東西路に間口を開く宅地が出来したり、また分割や併合が進んでゆくと、当然ながら行門制による表示は意味の薄いものになってくる。とくに、狭い宅地でありながら、一二行五六七八門といったような、一町の四分の一を示す方法は、内容によって道路名による表示法と殆んど変らないものと見てよかろう。したがって大邸宅といった特別な場合は別として、平安末期から鎌倉時代にかけての行門制による表示の中には、その内容は必ずしも厳密には受けとれず、例えば一二行と記されていても、それが実際に一二行の両方にかかるとは言い切れないものも多いと思われるのであり、逆にあまりその数にこだわるのは、むしろ危険なのではなかろうか。

このような変遷は、都制に基づく古代的都市構造から、道路を軸とする都市空間への構造的変化と併行するものであるが、店屋の多くあるようないわゆる商業地域と、築地に囲まれた大邸宅地とでは当然事情は異なるものと思われる。例えば応安四年（一三七一）の広橋家の譲状には、屋地の一つとして、

一　中御門京極　丈数見文書、京極以西、中御門以北、巽角地。東西南北各十五丈

とある。[22] この屋地は中御門京極という道路上の交点からみれば西北であり、したがって「巽角」というのはブロック内での方位と考えざるを得ない。また、時代はさらに下るが、永正十三年（一五一六）の屋地安堵状に「北小路室町東頬北西角屋地壱所東西弐拾丈、南北十五丈事」[23] とあり、この「東頬北西角」もそのブロック内で

の北西角と考えなければ意味が通じない。つまり、これらの例では、道路を軸としてそこからの方位と、各ブロック内での方位という、いわば正反対の方位が同時に使われていることになる。このたった二例ではあるが、店屋のような狭い間口の宅地と、広い邸宅地とでは、宅地に対する考え方にかなりの差が認められること、さらにこのような混乱は、中世においてなお、かかる二種類の宅地が地域的に混在していたことを示唆するものと考えられよう。大邸宅ではあくまでも敷地＝土地そのものが問題なのであり、これは古代以来殆んど変化していないが、一方店屋などでは、それにも増して街路に接する間口が重要なものとなってきたのである。これらは、都市空間としても大きな相違となって現われてくる。近世の城下町では、それらを整理するような形で、武家屋敷、町屋敷といった対比の下に、地域的にも画然と分けられて発展してゆくことになるのである。

一―三　ブロック中央部の宅地

前に述べたように、ブロック中央部の土地が独立した宅地として使われた例は、平安時代の記録にはいまのところ認められない。鎌倉時代についても同様であるが、室町時代には次のような例が見出される。一つは建武五年（一三三八）の「比丘尼けうしん房」から「しようぃの房」へ売渡した売券で、[24]、

うりわたす地の事
合壱所　口、みなみ、きた二ちやう六尺、おく、ひがし、にし十ちやう三尺五寸
さきやう八てう三はう八のまちにし

こきやうきた四もんのうち

（後略）

とある。この「こきやう」は、その後の暦応四年（一三四一）に「正意」から「ちあみた仏」へ売った売券に[25]、

うりわたす地の事

合壱所　口、みなみきた壱ちやう六尺二寸
おく、ひかしにし拾ちやう三尺五寸

さきやう八てう三はう八のまち

にし二きやうきた四もんのうち

（後略）

とあり、この地は前記の一部と考えられるので、「二行」とすることができよう。この地はしたがって図22の場所と考えられ、恐らくこのブロックの中央には南北の小径があったものと思われる[26]。ただし、後にも触れるように、この地は宝徳二年（一四五〇）の「東寺領洛中敷地賀茂社地口入足勘定状」によると、七条以南町東頰にあるように記されているので、なお検討を必要としよう[27]。

もう一つの例は、赤松俊秀氏が紹介されている、観応元年（一三五〇）の売券にみられるものである[28]。

沽却　私領地壱所事

合壱所　口南北五丈漆尺　奥東西拾丈
在四条町直垂座奥辻子面東頬
（後略）

なおこの地のものと思われる応永二十一年（一四一四）の寄進状もある[29]。この直垂座の位置がわからず、四条町が道路の交点を示すとしても[30]、そのどの方向にあたるのか不明であるが、この表現や奥行東西一〇丈という形状から、ブロック中央に南北に通ずる小径（辻子）に面する、図23のようなものと推定することができよう。

以上のたった二例ではあるが、それらが七条町、四条町という、中世においても、もっとも商業の盛んであった地域であることは注目に価する。つまり、このような商業地における高密度化が、敷地の高度な利用を促したと考えることも可能であろう。

一方、畠地と思われるのだが、承久三年（一二二一）の売券に次の如きものがある[31]。

売渡　奥地事
合戸主半内者　凡ソ東西五丈、在自□□□猪熊西五段目之　南北五丈也、　奥地也、但他領十丈之次也

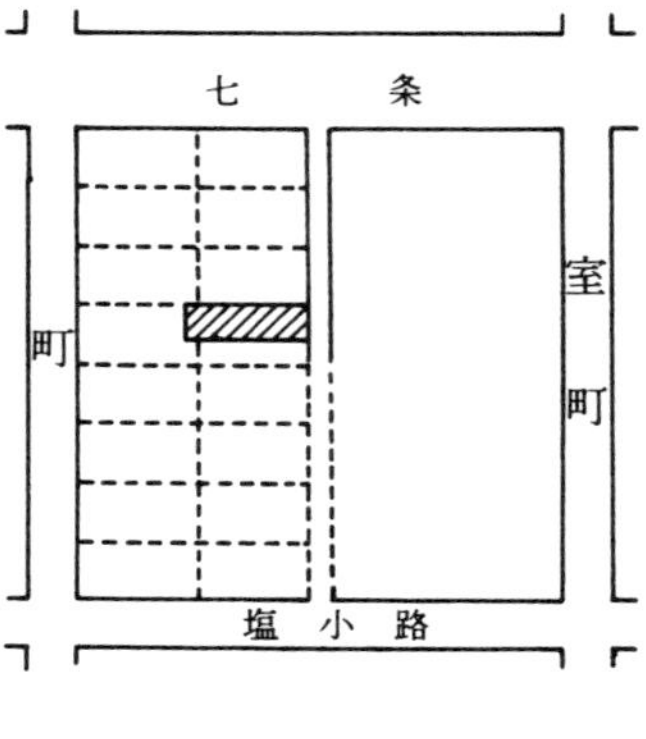

図22　四行八門制に合致しない例（その1）

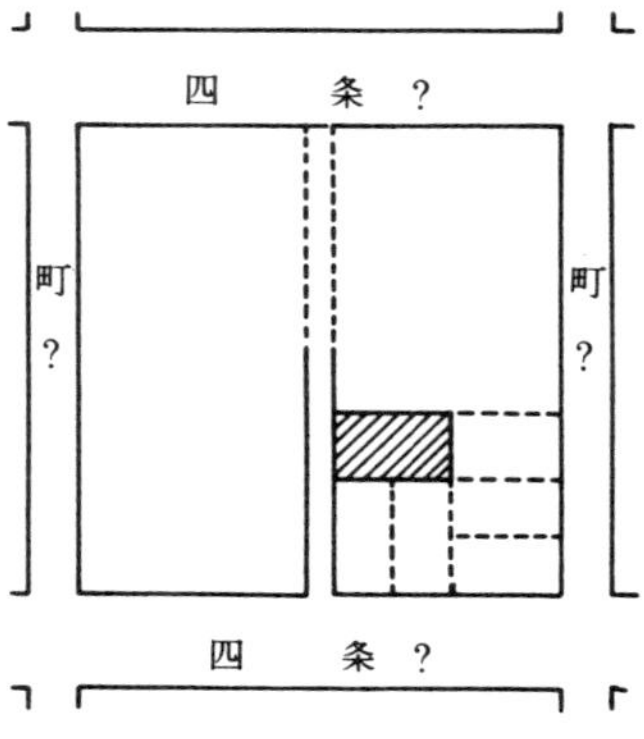

図23　四行八門制に合致しない例（その2）

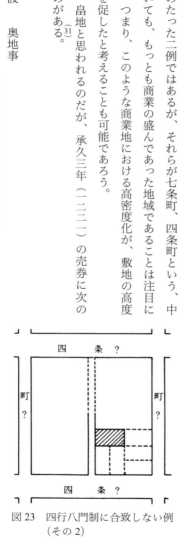

（後略）

この「五段目」というのはよくわからないが、この地を示すと思われる室町時代の資料がいくつかみられ、列挙すると次のようになる。

貞和四年（一三四八）からはしいのくま、いのくまよりにし、からはしおもて、きたの辻のうち、ひんかしのつら、口五丈、おく五丈のちの事[32]

延文三年（一三五八）からはし大〻や、おう〻やよりひんかしきたのつらのすしのおく、五ちやうよほうの地事[33]

延文四年（一三五九）からはしいのくま、いのくまよりにし、からはしおもてきたのつらつしのおく、ひんかしのつら口五丈おくへ五丈の地なり[34]

この辻子の位置は解らないが、もし中央であったとすれば、前の「五段目」は唐橋より西へ五反目と考えることができる。但し、この場合の一反は幅四丈であり、五丈にはならない。さらにこの地の東側、つまり唐橋猪熊北西頬の地は、後に触れる同じく東寺領の木曽跡敷地にあたり、その地と関連して考える必要があろう[35]。また、「但他領十丈之次也」は、唐橋面に地口を開く奥行一〇丈の敷地が存在していたことを示唆している。つまりこの地は、ブロックの中央部に独立して存在し、南北の辻子が利用されたものと考えられる（後掲図25）。

また、応仁の乱直前の京都に生きた中原康富の日記『康富記』には、「一条西洞院北頬辻子内道場」とか「土

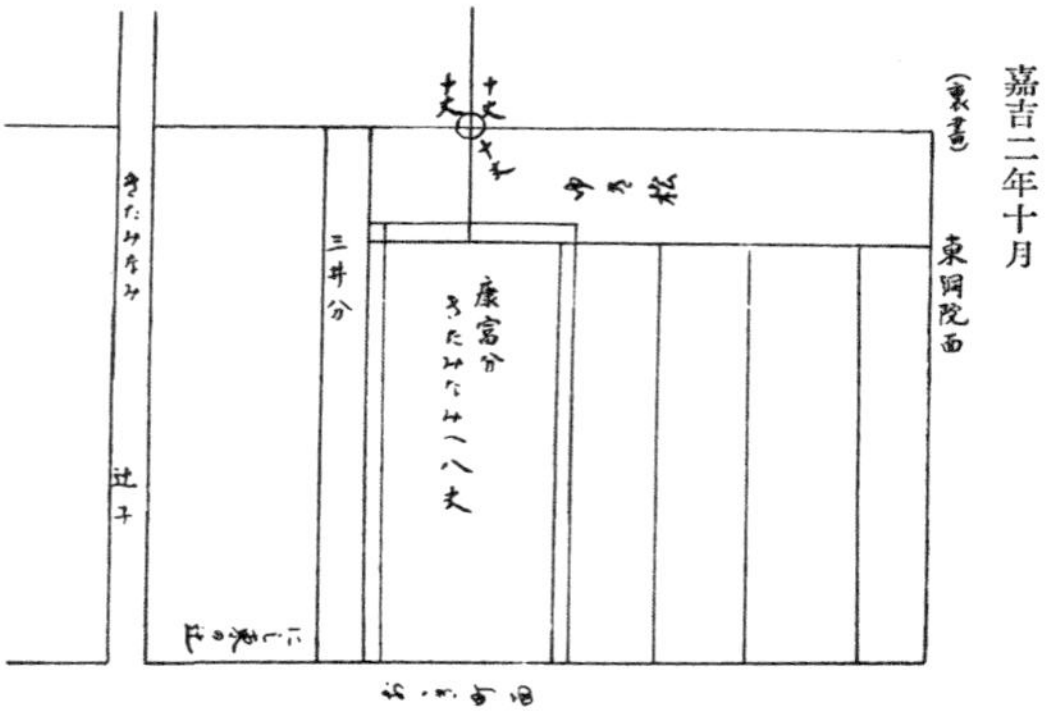

図 24 『康富記』（史料大成本）による

御門富小路与鷹司間東頬在家奥」の「池庵」といった表現がみられる[36]。後者はあるいは一つの敷地の地尻かも知れない。康富自身の家は、伏見宮家領の正親町東洞院西北頬にあり、口東西四丈、奥南北八丈の宅地であったが、嘉吉二年（一四四二）に地尻の奥に二丈×二丈の地を加えてもらった[37]。そのときの図と思われるものが、『康富記』の裏書にみられる（図24）[38]。東隣は二丈×八丈の宅地で、二宮弥二郎が住んでいたが、その逐電後に康富が請受けて預り、地子も沙汰している。請受けたときの理由には、康富の雑舎の戸と隣の墻が迫っていて、出入の通行ができないこと、子息の康顕の部屋を拡げたいと思っていることなどが挙げられていたが、実際には康富からさらに「百姓」に貸していた[39]。西隣には三井と称する僧が住み、康富も食事などに何度か出向いている[40]。さらにその西の方には、南北の辻子がある。この図に記されている「きたみなみ辻子」と「にし東の辻」という表現は問題であるが、後に触れることとする。一方『康富記』には、北隣のことが何度かでてくる。山下将監の「北隣宿」（嘉吉三年四月二十八日条）、灸治を行っている「北隣比丘尼庵」（宝徳三年八月十二日条）、北隣掃部（庭田家青侍、宝徳三年十月二十四日条）、北隣紺屋（享徳四年四月五日条）などである。これらは必ずしも康富の宅の北に接するものとはいえまいが、その中には、「きたみなみ辻子」の存在が示唆しているように、このブロック中央部の宅地もあり得たと思われる。

辻子については次章に述べるが、前の唐橋猪熊西北頬の辻子や、この康富の家の西の辻子など、単なる通り抜けのためとは考えられず、辻子の存在自体、ブロック中央部の何らかの利用につながるものと見るべきであろう。

このように室町時代になると、とくに密集した地域を中心として、ブロック中央部にも宅地が独立して設けられることが多くなっていったと考えられる。

一—四　地口と奥地

中世になると、地口を大路・小路にもち、その奥行が一〇丈をこえる土地が多く現われてくる。その奥行はさまざまであるが、大ていは二〇丈以下である。このような細長い敷地の利用形態は、地域によって異なろうが、例えば「八条院町公用足下地注文」(41)にみられる「奥畠」や、東寺の「二十一口方評定引付」にみられる「奥屋」(42)あるいは「セトの麦」(43)といった表現が、それらを示唆しているように思われる。一方、地口に近い部分と奥地とでは、必ずしも同列にはあつかわれなくなってくる。このことは、瀬田勝哉氏が論じられているように(44)、都市商工業の発展とともに、南北朝期には屋敷地が地代を産むものとして脚光をあびるようになったことと軌を一にするものであろう。瀬田氏も指摘されているように、文和元年（一三五二）にはそれを停止しようとした論旨が出されているが(45)、文和四年の東寺領唐橋猪熊西頬の木曽跡敷地の注進には、地子として「奥尺別三十文、端尺別四十文」と記されている(46)。この差はあまり大きなものではなく、あるいはすべて畠地であったのかも知れないが、応永五年（一三九八）の同じく東寺領大悲心院新興行地の注文には(47)、

注進　大悲心院新屋敷注文事、本屋敷西大宮新在家分

ハシ十丈分は本地子三十六文分　ヲク七丈分ハ坪収十六文宛

東西九丈一尺、南北十七丈

東ノハシ

一丈七尺五寸ハシ奥エ十丈分、四百八十六文 奥七丈分、十二坪、百九十二文己上六百八十一

文　教源ムコ

（中略）

己上九丈一尺、口東西分也

南北

一丈　　堀分　シヤウフ池

一丈五尺　茶木原分

十四丈五尺　現地分

（後略）

とあり、奥の堀分、茶木原分を勘案しても、地口に近い一〇丈分とさらにその奥とでは、地子に二倍以上の差をつけている。これら二つの注文の差は、土地ないしは地域としての優劣の差とも考えられるが、あるいは時代的な差とみるべきかも知れない。大悲心院新屋敷の場合、奥行一〇丈分は屋敷地として、その奥は恐らく畠地と見做されていたらしいこと、さらに屋敷地としての土地が畠地などより以上に地子を生み出すようになってきたことを示唆しているように思われる。いわば地口銭と段銭が、一つの土地に二様にかけられているともいえよう。

奥行を一〇丈できっているのは、古制の名残りともいえようが、一方間口一尺が一坪（この場合は方一丈）となり、間口の尺数がそのまま奥行一〇丈分の坪数ともなっていて都合がよかったものと思われる。しかしながら、敷地の奥行が不定となってくると、そのような関係は必ずしも成立しなくなってくる。とくに臨時の地口銭がかけられるような場合には、やはり地口が奥行とは無関係に機能してくるようになる。宝徳二年（一四五〇）の「東寺領洛中敷地賀茂地口入足勘定状[48]」によると、「口一丈別四十二文宛但二丈二一文加之」の地口銭がかけられており、その中に、

一所　七条坊門町以東北頬　　口四丈六尺　　弐百壱文

一所　同町以北東頬　　口四丈壱尺　　百七十七文

とあるが、これらの地は、応安元年（一三六八）の譲状にみられる[49]、

壱所　七条坊門町東北頬　口肆丈陸尺　奥柒丈陸尺

壱所　同坊門町北東頬　口肆丈壱尺　奥拾肆丈四尺

と同地であると考えられる（後掲図30）。つまり、一方は奥行七・六丈、他は一四・四丈と二倍近い差があるのだが、地口銭はそのこととはまったく無関係にかけられている。このような形で地口銭がかけられること自体、道路に面するということの経済的価値の高さを示すものとも考えられよう。一方「辻子」に面するものに対する地

口銭は、少なくともこの「地口入足勘定状」の文面にはみられない。ただし、前にも触れたように、「七条以南町東頰口一丈六尺弐寸」という条項がみられ、これは先に述べた「八てう三はう八のまちにし二きやうき四もんのうち」の、間口一・六二丈、奥行一〇・三五丈の敷地のように思われる。「二行」であれば「町」に面するとは思われないのだが、いずれかが誤っているのか、あるいは辻子に面しているが、都合上この町面として挙げられているのか、今のところ確かめることができないので、疑問としておく。

一―五　宅地の地割

次に、各ブロックがどのように分割されていたかについて考えてみたい。資料は主に十四世紀から十五世紀の注進や売券などである。

a　唐橋猪熊北西頰

ここにある東寺領には、前にも触れたように、文和四年（一三五五）の注文と、それに付された図が遺っている。[50]なお文和元年の譲状にみられる阿弥陀堂とその敷地「唐橋猪熊西頰唐橋以北針小路以南、口二丈七尺、奥十七丈」[51]は、この一部と考えられる。ただし、注進にも記されているように、文和四年の動乱で焼失したものと思われる。この図には四行八門の線が画かれており、仲村研氏は「十四世紀後半において、この地域の条坊内には依然として、行門の区画が残存し、その区画に沿って地割がなされていることが判明する」と述べられている。[52]確かに行門制が意識されているということはいえようが、奥行一〇丈と二〇丈の線が一部保たれているだけで、間口はばらばらとなっており、東西の線でかつての八門の線と一致している部分はまったくない。見方を変えれば、むしろ行門制からかなり離れてしまっているともいえよう。

この敷地は、さらに間口〇・九一丈から二・五丈までさまざまに分割されているが、その使われ方などは解らない。図25は記入されている丈尺から新たに作ったものであり、大日本史料所載の図とプロポーションがやや異なっている。なお、前に述べた「在自□□□《唐橋北》猪熊西五段目之奥地也、但他領十丈之次也」の五丈×五丈の地は、この奥にあたり、図のような位置が推定される。

図に示すとおり、ここでは中央部で奥行二〇丈、角の方にゆくに従い奥行は小さくなっている。これ程はっきりはしていないが、同様な形態を示唆する例は他にも認められる。

b　六角油小路西北頬

この部分にあった敷地について応安四年（一三七一）の請状があり、図が付されている。(53)

請申　敷地事

在所六角油少路　自油少路西北頬

口東西陸丈　奥南北拾丈

又東寄地東西三尺五寸　奥一丈三尺

（後略）

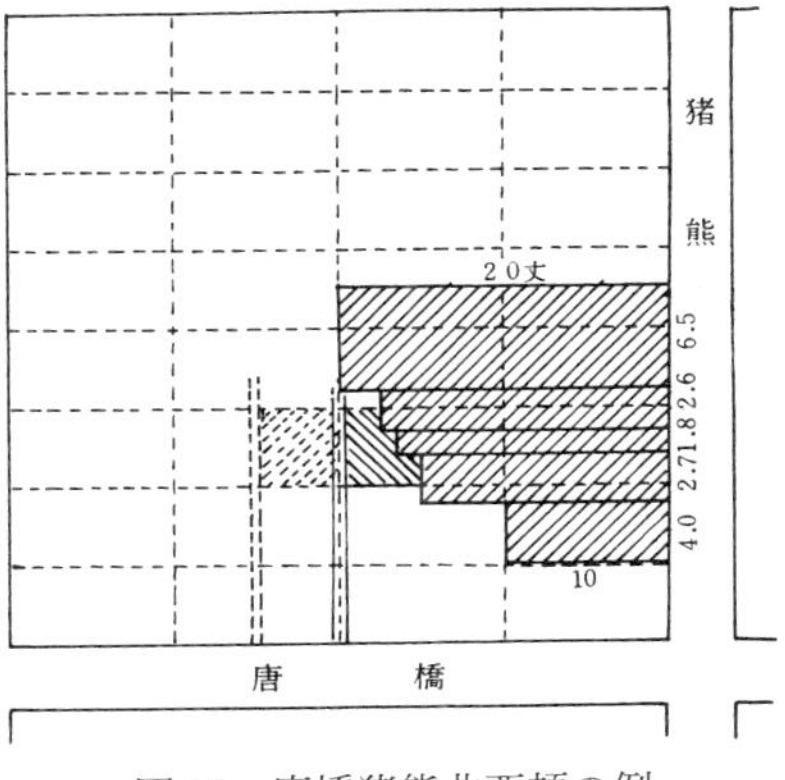

図25　唐橋猪熊北西頬の例

これだけでは正確な形状は解らないが、同地の建武元年（一三三四）の譲状には「口東西陸丈、奥東寄玖丈三尺、西寄拾丈、又東寄地東西参尺五寸、奥壱丈弐尺」とされており、[54] さらに建保四年（一二一六）の売券にみられる「合肆拾丈口四丈三尺、奥九丈三尺、在六角北油小路西六角面」[55] の地は、上記の「東寄玖丈三尺」の地と考えられる。前記の譲状に付せられている図はかなりラフなものであるが、以上の寸法に則して画くと図26のようになる。

c　六条猪熊西南頬

応永二年（一三九五）の寄進状に次のようなものがある。[56]

奉寄附　屋地事

　合参所者　一所東西拾丈、南北弐拾五丈五尺、一所東西弐丈四尺南北十二丈五尺、一所口東西弐丈、奥四丈

在左京自六丈南、自猪熊西、六条面半許

（後略）

これらの敷地は同一人のものであり、したがって隣接していたとして推定すると図27のようになる。

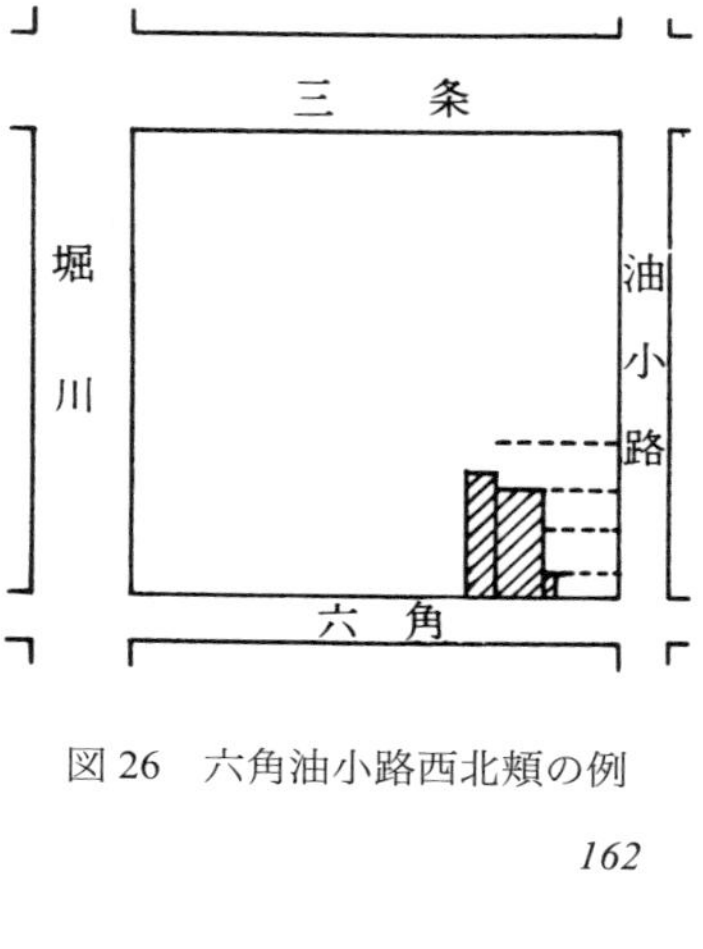

図26　六角油小路西北類の例

d　七条町北東頬

この地区は中世における商業の中心地の一つであるが、観応元年（一三五〇）の売券に次のような二つの敷地が認められる。[57]

沽却　敷地事

　在弐箇所

一所左京七条町自七条北東頬、面南北陸丈、奥東西拾漆丈、艮角少闕焉

一所七条町自七条北東頬、干魚座　面南北壱丈五尺、奥東西肆丈矣

（後略）

なお同地のことは、文和三年（一三五四）の譲状にもみられる。[58] この二つの敷地の関係はよく解らないが、同一人の所有であり並べて書かれることから、接していたと仮定し、後者の敷地がかなり小さいことから角に近かったと考えると、図28のように推定される。しかし、これに接する敷地の形状など疑問が残る。なお、干魚座は場所の名称のように用いられているようだが、座については問題が大きく、詳細な検討を必要とする。いずれにせよ、この小さな敷地には店屋があったに違いない。

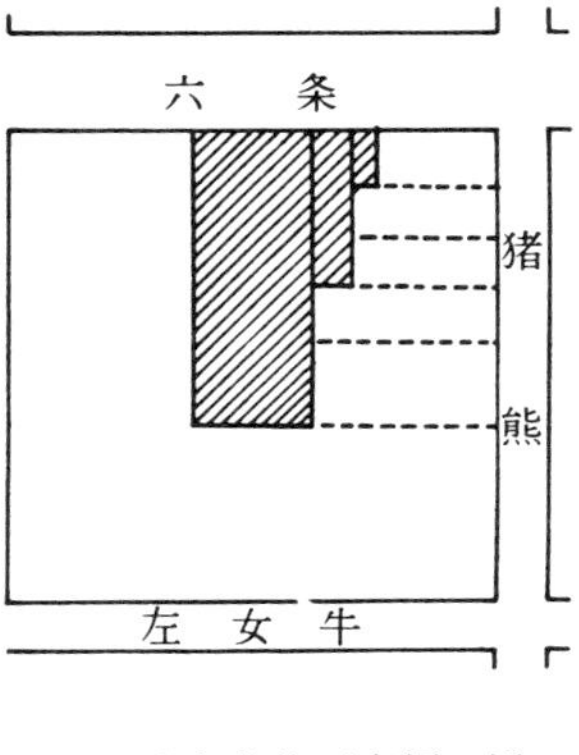

図 27　六角猪熊西南頬の例

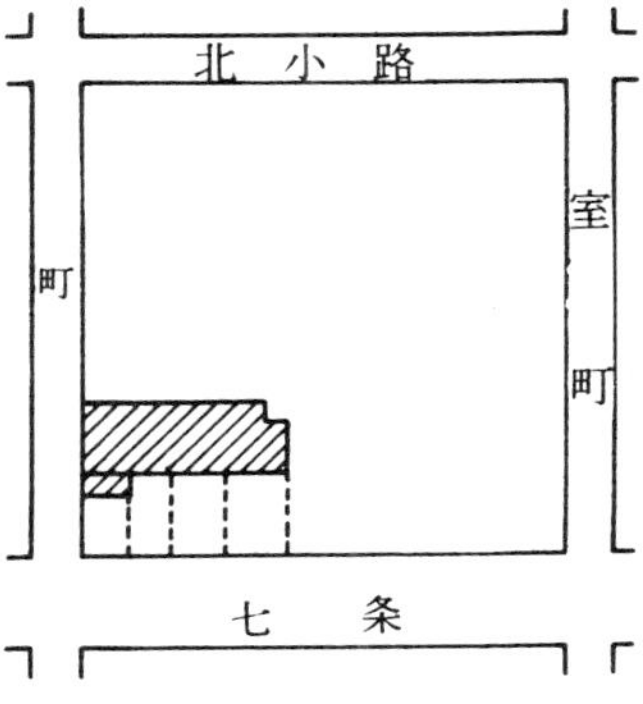

図 28　七条町北東頬の例

e　鷹司油小路南東頬

永享四年（一四三二）の奉書に「鳩塗師申鷹司以南油小路東頬（口壱丈六尺。奥二十丈。口壱丈二尺。奥十丈）屋地事」[59]といった記事がみられる。この二つも並んでいたと考えると、油小路に面して奥行二〇丈の敷地と一〇丈の敷地が存在し、図29のような関係を想像することができるのではなかろうか。

ブロックの角地、とくに小規模な宅地のある角地の形状は、大へん興味あるところであるが、それを直接示すような資料はいまのところ極めて少ない。したがって、断片的な資料から推定するほかはない。

f　七条坊門町東北角辺

前節にも触れた二つの敷地に関する応安元年（一三六八）の譲状がみられる。[60]つまり「七条坊門町東北頬」の四・六丈×七・六丈と、「坊門町北東頬」の四・二丈×一四・四丈の地である。この両者の位置関係も不明だが、同一人の所有地であることから両者が接していると考えると、図30のような形状が推定できよう。東西は全体で一九丈となり、あるいは二丈の小径の存在も考えられる。

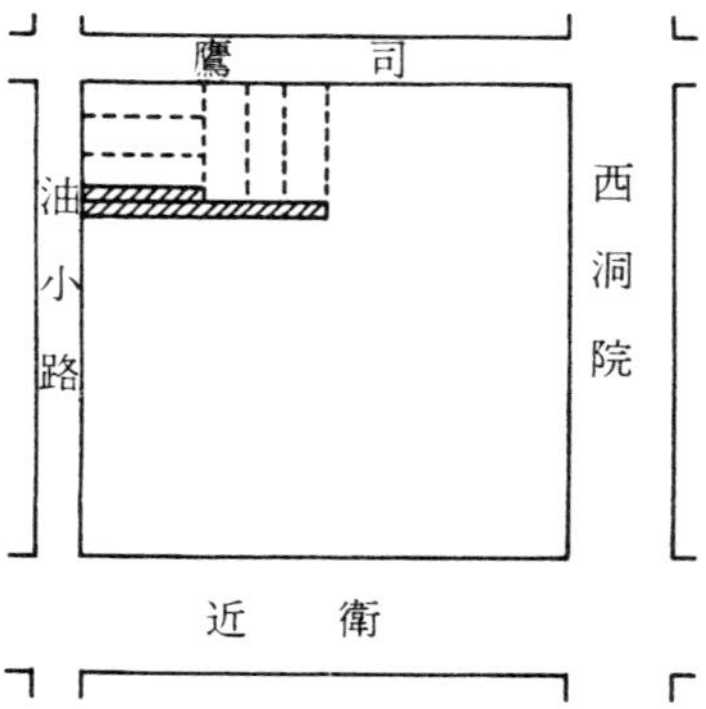

図29　鷹司油小路南東頬の例

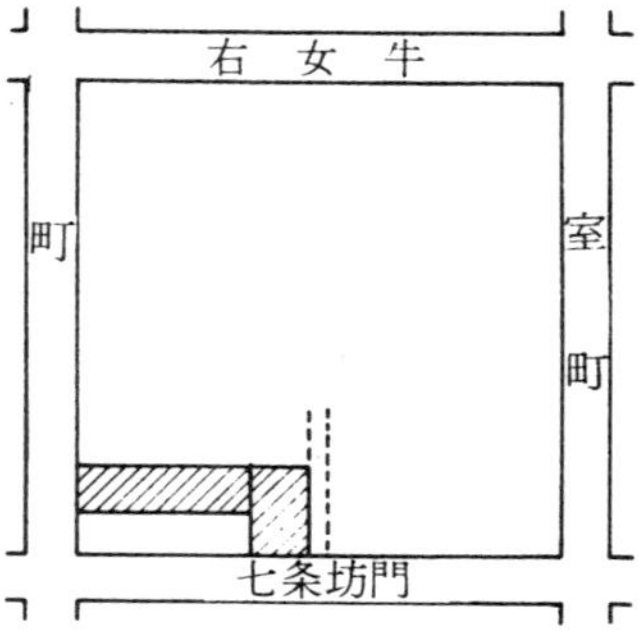

図30　七条坊門町東北角辺の例

g　中御門高倉西南頬および同南西頬

ここでとりあげる敷地は裏松中納言知行のかなり大規模なもので、その知行を確認した享永三年（一四三一）の奉書が知られ[61]、「中御門高倉南西頬。口拾参丈。奥拾陸丈玖尺。同西南頬。口柒丈。奥弐拾参丈捌尺五寸屋地」とある。この二つの敷地の前者の奥行一六・九丈と後者の間口七丈を加えると、二三・九丈となり、後者の奥行に極めて近い。そのことから図31の形が推察される。あるいは元はほぼ正方形の敷地であったのが、角地を手放したものとも考えられよう。いずれにせよ、かなり大規模な敷地であるので、これまでのものと同列に扱うことは危険である。

h　正親町東洞院西北頬

最後に先にあげた中原康富の住居地について考えたい（前掲図24）。東洞院と正親町との角地は南北に長い敷地となり、図のプロポーションからいけば、その地口は二丈以下である。ただ、この図のプロポーションは必ずしも、正しいとはいえない。康富の敷地の北の交点に丸が付され、「十丈」と二個所に書かれている。東側の二つが、

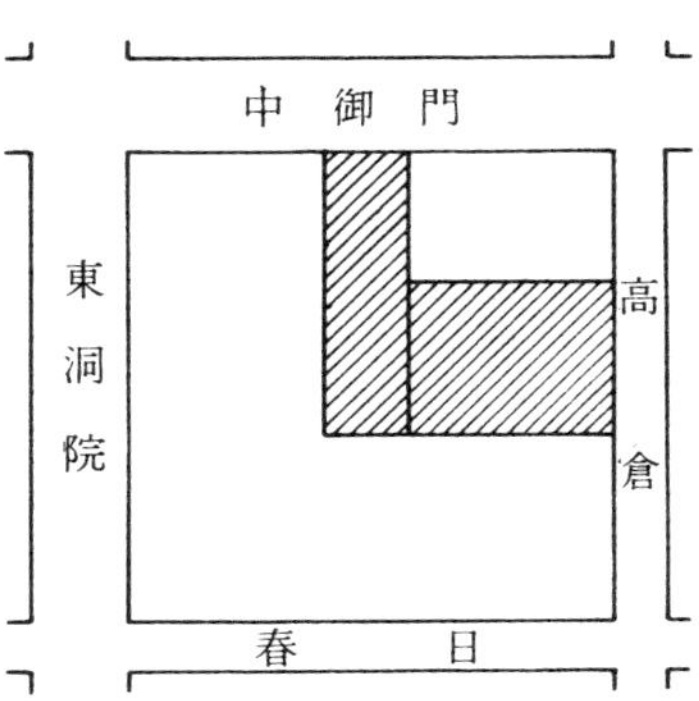

図31　中御門高倉西南頬および同南西頬の例

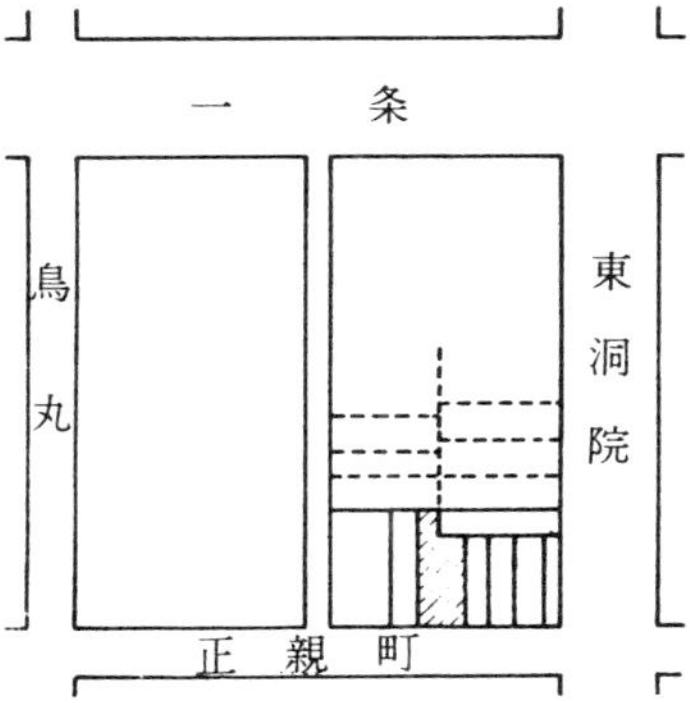

図32　正親町東洞院西北頬の例

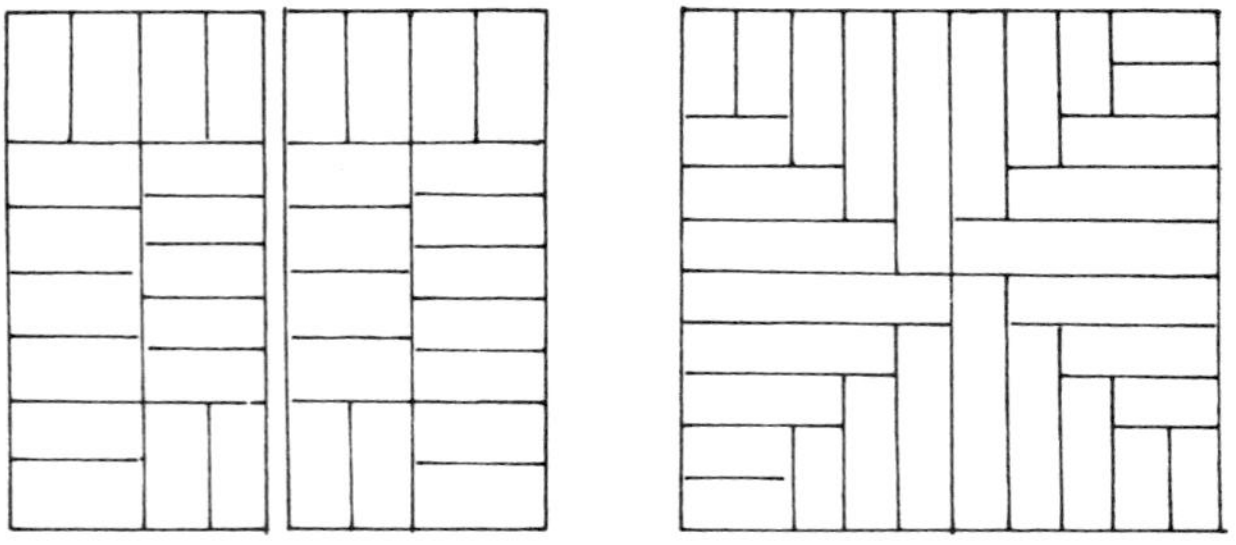

(a)　(b)

図 33　宅地割模式図

それぞれ東洞院および正親町からの距離であるとすれば、西側に書かれた「十丈」は「きたみなみ　辻子」からの距離と考えられる。つまりこの辻子は丁度ブロックの中央となる。これらのことを勘案し、さらにその周辺部を推察すると図32が考えられる。康富の宅地の奥の方二丈の地が、康富に与えられる前どこに属していたのか解らないが、あるいは「ゆき松」の地尻であったのかも知れない。角の部分の宅地が正親町面に地口を開いているのは、あるいは都市空間としてのアクティヴィティが、東洞院より高かったのかも知れない。広仁の乱以後には、『言継卿記』などに見られるように「正親町」は「六丁町」の一つとして繁栄している。[62]

また、奥行の八丈は、他にもしばしばみられる。例えば、時代はやや溯るが、貞治四年（一三六五）の寄進状によると、[63]錦小路の室町と町の間の北頰に三つの敷地があげられているが、五丈×八丈、三丈×八丈、三・五五丈×八丈と、いずれも奥行は八丈である。一方同じ寄進状には、この東側にあたる室町西頰の四・一丈×一四丈という敷地も挙げられている。あるいは正親町東洞院西北と同様な形態をとっていたものかも知れない。

一方、奥行が一〇丈よりかなり小さくなっている土地もいくつか認められる。すでに述べたものもあるが、史料にあらわれてくる年代順に示すと次のようなものがある。

建武元（一三三四）〇・三五×一二丈　六角油小路西北頬（前掲b）
観応元（一三五〇）二・二×四・二丈　塩小路室町西北頬(64)
〃　（〃）一・五×四・〇丈　七条町北東頬（前掲d）
貞治四（一三六五）一・五×五・〇丈　六角町南東面(65)
応永二（一三九五）二・〇×四・〇丈　六角猪熊西南頬（前掲c）
〃九（一四〇二）四・四×五・五丈　五条町南西頬(66)

むろん資料的には不完全であるが、これらは比較的庶民が多く住んでいた地域に多いように思われる。それらの地域における敷地の高密度化と細分化、さらに角地における形状を示唆するものかも知れない。

以上、主として遺された売券や寄進状などから、中世における京都の宅地、土地の形状を考察してきた。資料は極く限られており、また時代的にも地域的にも片寄っている嫌いもあるが、十四世紀から十五世紀にかけて、後の近世において典型的にみられるような地割が、形成されつつあったように思われる。図33は、それを模式的に示したものである。これらは地域によっても異なり、また中間的な形態もありえたであろう。

一方、ここに挙げることのできた資料は、殆んど応仁の乱以前のものである。京都を焦土と化した応仁の乱以後、宅地がどのような形態をとったか、具体的にはいまよくわからないが、地割など基本的にはそれ以前の形を踏襲したと考えられる。しかしながら、陣中の生活の体験は、とくにそこに発展していった地域を中心に、よりコンパクトな都市空間をつくっていったと思われる。そして、一方では「町」という単位が都市において重要性を増してくるのである。

二　道　路

二—一　道路の巷所化

古代の都制における大路・小路の道路は、弾正台や左右京職によって厳しく監察され、維持されるべき空間であったが、しかし平安後期になると、律令制の衰退とともに、かかる規制もゆるんできた。それはまた、京中の土地が貴族や社寺などの所領化してゆく過程でもあった。そしてさらに、大路・小路の一部を田畠や宅地にする、いわゆる「巷所化」がすすんでくるのである。(67)

儀礼的な空間として、中央に位置する朱雀大路も、大嘗会を目前にひかえた仁安三年（一一六八）十月五日に「宮城東西　朱雀大路至于七条、掃除泥途、殊可令修固、兼又京裏之制具載式条、今開鑿溝渠煩往来、侵奪道路、耕作田畝、論之政途、可謂違濫、宜令左右京職検非違使永加糺断従停止者(68)」という宣旨が出される状態であった。また、仲村研氏の引かれている西八条遍心院寺領絵図によると、平重衡の邸は、八条大路をその中にとり込んでいる。(69)

このような巷所化は、中世になるとさらに進められていった。建久二年（一一九一）には、それを停止するべく宣旨が出され、さらに承久四年（一二二二）にも、本来京中に巷所といったものはあるべきものではない、といった主旨の宣旨が出されているが(70)、このような原則自体、通用しなくなってきたのである。そして逆に領主の中には、道路をも含めて私領地視する考え方が示されてくる。[71] それは領主が勝手に関を設けて関銭をとるのと同様、いわば律令制以前への逆行ともいえよう。

このような巷所化の要因は、『京都の歴史』にも指摘されているように、[72] 人口の急激な増加によるものではなく、そこが無税地であったことであろう。しかし一方、そこがあたかも荒蕪地の如く、いわば新開農地化する対象と見做されるということには、古代律令的都市観からの変化がその背景に認められよう。幅約八五メートルの朱雀大路は、その儀礼的な機能を失っては、もはや広い荒地としか目に映らなかったろう。他の大路にしても、特別な場合を除けば、三〇メートル、三六メートルという道幅は、無駄な空地と見えたに違いない。つまり、都制を支える理念の喪失が、その都市空間の物理的な崩壊につながるのは、むしろ必然であったと思われる。

東寺領巷所については、仲村研氏の詳しい論文がある。[73] ここでは、仲村氏もあげられている応安三年（一三七〇）の「東寺領巷所検注取帳」[74] によって、そのいくつかの部分を具体的に考えてみたい。これらの巷所はかなり細かく分割されている場合が多く、屋敷、井田（藺田）、畠などになっており、それらの形状を正確につかむことはできないが、道路がどの程度巷所化しているかを判断する材料とはなり得よう。

まず「信乃小路坊城壬生間」では、「東西四十丈五尺、南北三丈四尺　浄円坊」とあり、ここでは信乃小路の幅四丈のうち三丈四尺が全面にわたって巷所化していることになり、残りは六尺に過ぎない。また同じく「信乃小路朱雀ト坊城間」は「東西卅八丈六尺　南北三丈五尺田」とあり、五尺の道が残されているのみである。これらの部分は、恐らくブロックの内部も田畠となっており、この道は都市の街路というよりは田園の道と同列にみるべきであろう。そう考えれば、五尺〜六尺という道幅も決して狭いものとはいえまい。

次に「信乃小路猪熊ト堀川間南頬」の巷所は次のように分割されている。

南北二丈三尺	東西十丈一尺五寸井田、		治部	(1)
同　一丈四尺	同　九丈一尺畠、		昆布屋	(2)
同　一丈五尺	同　十七丈八尺畠、	散所	孫五郎	(3)
同　二丈六尺	同　十九丈七尺畠、	〃	源五	(4)
同　七尺二寸	同　十一丈畠、	〃	暁阿弥	(5)
同　五尺	同　三丈一尺畠、	〃	師	(6)
同　九尺	同　二丈七尺八寸		散所	(7)

それぞれの位置関係はよくわからないが、強いて並べてみると図34の如くなる。さらに九条大路などにも広い巷所が認められるが、これらの地区は、いずれも中世を通じて田畠のままであった地区と思われる。

一方、平安時代から中世にかけても主要な通りであったと思われる大宮大路についてみてみよう。(75)「針小路以北大宮面」は次のように分割されている。

東西一丈六尺	南北十一丈畠、	(1)
同　三丈六尺五寸	同　十一丈四尺井田、	(2)
同　五丈七尺五寸	同　九丈 地蔵堂御寄進	(3)

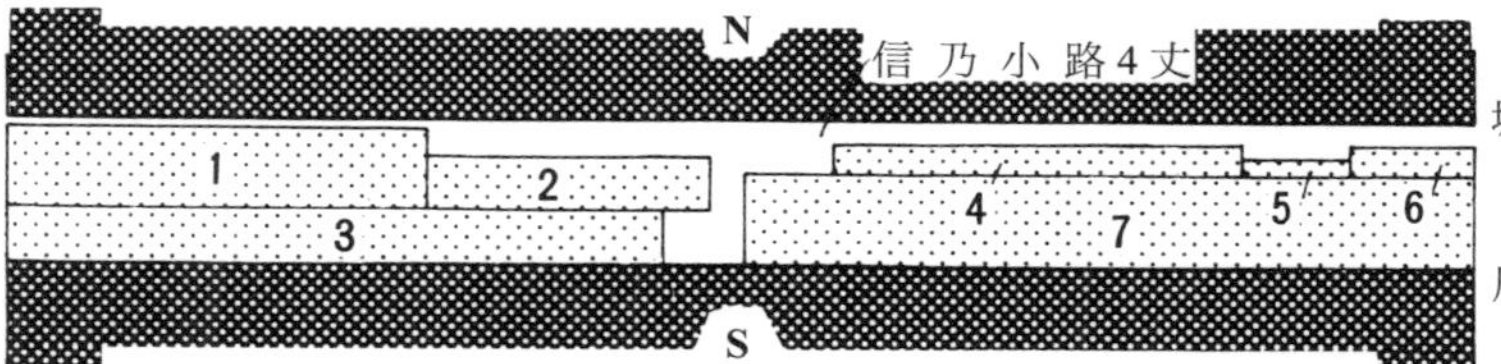

図34　信乃小路猪熊と堀川間南頬における巷所化

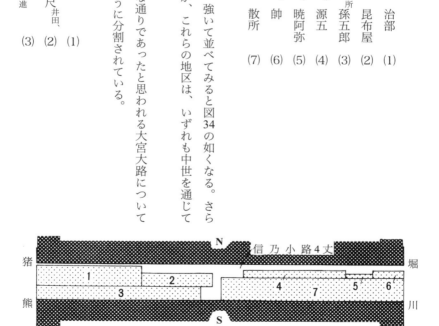

同　六丈内井田三丈一尺五寸、畠二丈八尺五寸、　同　三丈二尺　(4)
同　六丈内井田三丈一尺五寸、畠二丈八尺五寸、　同　一丈六尺　(5)
同　六丈内井田二丈八尺、畠三丈二尺、　同　一丈一尺　(6)
同　六丈内井田二丈八尺、畠三丈二尺、　同　二丈七尺五寸　(7)
同　六丈内井田二丈六尺五寸、畠三丈三尺五寸、　同　一丈一尺　(8)
同　六丈内井田三丈、畠三丈、　同　七丈九尺　(9)
同　六丈内井田三丈、畠三丈、　同　三丈二尺五寸　(10)

井田（藺田）は仲村氏の指摘されているように[76]、堀跡などの湿地につくられていたと思われるので、この部分は図35のように推定することが可能であろう。同じく大宮大路の「唐橋以北大宮面」[77]についても、同図の如く推定されよう。これらはいずれも「井田」「畠」とされているが、のちに八条から唐橋までの大宮大路の巷所は、その西頬に移されている[78]。そのことは、仲村氏も示唆されているように[79]、この部分への店屋の進出と関連するも

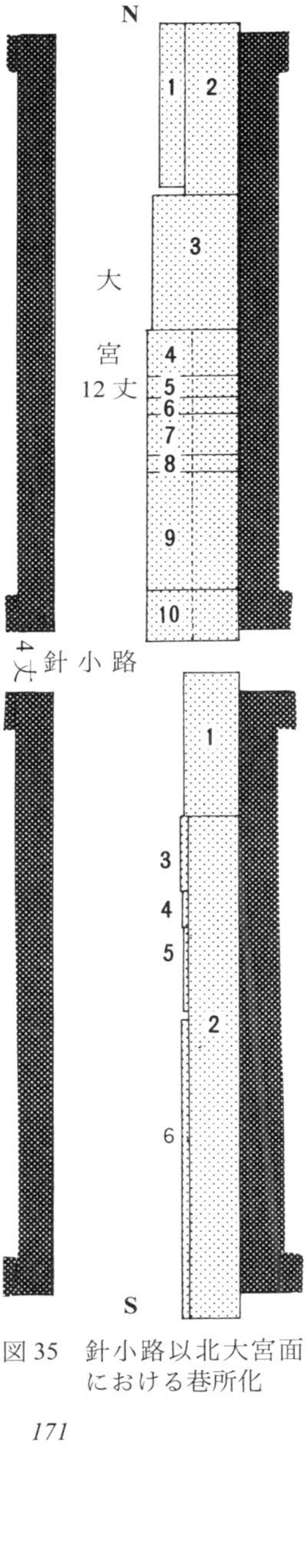

図35　針小路以北大宮面における巷所化

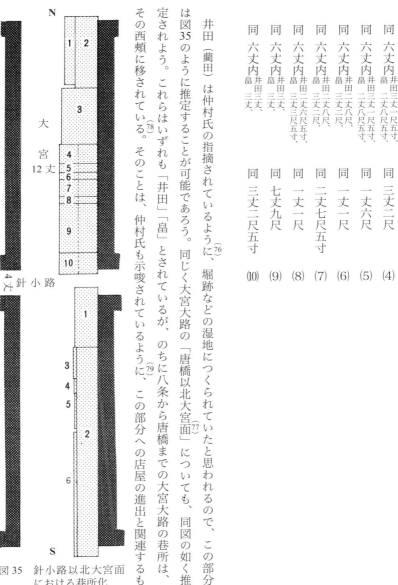

のと思われる。また八条以南の猪熊辺も、のち酒屋などが見られるのであるが(80)、その部分については、まず

針小路猪熊東顔(頬)
南北一丈　東西六丈屋敷、　道祖神松女
同西頬
南北一丈一尺七寸、　東西五丈五尺屋敷、　阿古尼

とある。そしてその後に押紙が付され、「道狭少之由、在地人等歎申間、至徳四年(嘉慶元)被免之畢」と記されている。東西六丈あるいは五・五丈は、道幅より大きく、したがって、東西と南北が誤っていると思われるのだが、あるいは図36の点線のようなものかも知れない。いずれにせよ、道の両側から屋敷がせまり、通行に不便を感じる程であったらしい。次に

唐橋ト信乃小路間猪熊面西頬此外散所屋敷御免歟、
東西四尺五寸　南北十二丈四尺屋敷　昆布屋
信乃小路猪熊面東頬
東西九尺　南北五丈　(1)
同　五尺　同　一丈三尺五寸　(2)

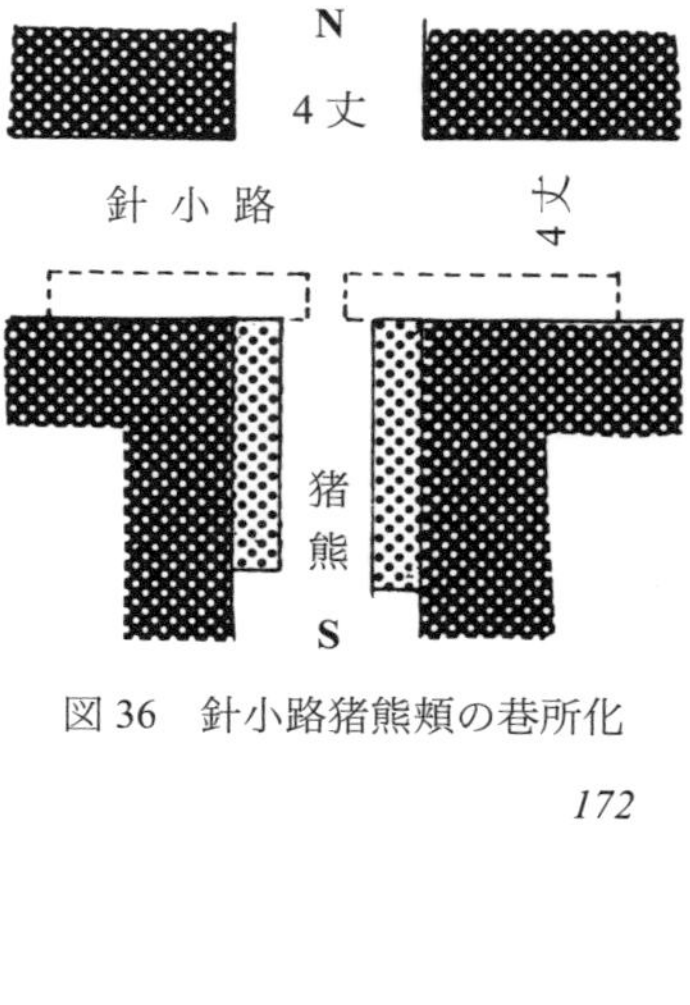

図36　針小路猪熊頬の巷所化

同　一丈四尺　　同　二丈四尺五寸　(3)
同　一丈七尺五寸　同　三丈六尺五寸　(4)
　已上為家前現作無之、

信乃小路ト九条間猪熊面東顔（ママ）

東西一丈	南北四丈井田、	治部	(1)
同　九尺	同　七丈四尺五寸井田、	平五	(2)
同　七尺	同　三丈八尺井田、	彦太郎	(3)
同　八尺五寸	同　十五丈畠、但不作、	六郎	(4)
同　一丈七尺	同　七丈九尺内田七丈四尺、畠五尺、	治部	(5)
同　一丈五尺	同　七丈五尺内田五尺、畠七尺、	善阿弥	(6)
同　一丈六尺	同　四丈七尺畠、	源六入道	(7)
同　一丈八尺 内田一丈三尺、畠五尺、	同　十丈四尺	孫四郎	(8)
同　一丈九尺	同　九丈井田、	兵衛二郎	(9)

と続いている。最初の昆布屋はその規模からみて、ブロック内の敷地に付加された拡張部であろう。次の「信乃小路猪熊面東頬」は、それに続く「信乃小路ト九条間猪熊面東頬」があるので、具体的にどの部分に当るのかわ

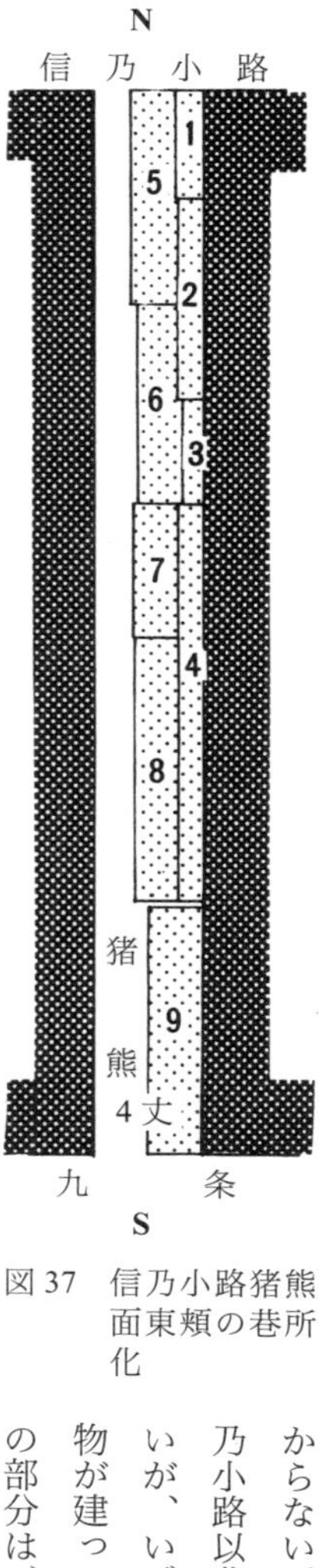

図37　信乃小路猪熊面東頬の巷所化

からない。あるいは信乃小路以北かも知れないが、いずれにせよ建物が建っていた。後者の部分は、図37のように配しうる。この部分の巷所の面積を合計し、単純に四〇丈で割っても二・三五丈となり、道幅は半分以下に狭まっていることになる。これらの場所にさらに建物が増え、市街地化していっても、よほど強い公権力が働かない限り、道幅が旧に復するとは考えられない。空間のスケールからみても、室町時代から成立してゆく「町」は、むしろ狭い道と空間を志向したと思われるし、一方都市空間の維持に関する、それ程強い公権力は室町時代には作用しなかったといえよう。また、後々まで田畠となったようなところは、京外の田園と区別し難く、道路ももはや大路小路ではなく、むしろ都市空間ともいえない。したがって、それを維持しようとする理由もなかった。

一方、少し時代が下って『康富記』によると、冷泉院町の大宮面東頬の一町に渡って巷所があり、冷泉院町と同様に六位外記史が知行しているが、さらに「前大炊御門猪熊東南角二間、衛門家口南北四尺、奥東西十丈、正永家口南北一丈二尺、奥東西十丈、并大炊御門堀川西南角一間髪剃屋口、南北一丈二尺、奥東西二丈七尺、」の巷所新在家が出来ている。(81) その形状は正確には解らないが、図38のようなものが考えられるであろう。衛門家の南北口四尺は一軒の家を建てるには狭すぎると思われるので、ブロック内の敷地とあわせて使っていたものであろう。また、西南角の髪剃屋は、六尺間で二間×四・五間であり、敷地というより建物そのもののようでもあるが、いずれにせよ、形態的には、篝屋とか近世の番小屋を想わせる。(82) かかる建物が多く出来てくると、都市空間は形態的にも、景観的にもかなり変質してくるといえよう。また、同じく『康富記』によれば、「鷹司殿御敷地内、典薬頭保家朝臣拝領地内少百姓少々被置之、烏丸角土御門南頬、烏丸西頬、茶屋家主今日令逐電、彼者家二宇在之、」(後略)とある。[83] この二宇はむろん巷所にあったとはいえまいが、この地はいわゆる土御門殿の地であり、あるいは後の洛中洛外図に見られるような、大邸宅や寺院の周囲に接して小さな町屋が建ち並ぶような形態を示唆するものかも知れない。この場合、巷所の発展が大きな影響を与えていったと推察される。さらに、前の東寺領の大宮大路の巷所の東西付替えなどに見られるように、巷所がそれぞれ恣意的につくられるようになると、道路そのものを狭めるだけでなく、東西南北に通っていた道に、いわば喰違いを生ずることになろう。そのことは、古代的都市空間の性格を大きく変えるに違いない。

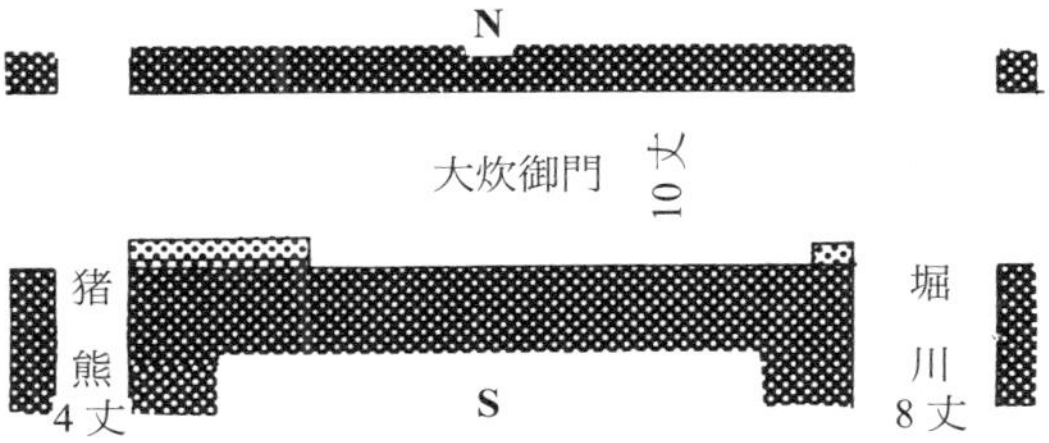

図38　大炊御門猪熊と堀川間の巷所化

しかしながら、もし公権力がまったく働かず、巷所占有に対してまったく野放しであったとしても、何らかの規制が加わることは考えられる。道路であれば通れなくては実際に困るし、また利益に反する場合もありうる。前にあげた東寺領の針小路猪熊西頬の例や、寛正二年(一四六二)東寺前の九条大路の巷所が、占有主によってその境が乱され、行路が狭くなったとして、領主である東寺から沙汰書が出されていることなどは、[84] そのような例といえよう。道幅なども、領主や占有主の私的な利益と、いわば公的な機能とのバランスの上に決定されていったと考えられる。これは自然発生的な集落のパターンといってよい。つまり、ここでも律令制以前への回帰が考えられよう。一方それに対し、より高い立場の公権力の介入は、鎌倉などを除けば、中世を通じて大変弱かったといえる。京都において道路など都市空間の維持に関する法令の如きものは、鎌倉初期を除いて殆んどみられない。室町幕府は種々の検断権をその手中に収めていったが[85]、古代的都市空間の維持ということには無関心であったように思われる。あるいは、維持すべき空間の実体が、すでに存在しなくなっていたとみるべきであろうか。至徳二年（一三八八）祇園社領に幕府の侍所の名で禁制が出されており、「為₂用水通路₁、堀₂破大道₁事」「積₂置肥於大道₁事」といった条文が見られるが[86]、この禁制は恐らく、祇園社の要請によって幕府が下したものと思われる[87]。つまり、幕府が京都全体を対象として一円的に行政するためのものではなく、祇園社という領主が、自らの社領を支配するために、幕府の権威を借りたものであろう。

時代は下るが、京都が幕府の一元的な支配の下におかれた後、奉行の前田玄以が市中見廻りの際、東寺辺において牛が道に立ちはだかっていたのを、法を乱すものとして直ちにその牛を切り捨てたという話がある[88]。この話はいくつかの点で甚だ示唆的である。つまり、都市を一元的に支配することは、いわゆる公道を公道として維持することに象徴されており、さらに中世における大領主であった東寺辺であることとともに、この牛が「巷所」を暗示しているように思われるのである。

二―二　大路・小路

古代都制に基づく平安京では、朱雀大路の二八丈を中心に、大路八～一二丈、小路四丈と定められ、京に秩序と骨格を与えるものであった。しかしながら、周知のとおり、かかる秩序は平安後期より次第に崩れてゆき、前節に述べた道路の巷所化などとともに、大路・小路の実質も失われていったと考えられる。

儀礼的空間として宮城正面から羅城門に至る朱雀大路も、平安後期から衰退してゆき、中世においては巷所化がはげしく、この大路を引きのぼる大嘗会の標山引きは、距離を縮小して十五世紀中頃までは辛うじて行われた[89]が、以後は行われなかったらしく、朱雀門前で行う定例の大祓も、文安五年（一四四八）には「朱雀門跡当時深田也、仍於二条櫛笥大宮間被行之[90]」というありさまであった。

このような朱雀大路の衰退と呼応するかのように、東の京極からさらに一町東寄りに「朱雀」と呼ばれる道ができてきた。「中昔京師地図[91]」や「山州名跡志[92]」などでは「東朱雀」とされているが、平安から中世へかけての記録には、かえって必ずしも東の字は付されていない。この道がいつ作られ、いつから朱雀と呼ばれるようになったか明確ではないが、法成寺の南大門から南へ延びる道でもあり、同寺の造営と無関係とは思われない。

平安時代に見られる資料では、『中右記』に「東朱雀大路」「東朱雀河原」などと記されており[93]『台記』にも久安四年（一一四八）二月十七日条の法成寺総門を焼いた火災の記事中「近衛南朱雀東災」といった表現がみられ[94]、また『山槐記』には「朱雀堤」「大炊御門朱雀」などが認められる[95]。

中世になると、『明月記』の嘉禄元年（一二二五）四月二十九日の火災の記事に、「法成寺朱雀西、勘解由小路北」と記されている[96]。さらに『勘仲記』には、天皇や上皇の行幸・御幸の路次を示す記事の中でしばしば「朱雀」がでてくるが、その大部分はこの「東朱雀」であり、またとくに名称の上での使いわけはしていない[97]。また『康富記』の「今夜戌剋土御門京極与朱雀間南頬焼亡[98]」の「朱雀」は明らかに東朱雀を示している。

『中右記』の「東朱雀大路」という表現は、他の史料では見られないようであり、いずれにせよ、朱雀大路ほど広かったとは考えられない。一方『明月記』の「法成寺朱雀」は、やはり南大門前から南に延びる道をもつ延勝寺でも、建仁頃その道が「延勝寺朱雀[99]」と呼ばれていたことと同種の呼称と考えられる。想うに、東西南北に道を通された京師においては、道の正面に門が建ち塞がるという空間構成をとることは、宮城以外では稀であり、法成寺や延勝寺の場合、その大規模な南大門とともに、そこに朱雀門前を想起させるような空間が創りだされ、そこから南に延びる道を「朱雀」と称したのではないだろうか。しかしながら、いずれもその全長は朱雀大路に比すると著しく短い。そのことは逆に、その朱雀という名称が、必ずしもスケールに基づいて付けられたのではないことを示唆するものと考えられる。幅約八五メートル、長さ約四キロメートルの朱雀大路は、むしろその過大なスケール故に荒廃しつつあり、少なくとも東朱雀の方が、より緊密な都市空間と感じられてきていたに違いない。そして、朱雀の名称が宮城前の朱雀大路の独占するものではなくなることは、法成寺造営に関する『小右記』の記事「上達部及諸大夫令曳法成寺堂礎。（中略）或取坊門、羅城門左右京職　寺々石云々。可歎可悲。不足言。[100]」とともに、新しい都市空間への移行を象徴する意味で示唆的である。

　一方、中世を通して、大路・小路の名称にも微妙な変化が現われてくる。何よりもまず、前節で述べたような道の巷所化が、大路・小路という名称と道の広さとを、必ずしも一致させなくなったと考えられよう。

　例えば大路という言葉にしても、「渡二大路一」といった熟語としては用いられても、具体的な道を指すものとしてはあまり使われなくなるようである。『園太暦』の文和二年（一三五八）三月二十六日条には、小児を多数殺した尼が京中を引廻される記事が見られるが、「渡大路、自一条町至六条渡之[101]」とあり、そのまま読めば町小路を引かれたように受けとれる。また『康富記』の文安六年（一四四九）七月三日条にも、「去嘉吉三年中焼内裏謀反人余党臼井之部類五人、是日渡大路、町辻、於六条河原被切首了[102]」とあり、さらに『山科家礼記』の文明十三年（一四八一）四月二十六日条にも、「今朝五時賀茂もの去年御方御所御物取候者二人車のせ候て、一条町よりわたし、（中略）六条河原にてきる[103]」という記事がみられる。『康富記』の「町辻」は、前章にあげた康富宅の図の中に、正親町通りのところに「にし東の辻」と記されていることから考えると、町通りと考えてもよいように思われる。室町時代においては、このように罪人を引廻す場合、町小路を用いるのが慣例となっていったのではなかろうか。みせしめのためなれば、中世においては町小路を通るのが一番ふさわしく思われる。それは近世の「市中引廻し」に近いものであり、「渡大路」の大路も、都制の大路を示すものではなく、「市中引廻し」の市中のように、一般的に都市空間を指したものといえよう。

室町時代の文安元年（一四四四）につくられたとされている『下学集上天地』には、京師九陌名として、

横小路　一条　正親町　土御門……

堅小路　朱雀西　坊城　壬生……

と記されており[104]、かつての大路・小路も一般的な名称としての横小路、堅小路の中に収められ、とくに区別はされていない。一方、それ以前においても、とくに公式に用いられる場合以外は[105]、名称の下に大路・小路を付することはかえって少ない。例えば室町小路や六角小路などと記されることは殆んど見られない。このことは、むろん省略という理由もあろうが、少なくとも室町期になると、特別な道を除いては、とくに大路・小路と区別すべき実質性が稀薄になっていたのではなかろうか。そして『下学集』の横小路・堅小路の小路は、むしろ近世の「通り」に近いものといえよう。これらのことは、応仁の乱による焼失、さらに豊臣秀吉の京都改造によって決定的となっていった。江戸時代の『松の落葉』[106]には、「一条より九条までのまちのさかひのみちをば、大路といひつるなり」とあり、さらに「その条のうちのみち、又北より南へゆくみちをば、小路といひし事にて」と、い

わば誤解（?）されており、「さてこの大路と小路のひろさ、むかしはいたくことなりき」という記事とともに、大路・小路を基本とする空間構成が、もはやその面影を偲ぶことすらできない程に変質したことを示している。

慶長十八年（一六一三）徳川幕府は「公家衆法度」を出しているが、その中に「一　夜昼共無指用処、町小路徘徊、堅停止之事」とあり、(107)「町小路」という言葉が使われている。この「町」は「町口、町尻」つまり道路名の町ではなく、また「小路」も「大路・小路」の小路ではない。この「町小路」は、中世から近世初頭にかけて成立していった都市空間の総称であり、具体的には近世城下町における「町人地」と「武家地」に相当するものであろう。小路は、大名小路などに示唆されるように、邸宅地を示すものとなったようである。公家達の居住地も、武家屋敷と同種の形態とみてよいであろう。そして京都における中世を通じての都市空間の変遷は、いわば「大路・小路」から「町小路」への変遷とみることも可能であろう。

一方かかる変遷の中で、応仁元年（一四六七）に勃発し、京都の大部分を焼失させた応仁の乱が与えた影響も大きかったに違いない。戦乱に追われ、多くの人々が京都を去ったが、残った人々の多くは陣中での不便な生活を送らねばならなかったと思われる。摂関家以下の上層貴族達も、仮屋・小屋に住むことを余儀なくされていた。(108)例えば一条殿は畠山陣屋内の二十五坪に住んでいたように、それぞれ仮屋・小屋に住むことを余儀なくされていた。甘露寺親長の日記の文明六年（一四七四）八月十三日条には、「近日小屋路次依狭少、或追立切軒、万民愁傷無比類、猶今日予近辺如此」(109)とあり、いわゆる東陣での密集した生活ぶりを示すものと思われる。また、この記事も示唆しているように、その中には一般の庶民も多かったに違いない。『山科家礼記』によると、「此陣屋東三間め」に「たゝみや」があった。(110)

このように応仁の乱は京都の人口を減少せしめたが、一方東陣などを中心として、かえって密集した生活が営まれ、そこに緊密な都市空間と共同体的な結合が成立していったとも考えられる。それらは、後に禁裏や幕府などを中心として成立する、例えば「六丁町」などの城下町的形態をもつ都市空間のいわば母胎となったのではなかろうか。[111]『言継卿記』にみられるような、「ちゃうのかこい」を作って自衛する町や、その町衆と言継との結びつきなどは、いわば陣中の生活を偲ばせるものである。これらのことについては、また後にも触れることになろう。

二―三　中世の辻子

京都の辻子については、早くは坂本太郎氏が論じられ[112]、藤田元春氏もそれに触れられているが[113]最近では足利健亮氏が主として近世京都の辻子について詳しく論じられている。[114]足利氏はその中で、辻子は元来は家並を付属させていなかったとし、しかし家並がそこに生ずることにより町となることもあったことを、「くちなはの辻子」を例として述べられている。[115]このことは近世の町の成立という意味では大へん示唆的であるが、近世の町という語には、とくにある特定の町を示す場合、自治的な共同体ないしは行政単位という意味が強く含まれており、したがって、行政単位としての町がなお厳密には確立していなかった中世においては、さらに検討が必要であろう。

前章に引いた観応元年（一三五〇）の売券の「四条町直垂座奥辻子面東頬[116]」の辻子には、少なくともここに記された屋地は存在し、また家並もあったように思われる。町の発達の著しい中世末期になると、例えば『言継卿記』に「為禁裏御用心、堀之事被仰付、洛中一条二町、正親町二町、烏町、橘辻子町人等処被相拘之、云々[117]」とあり、また天正十一年（一五八三）正月十一日に「四条町」に出された「玄以法印下知状」には、「当町　図子迄之儀、任御朱印御判之旨、如前々、寄宿令免除之状如件[118]」と記されており、さらに林屋辰三郎氏が挙げられている史料によると、天正十五年に「三野新五郎」が小屋敷を売渡した先は、「聖天辻子」の「つし中」であり、そこには三十六戸の町衆が住んでいた[119]。初めの「橘辻子」は、前後の記事や交面から考えて、禁裏付近のいわゆる「六丁町」あるいは「六町」の一つであると思われる。つまり、中世においては、逆に町を名乗らなくても実質的には町である「辻子」もあり得たといえよう。「上下京御膳方御月賄米寄帳」には、元亀二年（一五七一）頃の上下京の町組と町名が記されているが、その中には「辻子」とされているものも多く見られる[120]。

中世において辻子と呼ばれている道は、いま知られる限り、少なくとも旧平安京内においては方一町のブロック内の道である。この方一町のブロックの中に道が通されることには、当然ながらそれなりの理由ないし必要性がなければならない。まず考えられることは、藤田元春氏の示唆されるように、それが古代都制の四行八門の宅地割に基づいてつくられた小径の後身であるとみることである[121]。しかしながら、前節で述べたように、平安時代においてもこのブロックの中央道がどれだけ実際につくられていたか明確ではないし、また宅地としての使われ方の変化によっても、消滅してしまうこともあり得たに違いない。平安末から中世にかけては、大路・小路においてさえも巷所化が進んだ時代である。その存在理由がなくなれば、宅地などにとり込まれたとしても不思議ではなかろう。一方逆に、その目的が継続していれば、都制に基づく中央路は当然存続されていったと考えられる。先の直垂座奥の辻子や、大舎人町辻子・内堅辻子[122]、あるいは前節に挙げた中原康富の住んでいたブロックの辻子（図32）は、少なくとも形式的には、都制の如くブロックの中央を南北に通っている。このような辻子の中には、豊臣秀吉の京都改造にあたって、新しい通りとして解消されたものもあったと思われる[123]。しかしながら、形式は全く同じであったとしても、都制に基づいてつくられた小径と、すでに道に対する考え方そのものが変化してきている中世の辻子では、その性格や細かい形態には微妙な差異があったと考えられる。

いずれにせよ、ブロック内に道がつくられる、あるいは維持される最大の理由は、ブロック内の土地利用ということであろう。単なる通り抜けの道は、京内の土地が多数の領主達に分割されていた中世においては考え難い。一方、都制に縛られない中世では、ブロック内の利用のための道は、必ずしもブロック中央である必要はないし、また南北道とは限らず、東西の道でもよい筈である。『師守記』に記されている「四条坊門大宮屋地」は、四条坊門より北の大宮面西頬で、「自五位辻子南十一丈、自大宮西エ十七丈」であった。[124] この「五位辻子」は明らかに東西の道である。

また、ブロック中央部の利用形態も、それぞれ異なっていたに違いない。それによって、この道の性格も変ってくる。四条町の辻子は、前に述べた「直垂座奥辻子」の場合も、また「玄以法印下知状」の記事にも、その両側に家が並んでいるような形態が推察される。一方、ある邸宅や寺社へのアプローチのためのものもあったであろう。文明十五年（一四八二）の七条大宮の敷地寄進状に、「在所七条大宮与猪熊之間中程、東ハイクラノツシヲ限ル、一丈四尺ヲキテ西へ五丈、北ハ七条ヲカキル、南ハテンフク寺藪ヲ限、南北十二丈也」と記されているが、[125] この「イクラノツシ」が「テンフク寺」へのアプローチとなっているようにも考えられる。また『康富記』の「一条西洞院北頬辻子内道場」[126]も、厳密には旧平安京外ではあるが、同様な形態であったのかも知れない。

時代は前後するが、坂本太郎氏が引かれている[127]『明月記』の嘉禄元年（一二二五）三月十一日条「秉燭以後南方有レ火。不レ遠。送二車於冷泉一。婦人帰云。少将弁辻子之内火也。（後略）」の「少将弁辻子」は、前の「五位辻子」とともに、そこに居住あるいは存在するものからとられた名称と思われるが、そのような場合は、名称が変化することも考えられよう。もっとも少将弁辻子の場合は、前の記事の後につづいて、火が「出レ自二辻子之内湯屋一赴レ南」とあり、この湯屋がいわゆる営業している風呂屋であったとすれば、この辻子に家並があった可能性が強い。いずれにせよ少将弁だけのための辻子とは考えられない。なお『勘仲記』には、建治元年（一二七五）の法勝寺大乗会のための臨幸を「湯屋辻子」において見物した記事がみられる[128]。

一方、ブロック内部の利用という意味では、例えば近世の路次のように、さらに私的な道があってもよい。そして少なくとも中世末には、このような道も辻子と呼ばれた可能性がある。応仁の乱後の長享二年（一四八八）三月の内大臣一条冬良の邸は、「無御第、如形雖有新造、一向半作、無門、辻子奥地、乗車之儀不叶[129]」といった状態であった。この辻子は冬良の家のためのいわゆる路次のようにも受取れる。また『言継卿記』のしばしば引用される記事、「……、此ちゃうへよせ候由申候、ちゃうのかこい仕候間、竹所望之由申候間十本遣候、此方のつしの口にかまへを仕候了、此方よりちゃうへ酒をのませ候了[130]」の中で、「此ちゃう」をいわゆる六丁町（六町）、「此方のつし」を橘辻子とみることも可能であろうが[131]、「此方のつし」はむしろ言継の家に通じる私的な通路のようにも思われる。その場合は「此ちゃう」を橘辻子とみるべきかも知れない[132]。このような形態は、邸宅の周囲に店屋が建ち並んでいる「洛中洛外図屛風」の景観を想わしめる。

中世の辻子は、それぞれの目的に応じて、かなり自由に通されたものと考えられる。その場合、都制のようにブロックの中央である必然性は必ずしもなく、また突抜ける必要もない。場合によっては一つのブロックの二面三面から独立的に通されることもあり得よう。近世においてみられる辻子の喰い違いや、T字形の形態は、あるいはこのような道がブロック中心部で繋がった結果とみることもできようが、このようなことは近世においても起り得ることなので、その起源をすべて中世に求めることはできない。

近世になると、前にも触れたように、行政単位としての町が問題となってくる。その場合、すでに家並、町並を充分に揃えた辻子は、一つの単位として町を形成することになる。一方家並のない、あるいはあっても極く少ないところでは、たとえその道がかつての大路や小路であったとしても、一つの単位としての町を形成することはできない。場合によっては、その少ない家々は行政的には他の町に従属することもあり得よう。前節に挙げた『松の落葉』も示しているように、近世においては、かつての大路小路の実質的な差は殆んどなくなっていたとみてよい。

つまり大路や小路、あるいは辻子も、元来、道（通り）なのであり、それに付された名称である。ところが、中世末期になると、自治的・共同体的な「町」の単位が成立してゆき、それらが道（通り）の名称と無関係に、それぞれ個有な名称をもつようになり、通りの名と町名が二重に機能するようになった。例えば「えひすの町」は「室町通り」にあり、場合によっては「四条室町上ルえひすの町」と呼ばれることもあった。つまり通りと町は本来異なった次元のものといってもよい。辻子においても例外ではあるまい。したがって、辻子と町はいわば両立しうるのである(133)。ただし、辻子は比較的短い道である場合が多く、辻子名がそのまま町名になっていることもあり(134)、一方、町の成立後辻子名が失われた例もあったろう。しかしこの場合も、辻子が町になったのではなく、辻子に町が成立したというべきである。

中世における辻子は、やはり常識的に、大路小路によって囲まれた方一町のブロック内に通された道、と考えるのが妥当のように思われる。そして旧平安京外の部分におけるそれは、京内の形態に準ずるものとしか言いようがない。近世における辻子も、やはり基本的には『山州名跡志』の言うように、「右条通の間に東・西・南・北に通って、或は一町、或二町、三町の所、為二人家一、是を号二辻子一、或は後藤辻子・天神の辻子等也(135)」とみるべきではないだろうか。ただ、緊密な都市空間が形成されていく近世において、辻子もある種の都市空間をも示すようになろうことは、充分考えられよう。

辻子という語の由来については明確ではないが、前述したように『康富記』には、正親町の通りを「にし東の辻」と称し、ブロック内の小径を「きたみなみ　辻子」と呼んでいるらしい図がある。[136]また「町辻」が町の通りを示していることも前に述べた。このことは、坂本太郎氏が、辻子の語の由来について論じられている中で、「大路小路の縦横整然たる洛中においては、各々の辻もまた整然と形成される。したがって、時人はそれ以下の小径が相互にまたは大路小路の随所に相交錯する点に対し、ひいてはその小径に対し、辻子の文字によって示される感じを抱くことはなかったろうか[137]」と述べられたことと関連して示唆的であるが、いまのところそれ以上には進めない。

三　町

三―一　町の形成

中世末期に成立してきた町は、発生的には自治的な共同体であったと思われるが、近世初頭にかけて行政的な単位として整理され、支配機構の中に組み入れられていった。しかし中世においては、市政機構は複雑で一元的ではなく、町という空間的なまとまりと、その支配機構は必ずしも合致するものではなかった。

古代平安京においては、その市政は原則として左右京職と検非違使庁の下に行われ、京内は四町毎の保に分割され、それぞれの保には保長、さらには保刀禰がおかれて行政にあたっていた。この行政的な単位である保は鎌倉時代にも存続したが[138]、しかしながらこの時代の保は必ずしもかつての四町を一保とするものではなくなっていた。例えば林屋辰三郎氏が論じられているように[139]、祇園社領の八坂保、大政所保、荒町保、高畠保、莣町保、瓜町保、芹町保などの諸保は、承久のころより領内の犯科人跡は使庁の綺（干渉）に及ばず、社家がその沙汰を行うという、一種の治外法権を確立していた、とされているが、秋山国三氏も指摘しておられるように、ここに見られる大政所保は方一町であり、莣町保、爪町保、芹町保も四町であったとは考えられない[140]。

一方、平安後期より京中の土地は、祇園社や東寺などの社寺や貴族達の領地に分割されていった。さらに中世を通じて、社寺などによる土地―宅地の集積が進められていったが、それらには必ずしも地域的なまとまりはなく、したがって前記の祇園社のように、使庁の干渉を排するという、いわゆる本所検断権は、空間的なまとまりのない輻湊した支配関係をつくり出すことになろう。つまり極端にいえば、隣同志であっても全く異なった所から支配を受けることになりうるのである。

中世の京都はこのように、使庁、領主さらに幕府の侍所といったところから、さまざまな形の支配を受け、その内容もそれぞれの力関係によって変化してくる。それはまた、人間、土地、建物がばらばらにされ、それぞれ異なった支配を受けることでもあった。

室町幕府は、このように領主などに分割された市政権を一元化して、自らの独占の下に置く施策を進めていったが、そのことは発展しつつあった京都の経済機構を抑えることにつながっていた[141]。佐藤進一氏によると、このような室町幕府の市政権は、将軍義詮（一三二九〜六七）の晩年ころから、警察（刑事裁判を含む）→治安→民事裁判→商業課税の順で次第に確立されてゆき、それはより概括すれば、都市民支配→土地支配→商業支配の順をとったとされている[142]。都市空間という視点からすれば、最後の「商業」は「町」と置きかえることが可能であろう。

林屋辰三郎氏によると、京都では、南北朝の内乱を経過した十五世紀初めの応仁頃に、特定の商業地区だけではなく全般にわたって生活組織体としての「町」をつくり上げ、一応の自治的意識をもった「町人」を住まわせていったとされている。(143) この町はなお、かつての保の如く必ずしも行政的な単位として確立したものではなかったと思われ、道路名と切り離された個有の町名も持っていないが、しかし徐々に幕府の行政機構の中に組み込まれていったと考えられる。林屋氏の引かれている、(144) 応永二十六年（一四一九）、幕府が北野社の西京神人による酒麴の権益を守るために、他の室を禁止した際に出された四条坊門烏丸南東頰の室の証文に「向後町人として、むろをつくる事候はば注進申上ぐべく候」とあるが、この「町人」はむろん単なる商人とかではなく、この地に住んでいて、ある空間的なまとまりである町を構成しているところの町人である。言い替えると、領主はそれぞれ異なっていたかも知れないが、それとは無関係に、より生活に密着した一つの空間に属する人つまり町人であるといえよう。また、このように「町人として」連帯的責任を負わしめることは、さらに永正九年（一五一二）の撰銭令の、「……、町人として注進せしむへし、見かくさハ同罪たるへし、……」(145) や、ついには織田信長の「一町切連帯成敗」にまで進められてゆくことになる。(146)

一方、前に述べたように、室町幕府は市政権を一元的に手中に収めようとしてきており、領主とは無関係に、空間的なまとまりを対象地区とする検断職が成立していった。『康富記』には応永八年（一四〇一）、六角堂の法師が義満から「三条面惣四町町、可知行由、被仰出」(147) れたとある。この「惣四町町」を林屋辰三郎氏は三条通の両側町四箇町と解釈されているが、(148) 秋山国三氏は、この時代の用例や両側町の形成の時期などから、六角堂と三条面を含む方一町とされている。(149) いずれか早急には判断し難いが、もし前者であるとすれば、「知行」ということの内容が問題となるように思われる。あるいは闕所検断職の如きものであろうか。応仁の乱後の明応七年（一四九八）幕府は日野家の四条六角の検断職を確認しているが、そこには「洛中四条町十二町。并六角町八町検断職事。不レ云二権門勢家之被官一。不レ論二他人知行地一成敗之処。……」とある[150]。この検断職は闕所検断職であろうが[151]、ここにみられる「四条町」「六角町」は、四条あるいは六角と町の交差点そのものを示すものではなく、これらを中心とした町々であろう。いずれにせよ、このことは幕府による商業支配（町支配）の一端をなすものであり、その対象は「不レ論二他人知行地一」、むしろ空間的なまとまりに基づいていたと考えられよう。

さらに時代が下って、中世末の上京にみられる「六丁町」は、前にも触れたように、一条二町、正親町二町、烏町、橘辻子の六町であったが[152]、これらの町や宿老をもち[153]、また天文三年の禁裏の堀普請は「六町月行事」に対して命じられている[154]。この六町は、それぞれの町が個有の名称を名乗ってゆく過程を示すとともに、行政的な単位としてもかなり機能しつつあることをも示すものである。しかしながら、それが確立して完全に一元的な市政機構に組み入れられるには、ばらばらに存在する領主達の支配を断ち切る必要があったと考えられる。

室町時代に成立してきた町は、発生的には、自治的共同体的な性格のものであったと思われる。このような町の自治的連帯は、しばしば述べられているように、祭礼と深くかかわっている。氏神と氏子の関係は地縁的なものであり[155]、領主とは無関係であった。例えば、錦小路の町と室町間の「町」は、応仁の乱以前から祇園会の天神山を出す山桙町であったが、貞治四年（一三六五）の寄進状によると、その北頬の五・〇×八・〇丈、三・〇×八・〇丈、三・五五×八・〇丈の敷地が臨川寺に寄進されており、さらにそれらの敷地の間には他人地があり、また三番目の敷地は小袖座となっている[156]。このように町の土地は複数の領主に分かれ、さらに座のこともからんで複雑な支配関係にあったと思われるが、少なくとも祭礼に際しては、空間的なまとまりが優先したと考えられる。一方、祭礼の費用は、少なくとも室町後期には、基本的には地口銭によっていたらしい。前章に挙げた七条大宮と猪熊間の敷地、口五・〇×一二・〇丈は、文明十五年（一四八二）の売券によると、地子は両季分二貫文で、うち二五〇文は「稲荷祭礼地口」であった[157]。つまり尺別五文の地口銭を祭礼費用として出している。また林屋辰三郎氏が挙げておられるように、永禄九年（一五六六）のころ四条坊門で祇園会の地口銭八〇文を出し合っている[158]。このように祭礼の費用が地口銭となっているところにも、それが町と結びつく必然性が示唆されているように思われる。つまり、後に町として確立する空間へ、自分の地口をもつことが、祭礼に対する義務をもつこととなるといえよう。土倉衆など有徳人達が祭礼の費用の一部を負担することもあったが、基本的には町を構成する人々の共同出費によるといってよい。そしてこのような祭礼を中心としたまとまりが、行政的なそれに先行し、かつ重要な役割を果したことは、のちに山桙名が多くの町名として残されたことからも推察されよう。

自治的な町が空間的なまとまりをもって形成されるには、このような祭礼や経済上の結びつきの外に、よりシビァーな自衛上の問題があった。それについても、すでに種々論じられているが、多くの内乱は、町を自衛的に結集してゆく契機となったと考えられる。中世末期にはそれらの町を連合した町組や総町がつくられ、幕府の弱体化とともに、ごく短期間ではあったが、京都の市政権を掌握するに至るのである。

一方、室町後期には、地子自体いわば得分権化し、瀬田勝哉氏の論文によると、「地子が本来的な土地所有に基づく地代としての意味を失い、全くの得分権と化すにつれそれは百姓の商工業活動の成果を〝寄生的に〟吸収するものとして、商品経済の発展を阻害する条件と化して[159]」いった。室町幕府は前にも述べたように、市政権に関する諸権力の集中化を企ってきたが、領主権を完全に排除するには至らなかった。それを為し遂げたのは、都市民の「地子不沙汰」に始まる領主に対するさまざまな抵抗であり[160]、さらにそれを支配機構に吸収する形でなされた豊臣秀吉の「永代地子免除」であった。このような抵抗は、町という共同体をもってのみ可能であったといえよう。ここにおいて都市民と町は領主の支配から完全に脱するのだが、一方では一元的な市政機構に強く組み込まれることになり、自治的な共同体である町と、行政的な区画を空間的に一致させ、町は行政的な単位としても確立されてゆく。それぞれの町には個有の町名が付けられ、町代、町組を通じての支配機構の中に位置づけられてゆき、為政者はそれぞれの人々や町屋を個別に直接支配するのではなく、町という共同体を通して行うようになる。

一方、このような支配の一元化は、秀吉の思いきった京都の改造と無関係ではありえまい。ある意味ではそれを可能ならしめたものといえよう。

三―二　宅地・道・町

中世の京都における以上のような変化は、土地、道、町の、都市空間に占める重要性の変遷に概念化することができるように思われる。これはまた、宅地の呼称法の変化とも直接に関連している。

京内の敷地の地口の経済的価値の増大とともに、本来段銭である地子の性格は変ってきて、むしろ土地そのものとはあまり関係のない地口銭としての性格が強くなる。このような背景の下に地子免除が行われたといってよかろう。地子免除は敷地と建物を一体化し、建物とその間口を文字通り表に押し出していった。そして少なくとも支配側にとっては、京内の町地における土地そのものを、いわば無意味なものにしたといえよう。その後の税は、地口、運上、棟別といったように、町とその経済活動を軸にして取り立てられるようになった。町という都市空間においては、土地はいわば身を潜めることになったのである。それは明治維新後の地租改正によって、再び姿を現わすことになる。

一方、寺院や大邸宅においてはやや事情が異なっており、そこではなお土地が重要性をもっている。したがって、それらの空間的な整理が問題となってくる。一方、旧平安京内においても、町とはならず、田畠のままになった土地も多く、そこでは当然地子も存続するので、地子免除に付随して新しい市域の設定が重要な課題となってこよう。それらに応じて行われたのが、秀吉の京都再編成であり、さらにいわゆる御土居の建設であったとも考えられよう。

京内の道は、元来公道であったが、平安末から中世を通じて、実質上私領化される部分が出来し、一方では京内の道という機能とバランスをとりながら、町の空間的な母胎となっていったが、町が確立してくると、それぞれの道は、町々の境界の釘貫などによって分断されていった。場合によってはそれらを鎖し、住民達が立て籠ることもあった。逆にいえば、道は町という空間単位のつながりになったといえよう。しかし市政が一元化すると、その街路としての機能は厳しく維持されるようになり、もはや道路の巷所化といったことは許されなくなった。また、京都においては、道路名（通り）も遺されていったが、それは行政区画とは直接には無関係の、むしろ便宜上のものであった。一方近世において他の都市で、本町通一丁目、二丁目といった町名が用いられることもあったが、内容的には他の町と異ならない。

一般に中世から近世にかけて成立したこのような町は、空間的には各敷地の地口と、そこに建てられた町屋のファサードによってつくられており、土地はその背後に隠されていた。[161] 一方、町はまた、この空間を媒体として成立する、人々の結びつきであるともいえよう。つまり、町にとっては、町屋―町人が不可欠の要素であり、土地や道はいわば二義的なものであったと考えられる。

しかし、土地、道、町は、もともと異なった概念と性格をもち、しかもそれぞれは必ずしも排他的なものではなく、また近世以降にもそれらを軸としたさまざまな展開が見られる。一つの都市の中においても、公家や武家の屋敷地では、土地や道が都市空間における主役を占めているし、また都市の性格によってはこれらが複雑に絡み合っている場合もあろう。例えば街道の宿場町などでは、土地と道と町は、それぞれ同様に強い意味を持っていると思われる。そこでは屋敷以外に農地を付属させている事も多く、石高も定められ、農地としての小字名も使われ続ける一方、その区画とは必ずしも関係なく、いくつかの町組に分けられ（あるいは結びついて）、祭礼などを行う単位とされている。つまり、属地主義的な単位と、属人主義的な単位が、同じ空間に二重にかかっているといえよう。さらに宿場町では、街道の維持や交通に関して道中奉行の支配をも受けているのである。城下町においても、例えば参州西尾では、角屋敷の地尻につくられた建物に対する祭礼の掛りをめぐって、その屋敷の間口（ファサード）が属している町と、それに直角に交わってその屋敷の側面に当る町との間で争いが起っているが(162)、これも、土地、道、町をめぐる考え方の相違によるものとみることができよう。すなわち、土地の区画がある一つの町を形成するという主張と、元来そのような土地の区画はなく、よりよく集まった人々が町を構成するのであるという反論の争いであった。

なお近世における発展の中で、京都と江戸では、この土地、道、町のそれぞれの内容や性格に変化があらわれてきて、それが近代都市の成立にもある影響を与えていったと思われるのだが、それについては稿を改めたい。

三―三　住宅・町屋

中世の都市住宅に関しては、とくに庶民住宅についての伊藤鄭爾氏、貴族住宅についての川上貢氏の秀れた研究がある。(163) いまここで、とくに新しい知見を加えようとするものではないが、これまで述べてきたことと関連して少し付言しておきたい。

公家住宅は中世を通じ、公家自身と同様、衰退の道をたどっている。それに拍車をかけたのが応仁の乱であり、乱後においても再び旧に復することはなかった。さらに徳川幕府は、公家衆法度あるいは禁中並公家諸法度とともに、空間的にも一定の区域、すなわち「公家町」へ押し込めてしまった。

それに対して大きく発展したのは武家の住宅であった。室町将軍第を頂点として、有力な武家達の邸宅は、公家達のそれにかわって、京都に豪壮な建築を造り出してゆき、さらに中世末から近世初頭にかけて、いわゆる書院造の様式を確立していった。とくに秀吉の聚楽第を中心とする大名達の屋敷は、華麗な都市空間を形成していたに違いない。(164) しかし武家達の邸宅も、江戸時代が進むと、度重なる火災やそれに伴う倹約令などによって、その豪華さは次第に失われてゆき、空間的にも高い塀の中に逼塞していったといえよう。

一方、中世を通じて、いわゆる街路建築の発展が認められる。つまり建物が積極的に道という都市空間に進出してきたといえよう。すでに平安後期から、それを規制する制度の存在にもかかわらず、(165) このような傾向が現われてきており、東西市以外への店屋の進出や、街路に面する見物桟敷の出来などがみられる。(166) 中世においては、この街路建築はさらに発展してゆき、道という空間を核として町屋によって造られる「町」の形成となるのである。つまり、街路建築としての町屋の発展は、少なくとも空間的には、町の発展と相伴うものであった。

しかしながら、中世においてはなお一般の町屋は規模も極めて小さく、また粗末であったと考えられる。(167) その ことは、中世において建築の技術が不足していたことでは無論なく、また必ずしも町人にそれだけの財力がなかったとも言い切れない面がある。すでに鎌倉時代において七条町のあたりは、その火災を記した『明月記』によると、「……土倉不知数、商賈充満、海内之財貨只在其所云々、黄金之中務為其最、自翌日皆造作云々、商賈富有之同類相訪者如山岳積置、先隔大路各引幔居其中境……(168)」と述べられている。誇張もあるかと思われるが、少なくとも定家のような貴族よりは富裕であったに違いない。また室町中期においても、祇園会などの出しものには、町衆は多額の費用を費やしている。これらの商人達の住宅がどのようなものであったか明確ではないが、さらに時代の下った室町末期の奈良の例では、かなり名の知られた富裕な商人達でも、その住居は意外に小さかったことが知られている。(169)度重なる兵乱の影響も考えられるが、鎌倉時代や室町前期の町屋が、中世末のものに比して、それ程よかったとは思われない。とすれば商人達は財力の有無にかかわらず、大規模で立派な建物を造ることを控えていたということになりそうである。

伊藤鄭爾氏も、中世において小さな家屋が多かった理由は、技術的可能性や資本蓄積の程度よりむしろ他の点にあったのではないかと示唆され、それらを、(a)家主層は非血縁の譜代・下人・被官のほかにも兄弟伯叔父等血縁家族を抱えており、そのような隷属家族層と生活空間を異にしなければならなかったこと、(b)本家層に一種の隠居制が行われていたこと、(c)諸子分割相続が行われたこと、などによるものであろうとされている。(170)

一方、とくに京都の場合、この町屋は天正〜慶長期を境に急速に変っていったと考えられ、それはこの期の前後の洛中洛外図に明白に表わされている。伊藤鄭爾氏はその変化を、(a)棟高が高くなったらしいこと、(b)瓦葺屋根が相当数多くなるということ、(c)柱間二間がでてくること、(d)出梁造があらわれること、(e)塗屋造・土蔵造が多くなること、(f)蔵が多くなること。とくに三階蔵が発生すること、(g)千本格子が多くあらわれること、(h)厨子二階屋が多くなること、にまとめられている。[171] これらは規模は別としても、町屋の著しい質的向上であるとともに、その内容は、町屋と町空間の緊密な結びつきを造り出す性質のものであるといってよいだろう。[172]

この急速な質的向上の契機にはいろいろ考えられようが、その一つに、前に述べた天正十九年（一五九一）の秀吉による京都の「永代地子免除」があったと思われる。鎌倉時代には領主の権力が強く、その下で一般庶民は極めて不安な土地保有の状態におかれ、さらに領主による住民の没収・破壊の恐れを常に抱いていなければならなかった。[173] 室町幕府は、かかる検封ないし闕所検断権を領主の手から切離して手中に収めていったが、一般庶民にとっては、土地保有や建物所有は相変らず不安定なものであった。それを安定化していったのが、町という共同体のエネルギーによる抵抗であり、さらに秀吉による地子免除であったといえよう。

つまり、商品経済の発展に対する阻害条件の一つでもあった地子の除去と、[174] それに伴う土地保有の安定化は、町とその構成要素である町屋に急速な発展をもたらしたとみることが可能であろう。それはまた、近世の町の緊密な空間を造り出すことになるのである。

小　結

わが国の都市発展史における中世の意義は極めて大きいと考えられる。それはわが国の経済の発展という面だけではなく、都市空間的にみても、とくに京都において唐制に基づく平安京が変容を遂げ、わが国特有の近世的都市空間を造り出す過渡期ないし準備期であったとも思われるのである。その変容は、都市計画などによって強制されたものではなく、いわば自然発展的であったが故に、きわめて日本的であり、わが国の特性が認められるものと思われる。

本稿はそのような中世都市を解明するための基礎的な考察であり、都市空間へのアプローチのための試論でもあるが、都市空間を物理的にとらえるにも不明な点が多く、今後さらに細かく追求してゆく必要がある。

一方、都市空間の性格などを考えてゆく上で、中世の人々が都市空間や土地あるいは建物に対してどのような考え方をもち、どのように行動していたかを考察してゆくことも重要であると思われる。吉田兼好は『徒然草』の中で祭の行列などを見物する場合の、余情等を含めた大路全体の雰囲気を楽しむ都市貴族と、行列そのものだけを貪欲に見ようとする田舎者のことを対照的に書いているが（一三七段）、中世を通じてむしろ後者の生命力が都市を支配するようになってゆき、一方前者の王朝文化は、それを支えた大路と同様、衰退していったと考えられるのである。また鴨長明の『方丈記』は、見方によっては、土地と建物に対する異常な執着の裏返しの表現とも考えられよう。これらのことは、都市空間とそれが支える文化、そしてそれを担う人々との空間の強い関連性を示唆するように思われるのだが、それらのことについては、今後さらに考えてゆきたい。

註

1 『延喜式』（弾正台、左右京職）、『拾芥抄』。

2 関野克「平安京の宅地割と町屋」『建築史』、二ノ二（一九四〇）。

3 大路に地口をもつ小規模な宅地の存在自体、それを示すものともいえよう。

4　秋山国三「条坊制の「町」の変容過程について」『京都社会史研究』（一九七一）所収。
5　秋山氏の論文における、10番、31番、前掲論文（註4）、二二～二三頁。
6　巷所については次章で述べるが、道路が田畠または宅地化したところをいう（林屋辰三郎「散所――その発生と展開」『史林』、三七ノ六　一九五四）。
7　藤田元春『平安京変遷史』（一九三〇）三四～三五、四五頁。
8　秋山国三　前掲論文（註4）、三二頁。
9　秋山国三　前掲論文（註4）、三六～三七頁。
10　百合文書ヘノ三（大日本古文書、東寺文書㈡）。
11　後に一般的となる「七条坊門櫛東北」という表現は、交差点から東へ入った北頬を示しており、より明確になっている。
12　百合文書ツ四七ノ五一（大日本史料四ノ六、四ノ一〇、五ノ二）。
13　五×二〇丈の宅地については、百合文書リノ九（大日本古文書、東寺文書㈣）および、百合文書イ二五ノ四五（大日本史料五ノ二）。
14　百合文書メ三〇ノ五〇（大日本史料六ノ一三）。
15　百合文書ケ五九ノ六二（大日本史料六ノ一二）。
16　この一三丈の敷地の一部が巷所であったとも考えられようが、この道は小路で幅四丈であり、三丈以上も巷所化していたとは思われない。
17　百合文書ヘノ一五（大日本古文書、東寺文書㈡）。
18　百合文書ヘノ二六（大日本古文書、東寺文書㈡）。
19　如彼状者、口南北七丈八尺、奥東西十丈云々、然者可有二四行一三四門内一而云二三四行一三行過畢、是参差之至也（後略)。
20 百合文書へノ一九（大日本古文書、東寺文書(二)）。
21 三つの宅地のうちの他の一つと思われるものに対する、同時代における表現（百合文書へノ一八）。つまり、隣接地でも表示法が異なっており、それがどのような理由によるものか不明だが、いずれにせよ内容的には差異はない。
22 広橋家文書（大日本史料六ノ三三）。
23 本能寺文書（大日本史料九ノ六）。
24 百合文書リ一ノ一三（大日本史料六ノ五）。
25 百合文書リ一ノ一三（大日本史料六ノ六）。
26 百合文書ぬノ四三（大日本古文書、東寺文書(四)）。
27 地口入足勘定状には、大路小路以外は挙げられていない。あるいは、便宜上この「七条以南東東頬」のところに記されているのかも知れない。
28 赤松俊秀「町座の成立について」（一九四七　成稿）『古代中世社会経済史研究』（一九七二）、三九三頁。
29 鹿王院文書五（大日本史料七ノ二一）。
30 「四条町」といった表現は、とくに室町後期になると、「四条町十二町」というように使われることもある。これらについては、三節に述べる。
31 百合文書ヱ一〇ノ二四（大日本史料五ノ一）。
32 百合文書ヱ三二ノ三七（大日本史料六ノ一二）。
33 百合文書ヱ三二ノ三七（大日本史料六ノ二二）。
34 百合文書ヱ三二ノ三七（大日本史料六ノ二二）。
35 百合文書の一ノ一七（大日本史料六ノ二〇）。

36 応永三十三年三月二十九日条、享徳三年九月二十四日条。(史料大成本)。
37 嘉吉二年十一月二十六日条。
38 史料大成、『康富記』(一)三二〇頁。
39 宝徳元年閏十月五日条。「百姓」は庶民一般をさすものと考えられる。
40 例えば、宝徳元年十二月十日、同二年二月二十三日条。
41 百合文書へノ七〇(大日本古文書、東寺文書(二))。
42 寛正五年(一四六四)十月十六日、百合文書ちノ一八(大日本古文書　東寺文書(四))。
43 文明二年(一四七〇)五月六日、百合文書ちノ一九(大日本古文書、東寺文書(四))。
44 瀬田勝哉「近世都市成立史序説」『日本社会経済史研究　中世編』(一九六七)、三九〇〜三九二頁。
45 『園太暦』巻四、文和元年二月二十八日条。
46 百合文書の一ノ一七(大日本史料六ノ二〇)。
47 百合文書ニ一八八ノ二〇一(大日本史料七ノ三)。
48 註26。
49 百合文書ロ一ノ二九(大日本史料六ノ三〇)。
50 註46。
51 百合文書つ一七ノ二六上(大日本史料六ノ一七)。
52 仲村研「中世京都における巷所について——東寺領巷所を中心に」同志社大学人文科学研究所『社会科学』第三巻二・三号(一九六八)九二頁。
53 百合文書よ一一ノ一五上(大日本史料六ノ三五)。
54 百合文書ま二一ノ三八(大日本史料六ノ二)。

55　百合文書イ四六ノ六九（大日本史料四ノ一四）。
56　長福寺文書一（大日本史料七ノ二）。
57　田中教忠氏所蔵文書（大日本史料六ノ一四）。
58　田中教忠氏所蔵文書（大日本史料六ノ一九）。
59　永享年中文書載『後鑑』巻百五十九、永享四年十月十一日条（国史大系本）。
60　註49。
61　永享年中文書載、『後鑑』巻百四十八、永享三年五月十六日条（国史大系本）。
62　『言継卿記』天文三年四月二十九日条ほか。これらについては後の節で触れる。
63　臨川寺重書案文（大日本史料六ノ二七）。
64　百合文書ツ五二ノ六一（大日本史料六ノ一四）。
65　建内文書二六（大日本史料六ノ二七）。
66　宝鏡寺文書（大日本史料七ノ五）。
67　平安京、とくに東寺領の巷所については、仲村研「中世京都における巷所について――東寺領巷所を中心に――」同志社大学人文科学研究所『社会科学』第三巻二・三号に詳しい。
68　『平範記』仁安三年十月五日条（史料大成本）。
69　仲村研「中世後期の東寺境内款冬町について」『京都社会史研究』（一九七一）所収、八五頁。
70　いずれも仲村研　前掲論文（註67）に引用されている。
71　仲村研　前掲論文（註69）、九一頁。
72　『京都の歴史』二、（一九七一）二六八頁。
73　仲村研　前掲論文（註67）。

74 東寺百合文書ひ二四ノ三三（大日本史料六ノ三三）。

75 平安後期から鎌倉時代にかけて、行幸などの行列は大宮大路を用いている。また、将軍足利義教も石清水参詣に、七条からこの大宮大路を用いた（『康富記』正長二年八月十七日条）。

76 仲村研　前掲論文（註67）、八〇頁。

77 検注取帳には次の如く記されている。

東西三丈六尺　南北九丈五尺五寸井田、　教道　(1)
同　三丈三尺　同　卅三丈七尺同、　善阿弥　(2)
同　五尺　同　五丈畠、　教道　(3)
同　三尺五寸　同　二丈三尺五寸畠、　竹右　(4)
同　二尺七寸　同　五丈五尺五寸畠、　帥散所　(5)
同　四尺　同　廿丈畠、　善阿弥　(6)

78 二十一口方評定引付、文明十二年九月二十八日、十月二日条、百合文書ちノ二三（大日本古文書　東寺文書㈣）。

79 仲村研　前掲論文（註67）、九二頁。

80 仲村研　前掲論文（註67）、九二頁。

81 『康富記』享徳三年七月十一日条（史料大成、以下同じ）。

82 有名な二条河原落書には、「町ゴトニ立篝屋ハ、荒涼五間、板三枚」とある。また近世には町の番小屋を髪剃や髪結などが使うことがあった。

83 『康富記』宝徳二年十一月五日条。

84 百合文書ホ五六ノ七〇。原田伴彦『中世における都市の研究』（一九四二）、一四七頁による。

85 佐藤進一「室町幕府論」『岩波講座　日本歴史』七（一九六三）、三五〜三八頁。

86 佐藤進一・池内義資編『中世法制史料集』第二巻室町幕府法。
87 時代は下るが、『北野社家日記』(天正十九年六月十日、十一日条) によると、北野社では京都奉行の前田玄以に願い出て、境内に制札をもらっている。
88 『京都の歴史』四 (一九五九)、二六七頁。
89 文正元年の大嘗会では標山が引かれているが (後法興院記)、それ以後はいまのところ見出せない。
90 『康富記』文安五年六月三十日条。
91 故実叢書所収。
92 『山州名跡志』巻之十七。
93 『中右記』嘉保二年三月十九日、同年十二月十四日、嘉承二年十月十四日条 (史料大成本)。
94 『台記』久安四年二月十七日条 (史料大成本)。
95 『山槐記』長寛二年六月二十七日、仁安二年三月二十四日条 (史料大成本)。
96 『明月記』同日条 (大日本史料五ノ三)。
97 『勘仲記』弘安二年一月九日、同年七月七日、弘安九年閏十二月十四日、正応二年四月二十一日条など。
98 『康富記』宝徳三年九月二日条。
99 福山敏男「六勝寺の位置」(一九四三年成稿)『日本建築史研究』(一九六八) 四六五頁。
100 『小石記』治安三年六月十一日条 (史料大成)。
101 『園大暦』㈣　同日条。
102 『康富記』同日条。
103 『山科家礼記』同日条 (史料纂集)。
104 『古事類苑　地部㈠』。

105 公式に用いられる場合とは、例えば行幸路次の宣下などである（『勘仲記』弘安九年八月二十五日条）。
106 『古事類苑　地部㈠』。
107 『徳川禁令考』前集第一、一三〇。
108 川上貢『日本中世住宅の研究』（一九六七）三四〇～三四一頁。
109 『親長卿記』同日条（史料大成、以下同じ）。
110 『山科家礼記』文明九年十月六日条。
111 林屋辰三郎「町衆の成立」（一九五〇）『中世文化の基調』（一九五三）二〇一頁。
112 坂本太郎「辻子について」『史学雑誌』三九ノ四（一九二八）『日本古代史の基礎的研究　下』（一九六四）所収。
113 藤田元春　前掲書（註7）。
114 足利健亮「京都の辻子について」『現代都市の諸問題』（一九六六）所収。
115 足利健亮　前掲論文（註114）、一六三～一六五頁。
116 赤松俊秀「町座の成立について」（一九四七）『古代中世社会経済史研究』（一九七二）所収。三九三頁。
117 『言継卿記』天文三年四月二十九日条（国書刊行会、昭和十六年改訂本、以下同じ）。
118 大日本史料一一ノ三。この四条町は道の交点そのものを指すのではなく、そこを中心としたいくつかの町を示すものとも考えられる。註115の辻子も、この部分にあったことは注目されてよい。
119 林屋辰三郎　前掲論文（註111）、二一三頁。
120 『京都の歴史』四（一九六九）一〇六～一〇七頁。
121 藤田元春　前掲書（註7）、三四～三五、四五頁。
122 『拾芥抄中』坂本太郎氏もこれについて述べられている。
123 秀吉は一部の地域を除き、一町のブロックの中央に南北の道を通した。

124 『師守記』貞治三年四月二十九〜二十六日紙背（史料纂集）。
125 東寺百合文書ヒ五五ノ六五（大日本史料八ノ一五）。
126 『康富記』応永三十三年三月二十九日条。
127 坂本太郎　前掲論文（註112）、四二三頁。
128 『勘仲記』建治元年十二月十五日条。
129 『親長卿記』長享二年三月二十六日条。
130 『言継卿記』大永七年十二月一日条。
131 言継の住居の正確な位置はわからないが、橘辻子付近であったと思われる。
132 前述したように、橘辻子は「六丁町」の一つであり、実質的には町であった。
133 足利健亮氏も挙げておられるように、近世においても辻子名と町名の両方が使われているものがある（前掲論文〔註114〕、一六三頁）。
134 足利健亮　前掲論文（註114）、一六三頁。
135 『山州名跡志』巻之十七（大日本地誌大系）。
136 図24、前節参照。
137 坂本太郎　前掲論文（註112）、四三〇頁。
138 黒田紘一郎「中世京都の警察制度」『京都社会史研究』（一九七一）。
139 林屋辰三郎　前掲論文（註111）、一九四頁。
140 秋山国三　前掲論文（註4）、六七〜六八頁。
141 佐藤進一　前掲論文（註85）。
142 佐藤進一　前掲論文（註85）、三七頁。

143 林屋辰三郎　前掲論文（註111）、一九七頁。
144 林屋辰三郎　前掲論文（註111）、一九六頁。
145 佐藤進一・池内義資編　前掲書（註85）。
146 原田伴彦「領主権力と町民武装」（一九五五）『日本封建都市研究』（一九五七）所収、一三五頁。
147 『康富記』応永八年五月二十八日条（史料大成本）。
148 林屋辰三郎『町衆』（一九六四）、九〇頁。
149 秋山国三　前掲論文（註4）、六八頁。
150 集古文書載、『後鑑』巻二六二、明応七年七月十六日条（国史大系本）。
151 天正十一年にも、京都町奉行前田玄以より日野家に確認が出されているが、そこには闕所検断職とある（天正十一年折紙跡書、大日本史料一一ノ四）。
152 『言継卿記』天文三年四月十九日条。
153 『言継卿記』、天文十八年十一月二十日条。
154 『言継卿記』、天文三年三月一日条。
155 京都では、八坂神社、稲荷神社、上・下御霊神社、北野神社などの氏子地区が、地域によって分けられていた。
156 臨川寺重書案文、（大日本史料六ノ二七）。
157 東寺百合文書ヒ五五ノ六五（大日本史料八ノ一五）。
158 林屋辰三郎「郷村成立期における町衆文化」（一九五一）『中世文化の基調』所収、二二八〜二二九頁。
159 瀬田勝哉　前掲論文（註44）、四〇三頁。

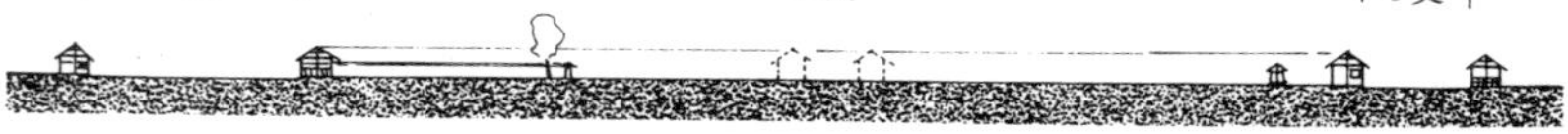

図39　ブロック断面図

160 瀬田勝哉　前掲論文（註44）、四〇一～四〇八頁。
161 林屋辰三郎氏は、旧三条家や上杉家蔵の「洛中洛外図屏図」などによって、中世における裏のつながりを示唆されている（『京都』一九六二、一四九頁）。しかし屏風に画かれているブロックが方一町のものであると、この空間のスケールは、裏同志のつきあいのものとしては大にすぎるように思われる。因みに、ほぼスケールを実際のものと合わせて断面図を描いてみると、図39の如くなる。
162 「城下町史料一三・一四」『西尾城　城郭城下町』西尾市史　史料Ⅱ（一九七一）。このことについては、第7章で述べる。
163 伊藤鄭爾『中世住宅史』（一九五八）、川上貢『日本中世住宅の研究』（一九六七）。
164 例えば、ルイス・フロイスの記録（岡本良知『豊臣秀吉』（一九六三）、八一～九三頁）。
165 三位以上と参議、およびその子孫以外は、大路に門をひらくことを許されなかった（『延喜式』、左右京職）。
166 第2章参照。
167 伊藤鄭爾　前掲書（註163）、一七五～二〇五頁。
168 『明月記』文暦元年八月三日条（大日本史料五ノ九）。
169 伊藤鄭爾　前掲書（註163）、一八〇頁。
170 伊藤鄭爾　前掲書（註163）、一八三～一八四頁。
171 伊藤鄭爾　前掲書（註163）、二五二頁。
172 第6章二節参照。
173 横井清「室町時代の京都における町屋支配について—中世民衆思想史への試みとして—」『中世の権力と民衆』（一九七〇）参照。
174 註159。

補遺　中原康富の屋地について

『康富記』には康富の屋地の図があり（嘉吉二年十月条裏書）、本章においても触れているが（一五五〜一五六頁、一六五〜一六六頁）、その位置の解釈について、最近髙橋康夫氏が異論を出されているので（「後小松院仙洞御所跡敷地における都市再開発の実態」『日本建築学会論文報告集』第二六三号、一九七八年一月）、それについて述べたい。

本章では、図の「東洞院面」と「おゝき町面」の書き入れを地点を示す基本的なものと考え、したがって康富の屋地は正親町面にあったと解釈し、「にし東の辻」という記載は問題であるが、『康富記』の文安六年七月三日条に「町辻」という記載があり、他の資料やこの図から、これらの「辻」が一般的な通りを示すと考えてよいのではないかと示唆した（一七八頁）。それに対し髙橋氏は「にし東の辻」の書き入れを重視し、辻の語義は一貫して十字交差点を基本とするが、この「にし東の辻」の場合は交差点ではあり得ず、「したがってそれは辻子の意味を表わすのに辻と書いた混用の事例であると考えるほかはない。」と述べ、康富の屋地は正親町面ではなく、東西の辻子に面していたと断定されている。しかし、もしそうであれば「おゝき町面」という書き入れは誤記とせざるを得なくなる。髙橋氏は『おゝき町面』は地点表示のための書き込みである」と簡単に触れるのみであるが、その意味は不明解である。この図だけからみても、康富の屋地の前に明確に書かれた「おゝき町面」は「にし東の辻」以上に無視し難く、康富の家は正親町面にあったとする方が素直な見方というべきであろう。

さらに、髙橋氏自身が他の論文で述べておられるように、辻子の語源は辻であり、辻が交差点の意と、道の意との両方を備えていたと推定されている（「辻子——その発生と発展——」『史学雑誌』第八六編第六号）。したがって前の推論はむしろ、「この『にし東の辻』は交差点でないので、道を示すものであり、場合によっては辻子との

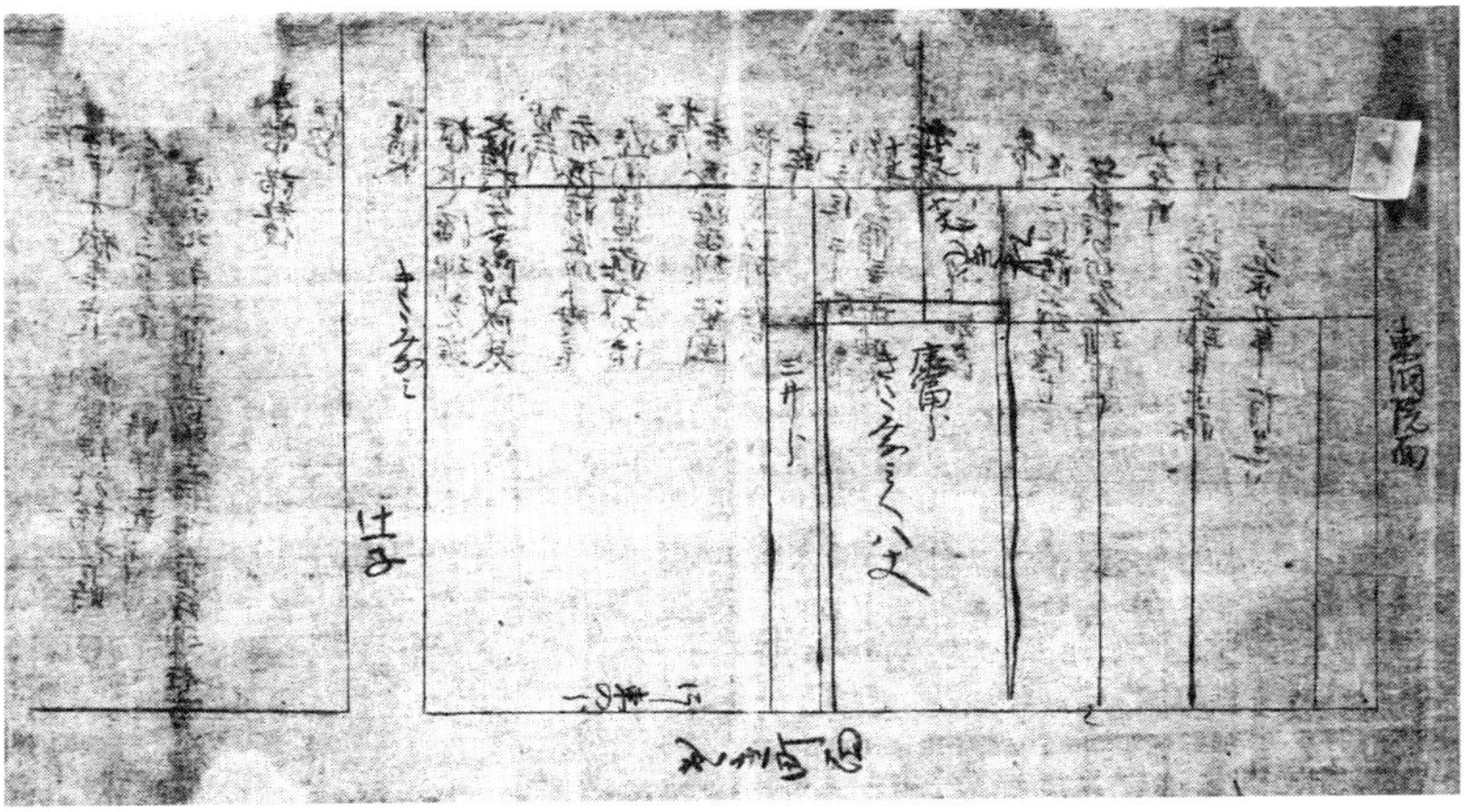

補遺図　『康富記』嘉吉２年10月19日紙背文書
（国立国会図書館デジタルコレクション）

混用」とするべきであろう。さらに「しかしそこには『おゝき町面』という書き入れがある以上、辻子との混用とも考えられない」と付け加えることも可能と思われる。同じ図面に辻と辻子との書き分けがある以上、混用とみる前に、相異の可能性を考えるのが順序であろう。

また髙橋氏は前にあげた『康富記』の「町辻」は、町の交差点を示すもので具体的には「一条町」の辻であろうとされている。しかしこの記事は賊の引回しの路次を示すもので、町通りと解釈した方がより明確であり、他の資料、例えば『園大暦』の「渡大路、自一條町至六條渡之」（文和二年三月二十六日条）にも合致するように思われる。つまり『康富記』の「町辻」は傍点の部分に相当するのである。また『康富記』の嘉吉三年五月二十八日条には、延暦寺への参向の記事中、川原口に「大原辻末」と注している。この「大原辻」は大原通りあるいは大原道とみてよいであろう。つまり『康富記』にでてくる辻を、すべて具体的な事物としての辻子（方一町のブロック内に通された小径）との混用とみるのは適当とは思えず、やはり何らかの使いわけがあったとみるべきであろう。

一方、髙橋氏の論文の主旨である、この方一町の地の再開発という視点からみても、この東西の辻子の必然性は少ないと思われる。高密度利用という面からいえば、このような敷地割では、南北の辻子があれば東西の辻子は不用であるばかりか、その分だけ土地は狭くなる。また髙橋氏が挙げられている他の資料にも、南北の辻子を示すものはあるが、東西の辻子の存在を示すものはみられない。

また髙橋氏はこの図の比例は正しいものとし、したがって南北の辻子はブロックの中央ではなく、やや東寄りであり、中央に書かれた三つの「十丈」の一つは、さらに北の一条通から矩離であると解釈されている。しかしこの図の主旨が、康富の屋地の奥に加えられた方二丈の地を示すものだとすれば、その正確な位置は東洞院正親町からたどれれば充分であり、事実その北は省略されているし、西にも省略があっても不思議ではない。そしてそれを補うのが十丈という書き込みであると考える。逆にこの図によって他の屋地の間口などを決めることは危険であろう。

『康富記』の文安五年四月十八日条に、車を借り加茂祭へ出る記事があるが、そこに「路次正親町西行、室町南行、土御門西行、猪熊北行」とある。これも辻子の路次は省略したとみるよりも、康富の家が正親町面にあったとした方が理解し易い。

以上から考えて、やはり康富の家は正親町面にあり、この方一町のブロックには南北の辻子のみがブロック中央に通されていたとみるべきであろう。

〔編者補記〕

『康富記』嘉吉二年十月十九日条紙背所収絵図については、著者と髙橋康夫博士とで解釈が相違しており、著者から髙橋博士への質疑というかたちで『日本建築学会論文報告集』二七〇号で討論がなされている。上記補遺はその討論における著者の質疑に対応したものとなっている。問題となっているのは「おゝき町面」と「にし東の辻」という矛盾した書き入れの解釈で、敷地南面の道路が正親町小路なのか辻子なのか、「辻」の解釈を含めて両者での相違が示されている。溝口正人「『康富記』嘉吉二年十月紙背所収絵図について」（二〇〇四年日本建築学会大会『学術講演梗概集』）では、髙橋博士が引く『康富記』文安五年（一四四八）四月十八日条を、『洛中洛外図屏風』（歴博甲本）の描写を参照しながら康富宅の門前に小川が流れていたという接道状況が正親町小路に対応するものと解釈した。しかしながら両博士および溝口の議論はいずれも史料大成本をもとにしたものである。

国会図書館に所蔵されている『康富記』原本（補遺図）によれば、議論の対象となった「にし東の辻」は「にし東の分」が正しく、史料大成本の書き起こしは誤っている（後藤治博士の御教示による）。中原康富の屋敷地の位置に関しては、敷地南面の道路が正親町小路とする著者の解釈が妥当といえるが、同図をめぐる議論は再考の必要がある。また史料大成本の図は、書き込み寸法をもとにするならば西半部が縮んだ描写となっており、書き込みと図の比例との齟齬も問題となった。ただし原本では寸法に対応した比例で描かれており、南北に通る「辻子」は方一町の中央に通っていたものと考えてよい。なお絵図の比例をもとにするならば各敷地の間口は修正の余地があるが、位置関係としては妥当と考えられるので原著のままとした。また東洞院正親町の角地が正親町小路面に地口を開いている点について、著者は正親町小路が上位となる「アクティヴィティの差」とみる。ただし当時は東洞院大路を挟んで東隣が後花園天皇皇居とされた一条東洞院殿、その南隣が康正度内裏（当時建造中）であり、東洞院大路には裏築地が設けられて陣中となる東洞院大路は日常の通行に支障も生じる状態であったと考えられる。正親町面に地口を開いている点については、このような状況を考慮すべきであろう。

関連する本書の記述と図版は学位論文の状態のまま採録することとし、以上を補記し、原本絵図を補遺図として掲載した。

第5章　中世鎌倉の都市空間

中世、とくに鎌倉時代における重要な都市としては、京都のほかには先ず鎌倉が挙げられよう。両者はさまざまな点で異なった性格をもつと考えられる。何よりもまず、鎌倉は平安末期において創建された都市であるということが、古代の伝統を濃厚に引きついだ京都と違ったところといえよう。さらに京都はいわば公家の都市であったが、鎌倉は武家の都市であった。しかしながら、鎌倉の都市に関する資料も今のところ限られており、中世における形態や性格を明確にすることは困難であるが、京都と異なった点を中心に若干の考察を試みたい。

一　都市の形態

鎌倉は治承四年（一一八〇）、源頼朝がここを拠点としたことによって、その都市的発展の幕を開いた。しかし、この地は軍事的な要衝ではあったが、土地も狭く、また治承四年という時期の客観的状勢から考えても、当初より幕府所在の覇都として選ばれたものとは思われない。後に人口が増加し大きな都市に発展していった際も、グ

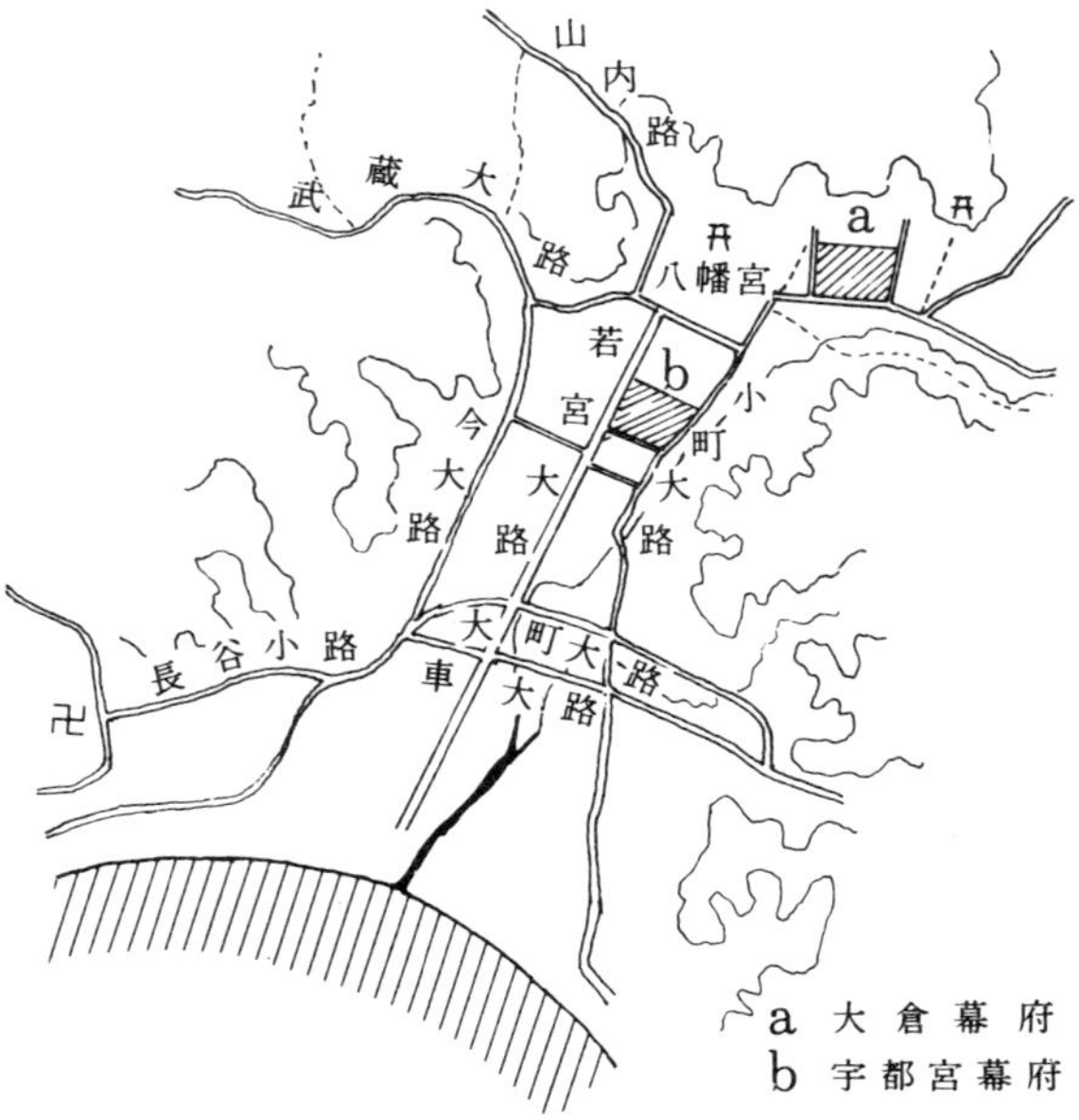

図40　中世鎌倉（市史より作成）

リッド・パターンといった幾何学的な都市計画は行われず、むしろ自然発展的に拡大していったといえる。このように、その建設のされ方も、京都とは大いに異なっていた。

鎌倉において先ず中心的な道は、鶴岡八幡宮の門前から海岸まで一直線に延びる若宮大路であり、形態的には京師の朱雀大路に比較されようが、しかしその基本的性格はかなり違ったものと考えられる。前にも述べたように、京都の朱雀大路自身、すでに平安時代を通じてその性格を変えてきており、荒廃しつつあったのである。もし若宮大路が朱雀大路を模したものであったとしても、その志向するところのものは、古代の朱雀大路とかなり異なったものであったに違いない。

先ず若宮大路は正しく南北には通らず、むしろ鎌倉の地型に合わせて、かなり傾いている。このことがすでに古代京師の造型を支えた理念と根本的に異なることといってよかろう。京師においては、建設に先んじて、その方位の厳密さが要求されたのである。若宮大路が築かれたのは寿永元年（一一八二）で、『吾妻鏡』によると御台所北条政子の安産を祈願して頼朝自ら沙汰し、北条時政以下土石を運んだが、それは日来の素願であったという。[1]

ただしここでは若宮大路とは書かれず、「詣往道」と記されている。いわば頼朝ないしは源氏の記念的な参道であり、むしろ私的な性格が感じられる。その構造はずっと後の『新編相模国風土記稿』によると、「三ノ鳥居前より一ノ鳥居の辺に至り、往還の中央に一段高く築き、両側の隄脚は石をもて畳めり長十六町、高一尺五寸、幅五間、寿永元年三月、頼朝夫人平産の祈禱として新造するところなり、是を七度小路とも唱へ、或は千度小路、千度壇など呼しなり、「鎌倉年中行事」には置石とも記す、今俗に段葛と唱へり」(2)とあるが、このような形態が当初からのものかどうかはわからない。ただ、寿永元年にこの置石が造られたとき、恐らくその両側は田畑や空地が多かったに違いない。したがって、築造当時においては、この若宮大路は都市内の街路というより、例えば近世の日光の参宮街道にみられるような形態と性格をもっていたと考えられる。頼朝の館や幕府も、この若宮大路とは無関係に、八幡宮の東方に造られた。後にこの路に面して建物が建てられていったとき、置石の両側にも道がつくられ、現状のように中央部が置路のように一段高くなった形態ができ上っていったのではないだろうか(3)。そして若宮大路という名称も出来したのであろう。ただし後に述べるように、この名称がどれだけ一般に使われていたかは疑問である。

一方参道としても、将軍などの参詣に積極的にこの若宮大路―置石が使われた形跡もあまり認められない。将軍御所は初め八幡宮の東方、大倉の地に置かれており、路次的にみてもこの若宮大路を通る必要はなく、少なくとも記録にはそのような例はみられない。また、御所と幕府が八幡宮の南方の宇都宮辻子に移ってからは、路次の知られる例として、例えば建長五年（一二五三）正月十六日、同八月十五日には、将軍は御所の西門を出て若宮大路を北行しているが、一方建長四年四月十四日の将軍宗尊新王の初めての参詣では、小町大路を北上している(4)。この差は、東門から出るか西門から出るかといった、陰陽道的な理由に基づくものとも考えられる。一方かえって室町時代における、『鎌倉年中行事』によると、二月に鎌倉公方が八幡宮に十七日間参籠することになっており、[5] この道が「七度小路」と呼ばれた所以を示唆しているが、鎌倉時代にもこのような行事があったかどうか不明であり、少なくとも吾妻鏡などの記録には認められない。このようにみてみると、鎌倉時代における若宮大路は、そこで晴の儀式が行われる空間というよりも、むしろ記念的な造営物としての性格が勝っていたように思われるのである。むろん「町」的空間にもなりえない。

しかし参道としての機能もむろん無視することはできない。それはかえって鎌倉が幕府所在地としての地位を失ない、若宮大路の周辺も荒廃していった時代に、少なくとも形態的にはより強く認められる。中世末期の『快元僧都記』によると、この置石も相当荒れており、「七度小路。近年磨滅。往復之者廻路ヲ通之処。町人発心剃頭。此四ケ年間如レ形仕之由申。」とあり、快元がつくってやった勧進帳には、「星霜積而三百五十三年。石塊擢流水成淵倦。参詣有二往還之煩一。[6]」と記されている。地型的にみてこの地は、丁度谷の部分に当り、この記事が示唆するように、雨などが降れば通行が困難となり、そのために置石によって高く築かれたものとも考えられる。明応四年（一四九五）八月十五日の洪水に関する『鎌倉大日記』の記事、「大地震洪水鎌倉由比浜海水到千度壇……[7]」も、そのことを示唆するものかも知れない。

また、若宮大路という名称も、必ずしも一般的なものではなかったようである。『吾妻鏡』ではもっぱらこの名称が使われているが、他には源光行の『海道記』にみられるほか、とくに時代が下ると殆んど使われなかったようで、「若宮小路」（梅松論）、「七度小路」（社務職次第）、「七度行路」（快元僧都記）、「千度壇」（梅花無尽蔵）などがむしろ使われている。とくに『快元僧都記』では、『吾妻鏡』の記事に触れながら、なお七度行路という名称を用いている。なお明治三十五年の一万八千分の一の地図には「若宮公路」と記されている。[8] このようにみてくると、若宮大路の大路ということには、古代平安京におけるそれのような実質的な意味があったとは思われず、むしろとくに『吾妻鏡』の修辞的な用語であったのではなかろうか。

若宮大路は、前にも触れたとおり、南北の方位からかなり傾いている。ところが、とくに頼朝の死後、将軍とそれを取巻く人々が京都の貴族達の生活を模するようになり、しばしば方違などが行われるようになってくると、この若宮大路をいわば南北に通るものと仮定して行動したらしい節が認められる(9)。しかし、少なくとも初期の頼朝はこのような風習とむしろ無縁であったと思われるし(10)、それが鎌倉あるいは若宮大路の計画と何らかの関わりがあったとは考えられない。かえって、この若宮大路を南北方位と見做して行動せざるを得なかったことに、京都と鎌倉の決定的な相違をみるべきであろう。つまり、京都という都市空間ではぐくまれた慣習は、鎌倉ではこのような形でしか導入しえなかったということもできよう。また京都の貴族達のいわば陰陽道的行動も、少なくとも平安末期以後は、朱雀大路とかあるいは都市全体の形態などとは無関係なものであったと考えられる(11)。

嘉禄元年（一二二五）、幕府は大倉の地から若宮大路と小町大路の間の宇都宮辻子の北側に移されたが、その占地にあたり実に多くの議論がなされている(12)。まず候補地として宇都宮辻子地と若宮大路地が選ばれたが(13)、ある地相人が現大倉の法華堂下地が四神相応の地であり、とくに移転の必要はないと論じ、振出しに戻された。最終的には若宮大路に接するところに決まったのだが、その理由も法華堂前地は西方丘上に頼朝の墓があり、それが子孫を絶やす相であること、さらに若宮大路地も四神相応の地であるということであった。これらの議論は四神相応といった地相に終始しており、若宮大路との地理的関連について論じられているものはまったくみられない。逆にいえば、幕府という鎌倉における中心施設と若宮大路は、都市計画的レベルでは結びつけて考えられていなかったといえよう。言いかえると、若宮大路は都市計画的な意味での中心道路とは考えられていなかった。したがって鎌倉の発展は、若宮大路と直接的には関係なく進められていったとみてよかろう。

若宮大路より生活に密着していたと思われるのは、その東を通る小町大路である。この道はほぼ山裾に沿って折れ曲っており、恐らく以前からあった道を整備したものであろう。若宮大路に面しては、もっぱら武家達の屋敷地が設けられていたらしいが[14]、小町大路には町屋も多かったと思われる[15]。『吾妻鏡』には、この小町大路を示すのに、単に「町大路」と称していることがまま認められるが[16]、京都における「町小路」（町通り）との関連において示唆的である。少なくとも形態的には、若宮大路と小町大路（町大路）は京都の朱雀大路あるいは大宮大路と町小路との関係を想わせる。また機能的にも、京都における町小路同様、鎌倉においても小町大路の方が、一般的な都市生活においては主要な街路となっていたと思われる。それらのことはまた、前章まで述べてきた道と町の発展の中に位置づけることも可能であろう。

二　宅地

将軍の御所と幕府を中心とする鎌倉には、多くの御家人達が居住していた。この形態は近世城下町に近く、それらの屋敷も近世の拝領屋敷を想わせる。『吾妻鏡』によると、建暦二年（一二一二）三月、前浜辺に御家人等の屋地を分賜したとある[17]。しかしこれらの屋地の分賜の基準や規模についてはまったく不明である。『朽木文書』の延慶二年（一三〇九）譲状によると、「甘縄地　一部主卅四丈[18]」とされており、戸主制の存在を示唆しているが、これは京師のような宅地割を示すものではなく、単なる地積の単位として使われているように思われる。道路のパターンをみても、ある基準に基づく幾何学的な宅地割がなされたとは思われず、必要な時々に応じて割付けていったものと考えられる。ただし前浜などでは、部分的には幾何学的な地割がなされたのかも知れない。いずれにせよ、古代京師や近世城下町のような一貫した計画と基準といったものは考え難い。

『鎌倉市史』によると、これら御家人達に給された屋地は、領地と同様であり、領有権をも与えられたとされている[19]。したがってその屋地に当人が居住するとは限らず、庶民に貸している場合も多かったとみられる。さらに御家人達の生活の本拠はそれぞれの所領にあり、鎌倉に常住していたわけではなかろう。これらのことは近世の拝領武家屋敷とかなり異なるところといえよう。

近世の拝領屋敷は基本的には主君より与えられた知行と同様であり、したがって本来は一代限りのものであるが[20]、中世鎌倉の屋地については、前の『朽木文書』に見られるような子孫への譲状が認められる[21]。一方、豊後守護大友氏のものとされる、仁治三年（一二四二）の「新御成敗状」には、「一　給二府中地一輩事」として「右、難渋所・付二于彼地之済物一、懈二怠所役一者、屋地者可レ召レ之矣」とされている[22]。鎌倉の御家人の屋地とは事情が異なるかも知れないが、何らかの罪や落度により屋地を収公されることがあったと思われる。建保元年（一二一三）三月、謀叛の罪によって陸奥国に浪流された和田胤長の屋地は御所東隣にあり、収公されたのち人々が競って望んだが、胤長の父義盛が「自二故将軍仰時一。一族領収公之時。未レ被レ仰二他人一。」と訴えたので義盛に与えられた[23]。ところが四月になって執権義時の令により他人に分給されてしまった[24]。このことが義盛をいたく怒らせ、いわゆる和田合戦のきっかけとなったとされている。

この事件は、北条氏の挑発にのって和田氏が亡ぼされたものと解することができようが、和田義盛の態度には「一所懸命」の中世武士の論理が感じられ、一方執権義時の態度には幕府を頂点とした武家社会の秩序を確立しようとする、近世初頭における幕府の考え方と共通したものが認められる。恐らくこのことが、鎌倉と近世城下町との類似性を感じさせる理由の一つではあるまいか。

鎌倉においては、いわゆる町人地は存在しなかったと考えられる。すべての屋地は幕府や御家人・社寺の領するところであり、庶民はそれを借りて住んでいたとみられる[25]。したがって近世城下町のような厳しい身分地域制は存在しえなかったであろう。しかし商業的中心地は自ずとできてくるであろうし、また幕府も建長三年（一二五一）十二月に鎌倉中の「小町屋及売買設」を、大町、小町、米町、亀谷辻、和賀江、大倉辻、気和飛坂山上と指定しているが、かかる制限はそれ以前から行われていたらしい[26]。

またさらに文永二年（一二六五）三月には、鎌倉中の「散在町屋等」を禁止し、「町御免所之事」として、大町、小町、魚町、穀町、武蔵大路下、須地賀江橋、大倉辻があげられている[27]。この「小町屋」や「散在町屋」の具体的な形態は明確ではない。『鎌倉市史』は「小町屋」を簡単な屋台の類として一般の町屋と区別し、後者に対しては地域的な制限はなかったとしている[28]。鎌倉時代の町屋の形態は必ずしも明らかでないが、少なくとも小売の商店は大部分が小規模な「小町屋」であったと思われるし、また、少し前の寛元三年（一二四五）に出された禁令の「作町屋漸々狭路事[29]」の中の「町屋」も、文面からみて、屋地の中の建物とは必ずしも関係なく前面につくり出された商業用の小施設を想わせる。かかる施設も地域制限の対象になったものであろう。『吾妻鏡』における鎌倉の庶民の家の一般的名称としては、例えば火災等の記事では、民居、民屋などと書かれており、近世のように町屋とは呼ばれていない。すなわち町屋は民居の中のある特殊な形態とみるべきであろう。他に「町屋」がなかったとはいえないが、前の幕府の処置は実質的な商業地区指定とみてよいのではなかろうか。むろんこのことは、近世城下町のような居住地指定とは必ずしも結びつかない。その後の火災の記事にも、これらの指定地区以外に民居は多く認められるのである。また、魚町、穀町という名称も、「町」がなお市場的なものを指すものとしても、ある種のグルーピングが示唆されており、商業地区の指定とともに、近世城下町と対比させて注目すべきであろう。

三　都市禁制

鎌倉は幕府の膝下であり、幕府の基礎が確立してゆくとともに、その市政は保奉行や地奉行の制度の下に、強力に一元化されていった。その点京都とは大いに異なるところといえよう。そして鎌倉では、京都にはみられないような都市的法令が次々に出されている。

延応二年（一二四〇）二月には、保々奉行人を通じ、一般的な治安の維持をはかるとともに、「丁々辻々売買事」や「辻々盲法師　辻相模事」を取締り、「成二小路狭一事」を禁じており[30]、さらに同年十一月には鎌倉の辻々に篝屋を設置している[31]。京都では平安末期から道路の大規模な「巷所」化がみられ、鎌倉初期に何度かそれを停止するべく宣旨が出されているが、この巷所化はますます進められていった[32]。

また仁治三年（一二四二）の「新御成敗状」は前に述べたように、豊後守護大友氏が出したものとされるが、そこに豊後府中を対象とすると思われるいくつかの法令があり、地方都市の法令として興味深くあるとともに、間接的にではあるが鎌倉幕府の意向を伝えるものとして参考になりえよう。都市に関するものとしては、前に述べた「給二府中地一輩事」のほか、「町押買事」や「府中指レ笠事」を禁じたり、さらに

一　大路事

右、或称二田畠作一、或号レ立二在家一、令レ狭条、尤自由也、早仰二其通行事一、可レ令レ制二止之一矣、

一　保々産屋事

右、晴大路立レ之事、可レ止レ之、若不レ令二承引一者、可レ令レ破二却之一矣、

一　府中墓所事

右、一切不レ可レ有、若有二違乱之所一者、且・改葬之由被レ仰レ主、且可レ召二其屋地一矣、(33)

などの条文がみられる。これらは直接鎌倉にあてはめることはできないにしても、当時の守護すなわち武家による都市法制を知る上で注目すべきものであろう。

鎌倉では、寛元三年（一二四五）四月に、「保司奉行人可二存知一条々」として、

一　不レ作レ道事

一　差二出宅檐於路一事

一　作二町屋一漸々狭レ路事

一　造二懸小屋於溝上一事

一　不二夜行一事

が挙げられている。(34) はじめの「作道」は、行幸に先立って行われる「作路」と同様、(35) 一般的な道の修理、整備と思われる。(36) 文治三年（一一八七）三月梶原景時が、また翌四年五月八田知家が、それぞれ科により「作（造）二鎌

倉中道路一」らしめられたのも、[37]同様な事であったものと思われる。第二番目から四番目までの三項目は、前にも出されている禁令をさらに具体的に示したものといえるが、これらは京都における巷所化の禁止とは性格が異なり、むしろ江戸時代の都市禁制にみられるような、ややもすれば起りがちな建物の公道への浸出を制するものとみるべきである。強力な幕府の一元的な支配下にあった鎌倉では、京都における巷所の如きものは存在しえなかったであろう。

一方京都では、かかる禁制は無意味なものとなっていたに違いない。最後の「不二夜行一事」は、弘長元年（一二六一）二月に出された「関東新制条々」に「一　可レ令レ催二勤鎌倉中諸保夜行一事」として、「夜行者警衛止レ悪之要也、盗賊之族、恐レ之可レ拘、放火之類、憚レ之可レ止、然則仰二諸保奉行人等一、厳重可レ令レ催二勤之一也矣、[38]」とあるので、保奉行人が夜行すなわち夜の巡回を怠たることを戒しめるものであろう。[39]平安時代にもすでに保刀祢によって各保の「夜行」がなされている。[40]したがって保奉行人は、常に道を維持管理し、主として道に出張った不法な建物を監視し、また治安維持のため夜の巡回を行うべきものとされていたのである。

また時代はやや遡るが、建保三年（一二一五）七月に「町人以下鎌倉中諸商人」の員数を定めるよう令されており[41]、さらに宝治元年（一二四七）八月には、鎌倉中保々に対して浪人の追放を命じている。[42]これらの施策は再度行われており、翌宝治二年四月には、再び「鎌倉中商人等」の「式数」を定めるよう沙汰されており[43]、さらに建長二年（一二五〇）三月には、「仰二鎌倉中保々奉行人等一。注二無益輩等之交名一。追二遣田舎一。宜レ随二農作勤一之由云々[44]」とされているが、これは近世末期の江戸における、いわゆる「帰農令[45]」を想起せしめるものといえよう。翌建長三年十二月には、前にも触れたように、鎌倉中の「小町屋及売買設」を七個所に限定し、同時に「不レ可レ繋二牛於小路一事」「小路可レ致二掃除一事」を令し[46]、さらに文永二年（一二六五）三月にも、やや場所を変えて再び地区が設定されているが、同時に、「又堀二上家前大路一造レ屋同被レ停二止之一」とされている。[47] 家前の大路を堀上げて家を造るということは意味がよくわからないが、[48] 松山宏氏はこれを、「堀上・家前・大路の造屋」と読み、露店のようなものとされている。[49] 少なくとも前に出された禁令等との関連においては、松山氏の解釈がより納得し易い。ただ、露店といった商いの店に限る必要はないものと思われる。これらとほぼ時期を同じくして、弘長元年（一二六一）二月三十日、「関東新制条々」が出されたが、鎌倉の都市的法令としては次のような条々がみられる。[50]

一　鎌倉中乗輿事
　一切可レ停二止之一、但殿上人以上并僧侶者、非二制限一、又雖二御家人等一、年六十以上可レ許レ之矣
一　可レ停二止凡下輩騎馬一事
　雑色、舎人、牛飼、力者、問注所、政所下部、侍所小舎人以下、道々工商人等、鎌倉中騎馬、一切可レ停二止之一矣
一　僧徒裹レ頭横二行鎌倉中一事
　仰二保之奉行人一、可レ令レ禁二制之一矣
一　着二編笠一横二行鎌倉中一事
　可二停止一之由、同先度被レ仰二下之一、而奉行人等緩怠不二制止一歟、自今以後、固可レ加二禁断一也
一　可レ停二止鎌倉中迎買一事
　仰二奉行人等一、固可レ令レ加二制止一矣

一　可レ停二止立商人一事

或徘二徊家門戸一、或停二立往反路頭一、致二売買一犯二姦詐一之輩、仰二保之奉行人一、自今以後、可レ制二止之一矣

一　可レ令レ催二勤鎌倉中諸保夜行一事

（前掲）

一　鎌倉中橋修理并在家前々路掃除事

仰二保之奉行人一、無二怠慢一、可レ致二其沙汰一、若有二懈怠一者、可レ被レ行二其科於奉行人一矣

一　可レ禁三制棄二病者、孤子等、死屍等於路辺一事

病者、孤子等、令レ棄二路頭一之時、随二見合一殊可レ如二禁制一、若又偷有下令二棄置一事上者、為二保々奉行人之沙汰一、可レ令レ送二無常堂一、至二死屍并牛馬骨肉一者、可レ令レ取二棄之一、以二此等之趣一、可レ被レ仰二保奉行人等一也

また、建築については「造作事」として倹約を令し、放生会桟敷で檜を止め杉を用うことをはじめ、帳台、蒔絵、障子、同引手、金物、くり形、畳などについて細かく規制している。

この時期以後の鎌倉の都市禁制の展開については、今のところ殆んど明らかでないが[51]、これまで見てきた諸禁令には、近世城下町のそれとの類似性を示唆するものが認められよう。むろん表面的な類似のみをもって云々することは危険だが、少なくともこれらは幕府の強力な一元的市制の下において可能であったのであり、当時の京都とは異なるところといえよう。そのことが同じく武家の一元的支配下におかれた近世城下町との類似性をもたらしているものとも考えられる。市政機構においても、保奉行と地奉行の制度は、武家―御家人と町人を別々に支配する近世の市政と共通するものが認められる[52]。

小結

平安京の朱雀大路は、中世を通じてその都市空間としての機能を全く喪失し、田畑や宅地に変えられてしまったが、かえって鎌倉の若宮大路は、鎌倉という都市の滅亡後も、少なくともその段葛の参道としての機能と形態は後世にまで伝えられたのである。このことは前に述べたような両者の性格の相異を示すものともいえよう。

鎌倉は、室町幕府の成立や、さらに永享の乱（一四三九）による鎌倉公方足利持氏の死によってまったく衰微してゆき、近世の都市へとは直接には結びつかなかった。しかしながら前に述べたような近世城下町とくに江戸との類似性は、何らかの形での継承を考えさせるものである。とくに鎌倉の都市制度は、その直接的契機は別として、近世のそれを先取りするもののように思われるのである。徳川家康は頼朝の先規を重視し、『吾妻鏡』を好んで読んだといわれている。幕府を開設するに当って、可能な範囲で鎌倉の先規を踏襲したことも考えられよう。

しかし、基本的には、これらは都市史の流れの中で追求してゆく必要があろう。松山宏氏は、わが国の政治都市の二つの源流として、京都を本宗とし、国府→府中→戦国城下というものと、鎌倉を本宗とする、守護所→守護城下→戦国城下というものを考えておられる(53)。この後者の流れを今ここで追うことはできないが、前に述べた大友氏の「新御成敗状」の豊後府中に対する条文から考えると、都市制度等の鎌倉から近世城下町への流れを考えることも可能であろうと思われるのである。

いずれにせよ鎌倉を考える場合、京都との対比とともに、近世城下町へつながる武家を中心とした都市の出発点という視点が重要であると考えられる。

註

1　『吾妻鏡』寿永元年三月十五日条。
2　巻之七十四、置石（大日本地誌大系）
3　古代の置路との関連も考えられようが、当初すでに道があって、その中央を一段高くしたものとは思われない。
4　『吾妻鏡』同日条。
5　『新校群書類従』所収、巻十七。
6　前掲書（註５）、巻二十。
7　『鎌倉大日記』頼朝会刊（一九三七）。
8　王置豊次郎『日本都市成立史』（一九七四）、第27図。
9　『鎌倉市史』総説編（一九六七）、二七一～二七二頁。
10　例えば、『吾妻鏡』治承四年十月二十七日条。
11　第２章三節参照。
12　『吾妻鏡』嘉禄元年十月三日、十三日、十九日、二十日、二十七日条。
13　この両地は、同じブロックの東部と西部とみられている。
14　渡辺保『鎌倉』（一九六二）、九五～九六頁。
15　後述するように、小町は町屋の指定地となっていた。
16　『吾妻鏡』建保元年五月三日、承久三年一月二十五日、嘉禎二年十一月二十四日条など。
17　建暦二年三月十六日条。

18 前掲書（註9）、二三四頁。
19 前掲書（註9）、二三六頁。
20 石井良助「地租改正と土地所有権の近代化」『日本歴史』第二三六号（一九六八）、八九頁。
21 他には例えば長沼家では寛喜二年（一二三〇）の長子への譲状に、その所領とともに鎌倉の屋地が記されている（「長沼家記」大日本史料五ノ五）。
22 佐藤進一・池内義資『中世法制史料集』第一巻、鎌倉幕府法（第八刷）。
23 『吾妻鏡』建保元年三月二十五日条（新訂増補国史大系本、以下同じ）。
24 『吾妻鏡』建保元年四月二日条。
25 前掲書（註9）、二三六頁。
26 『吾妻鏡』建長三年十二月三日条。
27 『吾妻鏡』文永二年三月五日条。
28 前掲書（註9）、二五四頁。
29 『吾妻鏡』寛元三年四月二十二日条。
30 『吾妻鏡』延応二年二月二日条。
31 『吾妻鏡』仁治元年十一月二十一日条。
32 第4章二節参照。
33 佐藤進一・池内義資　前掲書（註22）。
34 『吾妻鏡』寛元三年四月二十二日条。
35 第2章一節参照。
36 松山宏氏は、この「不作道事」を私道をつくるのを禁止したものと解されている（松山宏『武家の府鎌倉』（一九七六〕、一〇五頁)。しかし最後の「不夜行事」を含めて、他の項目と同様「不作道事」を禁ずるというように解したい。
37 『吾妻鏡』文治三年三月十日、同四年二十日条。
38 佐藤進一・池内義資　前掲書（註22）。
39 松山宏氏は、この「不夜行事」を夜の出歩きを禁じたものとし、また弘長元年にも夜行を禁止したとされているが（前掲書〔註36〕、一〇五～一〇六頁）、少なくとも後者は保奉行人等による巡回であり、また前者も「不夜行事」を禁ずるものと考える。
40 『小右記』長元四年（一〇三一）正月二十二日条。
41 『吾妻鏡』建保三年七月十九日条。
42 『吾妻鏡』宝治元年八月二十日条。
43 『吾妻鏡』同二年四月二十九日条。
44 『吾妻鏡』建長二年三月十六日条。
45 『御触書天保集成』六五六九。
46 『吾妻鏡』建長三年十二月三日条。
47 『吾妻鏡』文永二年三月五日条。
48 佐藤進一・池内義資　前掲書（註22）では、「又堀ニ上家前大路一造レ屋」となっているが、底本は新訂増補国史大系本とされているので、堀の誤植とも思われる。
49 松山宏　前掲書（註36）、一一〇頁。
50 佐藤進一・池内義資　前掲書（註22）。
51 『吾妻鏡』は文永三年（一二六六）七月までしかみられず、『中世法制史料集』にもそれ以後の鎌倉についての都市禁制は殆んどみられない。

52　前掲書（註9）、二一五頁。
53　松山宏　前掲書（註36）、一五頁。

〔編者補記〕

鎌倉に関する研究の進展は文献史学、考古学ともに大きい。鎌倉の将軍御所の位置について、本書が依拠する鎌倉市史では、宇都宮辻子御所と若宮大路御所を同一地とみて、大蔵御所から若宮大路御所への変遷とみる（図40）。松尾剛次は吾妻鏡の記述により大蔵御所・宇都宮辻子御所・若宮大路御所という三ヶ所の変遷を指摘し（『中世都市鎌倉の風景』一九九三）、藤田盟児も同様な解釈である（「鎌倉武士住宅の空間構成——幕府御所を中心として——」、『建築史の空間』一九九九）。また今小路西遺跡の遺構からは稠密な屋敷地の実態が明らかになっており、その一部は北条氏得宗家関係の邸宅とも考えられている。

鎌倉の都市空間的な実態の変遷については、山村亜希「中世鎌倉の都市空間構造」（『史林』八〇巻二号、一九九七年三月）において、歴史地理学の観点から文献史学、考古学の既往研究が整理されていている。鎌倉に幕府が開かれる時点では六浦道と南の浜堤上を通る道、南北二本の東西道が主要な道であり、これらを繋いで山際に自然発生的にできた道が小町大路と今大路であり、武士の館や寺社は谷に拠って配された点、若宮大路はあくまでも六浦道に面して建立された鶴岡八幡宮の参道であり都市軸としての位置付けは希薄であった点を指摘し、若宮大路を中軸として東西に平安京と同様な方形街区割を想定することは難しく、辻子は都市化に伴って発生したものとみる。若宮大路や小町大路の性格については著者も指摘するところであるが、時代的な変遷を追って重要な指摘も多い。また著者の指摘を発展させて鎌倉における町屋の実態について考察を深めたものとして、野口徹『中世京都の町屋』（一九八八）がある。

なお本稿では地奉行は武家地、保奉行は町人地を統括するものとみて、武家—御家人と町人を別々に支配する近世城下町との類似をみいだすが、この見解は妥当ではない。地奉行に関する情報は少ないが、地奉行のもとで「鎌倉中」の各保の土地・道路の管理と治安維持を担当したのが保奉行とみるべきであろう（梅田康夫「鎌倉期の奉行人について（三）」、『金沢法学』五二―二、二〇一〇）。

第6章　近世的「町」の空間

古代平安京においては、整然と区画されたすべてのブロックは、築地と溝によって路と分離されるべきものであった。その中心となる朱雀大路は、現代の都市計画的な考え方では想像できない程の広さ（二八丈＝約八五メートル）と長さ（約三・八キロメートル）をもち、その両側は高さ一三尺（約四メートル）の築地と、ところどころにその単調さを破る坊門とによって、各坊のブロックと隔てられることになっていた。[1] このような京内のとくに大路は、建築と分離され、[2] いたずらに盗賊の跳梁する「戸外」であり、[3] 都市の内部空間と呼ぶには程遠いものであり、いわば空間としての緊密性に欠けるものであった。また朱雀大路のような特殊なものを除いては、お互に個性の乏しい単調なものであったに違いない。

しかし、とくに商業の発達とともに、本来許されていなかった、東西両市以外の場所へも店屋が進出してくる。そして、とくに中世を通じて古代的な路を変質してゆき、路と建築を一体とした新しい都市空間を造り上げていった。このような変化は、いくつかの中心的な部分から、古代の方格線つまり条坊に沿いながら、線状に発達してゆき、あるときはそれらが互に連結していったものであろう。このようにして造り上げられたものが、近世的な意味における「町」と考えられる。

近世初頭の封建領主達によって建設された、主として城下町では、家臣の居住地域である「武家地」と、商工業に携わる町人達の「町地」という、形態的にも都市景観的にもかなり性格の異なったものが共存していた。いわば二元的な構造をもっていたといえよう。(4) 城下町の先駆的な形態と考えられる豊臣秀吉の京都改造においては、その城にあたる聚楽第のまわりは、「広くて真直な街路」「街道に面する美しい壁（築地）」「華麗な二つの門」と、そして「完美な邸宅」による諸侯達の居住地であった。(5) これは、町地におけるそれとはまったく性格を異にする都市空間であり、その壮麗さの表現は、むしろ古代平安京の朱雀大路を志向するものともいえよう。むろんこの聚楽第周辺の状態が、そのまま他の都市にあてはまるものではなかろうが、江戸城を中心とする諸大名の邸宅地は、同様な景観をもっていたと思われるし、他の都市についても程度の差はあっても、少なくとも「武家地」と「町地」の都市空間的性格の違いは、明らかに現われていたと思われる。

この両者はまた、純粋な住居地と商工業地という形でとらえることができる。少なくとも江戸初期においては、建前として町地に純粋な住宅はあり得なかったと思われる。したがって両者を地域的に分離することは、形態的にも社会的にも必然的であったといえよう。のちにこの両者のグルーピングが乱れてくるのは、町地に「仕舞屋（しもたや）」とか「裏長屋」といった住居形式が生れてきたことにも一因があると考えられる。

近世都市においては、いろいろな意味で主役を演ずるのは「町地」あるいは「町」である。「町」は経済的発展の必然的な流れとともに発展を示したが、一方これと切り離された「武家地」は、保守的な形態の中に沈滞していった。主な街道筋にあたる城下町が、すでに近世において城下町としてより宿場町としての性格がより強く示される場合があったと思われることや、「町」が都市全体を表わすことばとなっていったと思われることも、その間の事情を物語るものであろう。明治維新後、「武家地」が一時的ではあるにせよ、まったく野原となってしまった都市も多かったが、「町」は近代にそのまま引きつがれていった。ここでは、このような「町」を、主として空間構成という点から考察するものである。

一方、失われた都市空間を復原し研究するためには、乏しい遺構のほかに文献的資料の援けが必要である。この場合の難しさは、そこにある「文字」あるいは「図」などに置きかえられているいわば虚像を、いかに正しく飜訳してゆくかにあろう。しかも、その結果を表わすには再び「文字」あるいは「図」に依らざるを得ないのである。したがって、現在われわれが用いている「ことば」およびその概念と、かつてのそれらとの相違などを、できるだけ明らかにしてゆかねばならない。

ここで主題としている「町」にしても、その表わす概念には当然ながら時代的な差が考えられる。逆にその変化を追求してゆくことは、一つの時代における都市空間の性格を考える一方法ともなり得よう。ここではまず、主として近世における「町」という概念とその成立という点について考えてみる。

一　町（まち）という名称

『日本古語大辞典』(6) によると、「まち」の語源は、マ（接頭語）チ（道）であり、巷、街の意に用いられ、転じて人の集会する所をもいう、また「待」という意もこれから出ているとされている。

一方、十二世紀に成立したとされている、最も古い和漢辞典ともいうべき『伊呂波字類抄』には、「まち」に対して、「町」「区」「坊」「店」「家」「枢」などの字があてられている。このことは、当時において「まち」という言葉がかなり複雑な概念をもっていたことを示すものであろう。また、時代はやや遡って、十世紀につくられた『倭名類聚抄』には、「天地部田園類」に、「町和名末知田区也」とし、さらに「居処部居宅類」には「店家俗云東西町是也坐売物舎也」とある。「東西町」は東西の市であろう。『延喜式』（左右京職）の「京程」には、「町卅八。各卅丈。」と書かれており、また平安時代後期の日記には「厨町」「蔵人町」などの名称がみられ、[7]「広辞苑」には、源氏物語の「ひつじさるの町は中宮の御古宮なれば」を引用し、「宮殿または邸宅の内の区画、特に同じような部屋が連なっているもの」をその字義の一つとしている。

以上のような「まち」の、古代とくに平安時代におけるさまざまな用例から、都市空間に関連するいわば公約数的な概念を考えてみると、一つには「区画」であり、一つには市において典型的な、建物が多く建ち並び人々が集まっている空間という概念であろう。そしてそれが字に翻訳されるとき、「町」「店」「家」「枢」「坊」といった実体的なものに置き換えられていたと考えられる。しかし中世においてこれらの字もすべて「町」に再編成されて統合したものと思われる。

古代平安京における市が、具体的にどのような形態をとり、どのような景観をもっていたかは明確ではないが、「俗云東西町是也坐売物舎也」という記事は、市人の居住地である市町における居売りの店の存在を暗示しており、それとともに「店」が「まち」と呼ばれる過程を示唆しているように思われる。

平安京には、西洞院大路と室町小路の間に南北に通る「町」と呼ばれる小路があった。『拾芥抄』の「京程部」には「町土御門以北町口 中御門以南町尻」とあり、その図にも「町口」「町尻」と記されている。この名称がいつから付けられていたのかは明確ではない。『大内裏図考証』の「都城」部には、その「町小路」の項に長寛元年（一一六三）の売券が資料として挙げられており、その中に「在自四条南、自町東町面也」の記事がみられる。このように、平安末期以後には、地点を指示する場合にしばしば「町」という小路名が使われており、売券文や日記などによく現われてくる。[8] 赤松俊秀氏は、この町通りの「三条町」「四条町」といった交差点を中心として、多くの座が設けられていたことを指摘され、「町」と「座」の密接な関係を論じられ、さらにそれらと「市」の関係についても示唆されている。[9] また、村山修一氏は、この「町」という名称は、座商人が多く集まるようになった結果付されたものであり、その隣の「室町」も同様な意味からきたものかも知れないと述べられている。[10] 一方、林屋辰三郎氏は、この小路にそのような商工業的環境をつくりあげたものとして、この小路をさえぎって一条に存在する方二町の、諸司の厨町のうちでも最大の厨町である「修理職町」に求められ、この小路のみが「町」と呼ばれたことも、それによるものとみられている。[11]

赤松俊秀氏の市との関係の指摘は、市が「マチ」と呼ばれたことと関連して示唆的である。三条町、四条町などに設けられた座には、市と類似した特権が与えられていたと思われ、[12] その所在地として「市」と同様な意味で「町」という名称が与えられたとも思われるのである。[13] ただし、何故それがこの小路に限られていたかについては今のところ説明がつかない。林屋辰三郎氏のいわれるように、それを「修理職町」の存在に求めても、「町」の名称の由来に関して反論することは難しい。

「町」という名称の由来はさておき、そこにつくり上げられた景観あるいは都市空間は、将来一般的に「町」と呼ばれるものの母胎となったといえよう。それは古い制度の市とは異なり、都市内の道をはさんでその両側に建物を建て、建物も多くは住居を兼ねた常設的な店屋であったと思われる。

このように、市に発生した「まち」の空間が、商業の発達とともに次第に進出してゆき、路の名称とされる程拡大され、都市空間の重要な部分として形成していったことは重大な変化といえよう。つまり、朱雀大路を中心とした政治都市が、「町」を中心とした経済都市に再編成されてゆく過程であり、いいかえれば、坊というブロックを単位とした都市空間が崩れてゆき、通りを中心とした単位に再編成されてゆく過程でもある。このように、都市の経済的活動の側面が重要視され、そして「町」の空間がいわば都市の前面に押し出されることによって、「都市」=「町」という概念と用い方があらわれてきたと考えられる。

しかし中世においては、この「町」は必ずしも空間的に緊密性の高いものではなかったと思われる。約一二メートル幅の道の両側に建てられた、軒高の低い家屋によって造られる空間は、閉鎖性に乏しいものであったろうし、また、建物が敷地の間口一杯に建て続けられていたかは疑問である。伊藤鄭爾氏は、中世末期の奈良においては、建物の間口は一般に敷地のそれよりかなり小さく、建物はいわゆる建て続いてはいなかったことを資料によって立証されている。(14) 中世末の洛中洛外図屛風には、軒を接した町家が描かれており、また狂言にも京都の建ち並んだ町家のようすが現わされている。(15) これらの表現は、当然誇張もあるであろう。伊藤鄭爾氏はそれに対し、建築技術的な見地から、やや否定的な考えを述べられている。(16) いずれにせよ、中世においては、町家も粗末であり、それによってつくられる都市空間もかなり散漫であったと思われる。中世末期には、「ちようのかこい」(17) などにみられるような、閉鎖的な都市空間の母胎とも考えられるような「町」ができてくるが、必ずしも一般的なものではなかったと思われる。

元禄二年の旅行に基づく、貝原益軒の『南遊紀行』には、佐野市場について「民家千家ありと云。富商多し。民家皆瓦葺にて、宅せばく町をなさず、只家のみ多し。」と記されている。家数千軒といえば、当時では相当大きな集落である。したがってここで用いられている「町」は、むしろ建物によって造られるある種の空間といった概念を示すものであろう。そしてそれが、建物を隙間なく、そして出入なく建て続けることによってつくられることを示唆しているように思われる。同じ紀行文および同著者の『西北紀行』には、他に岸和田についての「町長く、富家多し。」、亀山の「町長し。旅人の宿駅也。」、下淵の「民家長くつらなれり。……下市は民家多く、ひろき町なり。」、福知山の「山上に城あり。城下町ひろからず。」、さらに信達についての「町ひろく。……馬駅也」などの記事がみられる。(18) 福知山の「城下町」の「町」は集落、あるいはむしろ町地全域を示すものであろうが、信達や亀山などの「町ひろし」「町長し」は、集落全体というよりはむしろ建て連なった家並が造りだしている空間、物理的には宿中の道幅とその長さが、ひろいあるいは長いといっているように思われるのである。また、いわゆる宿場町においても、町は必ずしも行政的な単位ではなく、ある村の中の「町場」であることが多い。

近世都市の水帳や絵図には、町の中の道幅を「町幅」と記されているものが多い。そして殆んど例外なく、この道（町）を中心として、その両側を一つの町の単位としている。片端だけしか建物が建っていない場合、「片町」とか「片端町」とか呼ばれ、不完全な町と考えられていたようである。むろん、建設の順序としては、まず道が定められ、その両側に建物が建て並べられるのであるが、その結果、単なる道ではない新しい空間が生み出される。それがここでみられるような「町」であり、それを意識して造り上げるところに近世の町の特色があり、そしてそこに空間を造り上げるさまざまなテクニックを生み出す契機があったと思われる。

すなわち、近世の「町」が表わす概念の重要な一つとして、隙間なく建て続けられた「町屋」のファサードによって造られる閉鎖的な空間というものがあったといえよう。その空間を造るのに参与した人々、つまり具体的には家持層を正式な「町人」と称し、借家人や裏長屋に住む人々は一人前の町人としては扱われなかった。少なくとも近世初期の町人達は、(19) その協働によって造り出された空間とその意識により固く結びついていたといえよう。(20)

一方、近世においても、町はとくに商業的な特権と結びついて、「在」と対立的な概念とされる向きもあった。いわゆる「町建て」は商権の獲得であり、それ以外での商業を排する場合があった[21]。この町と在の対立関係は、中世においてみられた本座（町商人）と新座（里商人）との対立[22]と似ているともいえよう。しかしこの場合でも、町の空間は建て続けられた町屋による閉鎖的な空間であり、場合によっては、町屋の形態をとることが町あるいはその商権の象徴ともされていたと思われる[23]。

近世のいわゆる「町幅」は、かなり狭いのが常である。徳川家康が名古屋の町割を巡見した際、道幅が広すぎるのは不繁昌のもとであり、さらに辻切や悪党が出るとして、道幅を狭くさせたという伝承[24]は、近世の「町」という空間に対する考え方の一端を示すものといえよう。ここでは、古代平安京の朱雀大路にみられるような行列道路的なものは決して造られなかった。近世の町では人間の尺度を基にした、よりコンパクトな空間が優先したといえよう。江戸や名古屋にみられる広小路には、のちにはいわゆる広場的なアミニティーをもつものもあったが、当初は防火というまったく異なった動機と機能に基づいて設置されたものであった。このような町に対する考え方は、近代にも延長されており、明治時代の市区改正の際も、道路の拡幅が町の不繁昌につながるとして反対があったという[25]。

近世の「町（まち）」という言葉には、(1)漠然と都市を指すもの、(2)都市の商工業地域つまり町地を指すもの、のほかに、(3)建築が向い合って建て続けられることによって造られる空間といった概念がある。(1)はかえってまれであり、城下町というときも、城郭や武家地を除いた城下の商工業地域、つまり町地のみを指すことが多い。本章の以下の記述では、論述を明確にするため、(3)にあたるものを「まち」と書き、(1)、(2)と区別することとする。

二　町屋――「まち」の構成要素

町屋はその性質上古い遺構に乏しく、その復原的研究は困難である。とくに中世以前の町屋については、屏風などに描かれた絵や文献資料などの間接的資料によって推察するしか方法はない[26]。

町屋は洛中洛外図が示しているように、天正〜慶長年を境として大きな発展をしたと考えられる。伊藤鄭爾氏によると、この発展として、町屋の規模が大きくなることのほかに、(a)棟高が高くなったらしいこと、(b)瓦葺屋根が相当数多くなること、(c)柱間二間がでてくること、(d)出梁造があらわれること、(e)塗屋造・土蔵造が多くなること、(f)蔵が多くなること、とくに三階蔵が発生すること、(g)千本格子が多くあらわれたこと、(h)厨子二階屋が多くなること、などを挙げておられる[27]。そしてそれは、畳、建具など建築材料の規格と、それを用いてしかも建物を間口一杯に建てるという技術的発達がつくりだした、中世住居から近世住居への転換であったとされている[28]。一方このような変化は、「まち」という空間と密接な関係をもっている。

奈良県今井町の今西邸は、慶安三年（一六五〇）の棟礼をもち、近世初期の形態をよく残している貴重な遺構であるが[29]、これを見ると、細部は別として、その意匠や技術には近世後期のものと比較して大きな差は認められない。むろん近世初期において、このような質のよい町屋が全体にゆきわたっていたとは思われず、むしろとくに質のよいものであったからこそ現在まで遺りえたものであろう。ただ、町屋はかなり早くから、その基本的な形態を確立しており、それは近世を通じてあまり変化はなかったと考えることができよう。ただし今西邸が特殊な家であることは、別の意味から無視できない。

すなわち、今西家は代々町年寄の筆頭をつづけてきた家柄であり、そしてその建物も町の外辺部に建ち、「八棟」と呼ばれていたことが示すように、屋根を重ねたいわば城郭の角楼のような景観をもっている。つまり今西邸はそのファサードによって「まち」という都市の単位空間の形成に参加するとともに、その「八棟」によって、より大きな都市景観の形成にも積極的に参与しているともいえよう。ところが、比較的狭い間口の敷地に隙間なく建てつづくという前提のある大多数の町屋では、このような形態はとり得ない。逆にここで使われている「八棟」という名称には、単に棟が多いというだけではなく、他ではなし得ないところの屋根の造型に対する敬称が含まれているように思われる。明暦頃を表わす「江戸図屏風」には、江戸の町の主要な部分の四角には、城郭の角楼のような楼が描かれており(30)、また江戸では、年頭に名主および角屋敷の町人が、柳営に上って献上品を差出すことになっていたらしい(31)。ただしこの角屋敷の町人は、江戸城からみて右の角の一軒とされているようで、形式的なものとなったらしいが、角屋敷とある種の特権との結びつきを示唆するものであろう。

日本建築の造型においては、屋根は主要な役割を果している。しかし、狭い道の両側に建てつづく多くの町屋では事情はまったく異なっており、屋根をマッスとして造型に参与させることはできず、場合によっては屋根が全然見えないこともある。したがって平面的なファサードが外観意匠の主体となり、屋根は連続する軒の線とか、あるいはせいぜい甍の波といった形でしかとらえられなくなり、むしろ屋根や庇の造る軒下という空間が「出梁」や「格子」などとともに平面的なファサードに陰影を造り出し、町屋の外観意匠の主要な要素となってくる。町屋に「二階家」が多くなり、建物の高さが高くなることも、この傾向をうながすものであると同時に、「まち」の空間的な閉鎖性を高めるものであった。

極言すれば、町屋はファサードと内部空間のみをもつ建築であり、近世初頭に確立した新しいタイプの建築ということができよう。すなわち、純粋な意味での街路建築あるいは都市建築であり、同じ民家で同じような平面形式をもっていても、農家と根本的に異なるのはこの点である。

また町屋は、そのファサードによって、「まち」という閉鎖的な都市空間を意識的に造り上げていることに特色がある。逆に「まち」の側からみれば、町屋はファサードの部分のみをもつ建築であり、いわば「間口」だけで表わされる性格のものであろう。この裏付けのもとに「まち」と町屋の内部空間とは、相互間の滲透を著しくし、とくに「まち」の「みせ」部分への浸入となって現われてくる。この傾向は、地域や職種などによっても異なるが、一般的には時代が下るとともに大きくなっていったとみることができよう。洛中洛外図屏風などにみられる中世の町屋の「店だな」は、床まで開放されることは稀で、開口部も小さいが、天正~慶長年頃を境に、伊藤鄭爾氏も指摘されているように、二間の柱間が出現するとともに、店先の開放性は増大し、後には「しとみ戸」や「上げ戸」などによって、間口の大部分を開放する町屋も現われてくる（図41）。また、井原西鶴の「日本永代蔵」によれば、元禄頃の三井呉服店などは[32]、今日のいわゆるデパートのさきがけともいうべく、「まち」の建物内への浸入の著しい例といえよう。このような「みせ」の開放性は、「まち」の空間的性格に大きな影響を与えたと考えられる。一方、町屋の内部に、「まち」に開放される空間が出来てくると同時に、二階や、いわゆる「奥」に、「まち」と分離された純粋な住空間あるいは私的空間が確立していった。つまり、町屋に「みせ」と

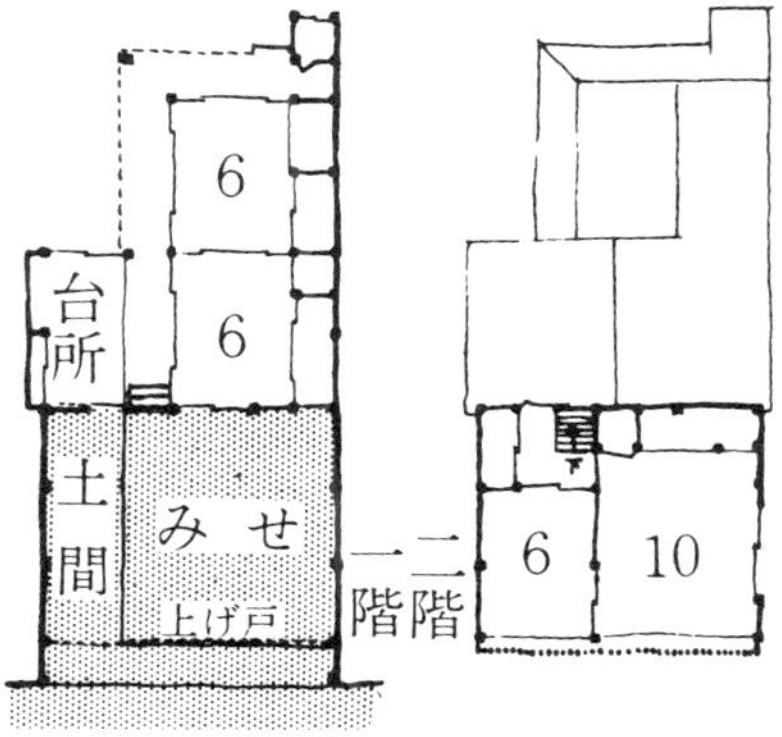

図41　江戸の町屋　但しこれは明治初期のものであるが、幕末とあまりかわらない。(台東区金杉町)

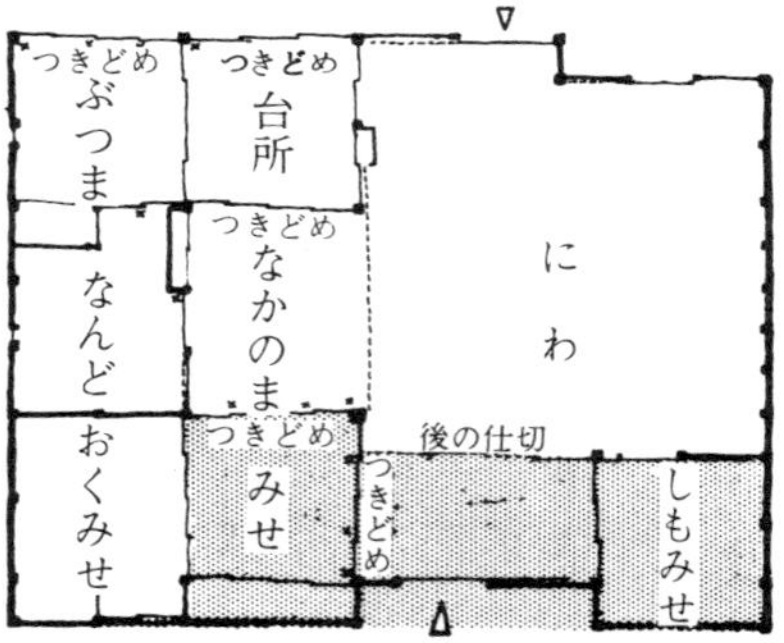

図42　今西邸一階平面図（修理報告より）

「奥」が分離して確立していったといえよう。[33]

今西邸では、表には太い格子と大戸が入っており、内外の戸締りも厳重であるが、さらに内部においても、各部屋は「つきどめ」の溝に建て込んだ板戸によって仕切られ、その戸締りは「くろろ（くるる）」によってなされている（図42）[34]。「つきどめ」の溝は、溝つき用の鉋のなかった時代には、溝をつく事が大へん手間のかかるものであったことからも説明されるが、一方この「つきどめ」が内部からの戸締りを固めるものであることも見逃せないと思われる。つまりここでは、建物の内外の戸締りのほかに、寝間である「なんど」に向って、各部屋境で幾重にも戸締りをすることができるようになっていたといえよう。これが今西邸という特性からきたものか、あるいは町屋の発展における一形態かどうか、他の資料がないのでわからないが、後の一般的な例では、今西邸の後での改造にも示唆されているように、「みせ」とその奥との間を厳重に仕切り、また「にわ」にも仕切りを設けていわゆる「中戸」を建て「まち」に開放される空間と住居に属する空間とを積極的に分離する形態がとられている。今西邸でも、後に「にわ」に仕切りがつくられている。

また「軒下」という空間は、「まち」にも建物にも属さない、あるいはそのいずれにも属する空間であり、一種の緩衝地帯ともいえよう。また町屋のファサードにしばしば設けられる格子は、この二つの空間の相互滲透の一つのテクニックとみることもできよう。その典型的な例は、遊廓におけるそれであろう。[35]

町屋は建築材料の規格化や、技術の一般化などとともに、さまざまな封建的規制の下で発展してゆき、全国的にも画一的なものになっていったが、むしろそこで統一された秩序と、洗練された意匠を造りだしていった。それは卓越した一人の建築家によって創造されるような性格のものではなく、いつ、だれにでも大きな破綻なくつくれるものであり、その保障に支えられながら工匠達は個性を生かそうとしてきたともいえよう。そのことが、「まち」の空間を統一のとれたものとし、しかも個々の町屋に思いがけないような個性、いわば共通の基盤に立った上での個性をしばしば見出すことができる所以であろう。

三　「まち」——町屋の結合

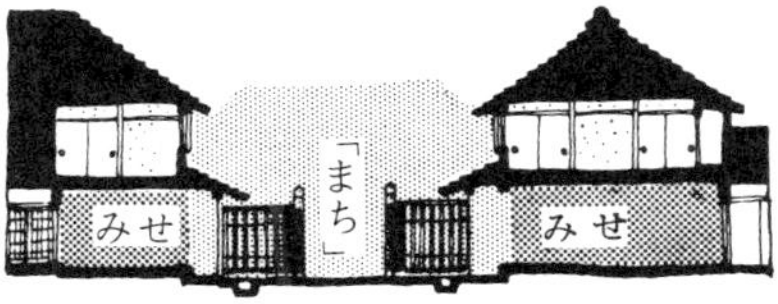

図43　「まち」の断面

前述したように、ここでいう「まち」は一つの空間的概念であり、建物が道に沿って建て続くことによって成立したものである。つまり、「まち」は道と町屋の一体化した空間である（図43）。行政的な町も、殆んど例外なく、この道の両側を含んで一つの町の単位としているが、それは町の基本となる「まち」が、道によって囲まれたブロックではなく、道そのものの上に成立していることから当然といえよう。元和頃の京都の冷泉室町は、東面と西面とそれぞれの大福帳をもっていたが、火事の際は「西東へたてなく、何事にも、同時によりあい、火をけし申べく候」と定められていた(36)。いわば一つの過渡的形態とみることもできよう。

近世初頭の封建領主達が、その城下町を建設するに当り、意を注いだことの一つは、いかにこのように町屋を建て続けさせるかということであったに違いない。城下町でしばしばいわれるように、道にさまざまな曲折をつけて見通しを避けようとしても、建物が建て続いていなければ、その効果は期待できないだろう。また、木戸や番所などを設け、町の治安の維持をはかることも、建物が隙間なく建っていなければ、木戸そのものが無意味なものとなってしまう。

越後の高田ではその建設の際、町年寄の森氏をはじめ千餘人の町人達は、それぞれ割当てられた地域内に、住宅および貸家を「同棟町並」に新築せしめられたとされている。(37) この「同棟町並」は、隙間なく建て続く町屋を示唆するものといえよう。一方、石田三成の居城であった佐和山城を廃し、彦根に新に城郭をつくり、城下町が経営されたとき、佐和山城下に居住していた青根孫左衛門は、表口約四四間という広大な敷地の割当てを願いで て許されたが、そのとき普請奉行に念をおされ、佐和山町にある建物や門を早急に移して建て詰め、残ったところは高塀で囲うと答えたと伝えている。(38) また同じ彦根の町屋で、自分に縄張りされた敷地を広すぎるとして、夜半に忍んでその縄張りを縮めにいったという挿話もあるが、(39) この間の事情を物語るものといえるだろう。また長州萩に「下五間町」という町があり、その名の由来は、「御打入之節町割有之。家建塞る事を相催といへ共、屋敷地任所乞望、二間口或は三間口なと間数狭く望者多し。此故に急に家並立塞ん事難成、依之五間口より内を渡方難成との事にて、此町より表五間口之屋敷地願出家造り成し始むるによりて、如斯五間町と名付く。」とされている。(40)

つまり、城下町の建設当初において、城下に誘致された町人達へは、多くは地子免という特権の下に町屋の敷地が与えられたが、その条件は、一定の期間内に、少なくとも道に面する部分を建て詰めるということであったと思われる。そして、そのことによって「まち」が成立したといってよい。一方、このような城下町の建設が進められる中にあって、伊藤鄭爾氏が論じられているように、(41) ある敷地一杯に建物を建てる建築技術が考案され、さらにその他の発展ともあいまって、近世町屋が中世のそれから脱皮して確立したものといえよう。

このようにして都市内の道は、町屋が建て続くことによって「まち」となってゆき、町屋の発達にともなう高さの増大や道の狭さなどとも相まって、その閉鎖性を高めていった。そしてこの「まち」が一つの空間単位として確立するとともに、各町屋と「まち」とのつながりを強めてゆく。すなわち両者の関係は相互的なもので、「まち」の構成要素である町屋が、互いに密接に結びつくことによって「まち」は造られ、一方各町屋は協同して造り上げた「まち」と、その意識を共有することによってさらにお互いのつながりを強めることとなる。町屋は「まち」に対して開放的となり、ある意味では各町屋の戸締りは町境の木戸まで拡張されたといえよう。

このことは、専売などの特権が「まち」を単位としていることが多かったことや、町人達がその属する「まち」の中では、ある程度の自治が認められ、比較的自由であったことなどによって裏付けがなされていた。したがって、同一の「まち」に属する町人達は、いわゆる「町内」的な連帯意識によって結ばれていたが、一方「他町」に対しては排他的であった。それは、五人組といった連帯責任制による支配機構にも関連するものであった。一方、空間形態としての「まち」も、「まち」内部における開放性と、外に対する閉鎖性のため、その「まち」の都市内の位置によって程度の差はあるが、道としての方向性は弱められ、住民達の共通の広場としての性格が強まってくる。秋田では、祭の際にも夜は各「まち」を木戸によって閉さなければならなかったが、一つの「まち」の内部では子供のおどりなどは許されていた。[42] また、子供達が町内で集い、町の木戸に拠って隣町の子供達と争いを起すことなどしばしばあったと思われる。[43] 逆に、このような「まち」の空間形態が、住民達の「町内」意識の形成に大きな役割を果したであろうことは、想像に難くない。

また、とくに一つの「まち」の中の町屋には一般に均質性が強かった。それは為政者側による各職種別のグルーピングのほかに、このような「まち」の排他性が、いわゆる同業者町の形成をうながしたことにもよると思われる。大津の中京町では町の申合せとして、絞油屋、鍛冶屋、材木屋、藍染屋などが町内へ店をもつことを拒否しており(44)、大阪の南米屋町でも同種の規定がつくられている(45)。このように、一般の町から拒否されるような職種は、むしろ同業者町を形成する。一方、都市内における空間的なヒエラルヒーによって、それぞれの「まち」はそれぞれの格式をもっており、それに見合った町人のみがそこに町屋をもつことができる。たとえば本町に店をもつことが、その町人のステータス・シンボルともなるのである。

このように、一方では階層的なグルーピングが町内の町屋の質的な水準をそろえ、他方ある場合には、職種によるグルーピングがその形態的な均一性をもたらすこともあった。このような一つの町内の町屋は、単調なくり返しとも思われるが、前にも述べたとおり、それぞれ微妙な個性をもっている場合も多かった(46)。それらは、格子の細やかなデザインといったもののほかに、店先に飾った屏風とか、「のれん」あるいは「看板」といった、いわば付加的なものにもよっていることも、その特色の一つと考えられよう。

一方、「まち」としては、さらに別の特色も持ち得よう。たとえば単調な格子のくり返しも、場合によっては「仕舞屋」の多い「まち」として、他の「まち」に対しては一つの特色となり得ようし、また、材木の立ち並ぶ「まち」、米俵を店先に積み上げた「まち」、鎚音のひびく「まち」などは、いずれも町屋の形態とともに、その「まち」以外にはみられないような特色をつくり上げており、それがその「まち」の、だれにでも直ぐ理解することのできる、象徴となっていたといえよう。

四　町――「まち」の結合

「まち」が閉鎖的で排他性の強い空間単位であったとはいえ、「まち」が道でもある以上、お互いに結びつかなければならない。その場合線状に結合されてゆくのは、むしろ当然である。主な街道筋にあたる比較的小さな町では、町割自体が線状に計画され、町の入口から出口まで「まち」によって分節された一本のトンネルのような形態をとっている。しかし比較的大きく、しかも塊状に町割され、ターミナル的な性格のつよい町では、「まち」の結合の仕方もいろいろ複雑になってくる。豊臣秀吉の建設した長浜では、合計四九町が一〇組にわけられていたが、そのわけ方をみると、主要な部分は主に一直線につながる四～五町を一組としていた。[47] したがって各組はお互いに輻輳し貫入しあい、道に囲まれた一つのブロックの四周の「まち」が、同一の組に属することは極めて稀である。

江戸ではその建設期に多くの町人達が、各国役を請負うという形で町地を拝領している。いまその規模を、三浦俊明氏の研究によってみてみると、[48] (1)「六ケ町」(紺屋町)、(2)「五郎兵衛町全域」(五郎兵衛町、後の鍛治町)、(3)「方一町」(後の小田原町)、(4)「二丁」(桶町)、(5)「通町京橋より南へ四丁」(銀座、新両替町)、(6)「大伝馬町全域」(大伝馬町一～三丁目)、(7)「大縄にて七百四十間」(四谷伝馬町)、(8)「長三町、幅一町」(南伝馬町)などとなっている。これによると、(1)～(3)以外は、すべて一直線上のいくつかの「まち」をつなぐものとなっている。小田原町の「方一町」は、道に囲まれたブロックとも思えるのだが、少なくとも後の小田原町は、道を挾んで両側となっている。また、職人町と商人町では、結びつき方の性格も当然異なってこよう。職人町では、必ずしも主

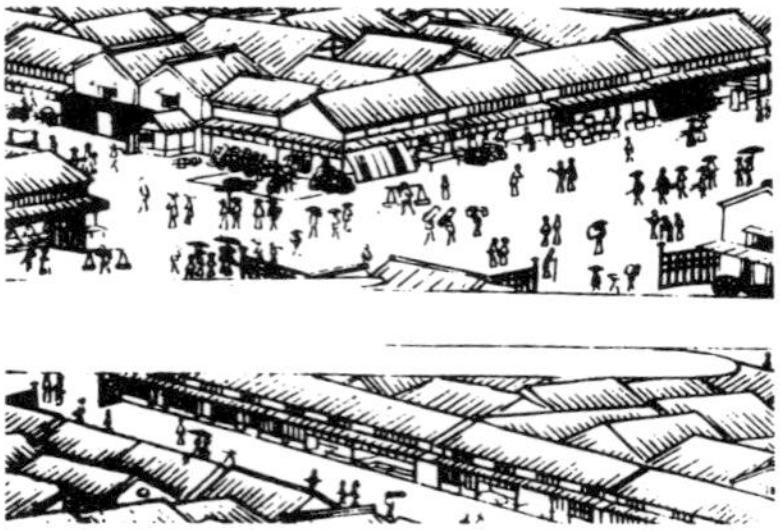

図44　江戸堀留（江戸名所図絵）

要な通りに出る必要はなく、その「まち」は道としての方向性もそれ程強められないが、例えば伝馬町などでは、その反対に、「まち」の街道としての性格が強く現われ、その結合もその街道に沿って直線的となろう。しかしいずれにせよ、一般に「まち」は、町屋を間口で表わすのと同様、長さで表わさるべき性格のものといえよう。

このように「まち」は、それぞれの性格によって、おのおの選択的に結びついてゆくと思われる。すなわち町は、「まち」あるいはいくつかの「まち」が結合したグループ、といった閉鎖性のつよい単位空間の、選択的結合によって造り上げられているといえる。それらの選択は、実際の距離やブロックなどとは必ずしも関係はなく、また一元的でもない。Aという「まち」はBというそれに強く結びついているが、同時にBほど強くはないがCにも結びついている、といった形態をとることが多かったに違いない。「街道筋」と「横町」あるいは「裏町」などの間の関係は、その典型的なものであり、その結合の仕方はさらに「つきぬけ」、「路地」、「ひあわい」といった都市空間の階梯的構成となって現われてくる。さらにいろいろな機能が重なり合っているような町では、具体的には選択的結合となって現われるある種の志向が、その「まち」の性格を決定する重要な要素となり得よう（図44）。

このような空間の結合には、さまざまな技法がとられているが、もっとも多いのは木戸によるもので、木戸は閉鎖と結合をはかるもっとも単純明快な方法といえよう。木戸の多くには両側に袖塀があり、番屋などを置いていることが多く、したがって開けられているときにも、ある種の閉鎖性を表現している。実際何か事が起れば、直ちに木戸は閉じられ、同時に「まち」も閉じられてしまうのである。
一方このことは、たとえ道が一直線であろうとも、古代平安京の大路とは異なって、それぞれの「まち」を単位として分節化された都市空間をつくり出すものであった。また多くの城下町にみられる、道の「くい違い」や「折れ曲り」などは、とくに町の中の街道筋などで、極端に「閉鎖性」と「開放性」が同時に要求される場合には、たいへん有効であったと思われる。これが当初からそのような目的で計画されたものとすることはできないが、少なくとも結果的にはそのような効果が認められよう（図45）。

一般に城下町における「くい違い」や「折れ曲り」は、見通しや射通しを避ける防御的な配慮とされている。町割は城郭の縄張りと時を同じくし、多くは同じような考え方でなされたと思われるので、このような形態は防御を目的としたものとも考えられるが、一方そのような「くい違い」や「折れ曲り」など殆んどみられない町もあるし、また実際にそのような形態が防御に役立った例は殆んどみあたらず、しかも少なくとも町中においては、このような空間構成が防御的機能を充分に発揮されるほど閉鎖的になるのは、むしろ元和堰武以後の頃であったと思われるのである。[49] いずれにせよ、その当初の目的の如何にかかわらず、このよ

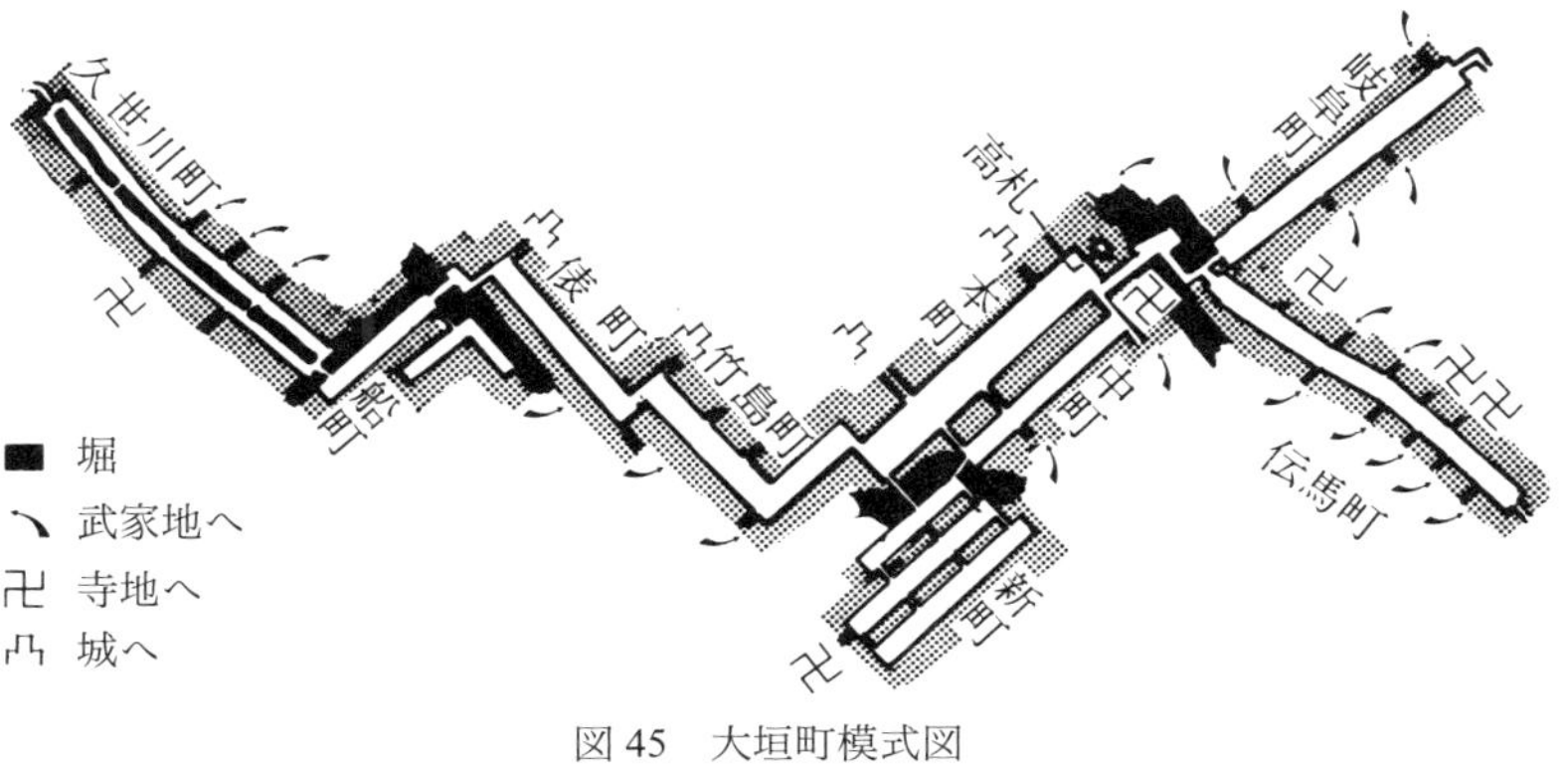

図45　大垣町模式図

うな空間構成の手法が、閉鎖的空間単位の結合法として利用されたとみることは不可能ではなかろう。

多くの都市で町が拡張される場合など、いわゆる「古町」と「新町」では、地子免除などの利害が反する場合もあり、空間的にも漫然と「まち」を延長するようなことは殆んどみられず、「折れ曲り」をつけたり、あるいは橋によって分離（あるいは結合）されたりしていることが多い。橋は高松においていわれているように、中央を反り上げて見通しを妨げ、「折れ曲り」などと同様な効果をもたせることもあったようである。(50) 橋はまた、その上にどこの「まち」にも属さない、独得な空間を造っており、場所によっては露店商が品物を拡げていた。

また仙台の芭蕉の辻は、四方から「まち」の集まる町の中心であるが、その四隅に高い楼を建てることにより、町の中心あるいは「まち」の結合点としてのシンボルとされていたと考えられる。さらにこの辻には、城の大手に通ずる道の中央に、為政者のシンボルともいうべき高札場が設けられており、町と城郭（領主）との象徴的な結節点ともなっていたといえよう。四隅の楼は、前に述べたように、他の一般の町屋にはみられない、屋根のマッスとしての表現をもち、この辻自体にやや権威性をもった特殊な空間をつくっていたと思われる。また、辻に立つ者にとっては、これらの楼は各町へ通ずる楼門のような表現をもっていたに違いない。辻は市や町の発生する原点となったところと思われるのだが、町の発展とともに特異な空間となっていったと考えられる場合もある。例えばそこに集まる四つの「まち」にそれぞれ木戸が設けられると、辻はどの「まち」にも属さないことになってしまう。それが空間としてどのような性格を有していたかは、なお考察を必要とするが、この特異性が「町々、辻々」といった表現を生み出しているようにも思われるのである。

このような「まち」のさまざまな結合は前にも触れたように、その町の性格と密接に関連している。宿場町でありしかも城下町でもある場合、それぞれの機能に基づく「まち」の結合が、一方は町の主構造を決め、他方はその副構造を決めてゆくといったことも考えられる。ただし、そのいずれが主であり、いずれが従であるかは簡単には断定できず、また町人や武家といった各個人の立場を考慮に入れると、さらに複雑となってくる。熊本では旅人は、その定められた街道筋以外の横道へ入ることは許されなかった。一方、そこに生活する人々の行動は、このような街道筋とは必ずしも関係のないパターンをもっており、したがってその行動を支える空間構造も当然異なったパターンとなってくる。さらに城下町では、武家あるいは武家地との関係が問題となってくる。一般に町人地と武家地との間は木戸などによって閉ざされ、町人はとくに用がなければ武家地に立入ることが許されないところが多かった。場合によってはわずかの木戸を除いて、他は締切りとなっていることもあった。[51]このように、「まち」を基本としたさまざまな結びつきが、都市空間の構造を何重にも輻輳して造り上げ、それぞれの機能に応じるとともに、全体としてはその町の性格を造っていたといえよう。逆にこの結びつきをうまく変えることによって、機能の変化に対応することもできたと思われる。

一方、このような「まち」の結合における、さまざまな空間構成は、都市デザイン的にみても、近世の町を単調さから救い、町の空間をいわば奥行の深い、そして動的なものとしているといえよう。

わが国の近世の町は、ほとんど木造である。したがって一旦大火が起きると、町屋という建物も、したがって「まち」という都市空間も、文字通り跡かたもなく消滅してしまうことが多い。そして火事は近世を通じてしばしば起きているのである。このことが「まち」あるいは一般的に町に対する人々の観念に与えた影響は大きかったと思われる。「まち」という言葉も、このような不安定さを示唆するように、なかなか具体的なイメージと結びつかず、町人達が代々まもってゆくのがいわば「のれん」といわれるのと同様な、かなり観念性のつよいものであったと思われる。近世の日本の町は、石造や煉瓦造の多い西欧の都市のように、住民達にとってある種の永遠性を象徴するものとはなりえなかったといえよう。

小結

以上、近世の町について、主にその都市空間の造られ方という観点から、ごく一般論の形で述べてきた。むろん実際の都市計画にあたっては、全体の構成から出発して細部へ向うのであろうが、都市内部の空間は、個々の町屋が一軒一軒建ちあがることによって徐々に空間的密度を高めてゆき、そしてそれらが、全体の構成に規制されつつ、お互いに結びつきあうことによって形成されていったものと考えられる。そして、その個々の町屋の形態が、その「まち」の性格を造り上げ、さらに「まち」の結びつきが、その都市の性格を造り出していったといえよう。しかし、このような方向は必ずしも一方的なものではなく、近世における町の発展の中で、町の性格が「まち」へ、さらに町屋へと影響を与えたこともあり得よう。

このような関係を把握することが、本章の目的の一つであったが、それは必ずしも充分であるとはいえない。また、ここでは城郭や武家地あるいは社寺地については触れなかったが、とくに城下町において都市の全体像あるいは空間構成を考察する上では、当然ながら無視することはできない。たとえ、町人地と武家地あるいは社寺地が都市計画上厳しく分離されており、町人地がまったく異なった独自の発展を示したとしても、そのこと自体、わが国の近世都市の特色として考察さるべき事柄である。また、城郭や武家屋敷あるいは社寺は、とくに都市の外観、いわば外部空間を造るものとして重要な要素となろう。近世の町においては高い建物は少なく、町人地はむしろくろぐろとした甍の波に埋没してしまい、城郭のみが聳え立って、あたりの空間を大きく規制している場合が多く、それが近世城郭都市の大きな特色の一つとなっていた。また都市周辺部に配された社寺の大きな屋根は、特色のある景観をつくっていたに違いない。またそれらが、都市内部の空間へ影響を与えていることも多かったと考えられる。真直ぐに天守に向って延びる「まち」は、その天守の景観を除外して空間の性格を考えることはできない。そしてこのような空間構成は、わが国においては、しばしば採られるところであったと思われるのである。

註

1 『延喜式』左右京職。ただし、このような制度がどこまで守られていたかは明確ではない。

2 『延喜式』左右京職。三位以上または参議、あるいはその子孫以外は、大路に門を開くことが許されていなかった。しかしこの規則も後には崩れていった。

3 第2章三―二参照。

4 次章参照。

5 「ルイス・フロイス報告書」、岡本良知『豊臣秀吉』(一九六三) より。

6 松岡静雄『日本古語大辞典』(一九三七)

7 これらについては、林屋辰三郎氏が詳しく述べられている (林屋辰三郎『町衆』(一九六四)、四八〜五五頁)。

8 例。『兵範記』保元三年 (一一五八) 四月十七日条の「一条南、町東」、『明月記』承元元年 (一二〇九) 十月二十日条の「二条西町北」。なお林屋辰三郎氏は、『拾芥抄』に関白道兼の家が「町尻殿」と呼ばれたことが記されていることから、摂関政治の時代にはすでに町を現出していたとされている (林屋辰三郎 前掲書 (註7)、五八頁)。

9 赤松俊秀「町座の成立について」(一九四七 成稿)『古代中世社会経済史研究』(一九七二)。

10 村山修一『日本都市生活の源流』(一九五三)、四五頁。

11 林屋辰三郎　前掲書(註7)、五八~五九頁。

12 町にあった本座と、新座との専売などに関する争いそのものが、そのことを示すものといえよう。(赤松俊秀　前掲論文(註9)、三九二頁)

13 町商人と里商人という対立概念に、そのことが表われているように思える。

14 伊藤鄭爾『中世住居史』(一九五八)、一七七頁。

15 「末広がり」。

16 伊藤鄭爾　前掲書(註14)、一七八頁。

17 『言継卿記』大永七年十二月一日条。

18 『南遊紀行』『西北紀行』帝国文庫　第二十二編(一九三〇)所収。

19 江戸後期になると、とくに江戸では多くの家屋敷をもつ「地主」が出来し、本人はその町に住まず、大家に差配させるものも多くなり、その場合初期の「まち」を媒介とする町人達の結びつきの性格にも変化を来たすものと思われる。

20 それ以外にも、五人組制度などによる連帯責任制が、そのことを強制した面も強い。

21 小村式「近世在町の一・二の問題(越後国蒲原郡亀田町をとおして)」『日本の町』(一九五八)。

22 赤松俊秀　前掲論文(註9)。

23 註21参照。亀田では、この町以外での農家の「町屋造り」をとがめ、争いとなり、亀田の云い分を是とした判決を得ている。

24 加藤品房著、奥村得義註『蓬左遷府記稿』、文化十七年(一八一七)。

25 三橋四郎「建築家が見たる市区改正」『建築雑誌』(一九〇八年、二月号)。

26 中世の町屋の研究には、伊藤鄭爾氏の『中世住居史』(一九五八)がある。

27　伊藤鄭爾　前掲書（註14）、二五二頁。
28　伊藤鄭爾　前掲書（註14）、二四五頁。
29　『今西家住宅修理工事報告書』（一九六二）。
30　『江戸図屛風』（一九七一）。
31　稲垣史生編『三田村鳶魚江戸生活事典』（一九五九）、一七七頁。
32　『日本永代蔵』巻一、「昔は掛算今は当座銀」。
33　このことは、町屋の建築的発展の一つと考えられ、中世の町屋と異なる重要な要素と思われる。なおこのことについては次章参照。
34　註29。
35　格子はさまざまな機能に対し、その細太、疎密によって対応する優れた装置とみることができる（次章参照）。
36　「冷泉町定書」元和六年（大日本史料一二ノ三三）。
37　豊田武『日本の封建都市』（一九五二）、一〇一頁。
38　「青根孫左衛門記録」『彦根市史（上）』（一九五二）。
39　「彦藩并近郷往古聞書」『彦根市史（中）』（一九六〇）。
40　「萩諸町之旧記草案上」『日本都市生活史料集成　三』（一九七五）。
41　伊藤鄭爾　前掲書（註14）、二四六頁。
42　「天英公御書写」元和七年（大日本史料一二ノ三七）。
43　『絵本江戸風俗往来』（下編雑）。
44　『大津市史』（一九四一）。
45　藤本利治『同業者町』（一九六三）、二六頁。

46　このような個性は、いわば同じデザイン言語を用いた上での個性であり、近代以後の目を驚かせる珍奇をねらったような「個性」とは、根本的に異なるものといってよいだろう。
47　西川幸治「長浜町の沿革（その成立と構成）」『日本建築学会報告』三四、（一九五五）。
48　三浦俊明「江戸城下町の成立過程」『日本歴史』一七二、（一九六二）。
49　この城下町の道の「くい違い」や「折れ曲り」については、次章に触れるように、武家地と町地という異なった計画原理をもつ地域の結びつきが、このようなひずみを造ったものとも思われる。
50　『高松市史』（一九三三）。
51　次章でも触れるが、例えば稲葉氏治下の淀城下町（『淀古今真佐子』）。

〔編者補記〕

近世にいたる町と町屋の形成過程に関する本書以後の著者の論考として、「近世の民家と町並の成立に関する考察」（『民家と町並　名宝日本の美術二五』一九八三、一四五〜一八九頁）があり、近世における町で展開される都市生活と空間的な性格との関係が述べられている。なお、宮本雅明の『都市空間の近世史研究』（二〇〇五）では、本章で著者が指摘する櫓風の町屋「櫓屋敷」、著者が課題とする城下町における城郭の位置付けに関連する天守へのヴィスタと空間設計の考察がある。また町割りや建築と街路空間との関係については、玉井哲雄の一連の研究（『江戸町人地に関する研究』〔一九七七〕、『江戸——失われた都市空間を読む』〔一九八六〕など）で深まりを見せている。図43に示される「まち」の断面は江戸に対応するもので、京都では上屋と下屋の関係が相違する（本書二七八〜二七九頁参照）。

第7章　近世城下町

現在わが国の比較的規模の大きい都市は、中世末から近世初頭にかけて計画的に建設された城下町を、その前身としている場合が多い。城下町では周知のとおり、一般に武家屋敷と町屋敷が地域的に截然と分けられて計画されており、それぞれ相異なる制度や所有形態などが、敷地や建物の形態とも関連して、それぞれ特有の都市空間を造り出していた。そしてその空間形態は、武家と町人のもつそれぞれ異なった生活様式と文化に、密接に結びついていたと思われる。一方、城下町にみられるこのような二重構造ともいえる性格は、諸外国の都市との比較においても、わが国の特色の一つとも考えられよう。

城下町一般については、すでに多くの研究がなされているが、この章では、このような近世都市の武家屋敷と町屋敷、さらにそれらが造り出す都市空間について、いくつかの点から考察を加える。これはまた、とくに都市を歴史的に考察してゆく上での、建築的なアプローチの一つの試みでもある。そして、それは逆に建築を都市的な視点から把えてゆくことにもつながるものとも考える。

一　武家屋敷と町屋敷(一)

近世における「屋敷」という言葉は、厳密に使われるときは建物の敷地を示すものと考えられるが[(1)]、実際にはそれ程厳密に使われることは少なく、むしろ建物と敷地をとくに区別せず総称的に用いられるのがより一般的であったと思われる。ここでも、とくに断わらないかぎり、この一般的な用法にしたがうこととする。

「町屋敷」とは、江戸幕府の制度上は町奉行一手の支配地あるいはその屋敷地のことで[(2)]、必ずしも町人の所持するものとは限らず、したがって「武家屋敷」と「町屋敷」とは、厳密には分類の基準を異にするものであるが、ここでは主として形態を問題とし、前者をいわゆる武家地における「屋敷」として、後者に対置させるものとする。

また単に「屋敷」と称する場合、一般に武家屋敷（もしくはその形態をもつ屋敷）を指すことは、「屋敷町」あるいはとくに城下町の都市域の総称としての「屋敷々并寺社町等[(3)]」といった表現がそのことを示している。それは中世以来の屋敷という概念が、主としてある囲まれた一区画＝土地であったからと思われる。それに対し、近世の一般の「町屋敷」はそのような形態をとらず、むしろ町屋としてイメージされていたといってよかろう。

本節では、このような武家屋敷、町屋敷の性格を、主として建築的・物理的側面から考察し、次節においては、主としてそれらの取得・所有の制度的面を軸として考察する。

武家屋敷は一般に塀や屋敷の周辺に設けられた長屋によって外部から厳しく隔離されており、外に面しては門と小さな窓が設けられる程度である。門の形式などもその武家の身分・格式によって制限があったが、門を構えること自体、町人に比べれば、特権的なもので、一般の町屋敷には許されなかった。(4)

大名や大身の武家の屋敷では、この囲いの内部に造られる住宅は、いわゆる書院造であった。書院造は、古代の寝殿造以来の貴族住宅の系譜を引くという点で、都市文化と結びついて成立し発展したものといえようが、逆に都市個有のものともいい難い。とくに江戸時代になると、都市の郊外に設けた下屋敷でも、建築的には都市内に設けられた上屋敷のそれと基本的な差は認められない。さらに武家屋敷は、防御的性格の強い中世土豪屋敷の系譜をも引くものでもあった。このことは、建築的にみて、むしろ農家に近い武家屋敷の存在にも、別な形で示唆されているといえよう。また、近世初頭の城下町建設に伴う武家達の城下への集住は、ある意味ではそれぞれの土豪の住居形態を、周囲例えば門田から切り離した形で城下へ移動させたものとも考えられよう。中世における家屋敷は、それが存在する土地の耕作権あるいは領有権の象徴であったと思われる。(5) 城下町の武家屋敷は、したがってその中世における重要な意味も失っていた。いずれにせよ、都市にあろうが地方にあろうが、同様にいわば「郭」的構成がとられており、それぞれが完結的で、隣地とのつながりにも空間的な必然性は認められない。その中心には、武家の生活の中で重要な部分を占めていた、接客・対面のための書院が置かれ、諸建物群は厳しく囲まれた周囲の長屋や塀などから、この書院に向っていわばピラミッド状に構成されていた。

確かに、近世初頭の絢爛豪華な書院の邸宅は、とくに大名屋敷の建ち並ぶ江戸などにおいては、都市を飾るモニュメントといえるものであった。華麗な棟飾や妻飾をもってそびえ立つ大屋根は、入口を飾る御成門や城郭風の隅楼などとともに、華やかな都市空間を造り出していたに違いない。しかし明暦の大火を主契機とし、さらに度重なる火災や倹約令などによって、書院造はその華麗さを失なってゆき、武家達の姿勢と同様に、都市におけるいわば自己主張を後退させていったといえよう。[6] このことは、江戸城の天守閣が明暦の大火による被災後再び建設されなかったことと軌を同じくするものといえよう。町人地が繁栄してゆくのとは対照的に、武家地は重苦しく静まりかえっていった。それは江戸以外の城下町においても、多かれ少なかれ共通する傾向であったろう。武家屋敷にまつわる怪談じみた因縁話が多いことも、[7] このような背景と無関係ではないだろう。

一方、地方の城下町においては、比較的高い身分の武士でも、その住居は農家に式台を付けた程度のものも多かった。[8] つまり庄屋クラスの農家に近い。それはもともと城下に集住させられる以前の武家の住居に直結するものであり、さらに近世においても武家の生活が、その基盤や様式において農家に近かったことを示唆するものといえよう。ただ、江戸など大都市における、とくに下級武士の生活はやや異なっており、長屋住いあるいは組屋敷の居住形態は町人地の借屋人のそれに近く、町人との文化的な結びつきも強かったようである。[9]

一方、近世の町屋敷の建物は、前章に述べたように、そのファサードを道に面接して、それぞれ間隙なく建て連ねられるのを原則とした。そしてこのように道の両側に連なるファサードが造り出している都市空間を「まち」ということができる。道の片側のみにしか建物の並ばないところは、片町あるいは片端町と呼ばれ「まち」としては不完全なものとされていた。

町屋敷は、それぞれの居住空間を内部に保ちながら、一方ではそのファサードによって、「まち」という都市空間の形成に積極的に参加しているのである。その意味でも正しく都市建築ということができよう。かかる町屋敷の形態は、都市においてこそ意味をもつものであり、後述するような「町屋造」が商権の象徴とみなされることもあった。

この町屋敷のいわば二重の性格は、「店と奥」あるいは「面と敷」といったものに対照させることができよう。

折口信夫氏は、近代の町屋の構成について考察した一文の中で、その成立過程として「一構への家の外側に間口だけのつけ足しが、店となって居ると思へる」とし、さらに「澪つくし」の新町揚屋の図について、「中座敷―次座敷―奥屋敷などは、色々特色を作らうとしているが、肝腎の店の間即、表座敷になると、皆一様に外廓につけ足した形を明らかに示している」と述べられている。[10] これは町屋の発達史からは必ずしも首肯し得ないが、[11] 町屋という建物の性格に対して大へん示唆的である。店ないし表座敷と、中座敷・奥座敷とは、後に前者が継ぎ足されたと感じられるほど異質的なものとみられているのである。さらに近世において、店と奥がそれぞれ独自の発展を示したことが示唆されている。町屋敷における店とファサードの確立は、一方では私的な奥の空間の確立でもあり、建築としての機能的な発達でもあった。

「店」は「まち」の空間の一部にも属し、「まち」に対して開放的である場合が多い。つまりこの部分こそ外観をつくるファサードとともに、町屋独得のものであり、都市建築たる所以のものといえよう。

町屋敷では、たとえ専用住居であろうと、このような形式以外の建て方は許されなかった。[12]『浮世の有様』によると、大阪で元禄元年（一六八八）に町中の家作に関して、出過ぎた家、入過ぎた家を吟味し、家並を揃えるよう触書が出されたとある。[13] これは天保年間における引用なのでどれだけ正確かわからないが、出過ぎた家はともかく、入り込み過ぎた家をも問題としているのは、家並を揃えるということの中に、例えば近代においてみられるような前露地といったものの規制が含まれていたとも解せられよう。それは個々の建物の問題というよりも、むしろ都市空間の秩序に関するものである。[14] また町内での申合せにも、町屋の形態に関する規定が含まれる場合もあった。例えば京都の御倉町では「障子作り暖簾引廻し懸」を禁じ、「町並の見せ棚を付」けるよう規定し、また同じく京都の饅頭屋町でも、「家作り格子路次」や裏借屋を禁じている。[15]

このような都市建築として確立された町屋の形態は、原則的には町においてのみ許される商業と結びつき、とくに農村では特別な場合（おそらくは商業を特別に許された場合）以外には許されなかった。[16] 元禄七年（一六九四）に起立された越後の在町である亀田では、その附近の百姓が造った「町屋造」に対し、亀田の営業権を犯すものとしてその破却を訴えでている。[17] また、やや事情は異なるが、享保三年（一七一八）に内藤新宿が廃されたとき、「家屋等も常々百姓町屋にいたし、……二階座敷之分は不残取払ハセ可申付候」と令されており、[18] これも町屋の形態が商権と結びついて規制されていることを示唆する例といえよう。

近世町屋のファサードの柱間装置は、全国ほぼ一様に、完全に開放される「大戸」および「しとみ戸」と、「格子」の部分から成っており、それらの割合はその町屋の職種や居住形式などによって異なってくる。[19] 近世城下町においては、建前として町人の住居専用の町屋敷は存在しない筈ではあったが、実際にはかなり早くからいわゆる「仕舞屋」などが存在し、[20] また江戸などの大都市では、とくに「新道」などに芸人とか通い番頭など、「店」を構える必要のない人々の住居が出来て、建前とは別に、一口に町屋といってもその機能は多様化していった。その多様化に則して重要な役割を果したのが「格子」であったと考えられる。つまり町屋は「格子」によって、その基本的な形態を崩さずに、機能的な多様化に対応し得たといえよう。仕舞屋格子、見張格子、米屋格子といった名称も、そのことを示唆するものであろう。

町屋の格子には大別して二通りの性格が認められる。大和今井町の今西家の頑丈な格子は、人の浸入を厳しく遮る城郭などのそれに近い。一方京都などに見られる細い格子の洗練されたデザインには、いわば暴力的でない細やかな空間隔離の心使いが認められる。このような格子には取外しのできるものが多く、祭礼など町の「ハレ」の舞台をつくるときには開放されることがあり、多様な対応の仕方が可能であった。それはまた、前に述べた居住形式の多様化に対する仮設的な装置としても有効であったといえよう。極く一般的にみると、時代が下る程、また「まち」が都市空間として確立し発展する程、後者のような格子が増加してくるものと思われる。

前に触れた折口信夫氏の「町屋の一例」にも、「しもたやの場合なら、却て表座敷が納戸のやうな姿になるので、私の家なども店の格子の間は老耄して九十一まで生きた大祖母の隠れ部屋になっていた、表へ来る門づけの芸人などに、格子の間から、よく色々なものを、与へならしたものである。[21]」と述べられている。都市によって差もあろうが[22]、惣格子の仕舞屋から、完全に開放された店まで、それぞれの機能に合った対応を、主として格子とその細太や疎密の調節や「しとみ戸」によって行なっていたのである。この格子の疎密は、その「店」と「まち」との空間的つながりに大きな影響をもっている。『浮世の有様』には、天保十三年（一八四二）の大阪で、「近来陰気なれば随分賑かにすべし[23]」と、遊女町の細格子を粗格子に改めさせられ、大へん混乱した様子が描かれている。

「店」と「奥」とは、店の後方に建てられている戸と、通りにわの中程に建てられた「中戸」によって分離されている。これらの戸は、その町屋敷の格式を示す場合もあったらしい[24]。分離された「奥」は、敷地や禁令などによる制限はあっても、個人の好みに応じ、かなり自由であった。場合によっては坪庭を設けたり、離れ座敷をつくったりしていた。ここまでは「まち」は浸入してこない[25]。

このような「店」と「奥」とのそれぞれの発展は、一方では「面」と「敷[26]」のそれに対応させ得よう。とくに裏借屋などが多くつくられるようになった江戸では、「面」と分離した「敷」が重要性を増している。

町屋敷はその「面」が参加している「まち」に属しているが、町の側からみると各屋敷の「敷」は殆んど問題とはならない。したがって、ある町屋敷に裏借屋などがつくられてもそれは制度上はあくまでもその屋敷内の事

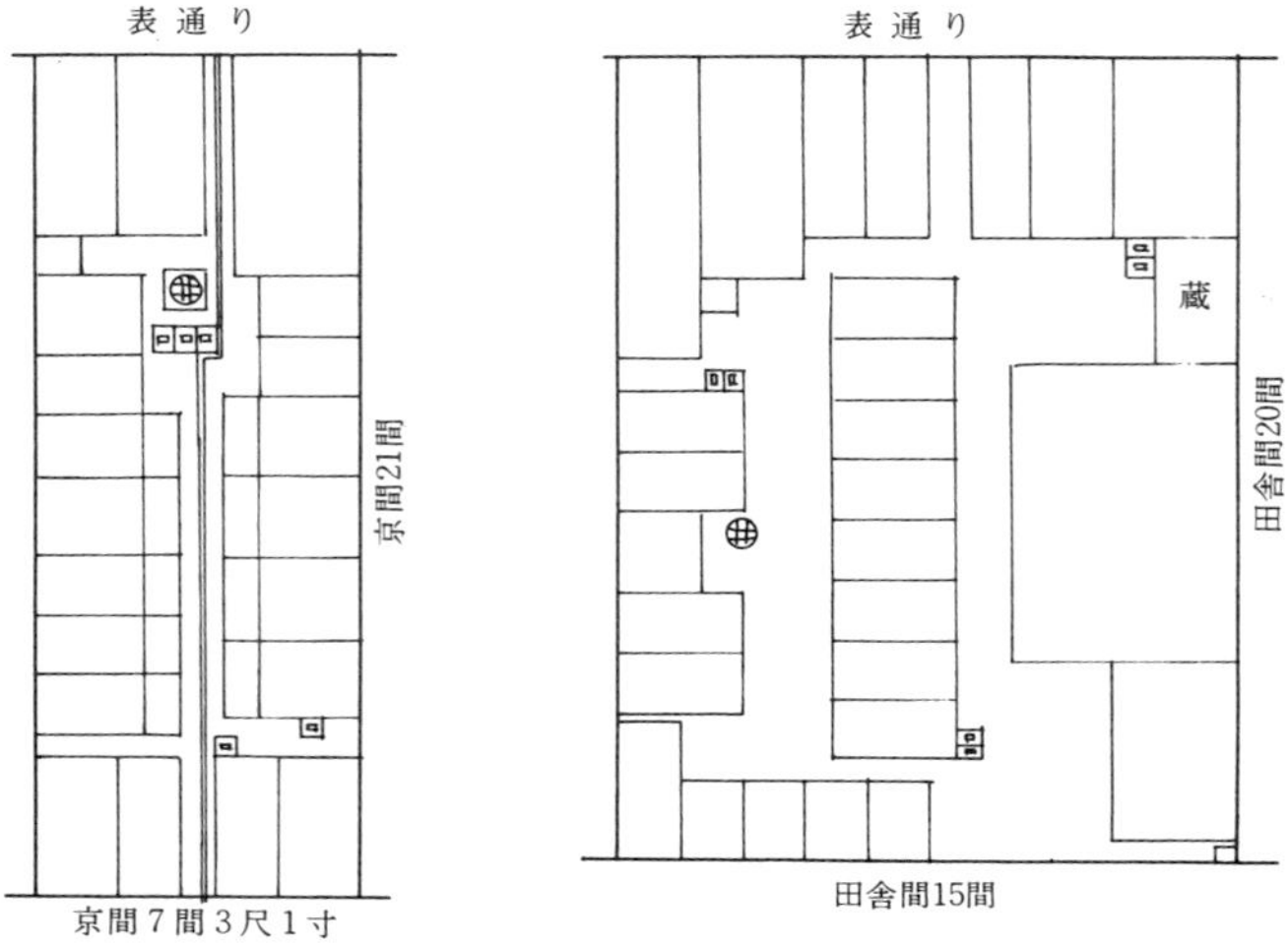

図46　江戸の借家

柄として処理され、町はせいぜい路次口の木戸に関する規定などに触れるのみで、その内部にはあまり立ち入らない。[27] 逆にいえば、裏借屋とその住人は、直接には町に属さず、したがって町の正式な構成員である「町人」とは見做されなかった。しかしとくに借屋の多くなった近世後期の江戸では、地尻にいくつかの借屋をつくるといった程度のものだけではなく、たとえば「木挽町六町目北角ゟ三軒目」[28]（図46左）や、「根津門前町東側中坂横町角ゟ北江三軒目」[29]（図46右）などの図に見られるように、初めから小規模の家屋を数多く建て並べ、正に借屋の集合体としての町屋敷が出来していった。後者の場合、表通りに面して七戸、裏通りに五戸、内部に十五戸、計二十七戸の借家が建てられている。このような場合においてさえも、「北江三軒目」といった表現が示すように、制度上はあくまでも全体が一軒の町屋敷として取扱われ、したがって借屋人は正式の町人とはされず、地主の代理人としてその町屋敷を差配する「大家」のみが、その町の町人とされていたのである。かかる形態は、次節に述べるように、建物と敷地が不可分の関係にあるような町屋敷とはかなり異なってきている。それぞれの建物はいわば個有の敷地を持たず、間口の部分も何棟かの表店でやっと建て詰められている。つまり形態的には一応「店」が「まち」に参加し、それを維持してはいるが、これらの表店も多くは借屋であり、住人と町とのつながりの実質性は乏しい。ある意味では「奥」あるいは「敷」の異様な発展ともいえよう。そこでは、建てられている粗末な建物よりも、それと切離された敷地そのものの方が重要性をもってくる。また同時に、町人の中での「家持層」と「借屋人層」との格差・対立も厳しくなっていった。[30]江戸では天和三年（一六八三）にすでに店借の者も五人組を定めるよう令されているが、[31]これは治安維持などの必要から、実状に則して定められたものであって、店借人の地位の向上に直接つながる処置であったとは思われない。後になっても、為政者や上層町人達はあくまでも地主という地位の優位性を維持しようとした。これは近代にまで引継がれていった。[32]

一方、裏借屋などに住んで表通りに面していない家の住人は、正式の町人と見做されない代り諸役の義務もなかった。したがって、わざわざ借屋に住んだり、路次奥にひっこんで居住する者も現われてきた。[33]

城下町の町屋敷は、地子は多くは免除されていたが、その外の諸役は原則として間口の大小によって定められていた。[34]享保七年（一七二二）の江戸の町触にも、「惣役割之儀　裏行長短之差別無之　間数を以可相勤候事」とある。[35]しかし一方では町々において「地形の広狭尖斜を平均し」二〇坪をひと小間（公役小間）と定めて公役銀を徴集したとされており、[36]また大阪でも水道浚賃は坪割であったという。[37]この公役小間割については、なお不明な点が多いが、享保七年の町触のような建前にもかかわらず、町々ではより実質的な坪数を加味して役銭を配分したものと考えられよう。このことは、町屋敷の内容が複雑化してきて、「面」といった一元的な把え方では現実に則さない部分が顕われてきたことを示唆するものかも知れない。[38]都市空間において「面」に従属してきた

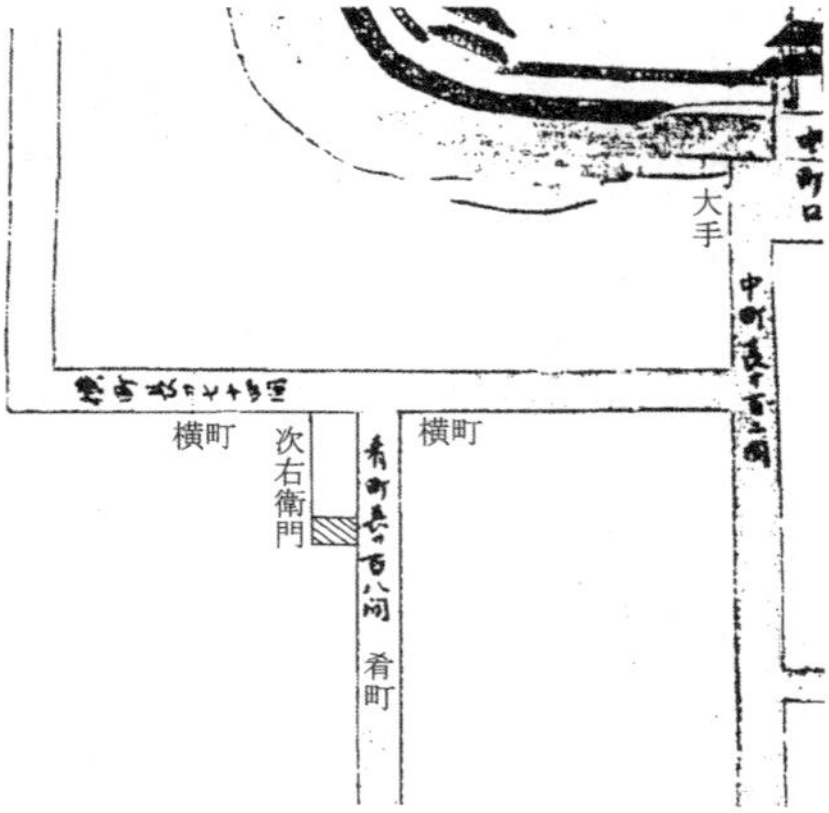

図47　西尾（間口などは想定）

「敷」が、自律的な発展を示してきたと解することも可能であろう。それはまた、都市の発展にともなって必ずしも商工業と直接結びつかない敷地の利用形態が出現し、それが地代として地主の利益をもたらすようになったことを示している。かかる形態は、地子の免除を条件に商工業者を誘致した初期の城下町における政策と相反するものといえよう。享保七年の町触は、そのような為政者の建前を示すものではないだろうか。しかし現実には、かえって地主が有利になる。このような傾向は当然ながら、人口が増加し土地利用の高密度化が進んだ江戸などにおいて顕著であった。

都市的発達がそれ程激しくなかった小城下町などでは、このようなこともあまり問題とならなかったと思われるが、例えば参州西尾では、幕末になって「面」と「敷」に対する考え方の対立が顕われている。それは西尾城下町の中で、直角に接する横町と肴町という隣町同志の争いで、横町にその面をもつ角屋敷（次右衛門）の地尻に設けた貸家・隠居家に対し、その入口が肴町通りにあるという理由から、肴町が祭礼の掛り物をかけようとしたことから起ったものであった（図47）。直接的には町の財政の問題から起ったことであるが、それぞれの主張の中に、町屋敷や町に対する考え方やその変化が認められて興味深い。

横町側の主張は、「たとえ通筋は肴町であっても地面は横町であるから、地主町に付けるのが相当と考える」というものであり、それに対する肴町側の反論は、西尾の城下には元来、御士族屋敷、御足軽屋敷、御前栽、寺社、町屋敷、百姓屋敷という区分があるだけで、「右町屋敷の内、横町地面肴町地面というのは元来僣称であって、実際はないものであり、第一家をもって主とし、地面の沙汰はその次であって、家が一軒できるとその広狭にかかわらず、役一つを相勤めて、御年貢は容赦された」のであり、町中にも御年貢地があるが、それは後になって建てられた町屋敷であるとし、さらに町屋敷は「何町誰屋敷というにかかわらず、いままでも、よりよく組合せられてきたものである」というものであった。(39)

肴町の主張には、この城下町における町屋敷の成立過程、とくに建物と土地との関係がよく示されている。しかしかかる問題が起ってきたことに、現実には当初の考え方や制度では解決のつかない情況となってきたことが示されている。この争いの帰結は横町の勝訴に終ったようであるが、これらの文書の解説者である杉浦敦太郎氏は、横町と肴町の主張を、それぞれ属地主義、属人主義とし、町方役所が横町の主張を認めたことは、ルーズな属人主義から、より画一的な属地主義へ藩の考え方が切りかえられていきつつあったのではないかとされ、横町の主張により近代的な感じを受けると述べられている。(40)これらは、やや見方を変えると、「まち」という空間を軸とした考え方から、「土地」を軸とした考え方への転換期における一挿話ともいえよう。

都市的発展の著しかった江戸や京都では、かなり早くからこのような角屋敷について何らかの規定がつくられていたようである。江戸では明暦の大火後に通された新道の角屋敷について、寛文三年（一六六三）に役銭などに関する規定が定められている。(41)また京都では、角屋敷などの地尻に、他町に対する「口明き」があるときその町へ口あけ料を払うことがあった。(42)

しかしながら、都市空間的に考えると、各町域が土地に基づいて厳密に線引き区分され、町がいわば拡がりをもった地区として認識されるようになるのは、やはり一般には明治の地租改正以後と考えられる。

武家屋敷は、江戸初期においては都市のモニュメントとしての表現を持ち得ていたが、後には次第に後退してゆき、都市建築としての特有な発展は、むしろ下級武士の住居にわずかにみられるのみで、一般に個々の閉鎖的な空間に逼塞していった。一方町屋敷は、都市空間である「まち」と結びついて発展し、とくに「店」と「奥」の分離や、機能的にもデザイン的にも優れた格子の使用などによって、都市建築として確立・発展していった。しかしながら、わが国では、例えばイタリアのパラッツォに当るような都市建築は生れなかった。あるいはヨーロッパ的な都市貴族が生れなかったというべきであろうか。[43] 支配階級である武家達は、「武士土着論」[44]に示唆されるようにむしろ農村を志向しており、都市文化を担う真の市民とはなり得なかったし、一方町人達も経済的な実力を蓄えてきたとはいえ、封建制の桎梏から脱することはできなかった。古代からの系統を引く貴族住宅と、中世以来の発達してきた町屋とを、真に止揚した形での都市建築は近世には遂に造られなかったといえよう。富裕な町人は、町屋のうしろに離して、書院風・数奇屋風の座敷を造っていたのである。

二　武家屋敷と町屋敷(二)

武家屋敷は基本的には領主よりの拝領屋敷で、敷地も建物も同時に拝領することもあったが、敷地のみを拝領して建物は自ら建てる場合も多かった。後者の場合は建設に時間的制限が付されるのが普通であったらしい。[45] それに関する名古屋での規定には、とくに敷地を塀や長屋で囲うことが最優先的に挙げられており、江戸における百姓地に設けた抱屋敷に対する禁令が、[46] 先ずその屋敷構の囲いを取払わせたことと関連して考えると、囲いが屋敷であるための必須条件であり、ある意味では建物の存在以上に重要性をもっていたものとも思われる。つまり囲いをすることによってその土地は屋敷としての存在を開始し、その場合、中に建てられる建物は二義的なものとなる。逆に囲いを取払われることは屋敷としての終焉を意味するといえるのではないだろうか。その場合は中に残った建物は、いわば仮設的なものに貶められるといえよう。一方このことは、武家屋敷のもっていた防御性のつよい「郭」といった性格とも結びつくものである。また都市内では敷地に囲いをすることによって都市空間も確立する。町屋敷でも火災などで建物が失われた場合は、表を板で早急に塞ぐことが要求されたが[47]、それはあくまで仮設であり、将来可及的速やかに町屋のファサードによって替えられるべきものであった。

武家の拝領屋敷は、領主から一時的に拝領したものであり、さらに領主はそれらを将軍より領知として与えられたものであった[48]。拝領屋敷も領主あるいは将軍から与えられた領知とみることが可能であろう。したがってその拝領も原則としては一代限りであり、また何らかの落度による上地領主の都合による屋敷替え、さらに領主の改易や所替の可能性もあって、拝領屋敷の占有はかなり不安定なものであったといえよう。むろんそれを勝手に処分することはできなかった。わずかに相対替が許されることもあり、その場合、例えば名古屋では屋敷の善悪によって金銭の授受を伴うこともあったようだが[49]、それは公然たるものではなかったらしく、またむろん普通の売買とはいえない。一般には武家の拝領屋敷には所持権は存在せず[50]、永代売買禁止令はあっても所持権が存在した農民の耕地や、比較的自由に売買された町屋敷とは大きく異なっていた。江戸中期以降になると、武家の中にも町屋敷を所持するものが多く現われてきているようである。

下級武士は一区画をなす組屋敷に住む場合が多かったが、最終的には個々の屋敷に分割され、規模は小さくてもやはり拝領屋敷としての制約を逃れることはなかった。ただその生活空間の性格や生活自体は、上級武士のそれとは大きく異なるものであったといえよう[51]。

御医師や女中など特殊な奉公人は町屋敷を拝領することもあった[52]。それに対する制度などについてはなお検討を必要とするが、何らかの制限があったに違いない[53]。また、明治二十五年の旧町与力からの聞書によると、江戸町奉行所の同心も町屋敷を貰い、表に「町長屋」を建てその裏に小さく住まっていたという[54]。

一方町屋敷は、都市の建設当初において、町人の誘致・優遇策として地子が免じられた場合が多かった。しかしこれは必ずしもある地域全体を地子免とするわけではなく、同じ町人地内でも年貢地が混入していることもある。前節でみたように、参州西尾の場合、それは城下町の建設に際してある一定の期間内に造られた町屋敷とそれ以後に建てられたものの差であったと思われる。つまりここでは、地子免という特権が、いわゆる「除地」とは異なり、土地そのものではなくあくまで屋敷に対して与えられたものであり、その条件は一定期間内に建物を建てること、逆にいえば前章で考察したように、建てられた間口に見合う部分のみが地子免とされたと解されよう。そしてそれがとくに城下町における地子免の本来的な姿であったと思われる。しかし実際には、大きな城下町では比較的早く建物が建て詰ったと考えられるし[55]、また町人の誘致を有力町人が一括して請負う場合も多く、とくに国役を負う職人頭などが一定の敷地を拝領して、配下の職人に分割することもあったので[56]、地子免の地と年貢地がそれ程混在することはなかったであろう。むろんこの場合でも、敷地の拝領者は商人や職人を誘致し、建物を建てさせたり、あるいは自らそれを建てる義務を負っていたのである。江戸ではこのような国役の町屋敷も、後には沽券地化していった[57]。

瀬田勝哉氏は、近世の京都において町屋敷の敷地と建物は不可分の関係にあり、同一地面上に土地所有者が別個に存在することはあり得なかったとされている[58]。このことは大阪にも当てはまるようであるが、江戸の場合はより複雑である。『守貞漫稿』も述べているように[59]、江戸においては京阪と異なり、土地のみを借りて自分で建物を建てて住む「地借」層が、少なくとも江戸中期以後には多くみられる。伊藤鄭爾氏は、そのような相違はそれぞれの都市成立の歴史的性格の差によるものとされ、古い京都と新しい城下町との対比として述べられているが[60]、江戸以外の城下町についてはなお検討を必要としよう。京都に近い大阪では、自分の所有地に建物を建てずにおくことは、土地を「荒らす」ことであり、かかる所有者は土地を他人に売渡して退転すべきであると考えられていた[61]。また全国的にみても、江戸のような地借の形式は少なく、多くの都市では京阪のように土地・建物を不分離なものとする考え方が一般であったように思われる[62]。つまり空地のままの屋敷地は異常な状態なのであり、元来あるべきものではなかったといえよう。したがって明治の地租改正による地券の発行は、土地のみを切り離すものとして、とくに関西ではそれを担保とするような商取引に混乱をもたらし、一時的に地券とは別に家券を発行した県もあった[63]。

このような江戸と京阪の慣習的・制度的な差は、前節に述べたように、江戸における借屋の増加、さらに「敷」の自律的な発展と深く関連するものと思われるが、江戸の制度に従ったと考えられる明治の地租改正ともからんで、とくに近代以後の都市発展に対しても重要な問題を蔵しているように思われ、なお詳細な検討を必要としよう。あるいは、関東と関西における、土地に対する考え方の歴史的な相異なども考慮すべきかも知れない。

町人の町屋敷には所持権が認められ、その売買は比較的自由であった。火除地などの設置によって強制的に立ち退かされることもあったが、その場合には代替地が与えられた。しかしその売買も完全には自由でなく、その所属する町の承認を必要とすることが多かった。瀬田勝哉氏は、そのような近世の家屋敷所有形態を、「町」を単位とした「共同体的所有」と規定されている[64]。この形態は瀬田氏の論文の対象とされている京都において大へん顕著だが、他の都市においても、多かれ少なかれ認められるものといえよう。京都においては、家屋敷を売りたいと思うとき、まず隣家にその買取りを交渉することが、町の規約として定められていた町もあった。[65] 一つの町の町屋敷の多くが少数の有力町人の所有に帰するといった形態が現われてくるのは、このような「共同体的所有」という制度に帰因するとも考えられよう。一方、このような状態を避けるためか、一人での三軒役・間口七間以上の町屋敷所有を規制している町もみられる。[66] また場合によっては、町の費用で町内の町屋敷を買取ったり、あるいは建物を建てたりすることも行われた。この場合、その建物は町で管理し、人に借したりしていた。

このように、それぞれの町屋敷は個人の名義になっていても、それは一つの町の連帯の上に成立つものであった。もともと軒数に基づいて決められた人足役などの町役は、後には一町を単位として固定され、それぞれ主として間口の大小によって割り当てられた。一方町屋敷は細分化されたり併合されたり、常に変化しており、その点では比較的固定していた武家屋敷に比して、住民をも含めて流動性がつよかったのだが、この「共同体的所有」がその町の一定の質を維持し、再生産していったといえよう。また、かかる「共同体的所有」による維持と再生産は、「まち」の空間構造とも密接に関連するものであり、ある意味では町屋敷を通じた「まち」という空間の「共同体的所有」であったとみることができる。

町屋敷を所有するということは、その人がその町の共同体の成員となることであり、さらに正式な町人としてある種の公民権を得ることでもあった。さらに実際に商業を行なう上でも、いわゆる「沽券」は重要な役割をもつことがある。[67] つまり町屋敷には商工業を営む権利といったものが象徴されていたといえよう。城下町では一般に、主として領主との結びつきに基づく、町々の格式が存在しており、町人にとっては、その住んでいる町の格式と町屋敷の間口が、その地位を象徴するものであった。したがって一般の町人は、必ずしも屋敷そのものには執着せず、裏町から表町へ、さらに中心的な本町へと目指して流動的であった。ただし、格式の高い本町なども、いわゆる商業的立地のよさとは必ずしも一致せず、むしろ城郭すなわち領主とのつながりが立地的にも優先されている場合が多い。したがって特権が弱体化したり、あるいは新しい形態の商業が発展してきたりすると、より立地条件のよい地区へ商業の中心が移ってゆき、町の格式を実質的には無意味なものにしてしまうこともあった。(68)

武家にとっての拝領屋敷は、領主からいわば一時的に与えられたものであり、むろん勝手に処分することはできない。領主の力の強弱によっても程度の差はあろうが、拝領屋敷に愛着をもつためには、自らの力ではどうにもならないネガティヴな要素が強すぎたともいえよう。そのような意味でも、荻生徂徠のいう「旅宿の境界」(69)である。都市住民として積極的に安定性を得るためには、武家も町人のように町屋敷を得なくてはならなかったのである。

信州松代には、ほぼ同年代の武家屋敷地の絵図と町屋敷地の絵図が遺されており、おそらく藩当局の手によって作成されたものと思われる。それらの各屋敷の寸法の書入れは、前者は「尺」までで、坪数も殆んど「坪」単位の完数で示されているが、後者の、とくに間口は「寸」まで、場合によっては殆んど実際的とは思われない「分」まで書き込まれている。武家屋敷で実際に端数がなかったとは考えられず、むしろ拝領屋敷である武家屋敷と、町屋敷の性格的な差が、この寸法の書入れによく示されていると解するべきであろう。(70)売買の対象とならない武家屋敷では、いわば大雑把な数で事足りたし、一方町屋敷では、例えば一軒役の屋敷を分割する場合、役の割合に応じて間口も正確に分割されている。

町人にとっての町屋敷は、自らの力によって獲得したものであり、さらに一人前の町人としての象徴でもあった。『慶長見聞集』にみられる、一寸の土地を争そって譲らなかった町人にも示されるように、(71)町屋敷に対する執着心は強い。しかしそれは必ずしも特定の町屋敷に対するものではなく、むしろそれが保証し、象徴するものに対する執着であったと考える。したがっていわゆる身代が増大すればよりよい町屋敷を求めて移ってゆくことが多かった。その意味では町人もまた「根無草」であったといえよう。しかしそれが武家達と異なるのは、町人達のもっている都市における存在理由であり、いわば「根無草」的都市文化を積極的に造り上げていったことにあると思われる。そしてそれを可能にしたのは、構成メンバーが変っても絶えず維持・再生産された町という共同体であり、さらにその共同体を支えたのが、町屋敷および「まち」の「共同体的所有」であったと考える。

武家屋敷も町屋敷も、その利用形態は規定されており、またそこに建てられる建物の形態もほぼ一元的に規定されていた。そしてそれが一旦定められると、その制度は武家や町人という個人の身分を超えて貫かれる場合もあった。江戸では安永八年(一七七九)に、たとえ武家の家人でも市井に居住する上は町屋と同じ家造りにせよと令されている。[72] また同じ浪人でも、その居住地が武家地か町地かによって、差別される場合もあったという。[73]

このように近世都市においては、主として武家屋敷と町屋敷とを軸として、土地利用の形態や都市空間の形態も定着されていた。しかし明治維新後、武家屋敷と町屋敷の制度上の差は撤廃され、さらに地租改正は土地と建物を切離し、地租の義務と引替えにその土地の利用に関する全面的な自由を与えることとなった。[74] そのことはまた、前節から述べてきたような、土地と建物との近世的な一元的関係を終結させ、建築・都市空間に向けられていた人々の目を、土地に向けさせる契機ともなったと思われる。

三 武家地と町人地

本節では、これまで述べてきたような武家屋敷と町屋敷で造られる都市空間の性格を、そこに住む人々の生活に関連して考えてみたい。

武家地においては、それぞれ閉鎖的で完結的な武家屋敷によって造られる都市空間は、いわばそれらの間隙に過ぎず、その都市空間における積極的な生活も考えられず、人通りも少なく淋しい、つまり都市的アメニティーに乏しい空間となっていったと思われる。町人達も用もなく武家地に入ることを禁じられていた場合もあり、また町人地と武家地の間には木戸が設けられていた城下町も多かった。

武家の生活においては、身分的な格式がその重要な要素となっており、その空間的表現は「席」であった[75]。厳密には、お互いにまったく対等な立場における同一空間の共有ということはあり得ず、それぞれ個有の位置とお互いの距離が要求された。このような性格は、多数の人が自由に行動し得るようないわば公共的空間としての都市空間とは相容れないものといえよう。

このことは逆に、武家達の都市空間における行動を制限するものとなった。街路を通るときは、共廻りを連れた行列といった形態をとり、いわば都市空間からの隔離の程度が、その武家の格式を示すこととなる。将軍の御成などでは、その都度細かい規制が下され、多くの場合その道筋から庶民を締めだしている。つまり都市本来の機能を一時的に停止させることによって、かかる格式に基づく行動が可能となるのである。さもなければ、「お忍び」という行動が要求された。これは多分に形式化されたものと思われるのであるが、いわば武家としての格式の放棄を条件とするものであった。鶴屋南北はその『謎帯一寸徳兵衛』の中で、言いがかりをつける武士に対し、「……身を知った侍は、祭り、遊場・繁華の場へ面を出すは御法度故、云ひたいことも云はずに帰るわ。」といわしめている[76]。

町人地においては、建て続けられた町屋のファサードによって「まち」という都市空間が造られ、この「まち」は多くの場合、その両端に設けられた木戸によって閉鎖的な空間単位を形成していた。一軒の町屋が失われてもまったく不完全なものとなってしまうこの「まち」は、したがって町屋を建てることによってその形成に参加するすべての町人の共有する空間ということができよう。この空間はまた、いわゆる「向三軒両隣」という小単位とその空間意識が、重複しながら完結されているものともいえよう。裏長屋の住人は、直接この町に属さないが、その「路地」にいわば共有の空間をもっており、人々は互に文字通り「合壁」の間柄で、家持層とはまた異なった連帯感をもっていたと思われる。

町人は五人組制度などにより、その町で起ったことに対し連帯責任を負わされていた。それは、お互いに監視させ合うという支配機構であったのだが、共通の利益や安寧を守るという点では、町内の自主的連帯は強かったし、また町人達は為政者に対して必ずしも従順ではなかった。江戸では寛政元年（一七八九）の町触によると、町内で怪しい者を見付けても町入用を嫌ってその者を逃すことを戒めているが、(77)『吾妻みやげ』には、実際に奉行所に引渡すと四五両もかかるので、捕えた盗人に四百文の「追銭」を渡して帰したことが記されている。またあまり連帯責任を強くすると、浪人にまったく家を貸さなくなったり、(78)問題を起しそうな子を持つ親に、その子の勘当を強制したりして、(79)奉行所も放置できなくさせたりしている。前者の場合などは、町人の消極的な反抗ともいえそうである。

前節でもみたように、町屋敷と「まち」は大へん幅のある結びつき方をしていた。「まち」が「店」へ浸入すると同時に、「店」も「まち」へ浸出してくる。その空間的緩衝地帯が軒下あるいは庇下であった。『守貞漫稿』は、この庇下を、京阪では屋外、江戸では室内と見做されているとしているが、(80)細かくみればそれ程明快ではなさそうである。大火後の明暦三年（一六五七）六月の江戸の町触には、「御公儀のひさし」という表現や、あるいは「三尺のひさし之外ニ自分之地之内を三尺切　ひさし下壱間之通り道に仕」りとあり[81]、後者の庇下は、公道と私有地を半分づつ出し合ってできているようにみえる。そして「片かわ切又は壱町切ニ」「其町之者存寄候多分次第ニ」行なうよう指示されていた。また江戸の大伝馬町一丁目にも一間幅の「見世先庇犬走り」があり、もとは沽券地ではなかったが、明治以後私有地に組入れられたという[82]。大阪では、宝暦・明和の頃、水帳地面外へ「おたれ」を付けることが許されたとされている[83]。これらのことは、庇下という特殊な空間に対するさまざまな考え方を示すとともに、近世都市における公共的空間との微妙な関係をも示唆するものといえよう。

「まち」という空間は、各町屋敷と結びついた町内的閉鎖性と共に、往還としての機能をも同時に有していた。為政者はしばしば往還としての機能を保つため、「店」の「まち」に対する浸出を抑えようとしており[84]、それは町人達がいわば市場的発想で、自分の店先を占有地と見做そうとし勝ちであったことを示唆しているが、それも町人達にとってはまったく根拠のないことではなかった[85]。もともと自分達の建物によって出来上っている「まち」であるし、街路としてもその掃除や修繕は、主としてそこに間口を開く町屋敷の責任とされていた。明治に入ってからも、東京銀座の煉瓦街に植えられた並木に対し、京橋から新橋までの戸長達から、いずれその維持費は各戸に割当てられるのであろうから、むしろ並木を各戸に引渡し、私有物として維持させてくれるように伺いがたてられている。この願いは、並木が歩道でなく「馬車道中」に植付けられているので道路同様に取扱うべきである、という理由で却下されているのだが[86]、この挿話は近世的な街路観をよく物語ると同時に、それが近代的都市空間に触れて奏でられた不協和音と聞くこともできよう。

また「まち」のこのような性格は、時と場合によって色々変化する。毎朝短時間に行われる魚市や、季節によって開かれる雛市などでは、街路に仮設的な店が建ち並び、そこにいわば広場のような空間が形成されるが、一方、祭礼の行列や朝鮮人使の通行の際は、各町屋敷の前に低い竹矢来が設けられたりして、一時的に「まち」の往還としての性格が強められる。このように同じ空間を仮設的な装置によってさまざまに使いわけることは、近世都市空間の特色の一つといえよう。ここでは、いわゆる朱雀大路に当るような「行列道路」は造られなかった。

町屋の形態も、一般には比較的限られたものであり、したがって間口の大小、質の善悪を別にすると、それぞれの町屋敷を個性付けているのは、いわゆる「店付」といった付加的な心使いによる部分が大きい。建物の質の善悪は、一般にその町屋の属する町の地位あるいは格式に基づいており、一つの町の中に質の著しく異なった家が入り混っていることは一般に少なかったと思われる。(87) 明治に入ってからも新潟では、人々の住所と建物を貧富に応じて三等に分け、身分相応の場所に住むよう令されている。(88)

このような町の格式は、古町と新町といったものの外に、都市空間形態としての表町、裏町、横町、新道、路地、突抜け、ひあわい(庇間)などとも結びついて、それぞれ独得の空間が造られていった。道幅もそれぞれに応じて変化するが、一般に往還筋の場合でも比較的狭く、「まち」としての一体性を失わせるものではなかった。それが壊されるのは、前の銀座煉瓦街の挿話にみられるように、「馬車道」といった「まち」と異質なものの侵入・発展によるものといえる。

近世の人々の生活は、ハレとケのリズムに強く結びついていた。そして都市空間にもそれが表現されていたと考えられる。また一般に都市においては、人々の非日常性への期待感が強かったと思われる。

ある意味では町の前身である「市」そのものがハレの空間であった。定期的に造られる市の空間は、非日常的空間であり、人々の娯楽とも強く結びついていた。(89) 市のこのような性格は、常設店舗が出来した後も遺されていった。在方の町においても、特別な商品、とくに絹などの農村部の生産品に対する相対の現物商が機能していた間は、常設の店舗とは殆んど無関係に定期市がたてられることも多かった。(90) このような市は、常設の店舗と相争うものではなく、正にハレとケの関係にあったものといえよう。都市においては、毎日開かれる魚市や青物市の外は、例えば江戸の雛市や酉市などのように、季節と結びついた娯楽品とか縁起物の市が盛んになっていったが、それはそのまま生活のリズムに直結するものであった。

しかしハレの中心となるのは何といっても祭礼である。和歌森太郎氏の言葉を借りると、「祭りはそれにより生活共同の自覚を促すので、協同体としては自ら祭りをつくりながら、逆に祭りによって協同体がつくられる結果を導く」(91) ものである。

近世の都市の祭りは、中世の「市祭」や、とくに京都で発達したいわゆる「夏祭」の系譜を引くものと考えられる。中世の市祭は、原田伴彦氏によると、始めから商人＝町人のもので、中世において新しい町民的文化社会を生み出す一つのモメントをなしたとされている。(92) 一般に市神は、市の中心部に勧請されたようで、勢州四日市ではその四辻のところに大和三輪山の石を運んで埋めたとされており、(93) また山形城下の十日町の市神も四辻の中央にたてられた自然石であった。(94) かかる市神を中心とする祭りは、神殿の奥深く行なわれるような神事とはかなり性格が異なり、市の空間を舞台として町人達の手で行なわれるべきものであった。山形十日町の祭りでは、人々が市神に賽銭を投げ、一方では自らもみ合いながらそれを拾うといった行事も行なわれている。(95) また京都の祇園会などは、すでにしばしば指摘されているように、(96) とくに応仁文明の乱以後、町中の山鉾巡行は神事と切り離されて、まったく町衆のものとなった。他の祭りでも、いわゆる「辻祭」がその中心的な行事となっていった。(97)

このような伝統をひく近世都市の祭りでは、当然いわゆる神事よりも、都市空間においての行事がその中心的なものとなっていた。その主役を演じるのは町人であり、多くは各町を単位とする山車の行列が行なわれた。名古屋の福井町はもと本町に属していたが、『金鱗九十九之塵』の引く「名古屋町名由緒記」によると、「本町一丁目　二丁目共　御祭礼猩々車出来してより　別丁とな」ったという[98]。これを文字通り解釈してよいか問題ではあるが、祭礼と町単位との関係の強さを示唆するものとはいえよう。高山では、行政的な町の単位とは別に、祭礼の屋台を中心とする屋台組があり、共同体としてはその方がより強く機能している。

一方、このような都市の祭りは、見世物的な要素を帯びてきて、娯楽的な性格が強く出されてくる。そしてその舞台となる都市空間は、ハレの空間として装われた。とくに行列の道筋にあたる町々では、各町屋の正面は広く開放され、店にはハレ用の屏風や衝立を立て、毛氈を敷き、その他幔幕や提灯などと華やかに飾られた。一般にハレの行事においては、各町屋敷は「まち」に対して開放的となり、両者の一体性が強調されるかのようである。それは前の和歌森氏のいわれる祭りの理念の空間的表現とも解され、また前節で述べたような「まち」と町屋敷の共同体的所有の確認であったとも思われる。

また、祭礼以外の年中行事においても、例えば正月の松飾りや、五月の節句の菖蒲飾りなどによって、生活のリズムが都市空間にも豊かに表現されていた。それらの仮設的な飾りや作り物は、ある一定の期間を限って一斉に取除かれ、もとの日常的なケの空間に戻るのである。

庶民の祭りの特色の一つは、それにしばしば伴う、人々の密集であり、そのことは共有の空間においてお互いの距離をなくすことといえよう。祭りではなくても、例えば寺社境内の雑踏の中に、庶民達はある種の共感を分ち合うことができたと思われる。しかし、空間的な距離をその格式的生活のかなめとしている武家達は、そのような空間も行動も持ち得なかった。前に述べた鶴屋南北の『謎帯一寸徳兵衛』にもあるように、祭りや繁華の場所へ入ることは、基本的には法度とされていたと思われる。祭りではもっぱら見物側にまわったが、路上では見物できず、わざわざ行列を城中へ呼び入れたり、あるいは町屋敷を借りて「お忍び」で見物したりしなくてはならなかった。下級の武士やその子供達などは比較的自由であったようだが(99)、といってそれに参加することはできない(100)。ただ少なくとも幕末には、組屋敷の内部でその組のものが集まって祭礼を行なうことはあった(101)。

武家である為政者は、一般にかかるハレの華やかさを抑止する政策をとってきた。倹約令や、いわゆる「新規仕出し物停止令(102)」などは、ある意味では非日常性を抑えて、ケの生活を強いるものであったといえよう。しかし稀ではあるが、積極的に消費文化の振興策をとった例もある。尾州七代藩主宗春によるそれは有名であるが、遂に幕府の忌諱に触れ、宗春は謹慎させられてしまった。その時名古屋の町々では、「しとみ」を下させ、作事・造作を禁止し、看板を引き入れ、いわば喪に服するような慎しみの表現が町中に示された(103)。このような都市空間も非日常的といえようが、町屋敷を開放するハレのそれの丁度正反対の表現であり、それは貴人などの死去に伴なって不定期に出される、「音曲・鳴物停止」令(104)による規制と同種のものであった。

このように近世都市においては、その生活のハレとケのリズムが、不定期的な倹約令や鳴物停止令などを織りまぜながら、空間的にも展開されていた。町人地においては、それは各種の飾り物などの外に、各町屋敷の都市空間に対する開放度の振幅として表現されることもあった(105)。塀に囲まれた武家屋敷においては、そのような振幅は極めて限られたものであったといえよう。

一方、庶民が都市において期待したものの一つは、その非日常性であったと思われる。そしてそれに対する志向が、ある意味では都市個有の文化を発展させる原動力の一つであったと考えられる。したがって町人のお祭り好きや、新しもの好きに対して、為政者つまり武家の出した倹約令や新規仕出し物停止令などは、いわば都市文化の発展に逆行するものであったと思われるのである。それはまた、それぞれのたつ文化的基盤の相違を示すものともいえよう。

四　武家地と町人地の都市計画

本節では、これまで述べてきた武家屋敷と町屋敷の性格の相違が、都市計画に際しどのような影響を与え、また都市全体の上にどのように反映しているかということについて簡単に考察してみる。

武家屋敷は、身分の高低に応じてその規模がほぼ定められ、また上級の武家ほど城郭に近く配されていた。いわゆる「内山下」などにおける大身の武家屋敷は、城郭の縄張に左右されて不規則な形をとることが多いが、その敷地の広さがそのことを殆んど問題とさせない。とくにその建築様式である書院造は、敷地そのものの形態に対する造型的要求を殆んどもっていないし、さらに不規則な敷地にも容易に順応する性格をもっていたといってよかろう。[106] 中級の武家屋敷になると、その敷地の形はかなり整ってくるが、といってもそれ程の厳密さは必要としない。足軽同心といった下級武士の組屋敷などは最も規則的であり、多くの場合、町屋敷よりさらに外側に配されている。

一方町屋敷は、前章に述べたように、一般に敷地の間口一杯に建物を建てることが要求された。敷地の奥行はほぼ一定で、したがってそれぞれの間口は変動しても、敷地がそれ程複雑な形をとることはあまりなく、また一つの町全体としての形態的な規則性は貫かれている。一般に町人地は中級の武家屋敷の外側に配されていた。

寺社については、その建築と敷地の関係は武家屋敷のそれに近い。大規模な寺社は必ずしも整形な敷地は必要とせず、また城下町の外辺部に置かれる場合が多かった。したがってそれはしばしば出城的な機能をもつものと説かれており、事実大寺院が兵の屯所などに使われた例も多いが、軍事的な性格を抜きにした土地利用計画上からみても、最も適当な配置といえよう。

また、それぞれが地域として発展してゆく場合、武家地は土地を囲み取りながら面的に発展してゆき、町人地は単なる道を「まち」に変えながら線的に発展する。両者が交差する場合は、当然ながら後者が前者を断ち切るような形となる場合が多い[107]。松代では初期には、町が武家屋敷に断ち切られたような形態をとっている部分があるが、それは断ち切られた両側の町の成立事情が異なっており、しかも後にはこの部分の武家屋敷は町屋敷に変えられている[108]。

城郭をも含めて、このように相異なる地域の計画を行なうのには、それぞれ異なった技術が要求されよう。一つは主として城郭および武家屋敷、場合によっては「総構」を対象とした、いわば「縄張的」技術である。それは戦国期を通じて急速に発達した極めて実戦的なものであり、その特色は、求心的であり、形態的に不整形で、立体的であるといえる。その主要目的は防御という軍事的なものであった。もう一つは、いわば「町割的」技術であり、唐の都城制を模して造営された平城京や平安京以来のものとみてよいが、直接的にはむしろ中世を通じて変質し、さらに豊臣秀吉によって再編成された京都の町を志向したものとも考えられる[109]。その特色は、遠心的で、整形的、平面的であるといえよう。その主要な目的の一つは、建物の敷地を合理的に、かつ有効に割りつけることにあった。これらを形態的にみれば、「郭」と「町」に対応させることができよう。以上を図式化すると次のようになる。

城郭・上級武家屋敷 ― 中級武家屋敷 ― 下級武家屋敷
大社寺・総構　　　　中小社寺　　　　町屋敷
＝　　　　　　　　　　　　　　　　　＝
郭的・不整形 ―――――――――――― 町的・整形

近世城下町の、とくに土地利用計画上の大きな課題は、このように相異なる理念と技術の下に造られるべきものを、それぞれの機能を保持しながら、いかに一体としてまとめ上げるかにあったと思われる。そこで採られた方法はさまざまで、それが近世城下町の多様性をもたらしたものと考えられるが、基本的にはこの二つの理念に対する重点の置き方を反映するものと考えられる。

中世末の城下町においては、武家給人の屋敷群（武家地）と市町（町人地）との結びつきは弱く、地域的にも完全に分離されていた場合が多かった[110]。近世にも形態的にはそのような例はあり[111]、前に述べた課題の最も単純な解決方法の一つといえよう。しかし多くの近世城下町では、両者は少なくとも地域的にはより密着した形態をとっている。その場合、それぞれの計画理念がお互いにさまざまな影響を与え合っている。例えば福井においては、城郭の西側の町人地は、直線的な外堀に接して設けられ、ほぼ碁盤目状の整った形態をとっているが、城郭の北側の町人地は、この側の不規則な外堀の形状に全体的に支配され、屈折の多い街路となっている。このように郭の出入などの不規則性が町人地に影響を与えたと思われる例は他にも多く、弘前、桑名、彦根などにも認められる。一方、このような郭の不規則性を、例えば堀の外側のブロック一列に主として中級の武家屋敷という緩衝地帯を置くことによって吸収解消し、できるだけ町人地と整合させるようにしていると思われる例もある[112]。また、いわゆる「総構」がある場合、それと町人地との不整合は、そこに寺社や比較的大きい規模の武家屋敷（例えば下屋敷など）を設けて解消させていることが多い。町人地の街路にしばしばみられる「くい違い」なども、その部分における軍事的な配慮とみるよりも、むしろこのような異なった性格の地域を結びつける全体計画の中で結果として出来上った「ひずみ」と考えた方がよい場合が多いと思われるのである。むろん城下町の入口に設けられた「くい違い」や「枡型」などは、意図して作られたものであるが、それはむしろ縄張的に計画された「総構」に属するものである。

一般的に大規模な城下町では、町人地の規則性が強く、街路のくい違いなども少ない。またその城郭も、とくに平城の場合、本丸から二の丸、さらに外堀にゆくに従って形を整えてゆき、とくに町人地に接する部分は直線的な形態をとっていることも多い。ある意味では町割的理念が、城郭の縄張をある程度規制しているとも解されよう。形態のみに限ってみれば、最もそのような典型を示しているのは、碁盤目状の町割の中につくられた京都の二条城であろう。またそのような重点のおき方は、とくに都市の経済的活動に対する認識の程度にも関連するものと思われ、したがって、それぞれの領主あるいは計画者の考え方または個性といったものも無視できないのだが、それについてはなお検討を要しよう(113)。

一方、これらの武家地と町人地のつながりは、都市空間という見方からすると、一般にごく限られたものであったといえる。平面図的にみれば面的に接しているようでも、実際の都市空間は僅かな道によってつながっているに過ぎないことが多く、しかもその道には木戸が設けられ、場合によっては、稲葉氏治下の宝暦頃の淀城下のように、その木戸のいくつかは締切となっていることもあった(114)。さらに平面的な性格をもつ町人地と、立体的性格をもつ城郭・武家地との接合には、平面図では窺いしれない空間性が強く支配している場合も考えられよう。

いずれにせよ、武家地と町人地の空間的つながりは、その幾何学的な位置とは必ずしも関係なく、また木戸といった装置一つによっても大きく変えられる。単にいかめしい門や木戸があり門番が居るだけでも、両者のつながりは著しく阻害される。したがって、武家地と町人地の地域制を軸とした城下町の分類も[115]、都市空間の構成という視点からすると、なお多くの検討を必要としよう。

以上のような観点にたって、いくつかの城下町を、主としてその絵図により簡単にみてみよう。

弘前

弘前は、正保年間の絵図（内閣文庫蔵）によると（後掲図49）、その城郭の西は岩木川に接し、東、西、北には三重の堀を回らし、その内を郭内としていた。主要な武家屋敷の多くはこの郭内に設けられていた。外堀は直線的に造られているが、東と西の中央部に屈折をつくって枡型を設け、城門が建てられていた。町人地はこの外堀に沿って設けられており、そのブロックの幅、つまり町屋敷の奥行を一定にとっているため、外堀の屈折がそのまま道のくい違いとなって現われている。一方、城門から町人地を通って外方へ延びる道には屈折はみられない。また、南側の一部では、さきの外堀の屈折によるくい違いを、奥行の狭い町屋敷を置くことによって解消し、道を真直に通しているところもある。この町人地にみられるくい違いは、外堀の形にいわば素直に従った結果とみるべきであろう。むろん外堀の屈折や枡型は縄張的計画に基づくものであり、したがってこのくい違いもその影響ということもできようが、町人地でのくい違いそのものが軍事的計画に基づくものとは、この場合考え難い。また武家地と町人地はこのように堀で分けられているが、形態的にはうまく整合しているといえよう。このように堀によって両者を分ける方法は、しばしばみられるところであるが、この場合、堀端に沿って道を設けると、

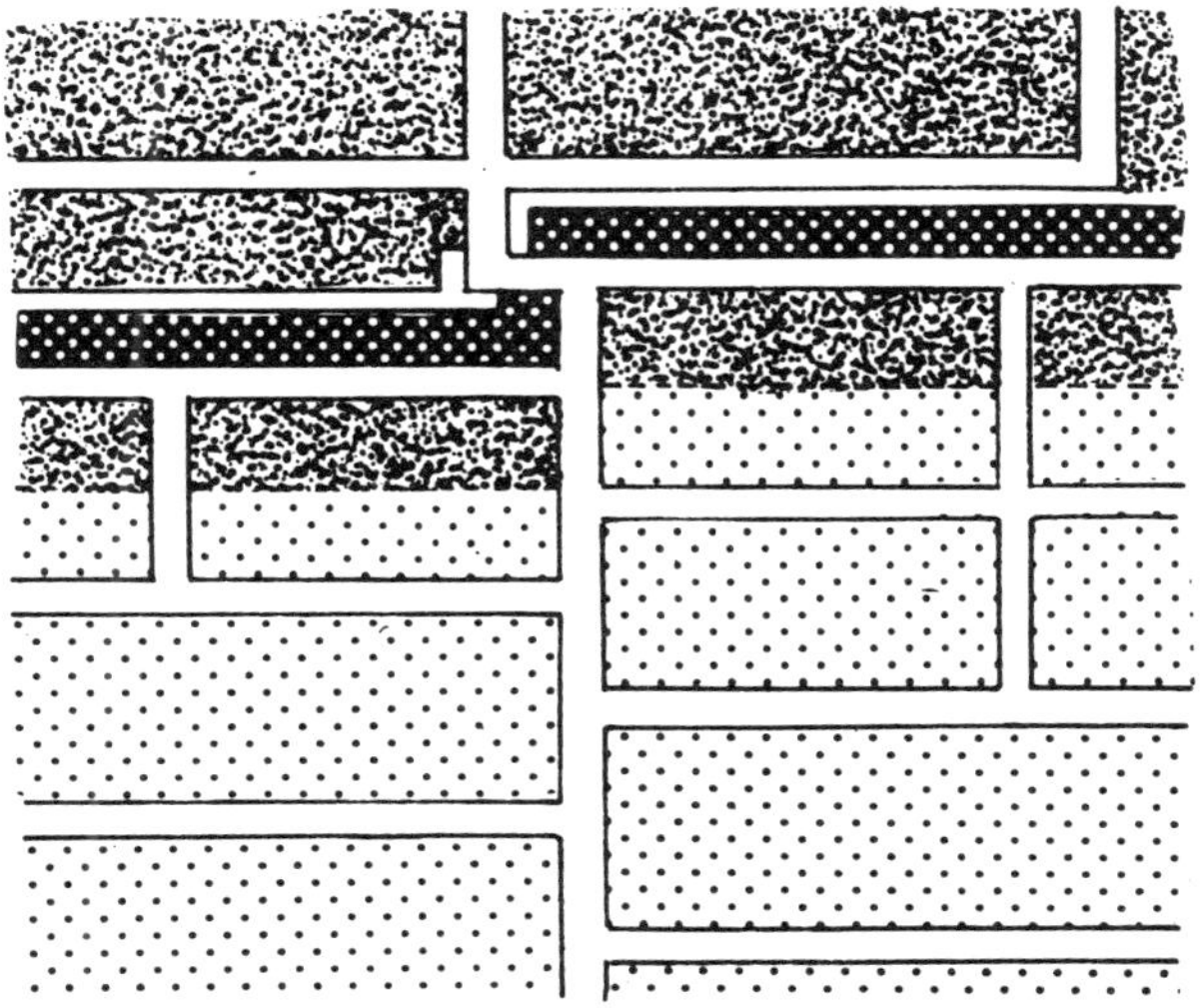

図48　弘前（正保）、部分

その部分は片町となってしまう。弘前では後の発展の過程で、まずこの部分に武家屋敷が進出して片町を解消し、武家地と町人地の境界はそれらのブロックの中央、つまり各屋敷の地尻に引かれることになった（図48）。形としては前の方がすっきりしているが、都市空間的に考えれば後の方がより合理的であり、また両者の整合性も損なわれてはいない。弘前ではさらに後には、郭内の武家屋敷はすべて郭外へ出されている。

一方町人地のさらに外側に配された、小人町、徒者町、足軽屋敷などの下級武士の屋敷地は、そのブロック割もまったく町人地のそれと同じになっている。つまり同一方式で町割してゆき、その一部をそれに当てたと考えられる。また、岩木川のさらに西側には、彎曲する川に接しては武家屋敷がとられ、その外側に直線的に屈折する町屋敷が配されている。この屈折は岩木川に大きく沿ったものであり、その地区から考えても軍事的なものとは思われない。

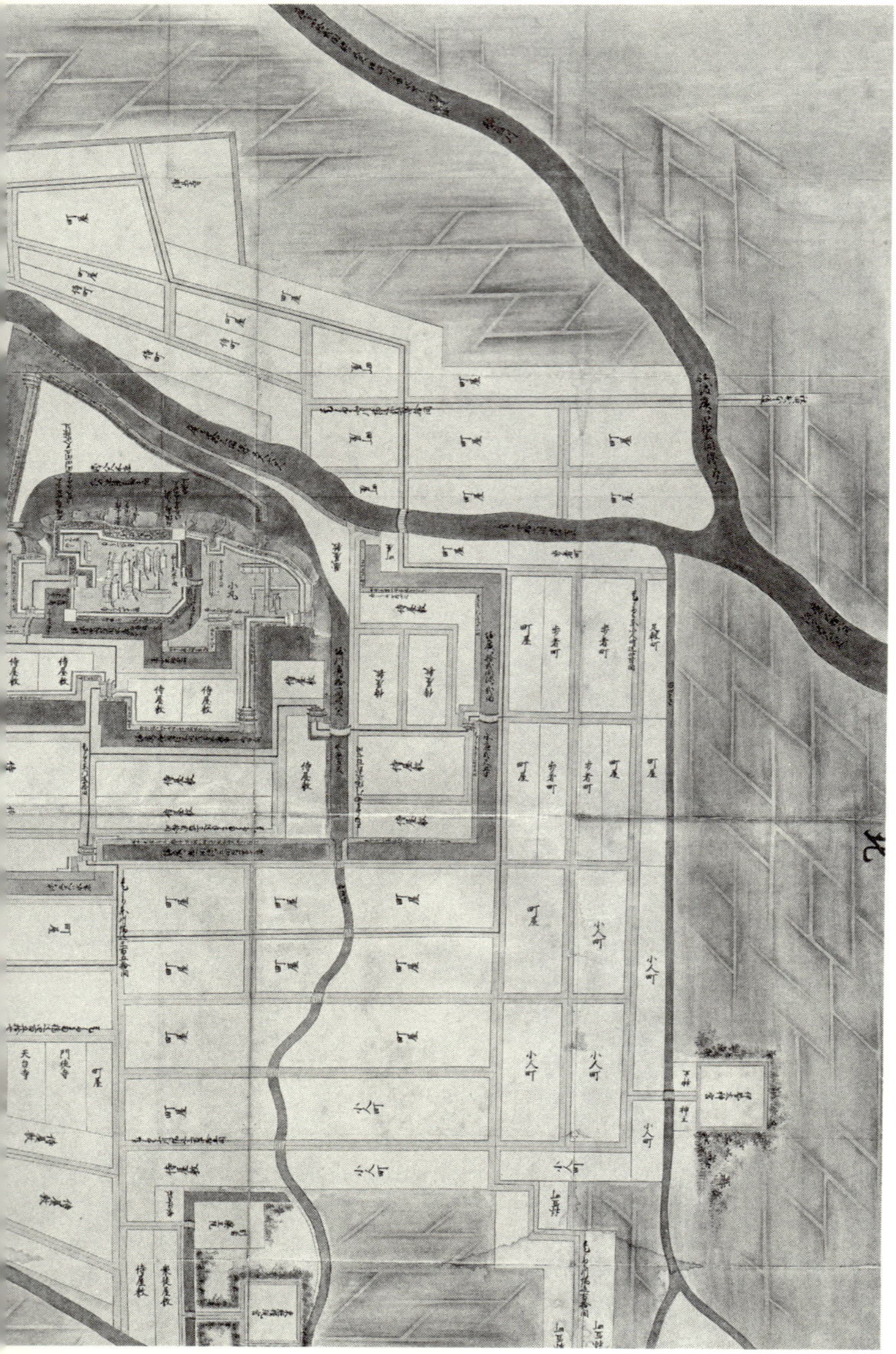
町屋
侍屋敷
小人町

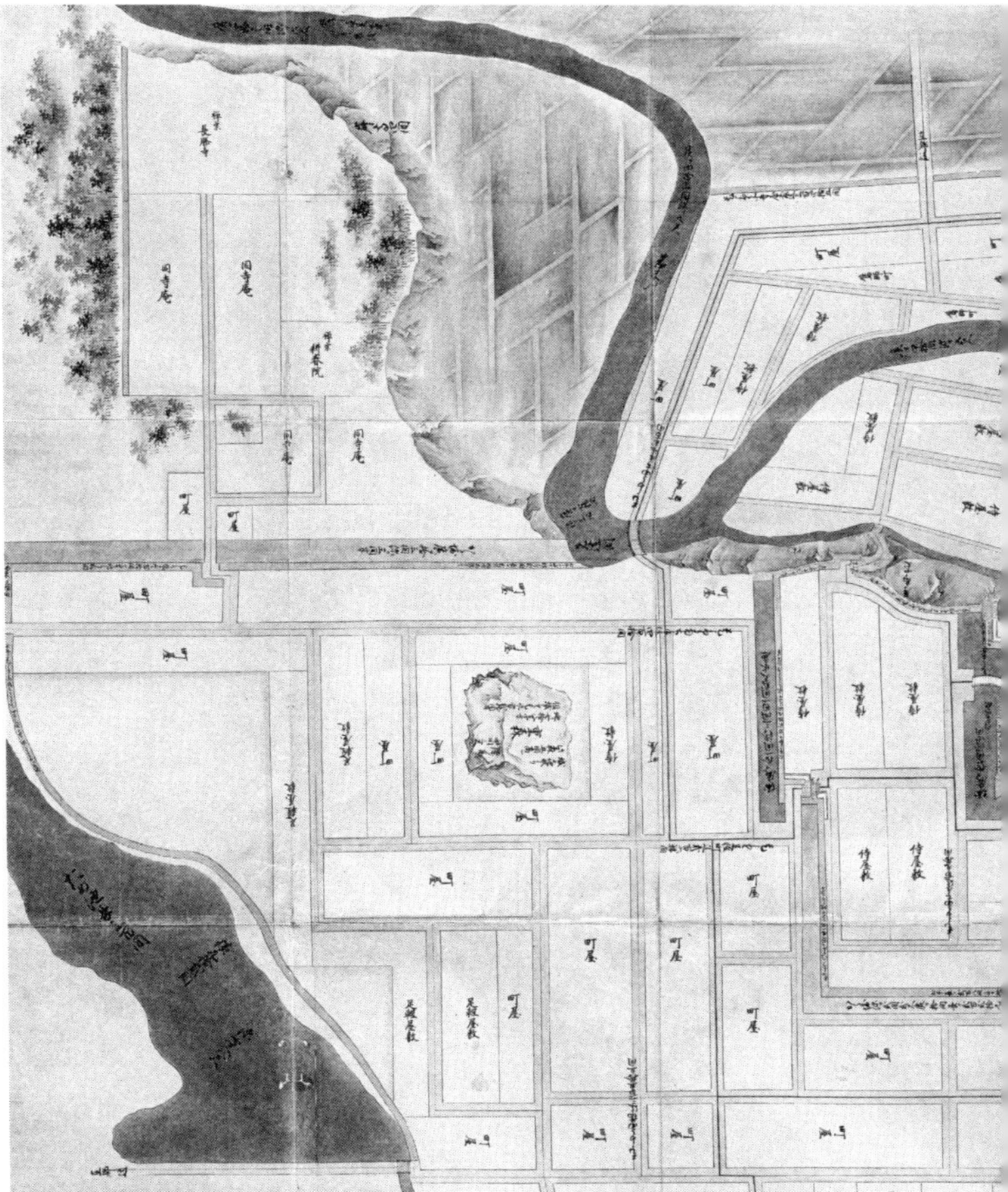

図 49　弘前（正保）

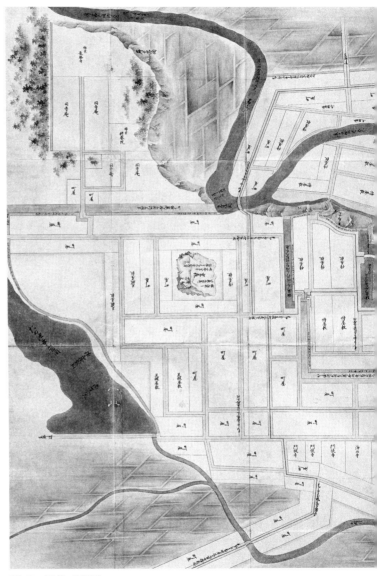

角館

角館は、支城的な小城下町として建設されたものであるが、享保年間の絵図（『日本の市街古図　東日本編』一九七三、以下東日本編とする）によると（後掲図52）、内町（武家地）と外町（町人地）は直線で接しているが、両者の間には広い火除地が設けられ、さらに堤が築がれている（図50）。この堤は他にもみられるような、いわゆる防火堤と考えられるが、一方では両地域を視覚的にも遮るものともなっている。堤を横ぎる道には門が設けられていたらしい。すなわち武家地と町人地は、ここでは平面図的にみるとかなり長い線で接しているようにみえるが、都市空間から考えると、厳しく分離されており、わずかな点でつながっているに過ぎず、まったく地域を離して計画されている場合と異ならない。実際の地域は接していても、さまざまな装置によって、少なくとも都市空間的には、両者をいわば遠く分離することが可能であり、城下町ではしばしば同様な方法が採られている。

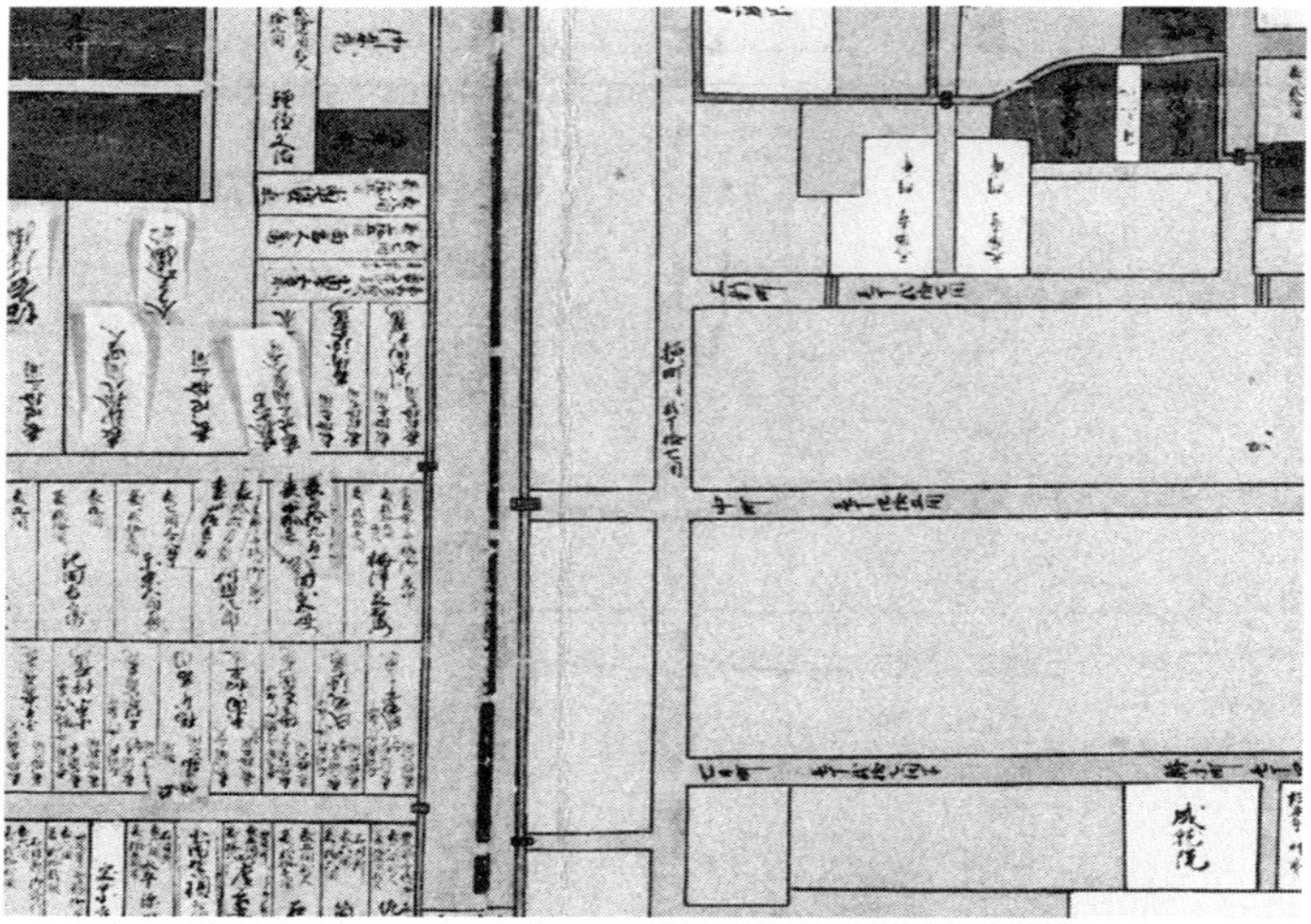

図50　角館（享保）、部分

盛岡

盛岡は「寛永の図」（東日本編）によると（後掲図53）、北上川に臨んで城郭を設け、城下町はその北と東に、中津川を挟んで展開されている。城の北の部分の町屋敷は、二重目と三重目の堀の間に設けられている。この地域から城内へ入る門の前には武家屋敷が置かれている。いずれの堀にも細かい凹凸がみられるが、これらの凹凸は各屋敷の地尻にいわば吸収されており、街路には影響を与えず、街路は直線的でくい違いなどは殆んどみられない（図51）。また堀に面する道もなく、いわゆる片端町はつくられていない。このように堀に沿って道が設けられるのと、そこが各屋敷の地尻になるのでは、防御的な考え方の上にも差があるように思われるのだが、どのように解釈すべきかわからない。また中津川の東側の町でも、それをとり囲む外堀はかなり凹凸があるが、それも殆んど各屋敷の地尻で解消している。

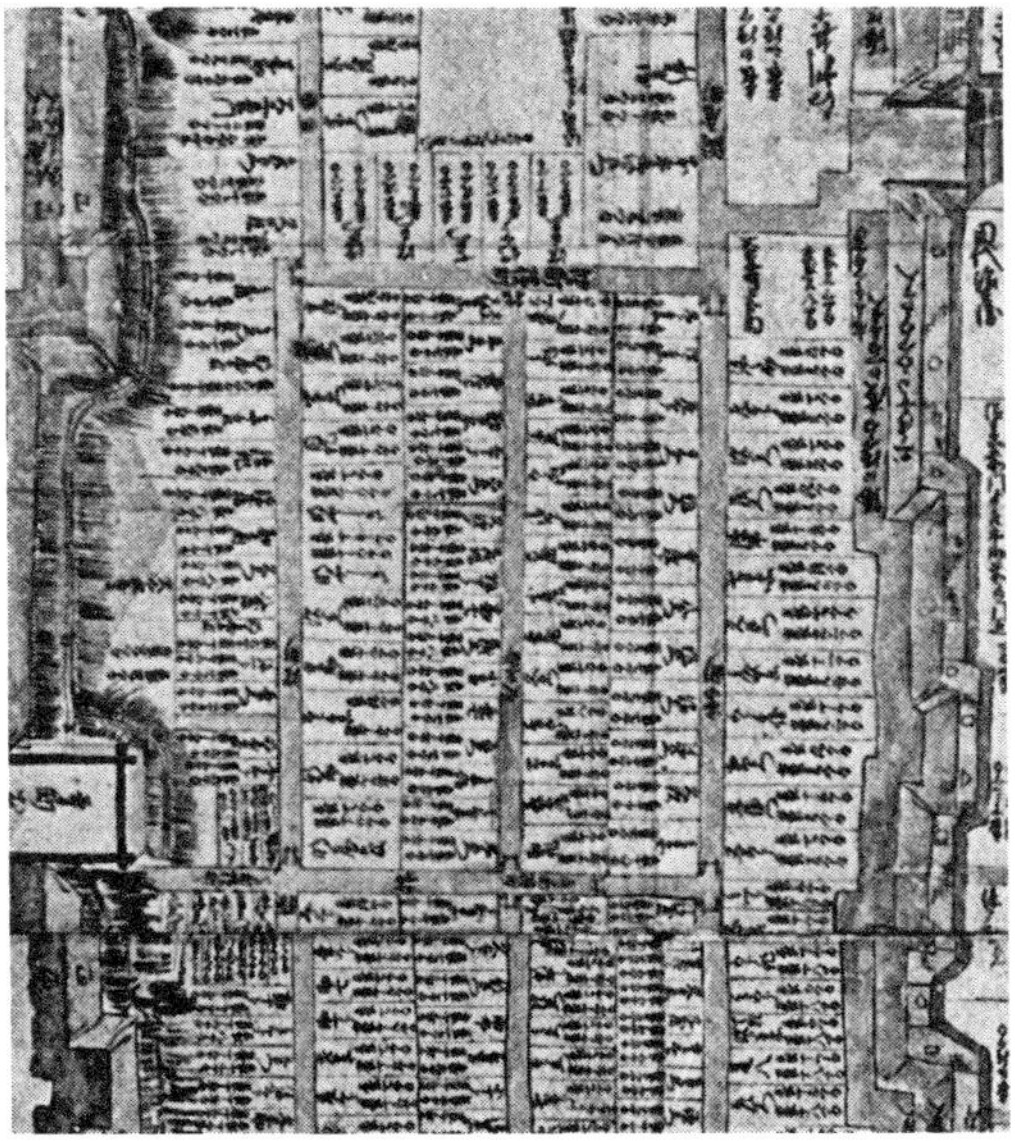

図51　盛岡（寛永）、部分

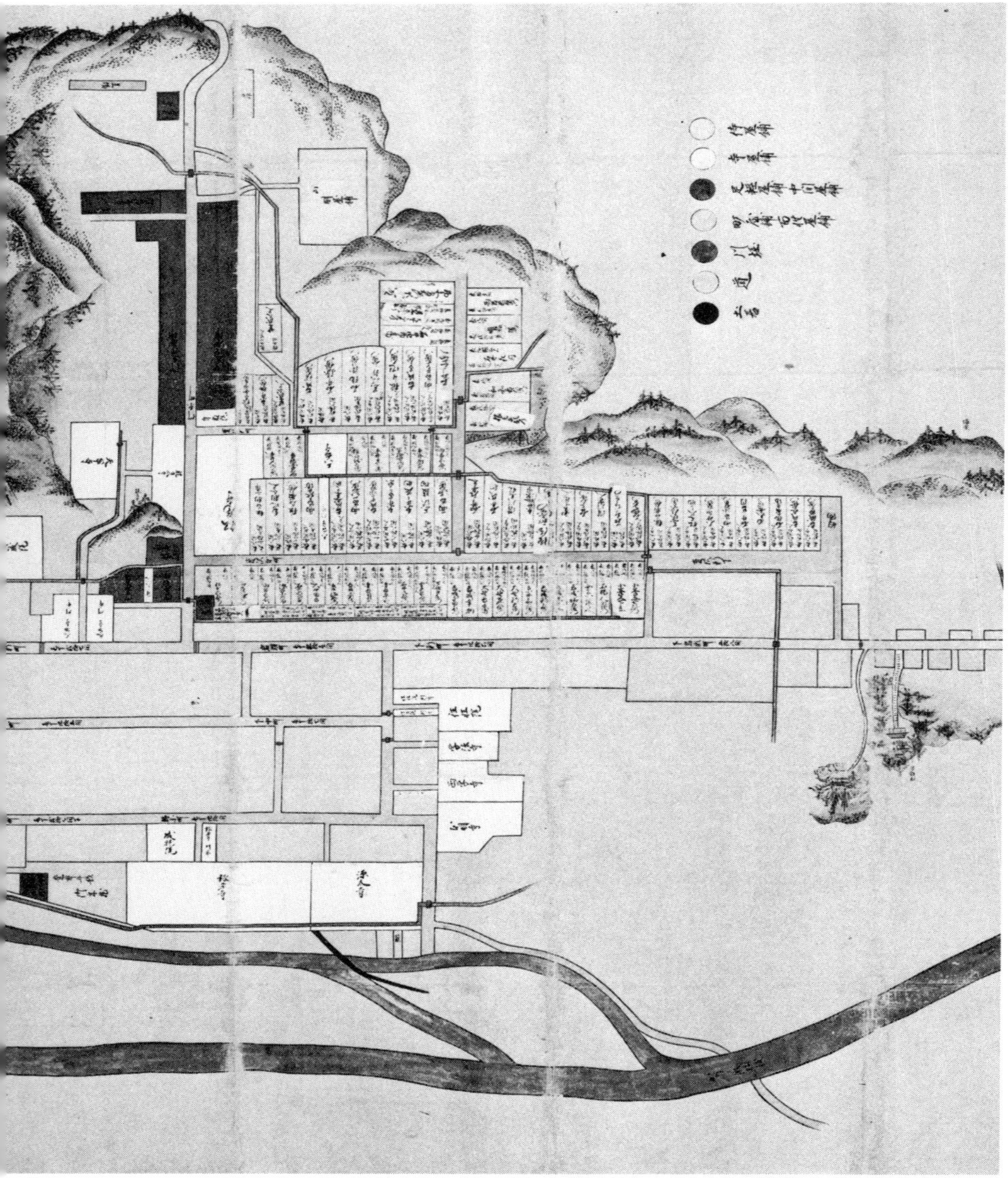
侍屋舗
寺屋舗
足軽屋舗中間屋舗
町屋舗百姓屋舗
川筋
道

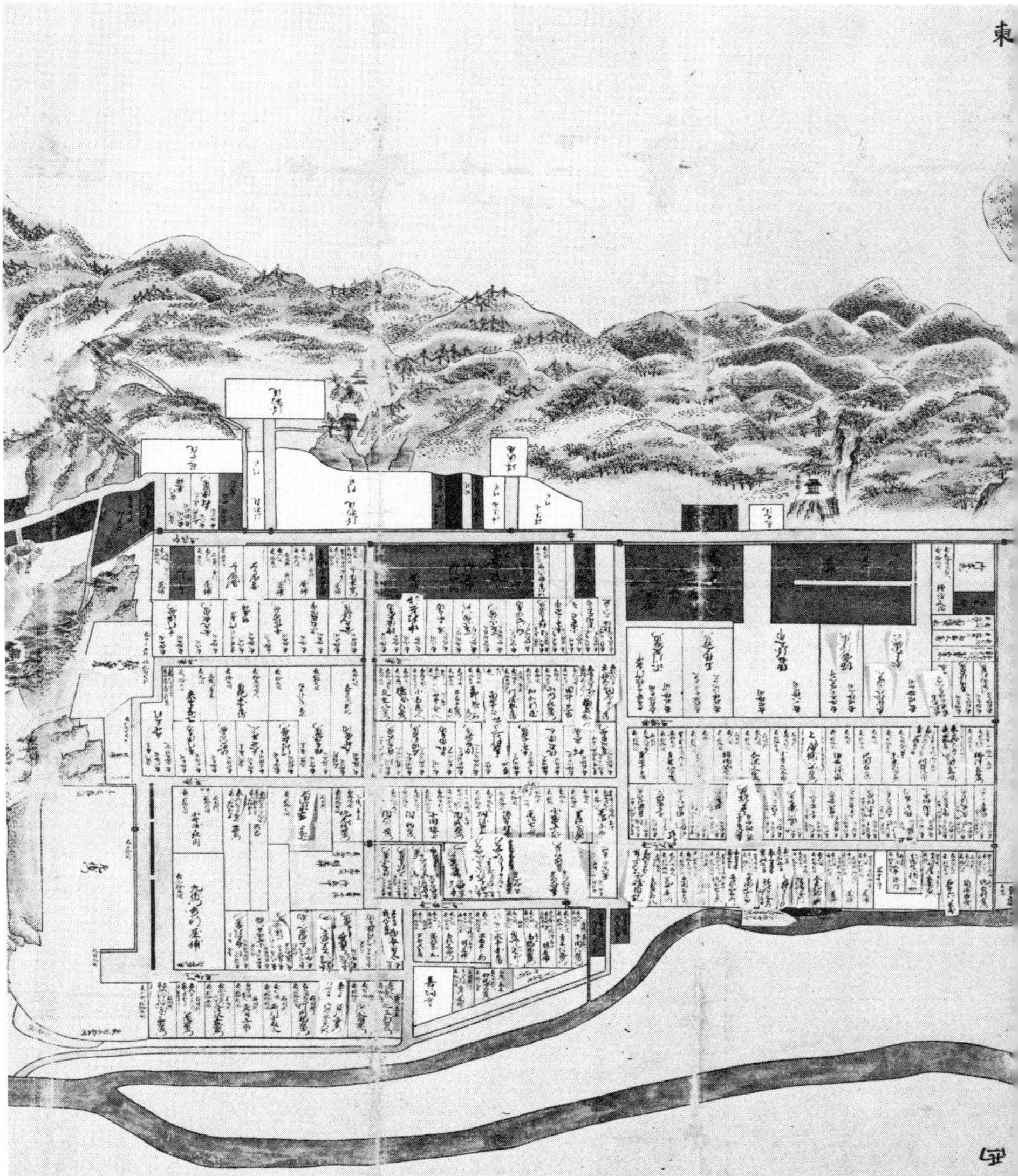

図 52　角館（享保）

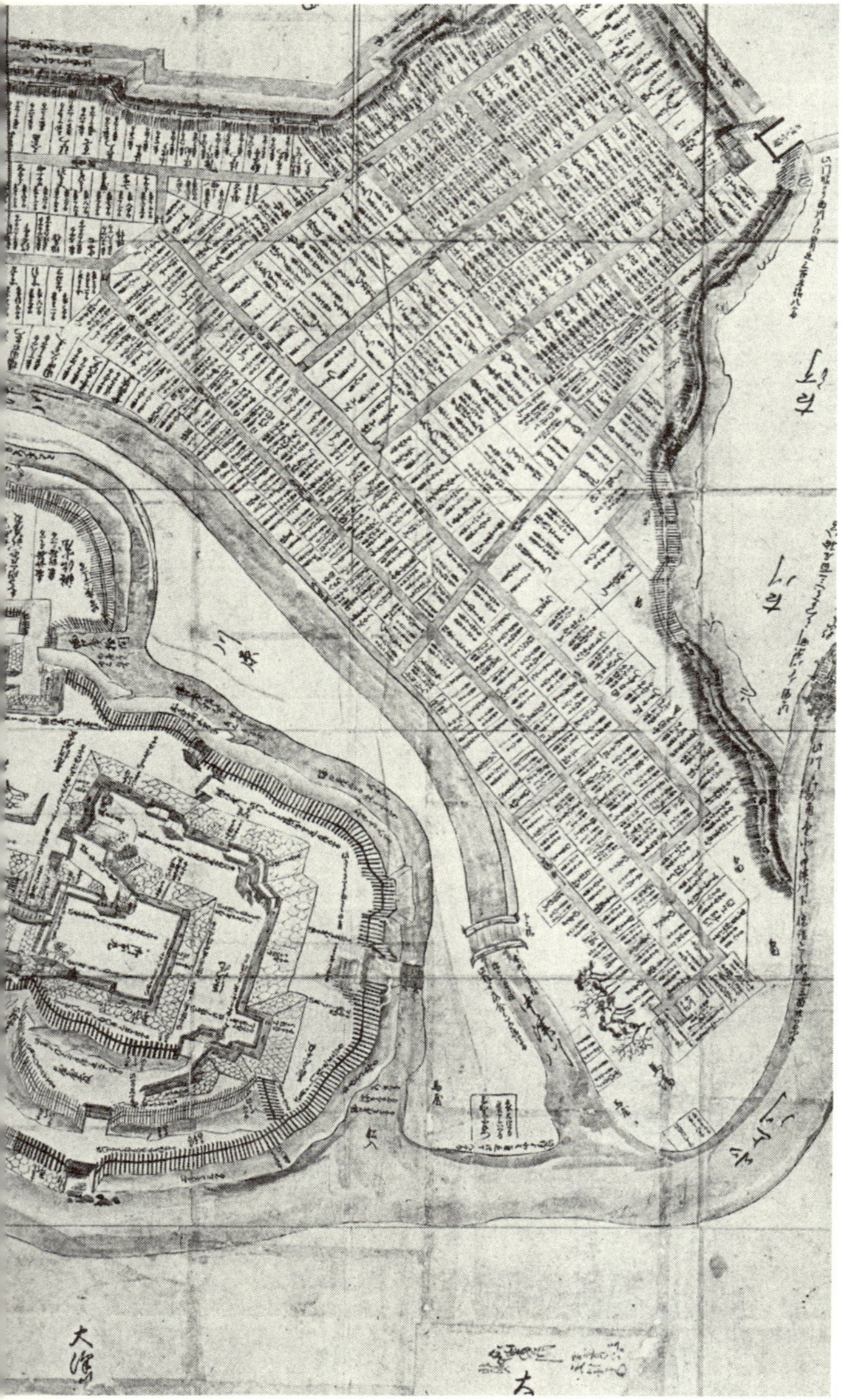

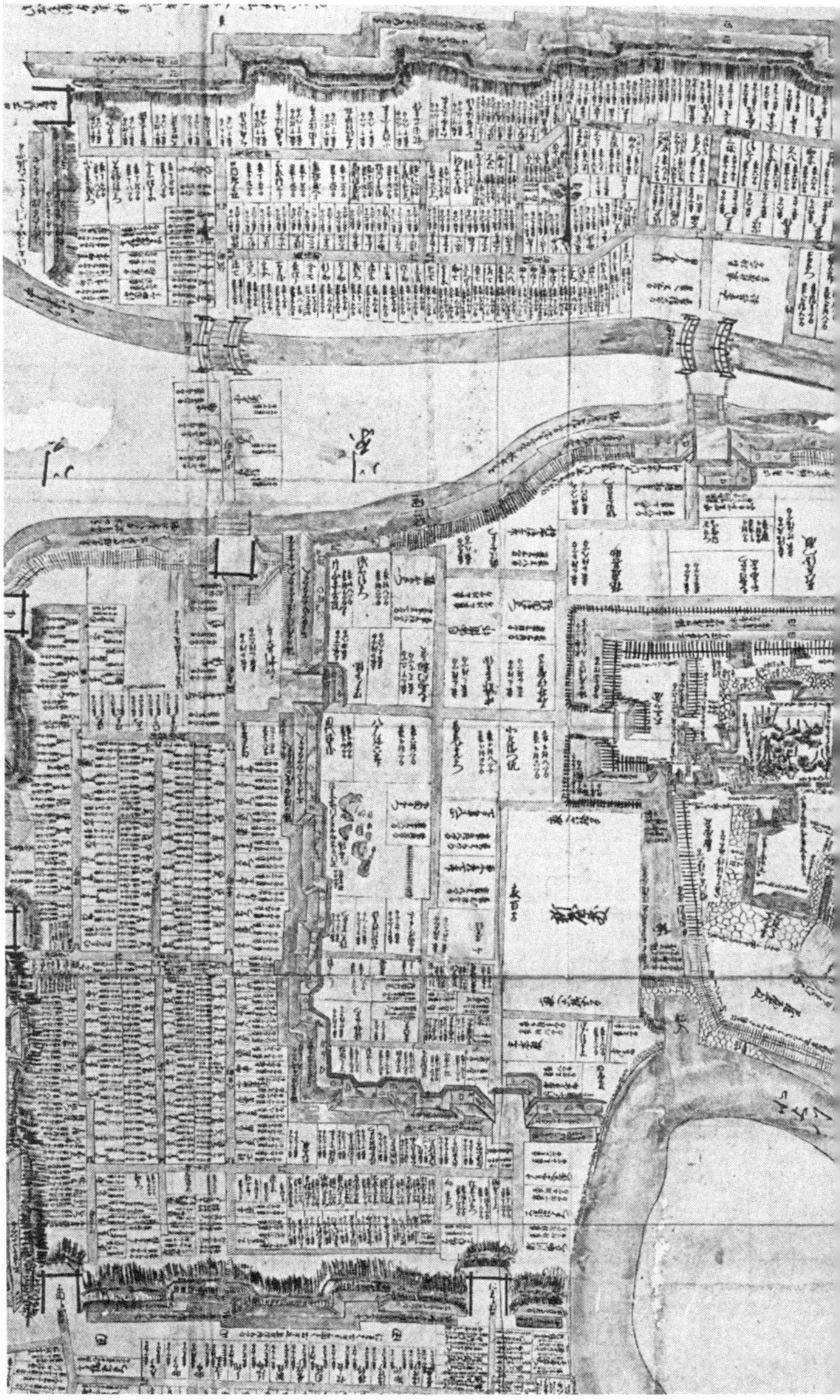

図 53　盛岡（寛永）

仙台

仙台では、寛文の絵図によると（東日本編）蛇行して流れる広瀬川の西岸の丘上に城郭を築き、その周辺に一部の武家屋敷を配し、広瀬川の東に大部分の武家屋敷と町屋敷が建設されている（後掲図55）。不規則に蛇行する広瀬川に沿っては、大身の武家の広い屋敷が設けられ、そこで大部分の不整形さを吸収し、さらに小規模な武家屋敷を部分的に挿入して、町屋敷と整合させている（図54）。町人地や大部分の中小武家屋敷地は整然と町割され、したがって意図してつくったと思われるくい違いや屈折などは、城郭の部分を除いては認められない。町人地は武家屋敷によってまったく包み込まれており、周辺の不規則性からいわば隔離されている。また、定禅寺を始めとする寺小路が、規則的な町割の中に不規則に割り込んだような形をとっているが、これは初期の城下町の不整形な外縁部が、後の発展の中で閉込められて遺ったものである。

図54　仙台（寛文）、部分

山形

山形でも外堀に接して町人地が設けられており、外堀の形に従って大きく屈折しながらそれを半周している。しかしながら、とくに城郭の東側に接する部分では、元和頃の絵図（東日本編）によると（後掲図56）、その外堀の細かい出入は、その外側に空地や寺院を設けることによって解消し、町屋敷には影響を与えていない。したがって町人地では道の細かい屈折はみられない。山形のように、町人地が城郭を半周するような形式は、中規模の城下町でしばしばみられる形態であり、いわば城郭が直線的な町の中心部分を外側へ押し出した形態とみることもできよう。それにより必然的に屈折が出来るが、一方「まち」という空間は全体として長くなり、それだけ多くの町屋敷をつくることができるのである。

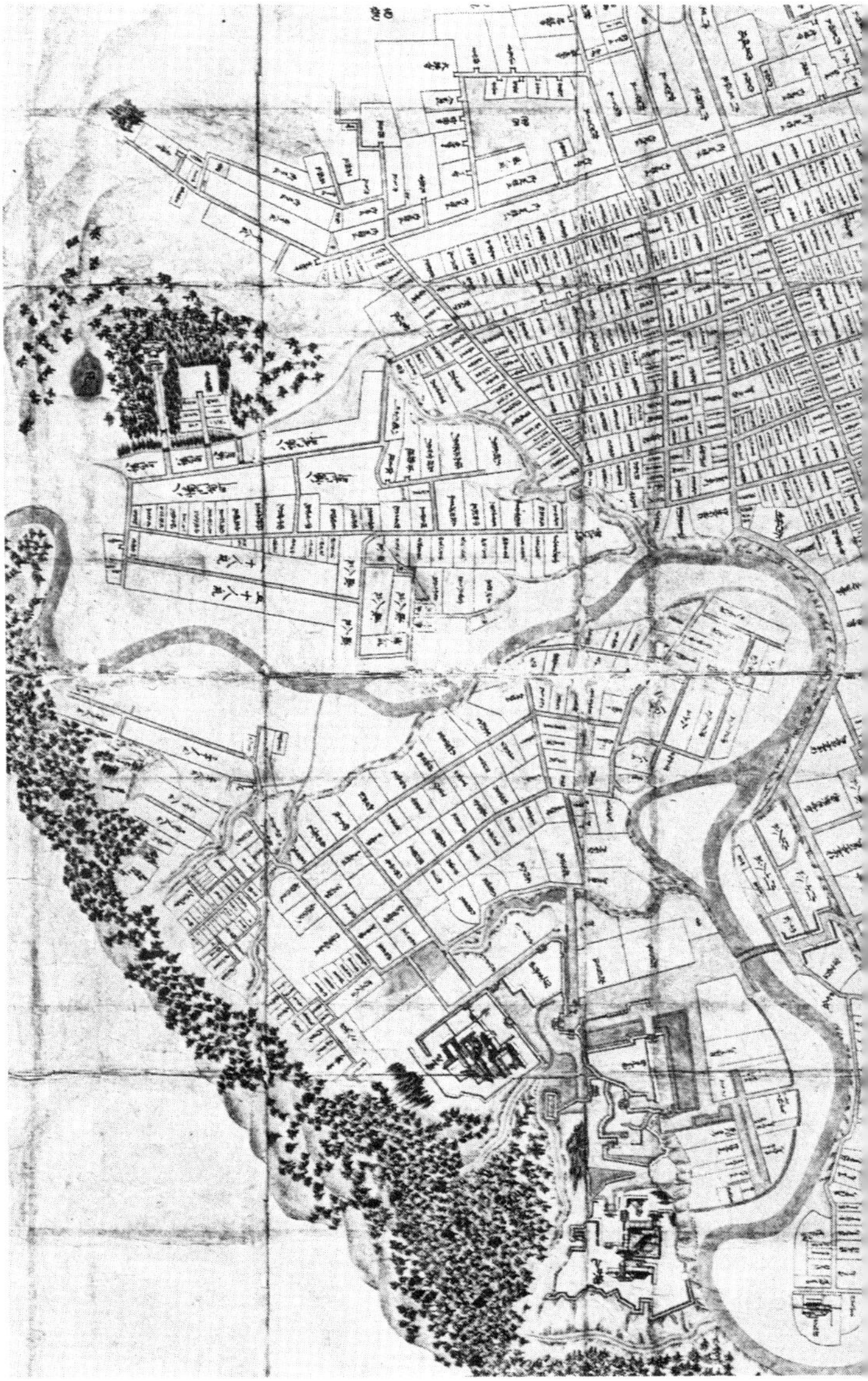

図 55　仙台（寛文）

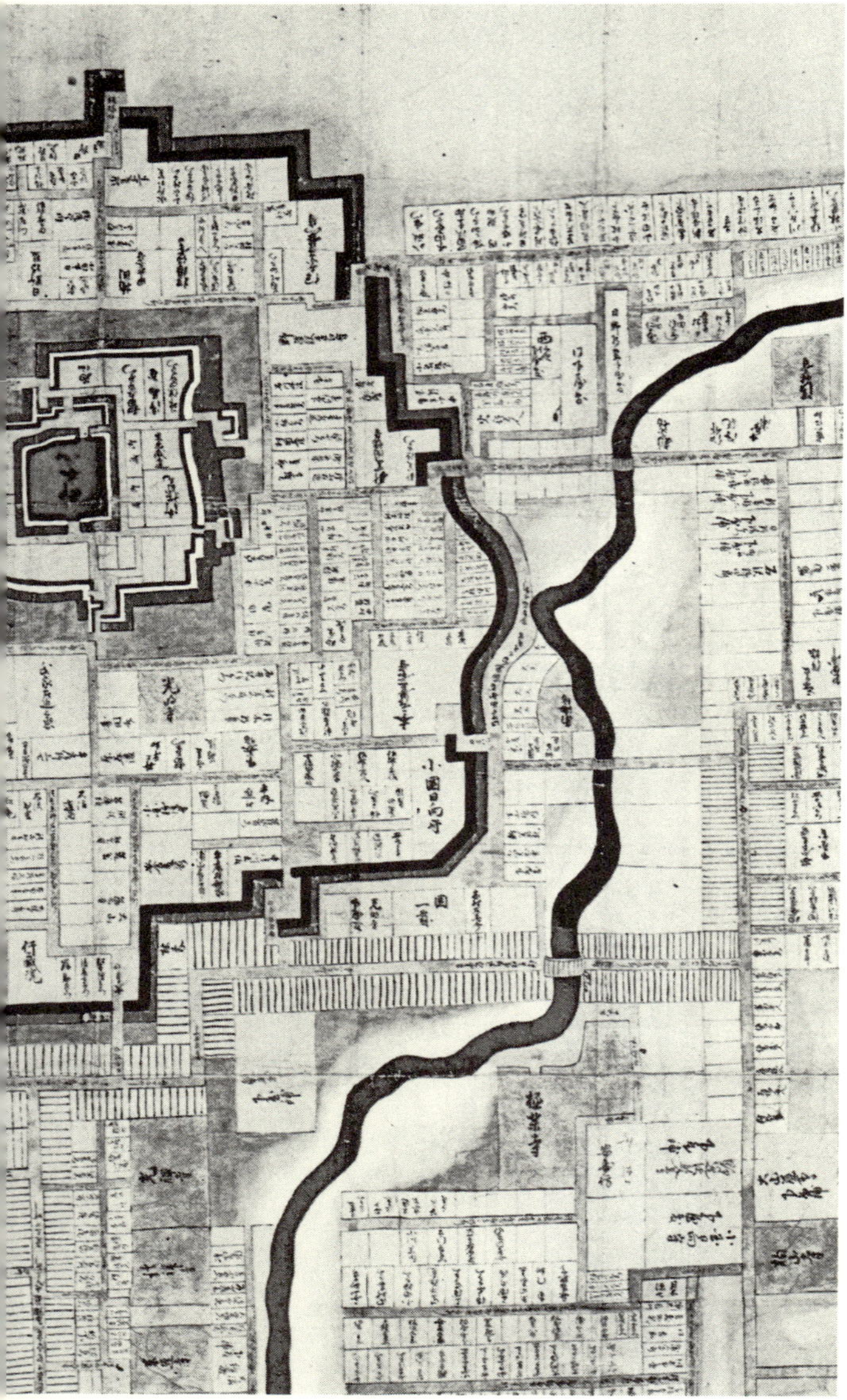

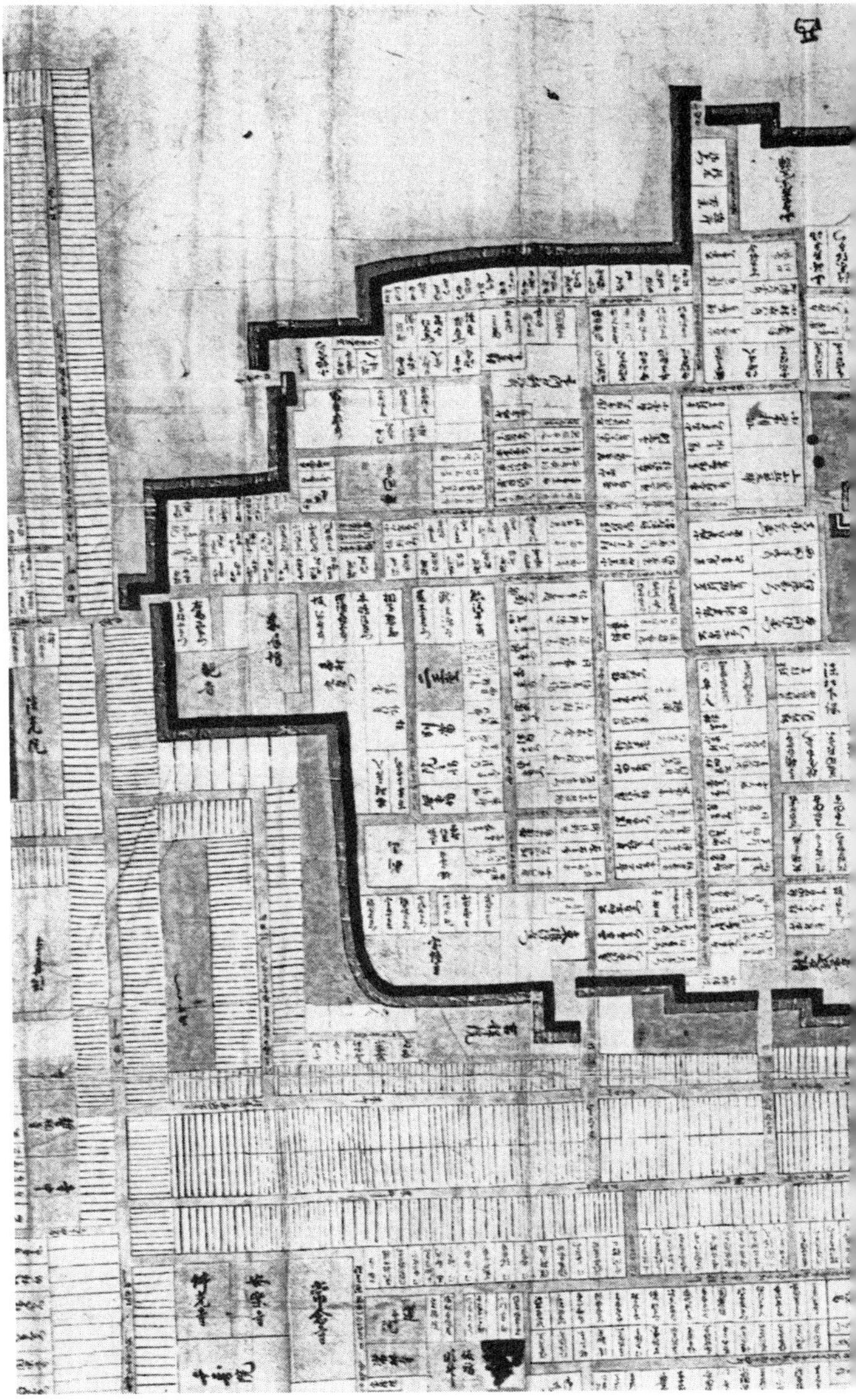

図 56　山形（元和頃）

会津若松

会津若松は正保の絵図によると（東日本編）、城郭を大きくとりまく外堀の郭内に武家屋敷、郭外に町屋敷、足軽町・歩行町などがつくられているが、武家地も町人地も大へん規則正しく町割されている（後掲図59）。この点ではむしろ武家地の方が目立っており、入口の部分以外では殆んどすべての道が一直線に通っている。城郭そのものは不規則な形をとっているのだが、その周囲に大規模な屋敷や空地を設けてほぼ矩形の整形とし、そこから規則正しい武家の屋敷割が始まっている。一方、外堀の形態も不規則であり、規則正しい武家屋敷と町屋敷の間に強引に割り込んだような形になっており、その部分にいわば歪みを生じている（図57）。しかしその歪みは、その部分だけにとどめ、他には殆んど影響を与えていない。そこではいくつかの寺と空地がみられるほかは、とくに解決策もみられず、多くは屋敷地の地尻が堀と接しているので、それぞれの屋敷地内でこの不整合を解消したものと思われる。

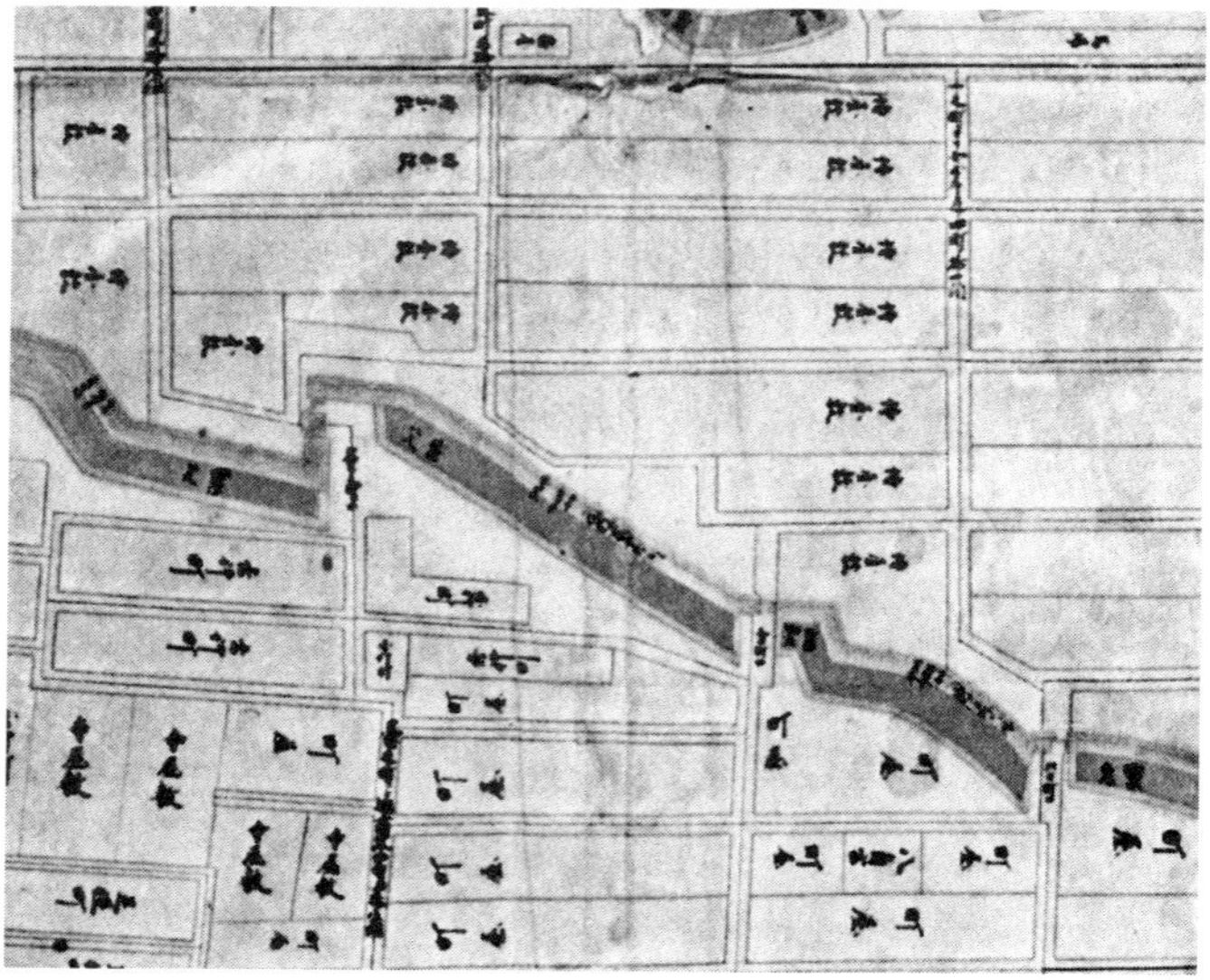

図 57　会津若松（正保）、部分

甲府

甲府では、その城郭（内城）そのものは軍事的な機能に従って大へん不規則な形をとっているが、その周囲の武家屋敷地である内郭では、形を整えてゆき、とくに町人地に接する東と北では一直線の堀が設けられてそれと整合している。それが意図されたものであることは、町人地と接しない西南部の内郭の堀の不規則さが示唆している。町人地は極めて整っており、正方形のブロックに町割されている。この町地の周囲にも外堀が設けられているが、ほぼ整形で、一部屈折のあるところでは寺院が置かれている。

ところで、嘉永二年の絵図（東日本編）によると（後掲図60）、この東側と北側の町人地（外郭）から内郭へのつながりは、前者で四個所、後者で三個所の道と門の施設があるにもかかわらず、実際その堀に橋がかかっているのは、それぞれ一個所に過ぎない（図58）。つまり内郭と外郭すなわち武家地と町人地は、堀と土居によって厳しく分離されているのみならず、さらに

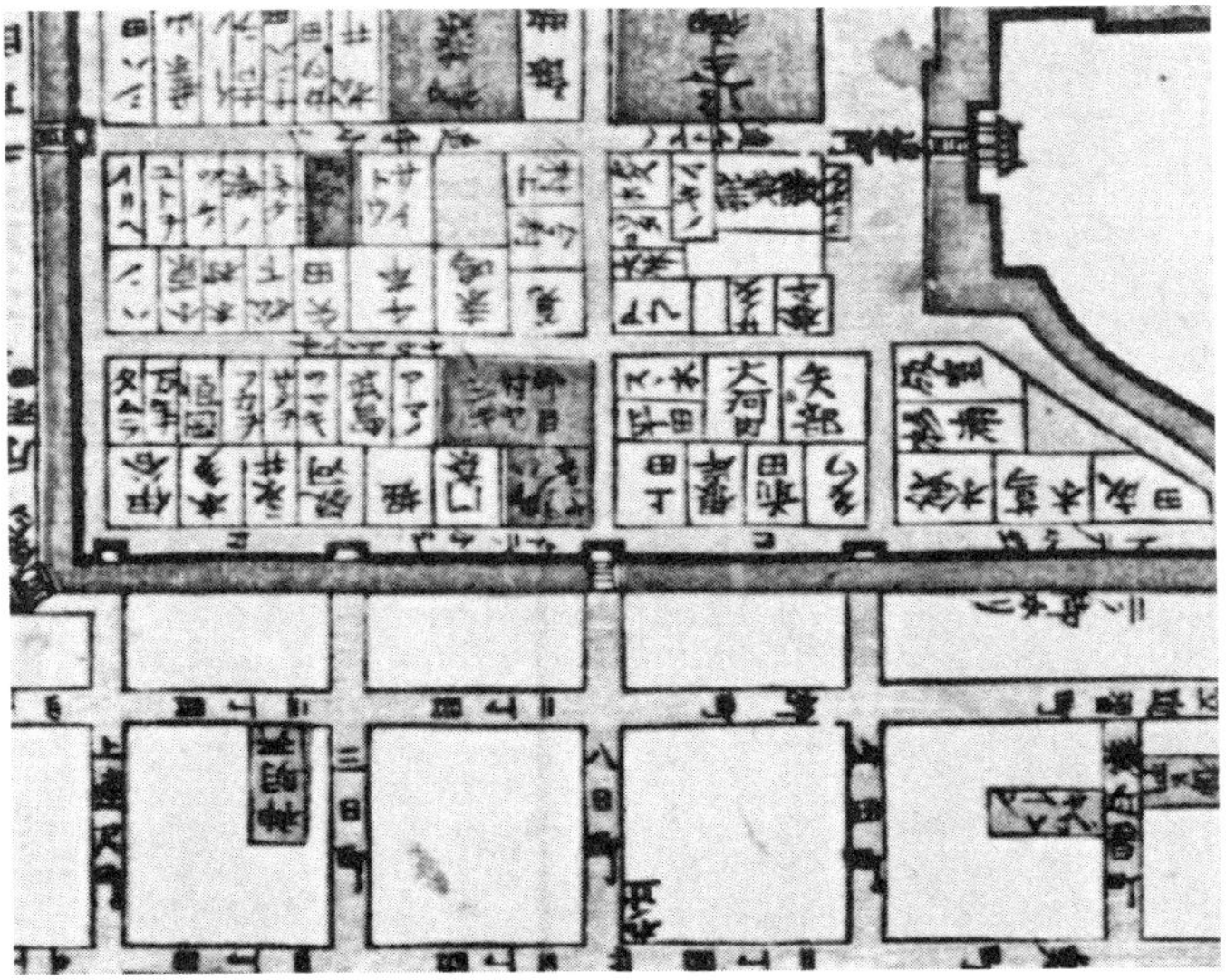

図58　甲府（嘉永）、部分

入口を限定することによって、たった一点だけで辛うじて接しているといってよいだろう。これは木戸の締切などによる場合もみられる。

甲府では、形態的には城郭・武家地と町人地は大へんうまく整合させられているが、都市空間的にみれば、少なくとも幕末においては、いわば最小限度の結びつきしかもっていなかったといえよう。

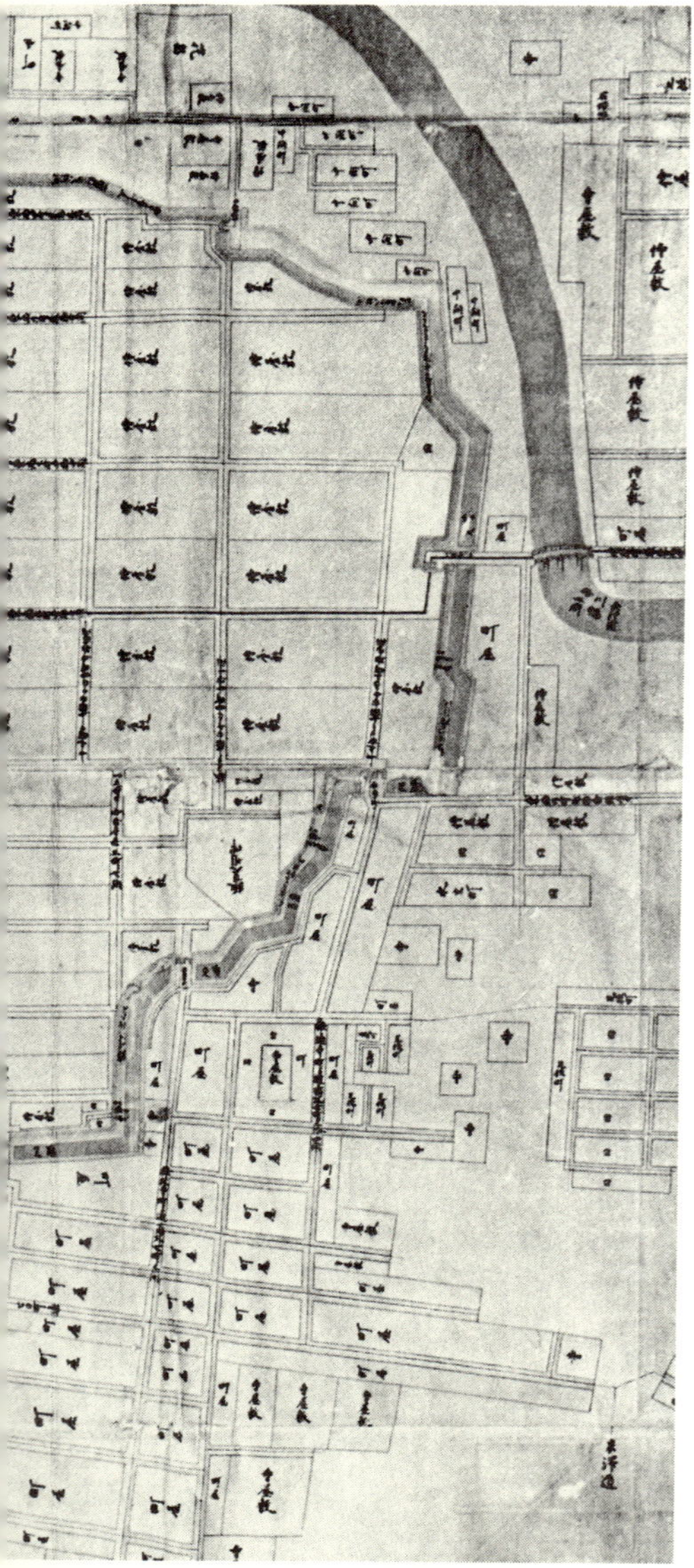

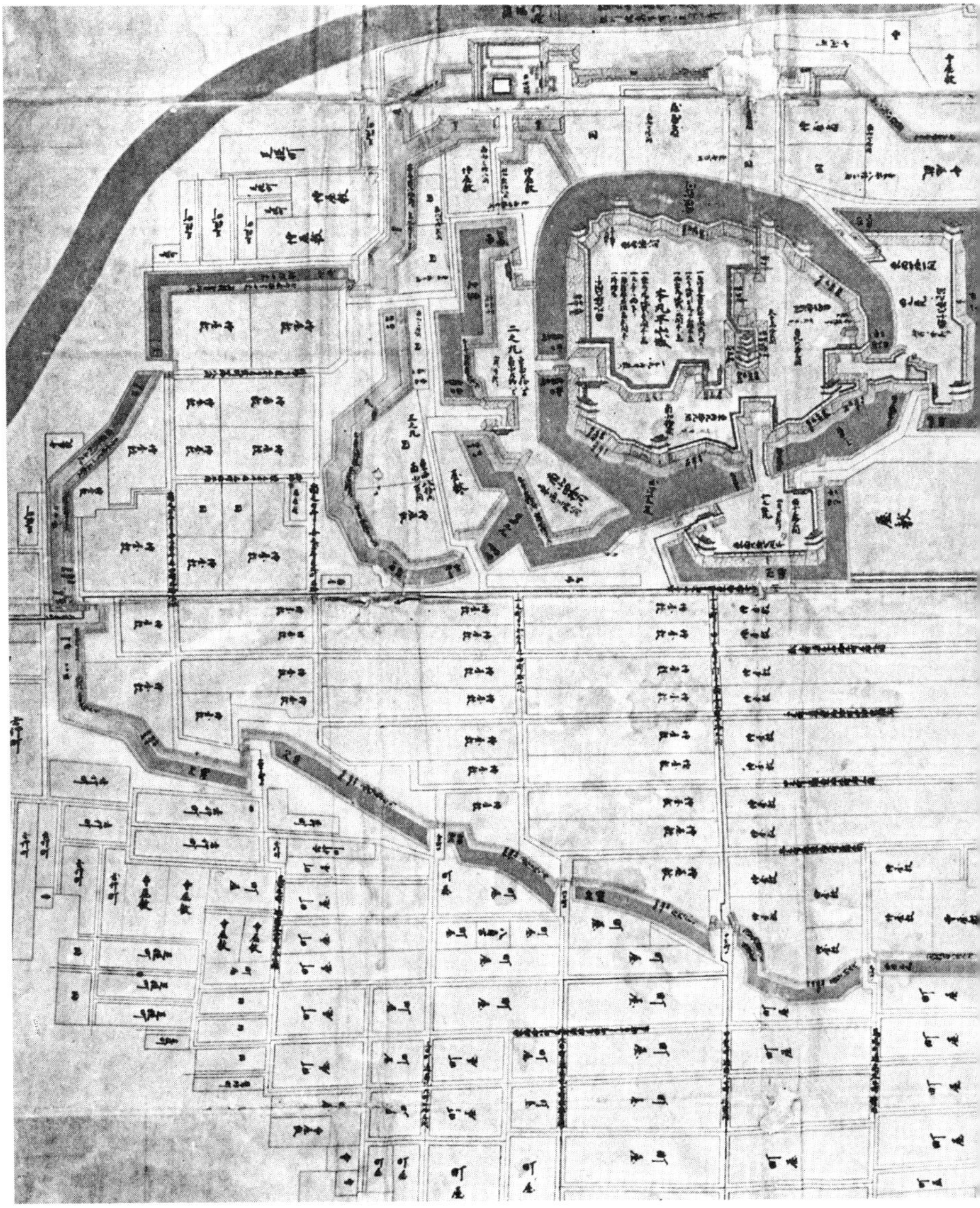

図 59　会津若松（正保）

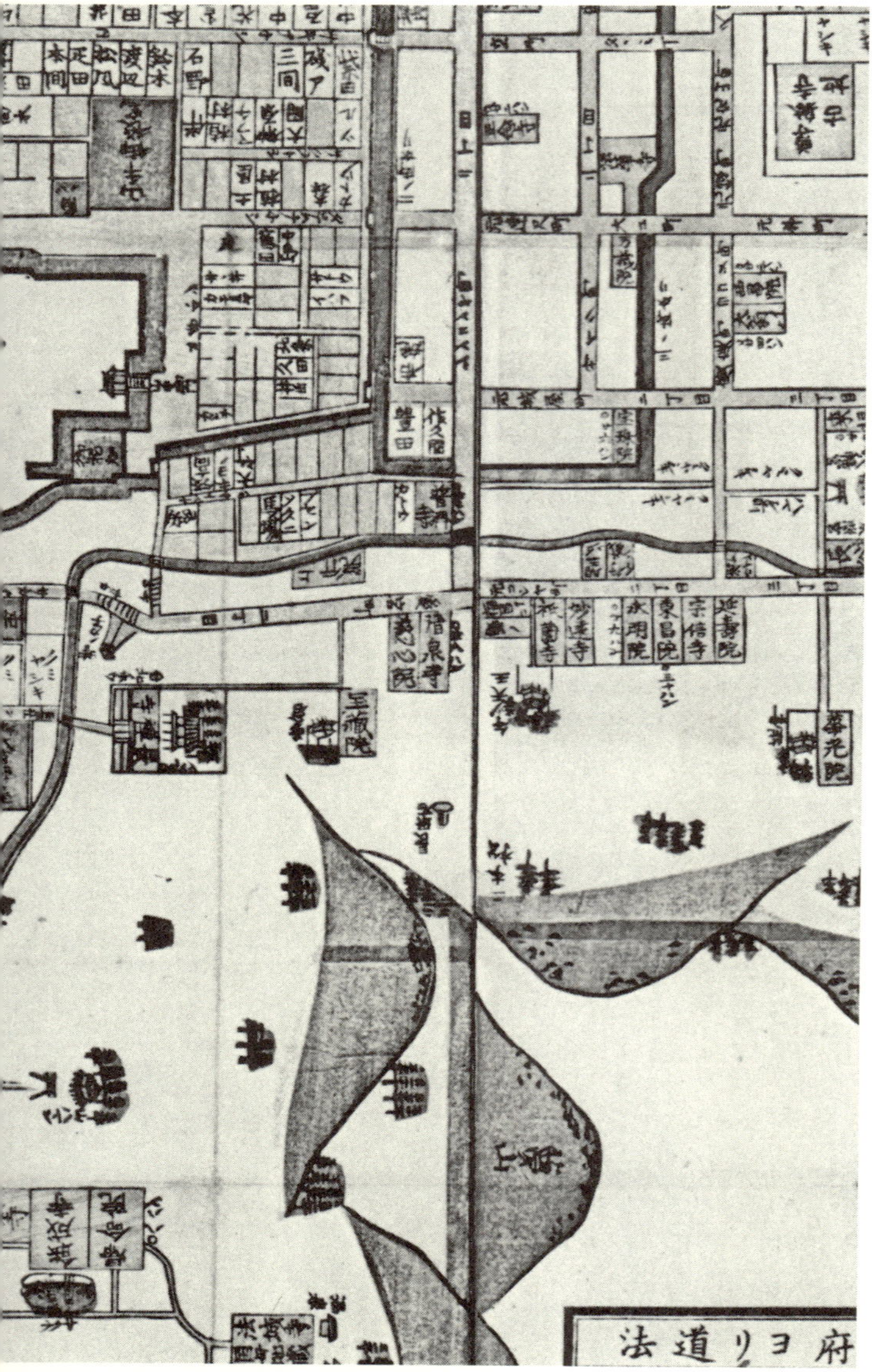
延壽院
宗信寺
東昌院
永明院
妙法寺
倉泉寺
三間
石野
豊田
府ヨリ道法

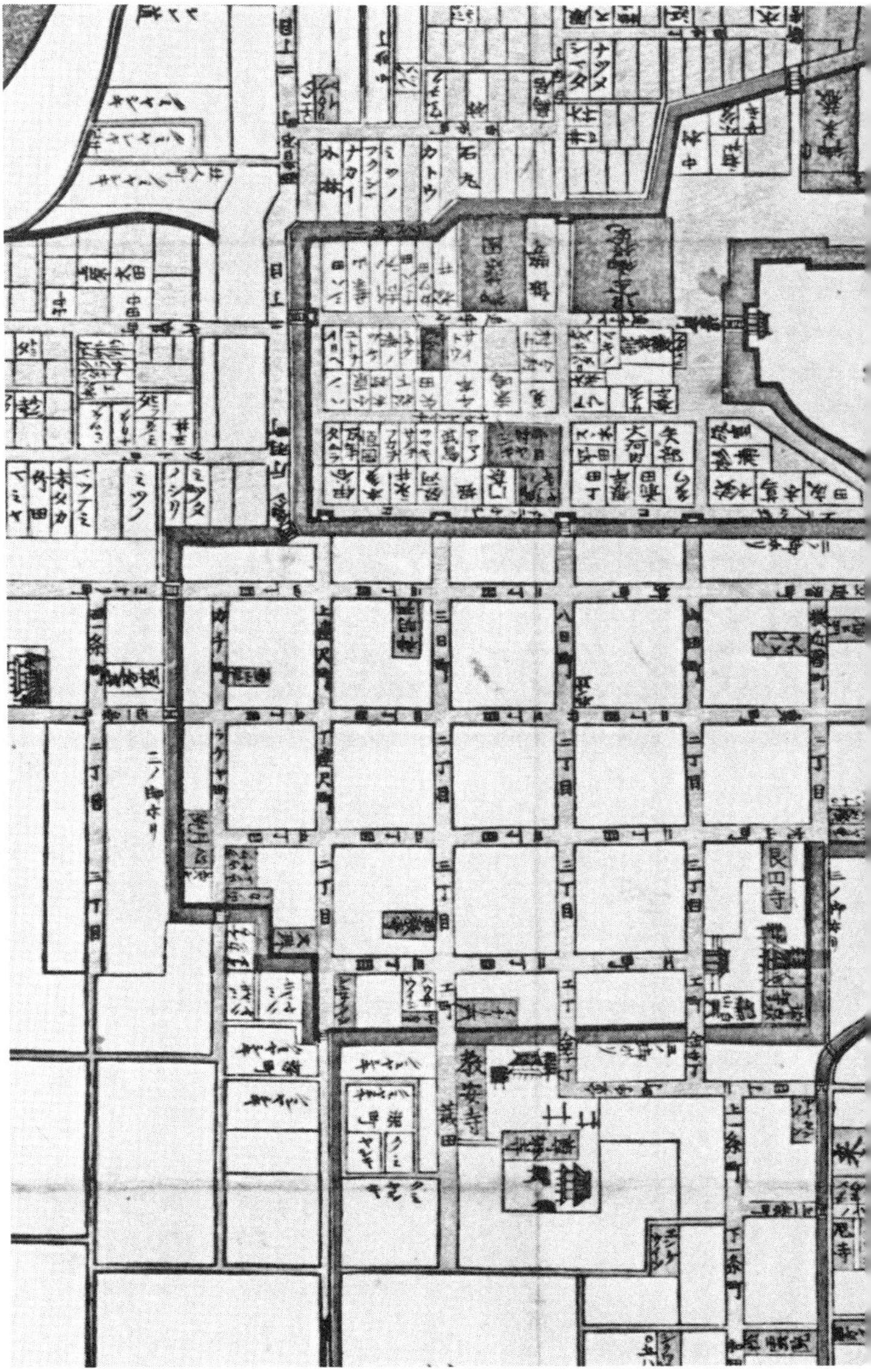

図 60　甲府（嘉永）

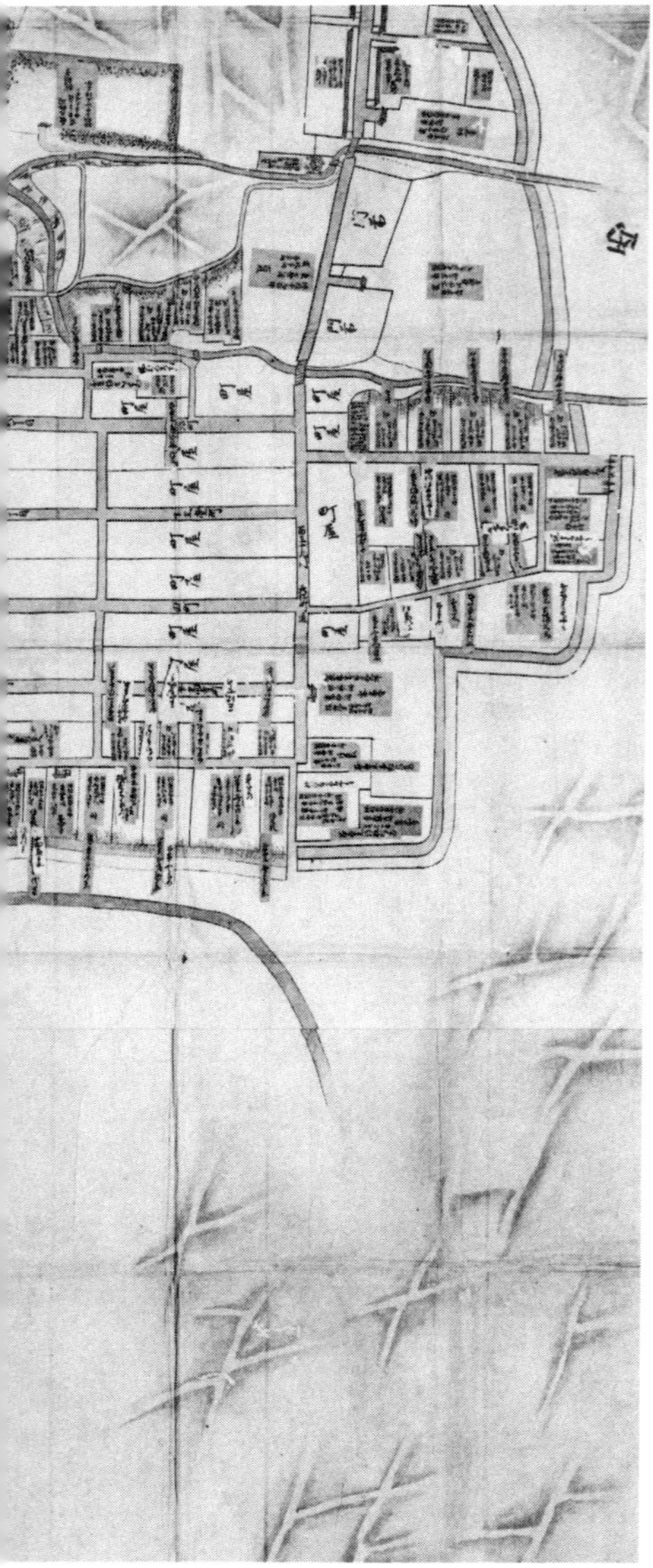

飯田

飯田は舌状に延びた台地の上に建設され、明暦年間とされる絵図（東日本編）によると（図61）、その先端部に城郭と主要な武家屋敷を設け、付根に当る部分に町屋敷とそれを包むように武家屋敷が配されており、両地区は台地を横切ってつくられた堀と土居で分かれている。町人地は整然と町割されている。内郭を隔てる堀は、中央の大手門のところで一部くい違いをみせているが、町はブロックの長手方向をこの城郭側に向けているので、その長さを一部減じることによってこの堀と整合させており、街路には影響を与えていない。また周囲の不規則な地形や、城郭と反対側につくられた外郭に接しては、町屋敷を完全に包み込むように武家屋敷や寺院がおかれており、その不規則さを吸収して町人地と整合させている。つまり地形的条件は防御性の高いものであり、むしろ町割的条件に反するものであるが、町人地をうまく包み込むことによりそれを解決している。このような場合、町人地の拡張は簡単ではなく、飯田でもそうであったように、まったく別に離れて新しい町をつくることが多い。

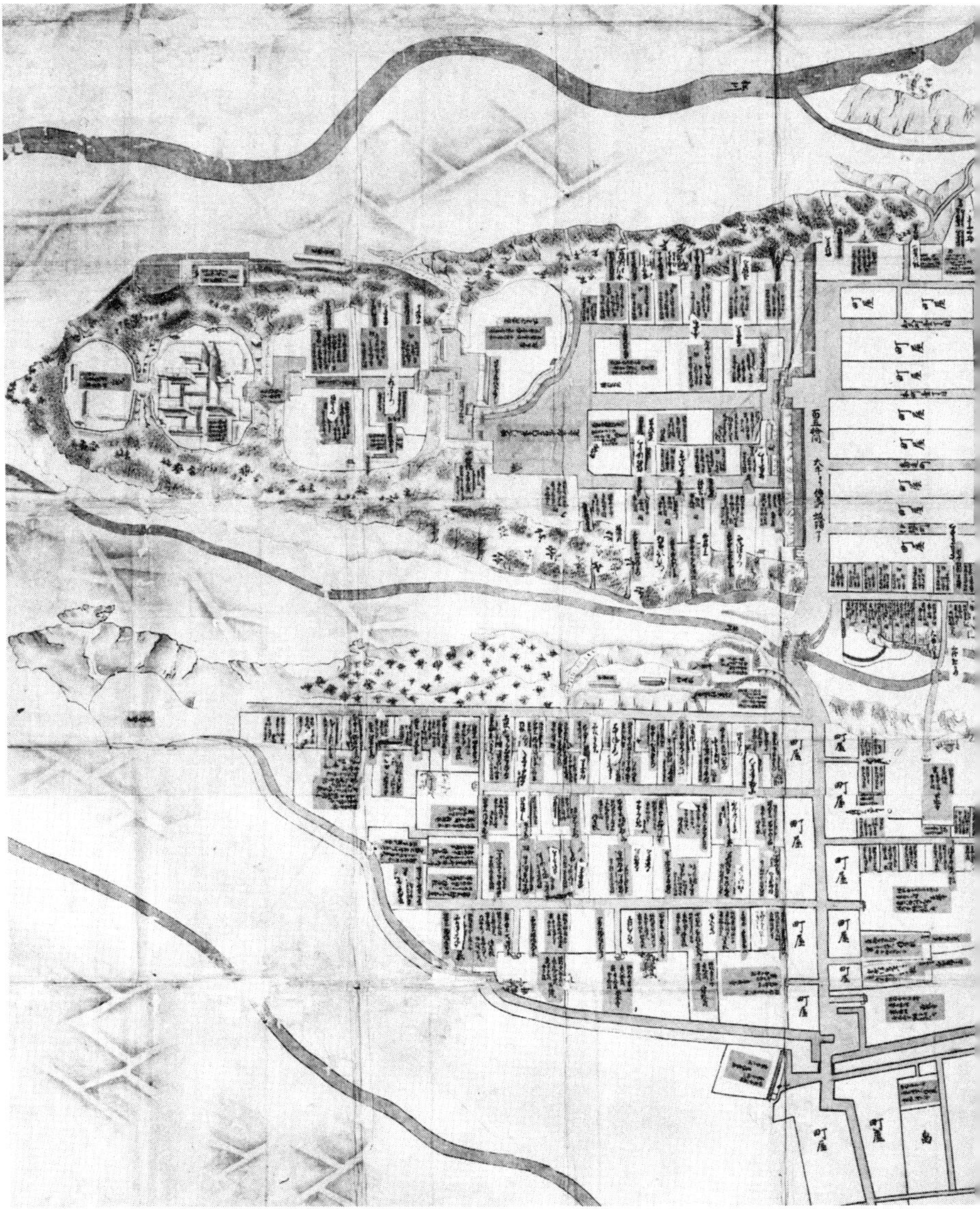

図 61　飯田（明暦）

福井

福井は、天正年間に当初町割されたときは、町屋敷は城郭の西側だけに設けられ、それを囲んで外堀が設けられていた。武家地であると内郭と町人地の外郭を隔てる堀は、他の部分の堀とは対照的に一直線をなしており、町人地との整合をはかっている。町人地の町割は比較的よく整っており、くい違いなども殆んどみられない。一方、後に設けられた城郭の北側の町人地は、この部分の堀の不規則さに従ってか、屈折の多いものとなっている(図62、明治初年、東日本編)。また、この部分は二本の街路による線状の町になっており、各ブロックも矩形であるが、西側の古い町割は魂状で各ブロックは正方形に近い。この差異には時代的なものも考えられよう。いずれにせよ、線状の町は、屈折などに対してより柔軟に対処しうる形態といえよう。

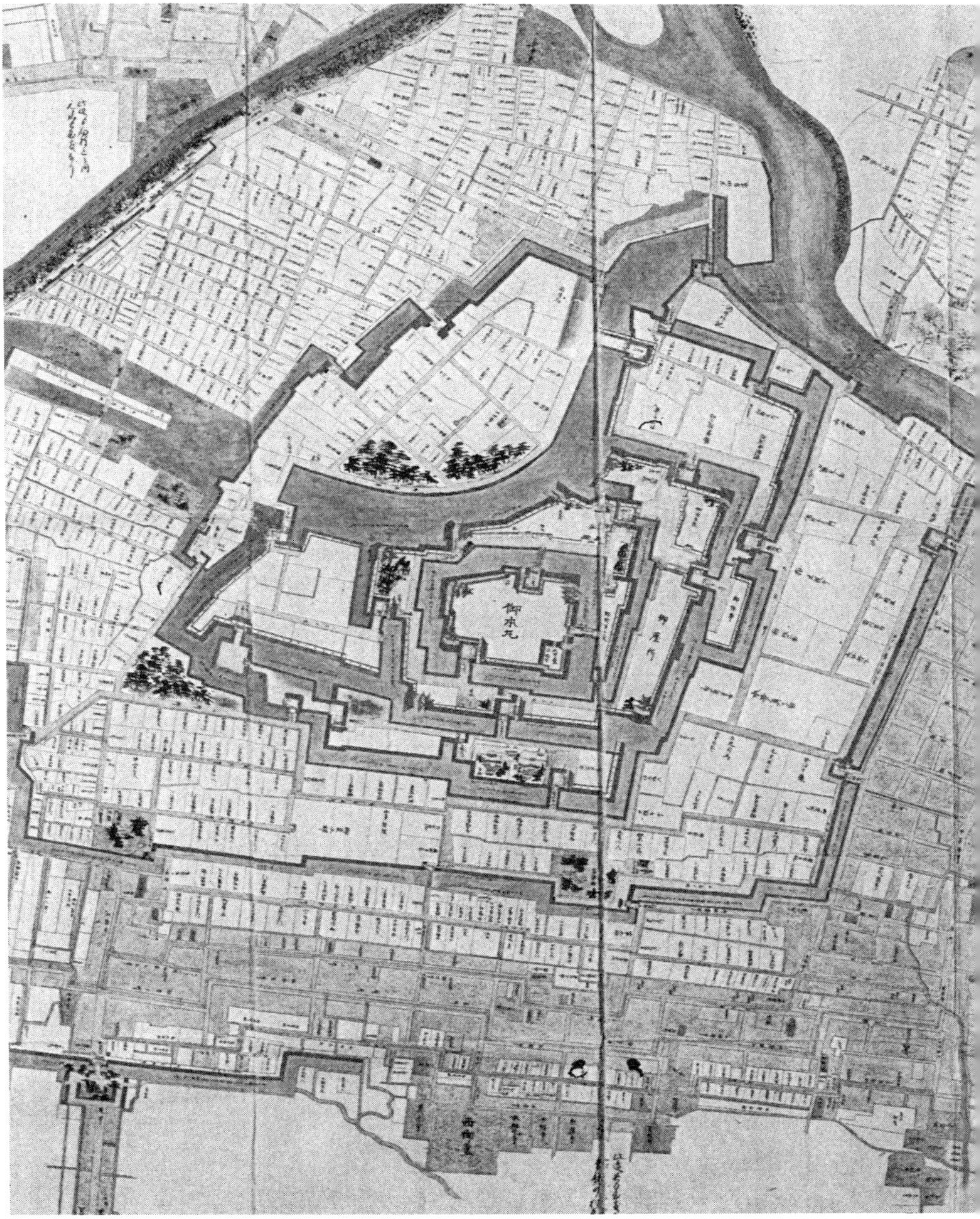

図 62　福井（明治初）

名古屋

名古屋でも町人地は、城郭の外堀の南側にほぼ正方形のブロックで整然と割りつけられている。この町人地側の外堀自体、ほぼ直線的につくられているが、入口の枡型や細かい屈折による不規則さは、第一列目のブロックの城側半分に武家屋敷を設けて吸収してしまっている（図63、寛文、東日本編）また、城郭の東側の武家地でも、外堀に接するブロックだけが不整形であるが、あとはほぼ整然とつくられている。

この部分の武家屋敷の一つに関して、興味ある事情が認められる。それは御園御門前の寺西図書（三〇〇〇石）の屋敷で、元禄十三年（一七〇〇）二月八日の大火に家屋が焼失したのち、「鸚鵡籠中記」によると、[116]「頃日図書吾居屋敷を、町人四千両に買んと云、図書此金を指上げて、自分は外之屋敷淡路屋敷などを拝領せんと欲す、大公聞召て、図書は隼人・美のなどと相談有歟、抑又一人の心歟、御代々之御門先、前よりは能家作るべき処を、町屋にせんとはと大きに怪玉ふ」とある。おそらく、それが原因で八月に図書は隠居させられ、その屋敷は今井甚左衛門に渡されたが、そのとき一応長屋は押廻して建てられていたが、屋根も葺かれていなかった。[117]

この屋敷はその後庵原民部が拝領したが、享保十一年（一七二六）の町触覚には、

一壱ケ所、庵原民部明屋敷、南北四拾九間、東西北ニ而四拾壱間、南ニ而五拾間、右明キ屋敷御払ニ成候段、旧蠟相触候処、時分柄ニて代金少分ニ付、又々此度相触候、右屋敷、永代御払ニ罷成候、表並高塀ニいたし、内ニ土蔵取立候而代金何程

一表並ニ土蔵建候儀、又ハ高塀見苦無之様ニ取立、内ニ土蔵造候様ニ成共勝手次第、内之儀ハ、土蔵いかほど造候ても、明地ニ致置候ても不苦、借宅ハ不罷成候、右之通ニて、出入口ハ何れへ明ケ候儀共ニ入札ニ相認

可申候、右代金ハ、当秋にても又ハ暮ニても勝手次第上納之筈候、右之趣承知之上、銘々勝手々々ニ相考、来る廿五日迄ニ御役所へ町代入札持参可有之候、右之段、御屋敷奉行衆よりも触有之候、一同之儀ニ候間、可被存其旨候、

右之通、町中不残、寺社門前迄可被相触候

以　上

三月十六日　　　　　堀田勘右衛門

花井八郎左衛門殿

とみえている[118]。これが藩当局の考え方の変化によるものか、あるいは財政上の理由によるものか、明確ではないが、いずれにせよ、町人に売り渡すにあたり、その利用形態を限定し、あくまでも武家地と同様な形態を保持しようとしているのである。つまりこの土地は、土地利用形態上はあくまでも武家地であるといえよう。ただし、この入札は不成立に終ったようで、「元文三年名古屋図」（名古屋市史付図）には、この地に「国奉行手代」と記されている。

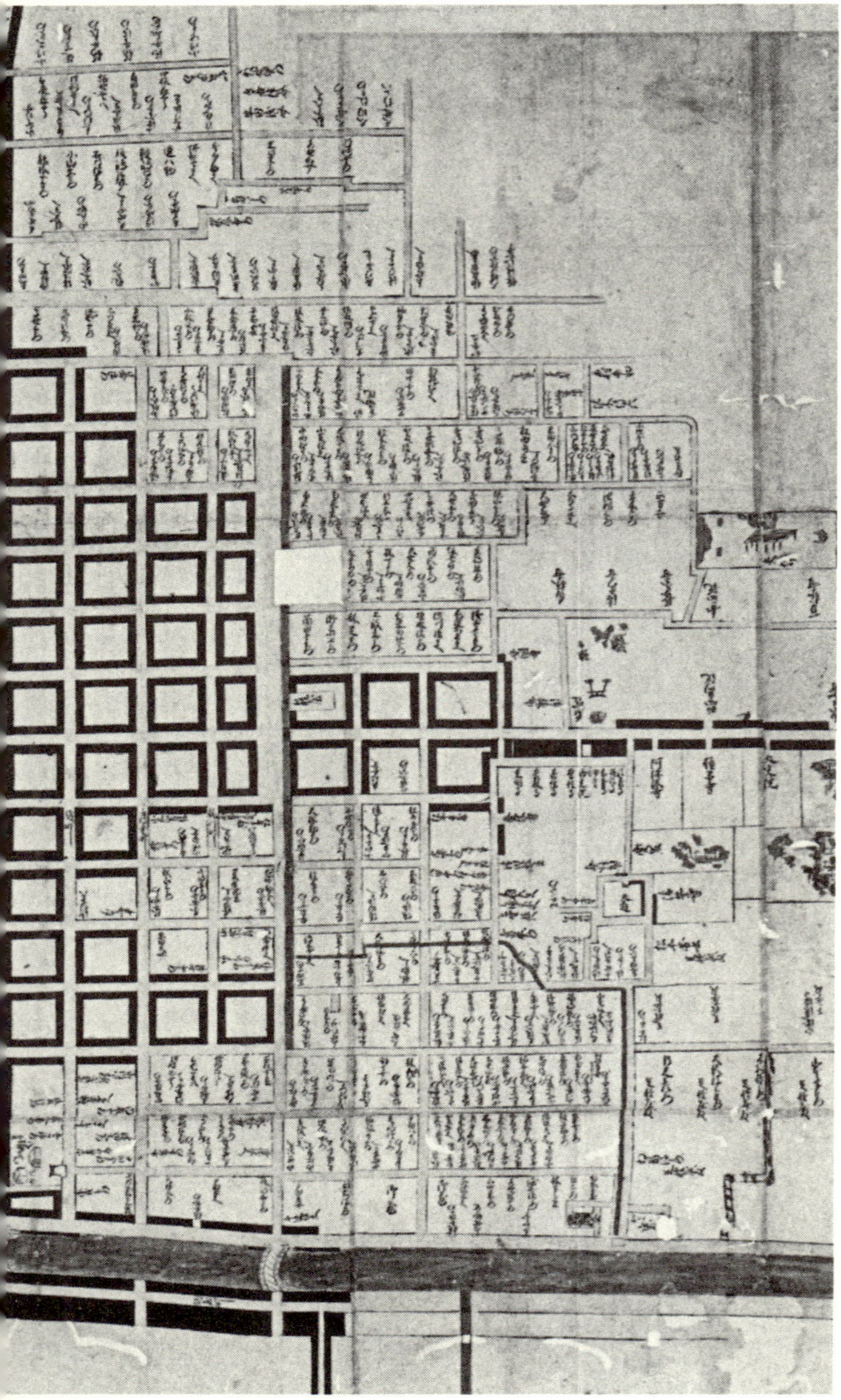

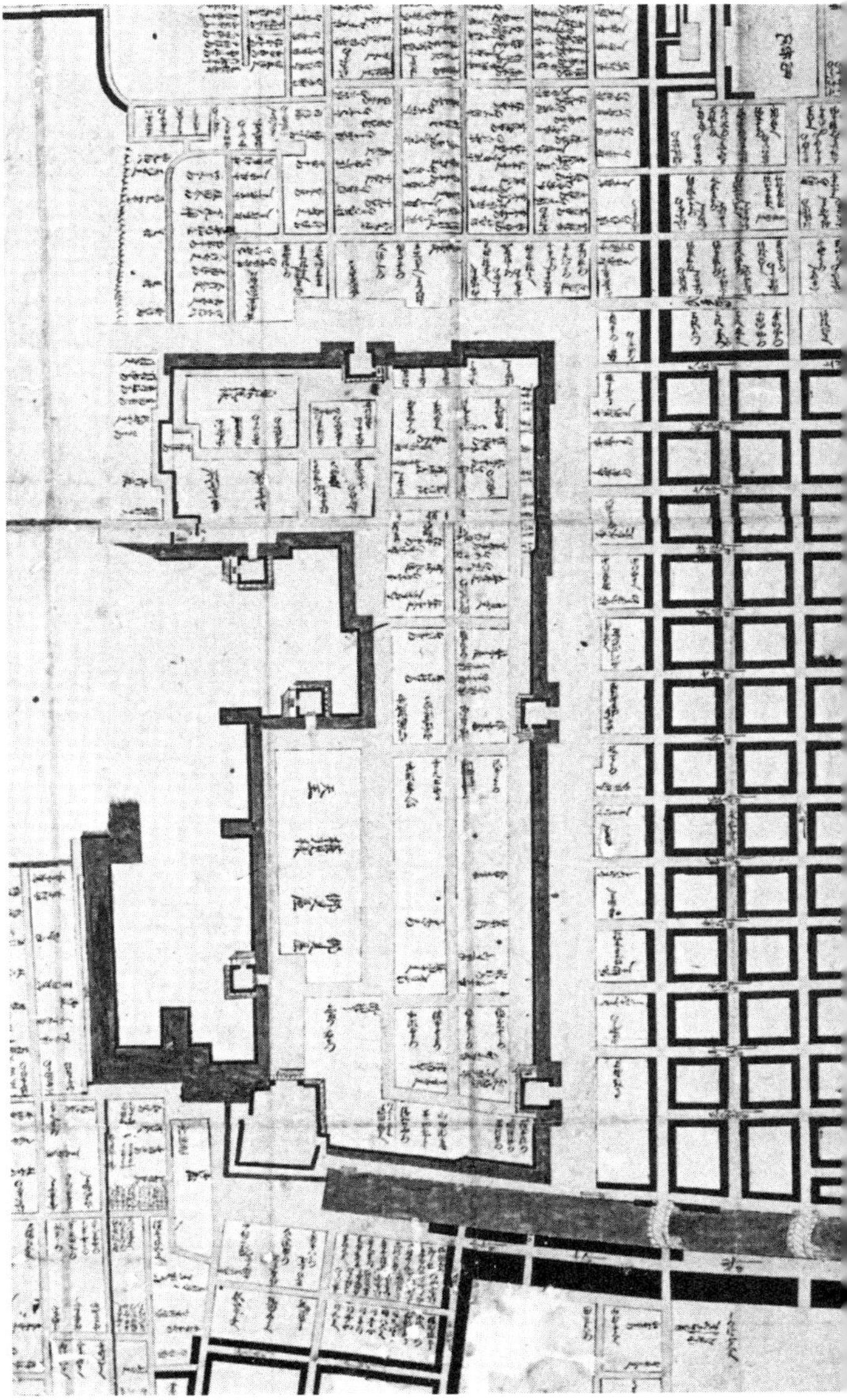

図 63　名古屋（寛文）

大垣

大垣では、主要な町屋敷は総堀の中に設けられており、城郭の東から南にかけて続き、さらに城郭・武家屋敷地とは堀によって隔てられている(後掲図66、正保年間、内閣文庫蔵)。東の一部を除くと、総堀もまたその内側の堀も不規則な形となっており、したがって町屋敷は、その狭い不規則な郭内を屈折しながら辛うじて通り抜けるといった形態をとっており、その間の歪みは一部武家屋敷・寺院をおくほかは、それぞれの屋敷地の地尻で処理されていたらしい(図64)。このような形態は、城郭の郭的性格と理念が強く打ち出され、町人地もそれに従属させられたものとみてよいだろう。ただし東側の一部では、比較的形も整えられており、うまく整合しているので、或いは当初の計画ではこの部分にのみ町人地が考えられていたのかも知れない。

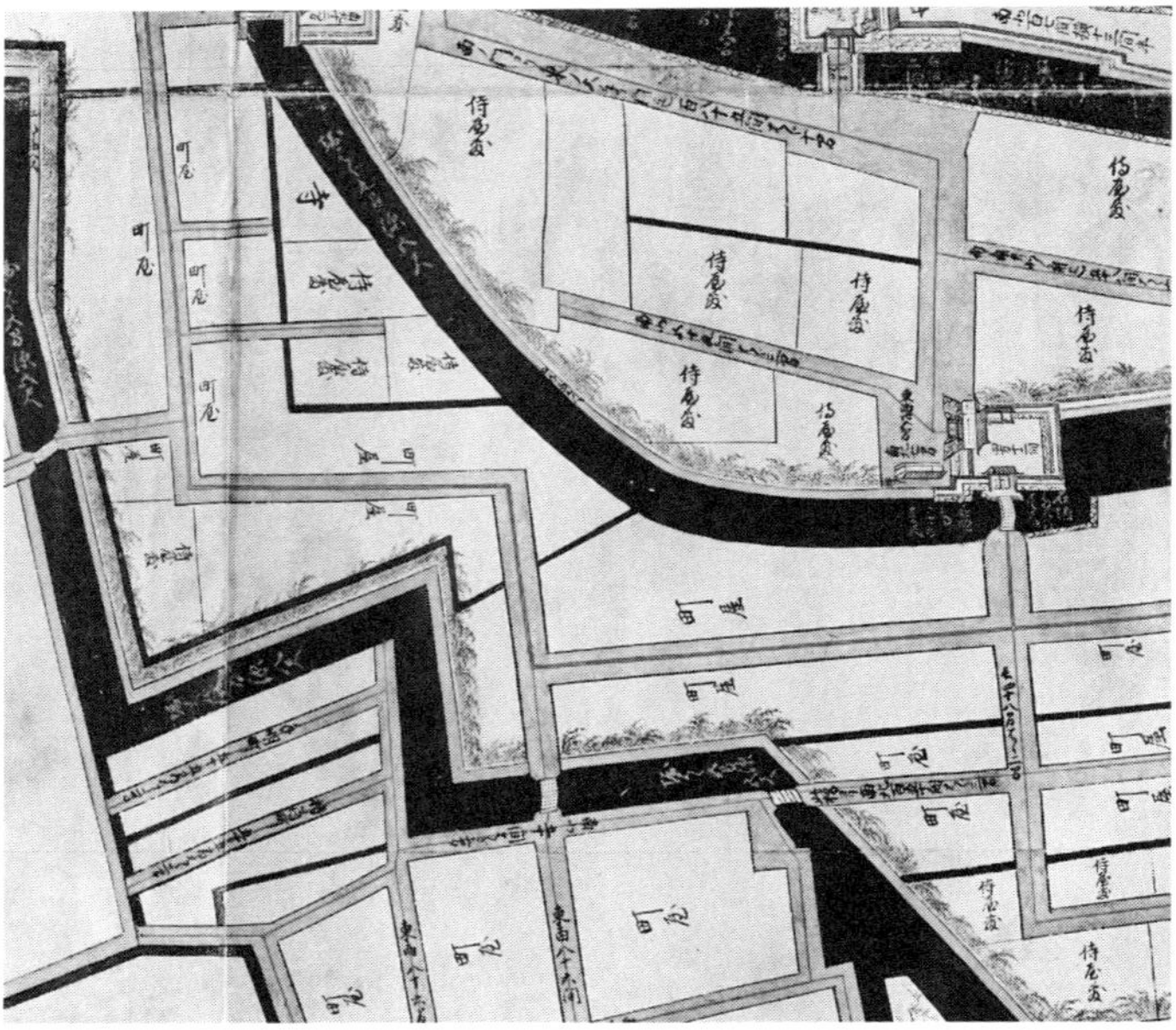

図64　大垣(正保)、部分

彦根

彦根においても、町人地は城郭の南側と東側にあって、その主要な部分は外堀の内部に設けられており、この外堀と中堀に囲まれた郭には、町屋敷のほかに武家屋敷も多く設けられている。天保七年の絵図（『日本の市街古図　西日本編』一九七二、以下西日本編とする）によると（後掲図67）、内堀に接しては比較的大きい武家屋敷が並んでおり、その外側の町屋敷とはブロックの中央で屋敷地の地尻を接するような形態となっており、また外堀に沿っても武家屋敷や寺院地が配されている。町人地の中心部に当る南側の町は、二筋の街路を挟んで展開しており、その街路に数個所の細かい屈折がみられるが、これらも中堀につくられた屈折の影響とみることもできよう。つまりブロックの幅すなわち敷地の奥行を一定に保たせようとすると必然的に起るものと考えられる（図65）。ただし名古屋の例にみられるように、中堀に接して設け

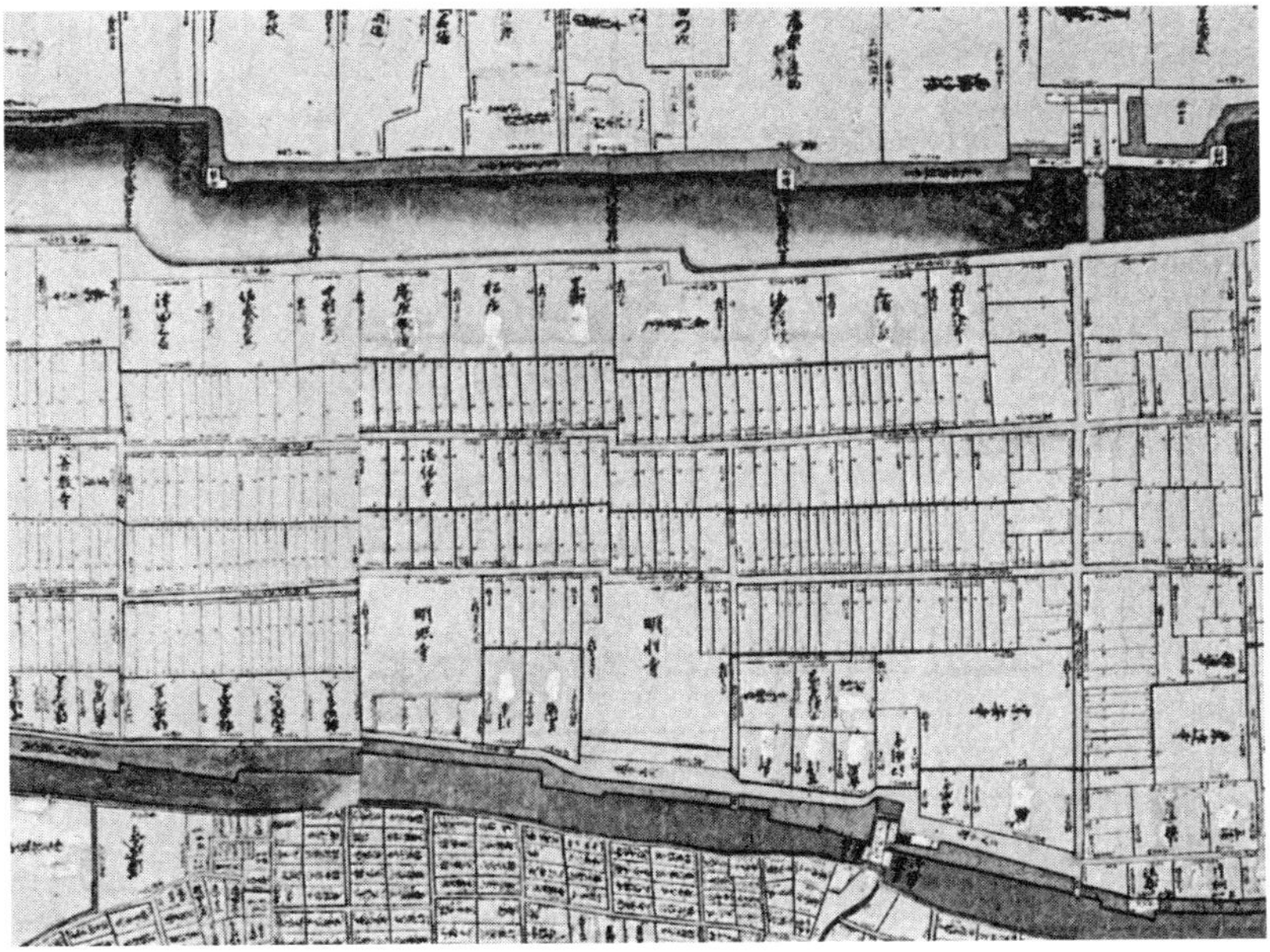

図65　彦根（天保）、部分

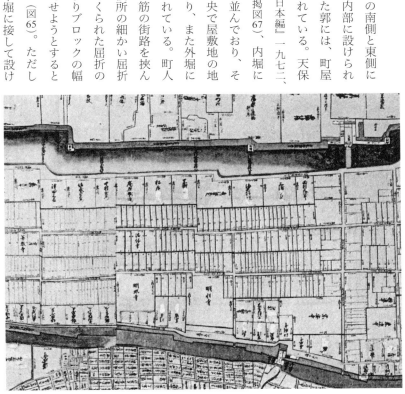

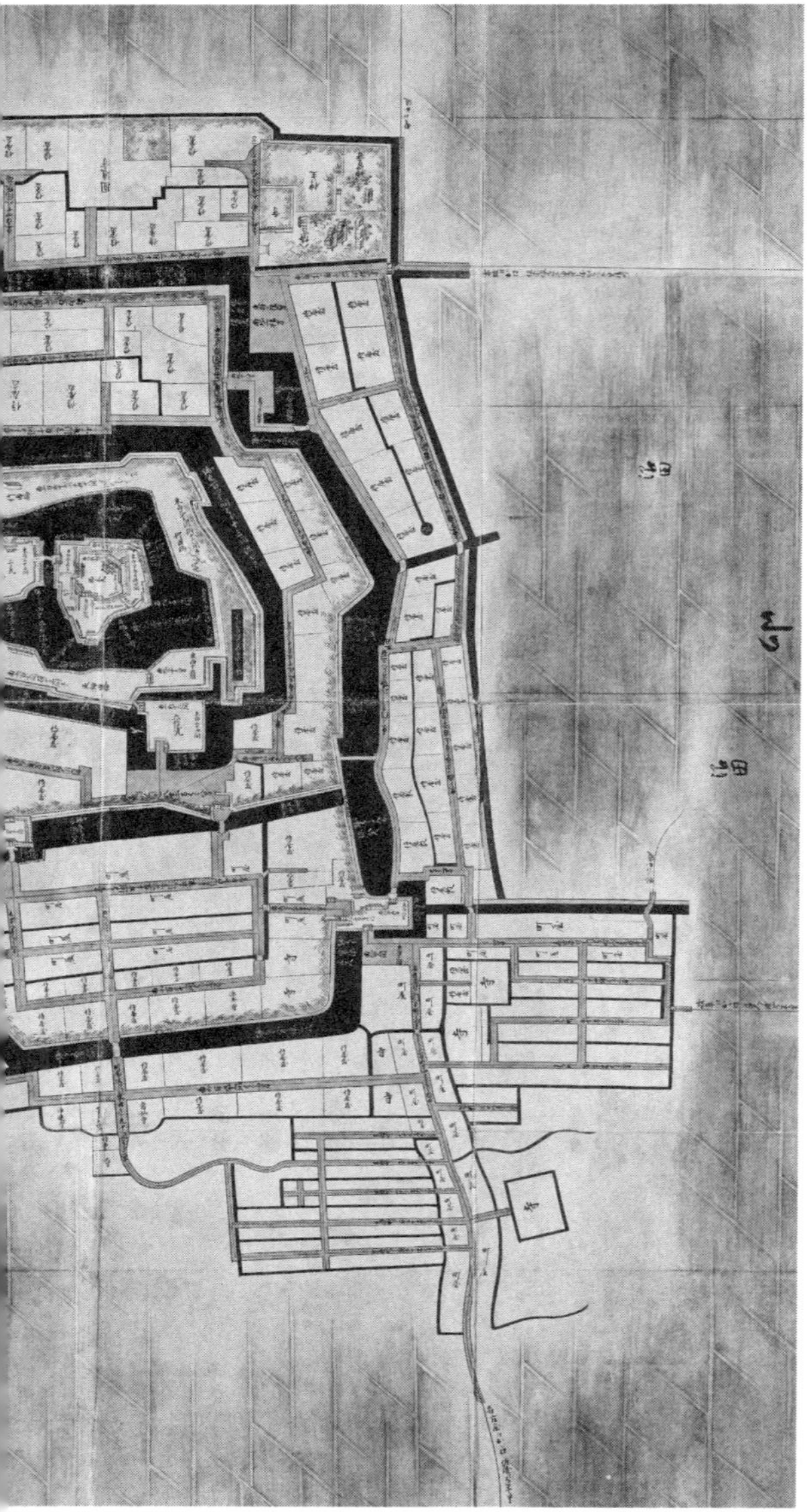

られた比較的大きな武家屋敷により、このような歪みを取去ることは容易なように思われ、何故このようにブロックの幅を一定にすることにこだわったのか明快ではない。あるいは弘前のように、中堀に接する部分も当初は町屋敷が考えられていたのかも知れない。もしこれを軍事的な目的とみると、そのような理念に基づく計画の一貫性を究めるべきであろうが、このくい違いが、城下町全体にとってどのような軍事的な意味と目的をもっていたのか、いまのところそれを見出すことができない。これらの部分を除けば、一般にこの郭内での町割は規則的で、中堀、外堀の不規則性は、それらに接して設けられた武家屋敷や寺社によって調整されている。また城門へ通じる道は、少なくともこの郭内においては一直線である。

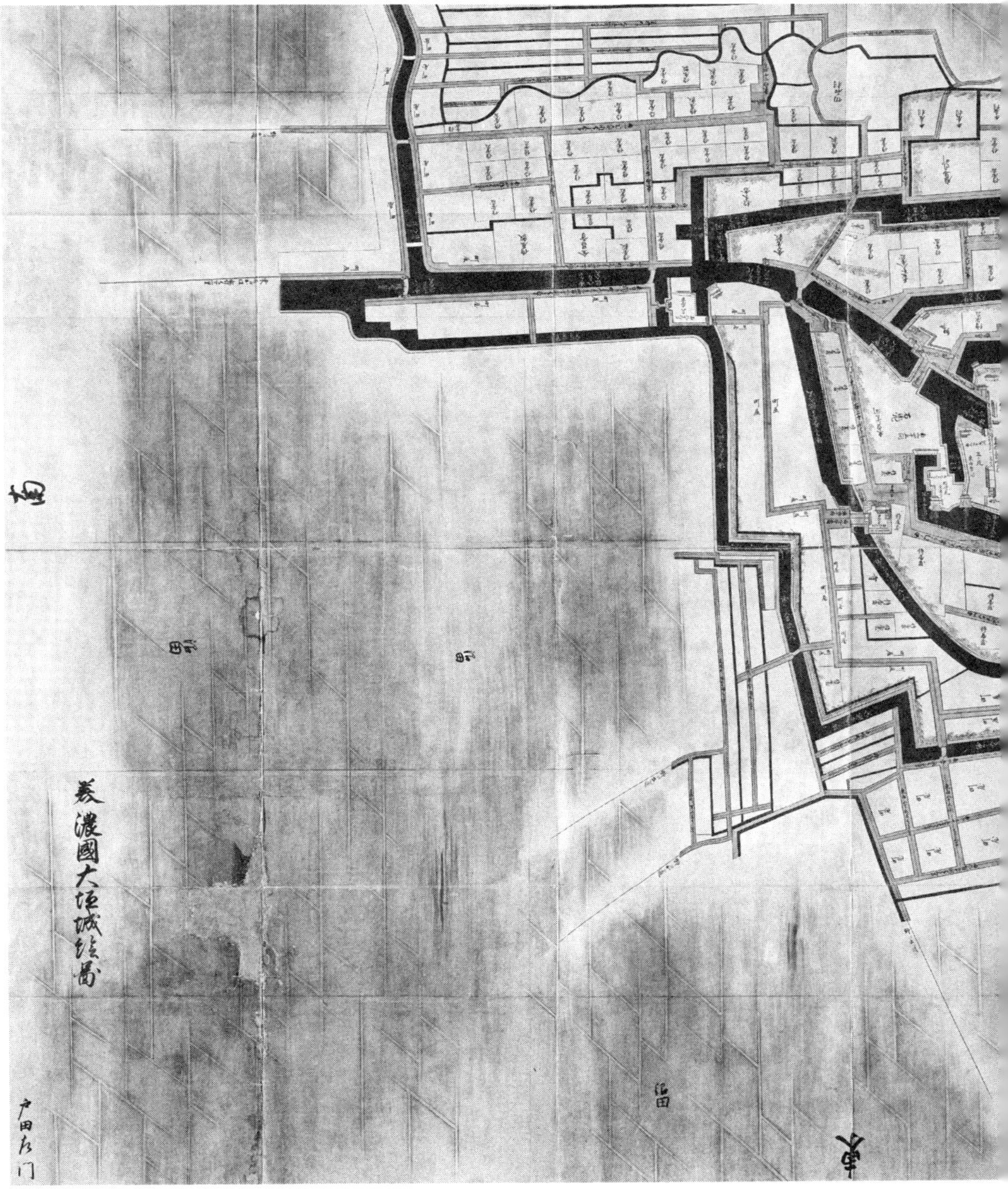

図66　大垣（正保）

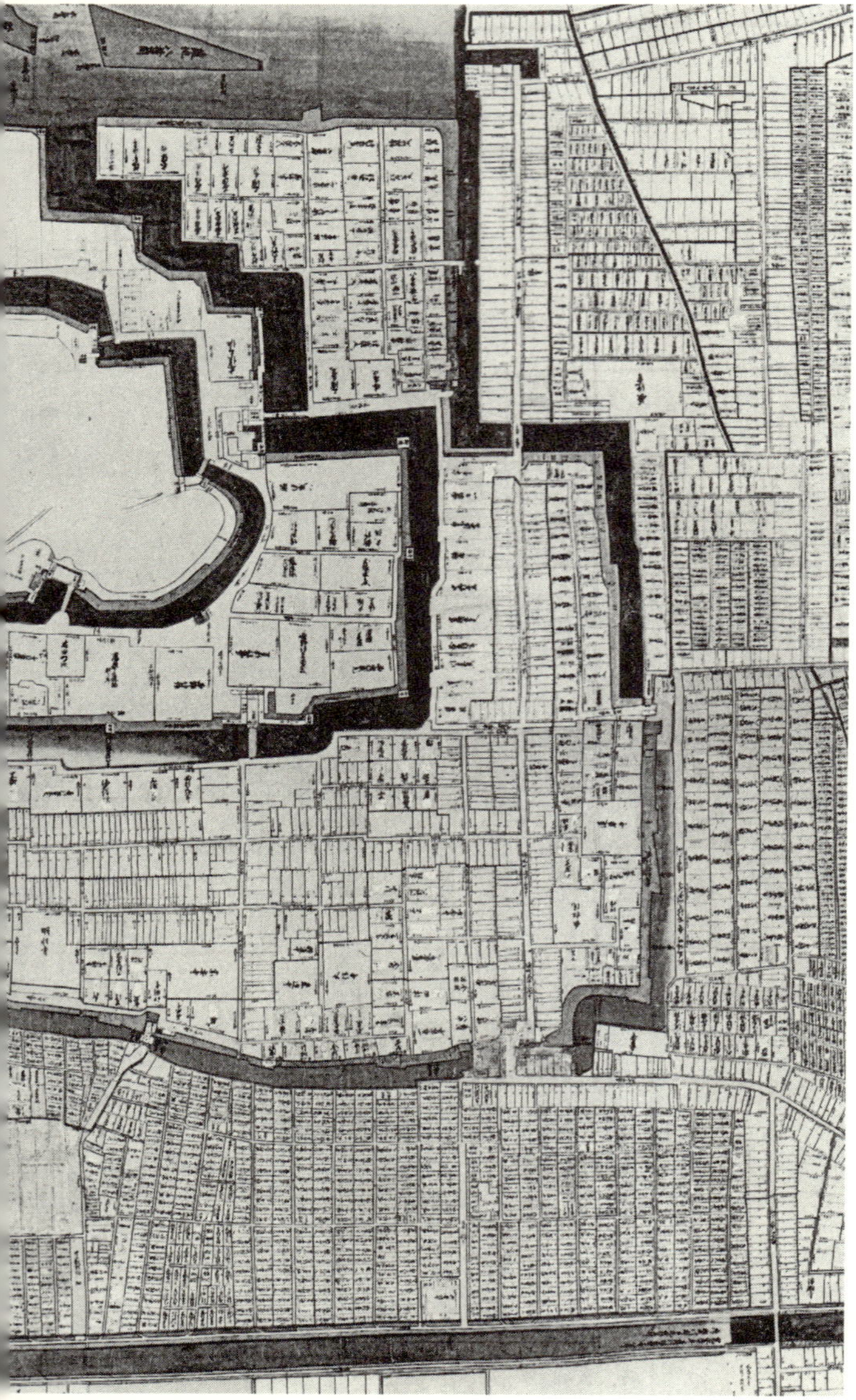

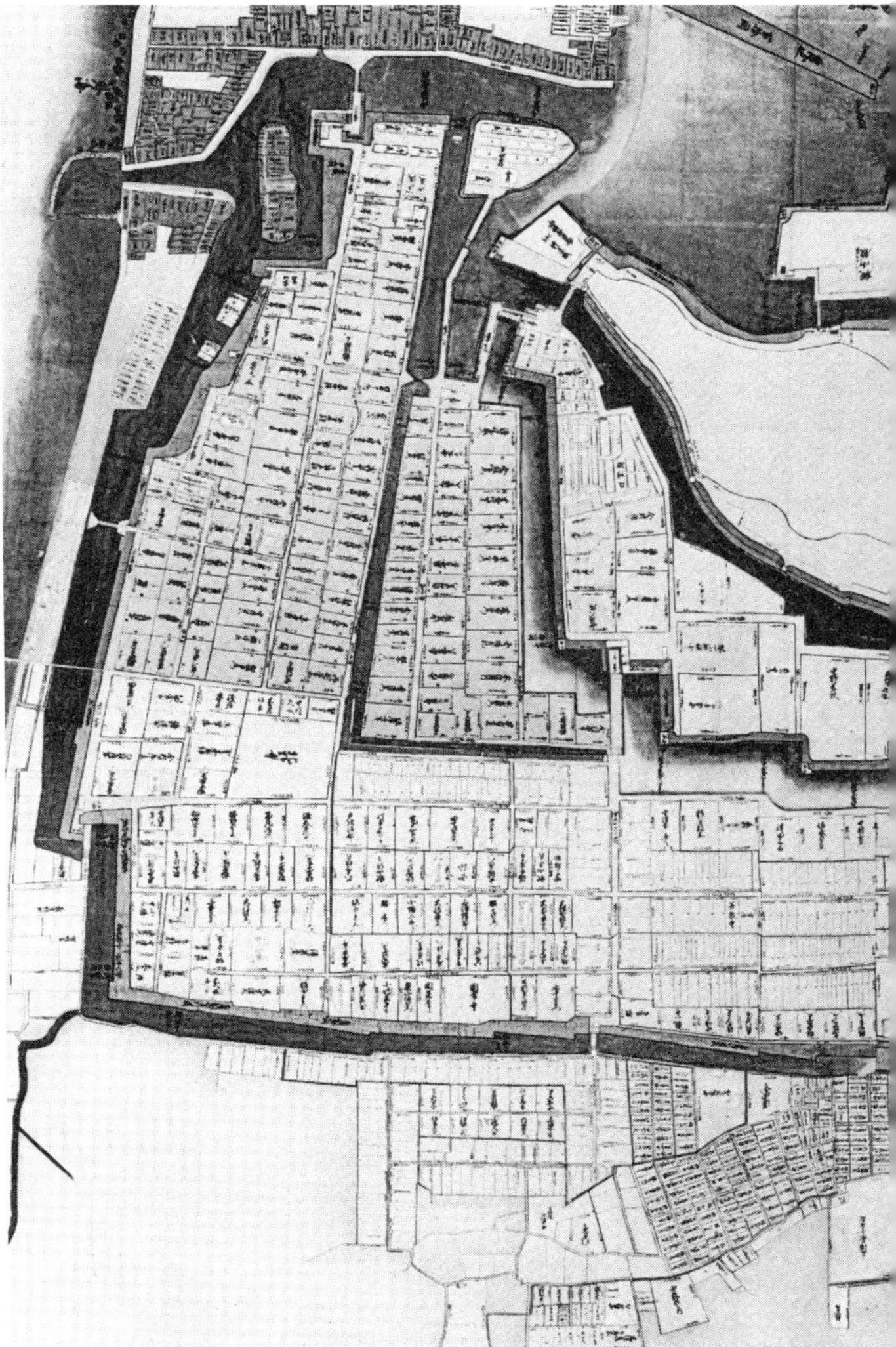

図 67　彦根（天保）

姫路

姫路は文化三年の絵図によると（西日本編）、内・中・外の三つの曲輪に分かたれ、中曲輪には武家屋敷が設けられていた（図68）。町屋敷はこの中曲輪の外側に接して外曲輪の中に町割されている。その主要部分である城郭の南側の町は、ほぼ直線的な中曲輪の堀に接しており、街路も直線的である。また片町は避け、堀は各町屋敷の地尻に接している。一方、この中心部から城郭の東側を廻って直線的に延びる町があり、それも同じように片町をつくらずに中曲輪の堀に接しているが、ここでは堀の形が直線的ではなく、したがって街路もその凹凸に従って屈曲している。つまり堀から町屋敷の奥行をほぼ一定に保つことにより、街路は自然に屈曲しているといってよいだろう。また、外曲輪をとり囲む外堀も、不規則な形をとっているが、それに接しては武家屋敷や寺社が配されている。

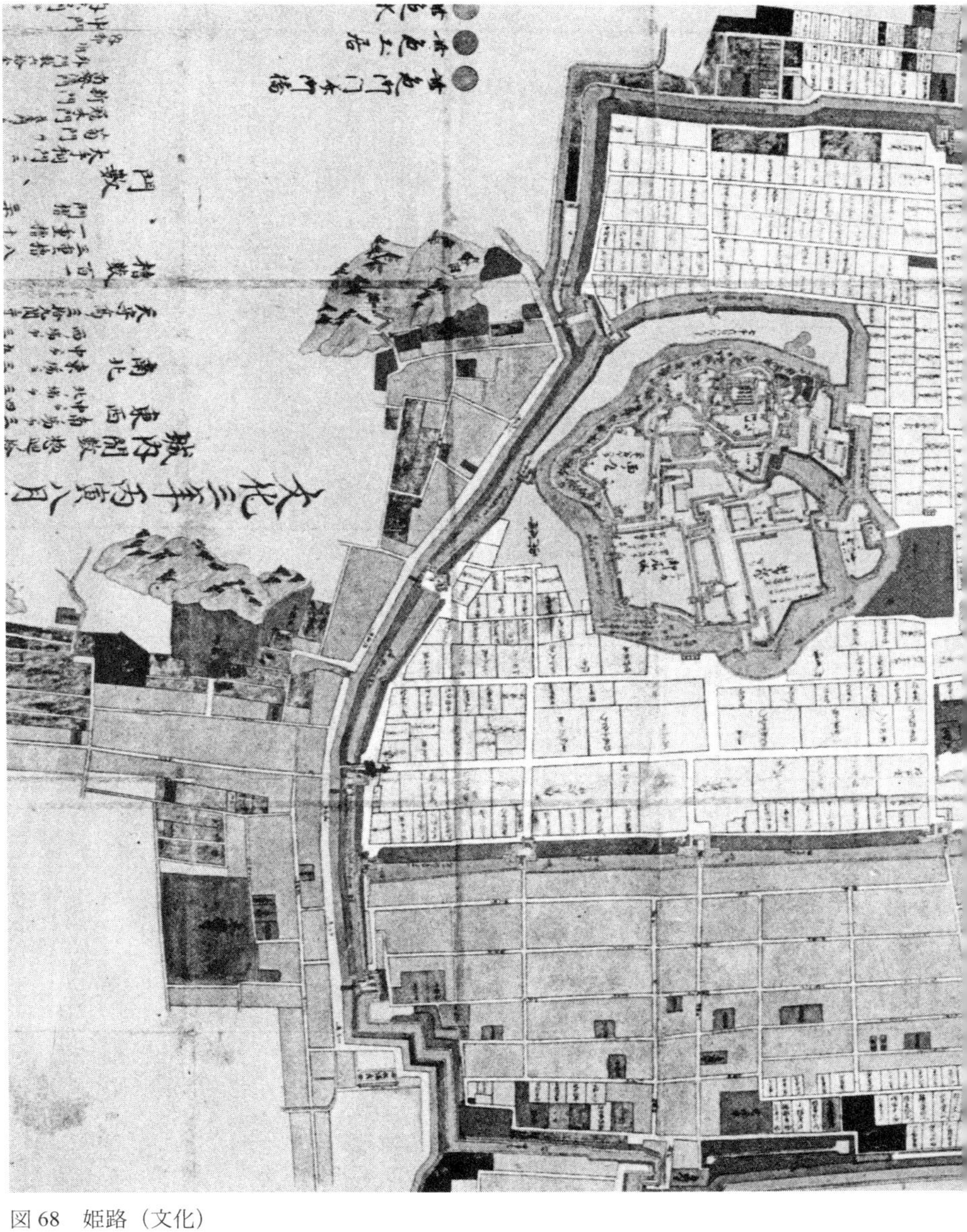

図 68　姫路（文化）

豊後府内（大分）

豊後府内は、その城郭は川口に臨んで築かれており、その部分は複雑な形態をとっているが、陸地側である南と西側はかなり形が整えられており、武家屋敷地である三の丸を画する南と西の堀はほゞ直線で、その外側の町屋敷に接している（図69、明暦カ、西日本編）。わずかな出入りも町屋敷の地尻に吸収されている。町人地は極めて規則的に町割されており、その外側にはさらに外堀があるが、この堀もほゞ直線で、町屋敷と無理なく接している。この外堀を入る入口の枡型以外ではくい違いなどはみられない。つまりここでは、全体として郭的構成をとりながら、その形を整えることによって、その内部に町割的計画を可能ならしめているといえよう。一方城郭はもちろん縄張的な理念によって造られているが、それによる不規則性は海の方に向って発散されており、さらに一部は三の丸で解消されている。しかし一般には長い直線の堀は軍事的に不利とされており、また大分のような土居ではなく、石垣を築く場合は出入りをつけてその安定性を保つことが重要となってくる。したがって実際にはこのような堀は稀である。

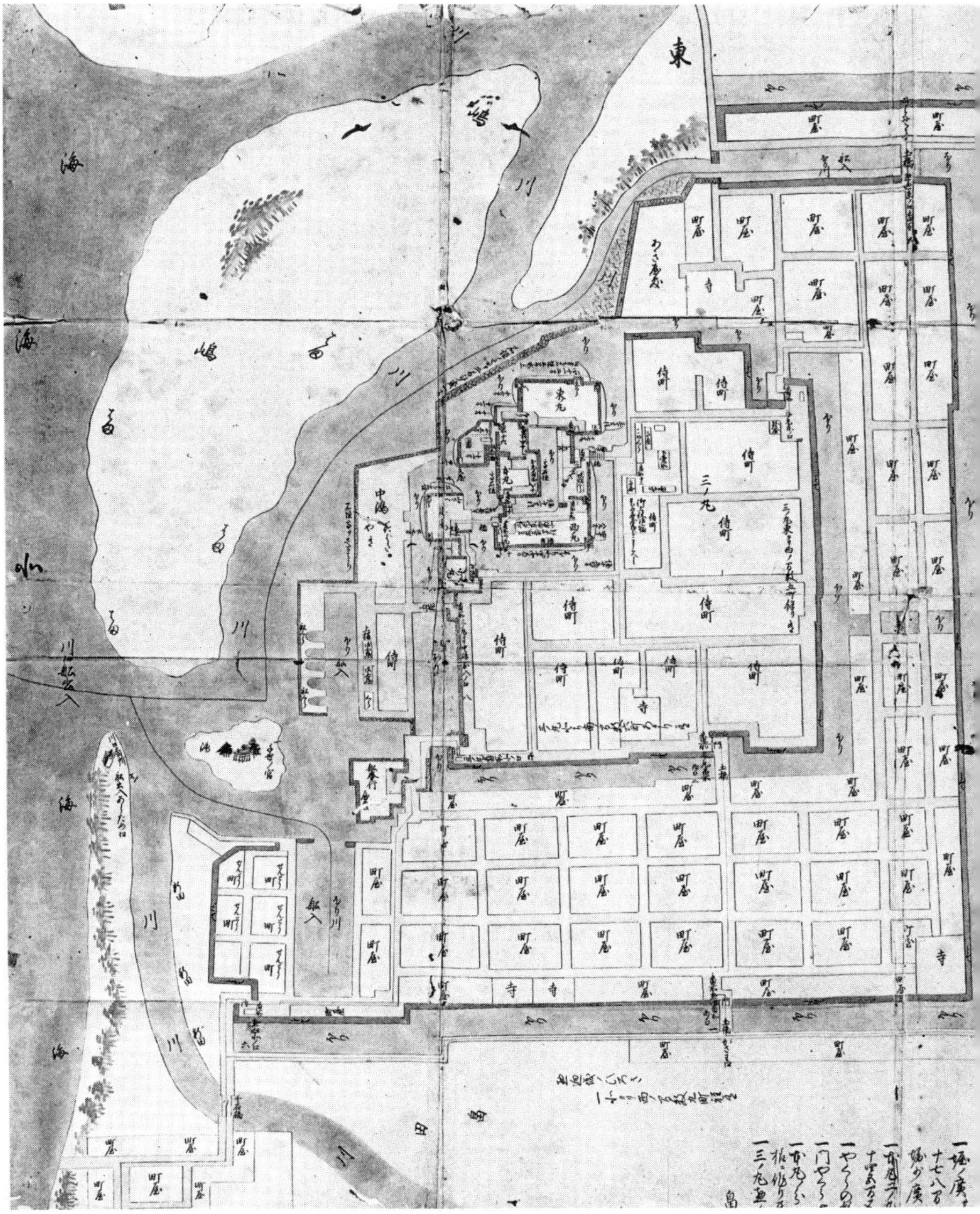

図 69　豊後府内（明暦頃）

岡

岡は典型的な山城であり、正保とみられる絵図（内閣文庫蔵）によると（図70）、町屋敷は山麓に規則正しく町割されており、一方武家屋敷はこの山麓から城内にかけて広く散在している。ここでは、城郭と町人地の計画が、お互いに殆んど影響し合うことなく、地域的にも離れてまったく別々に行われているといってよいだろう。かかる形態は中世的なものとみられ、両者を分離するもっともプリミティヴな方法といえよう。

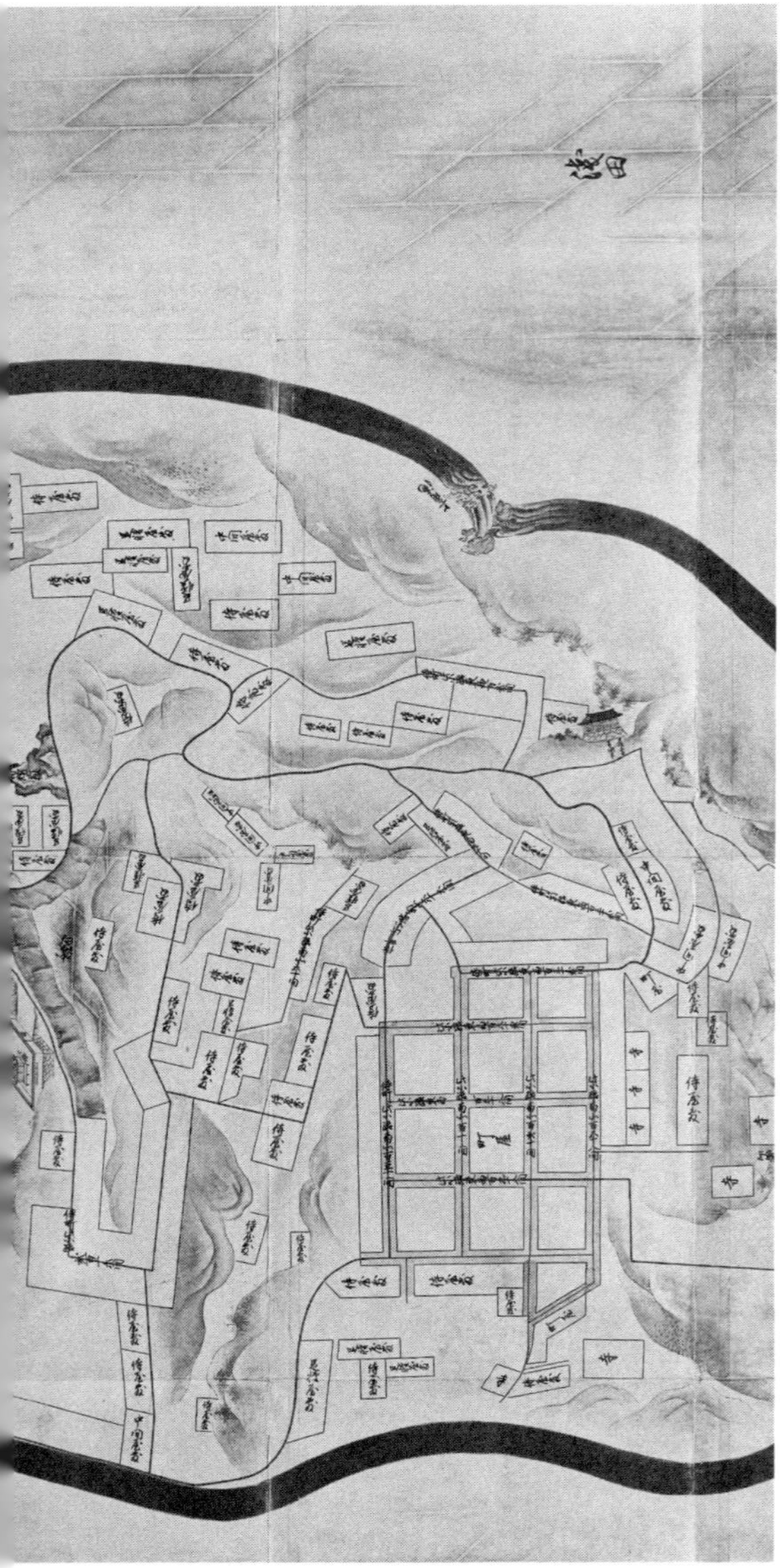

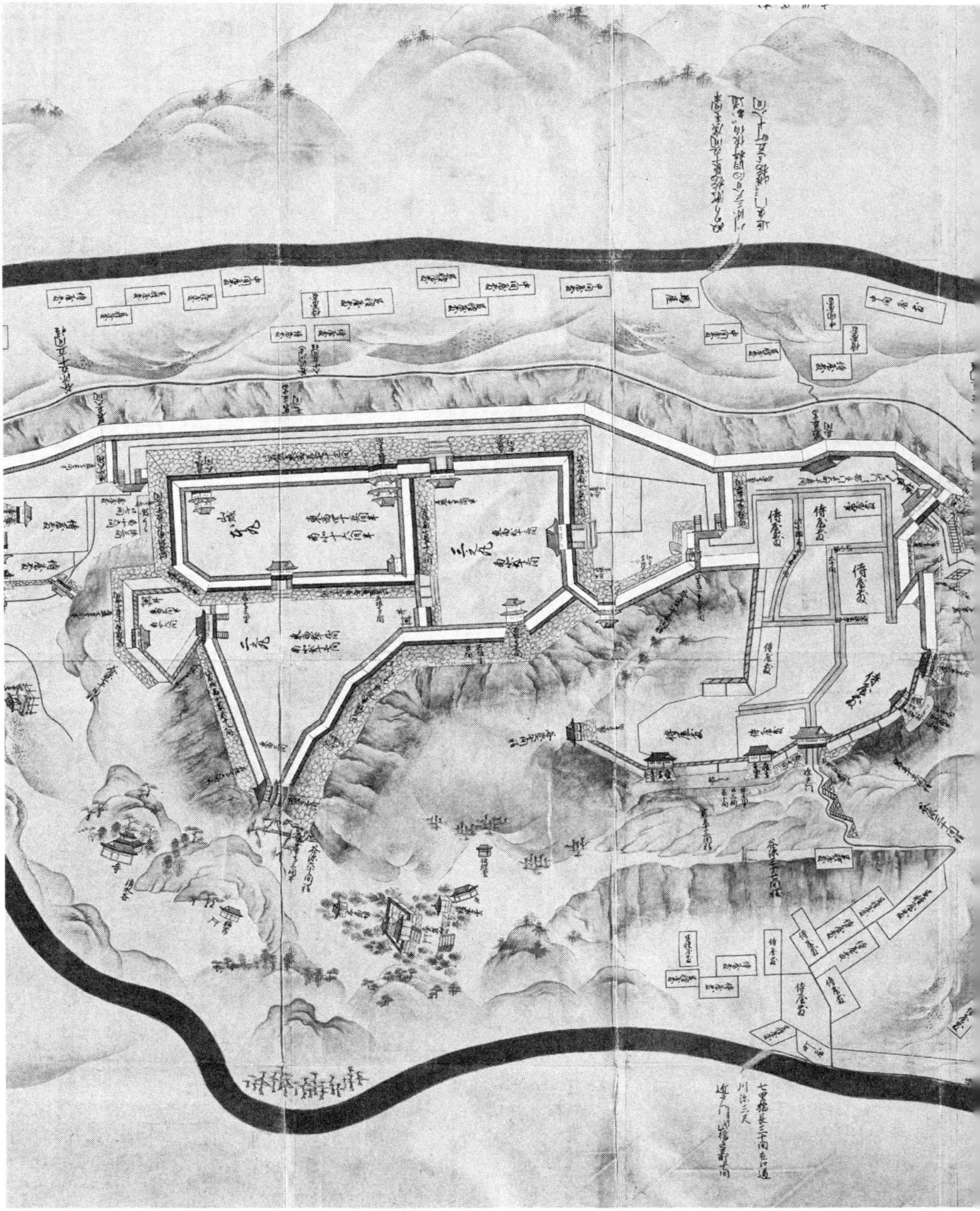

図70　岡（正保）

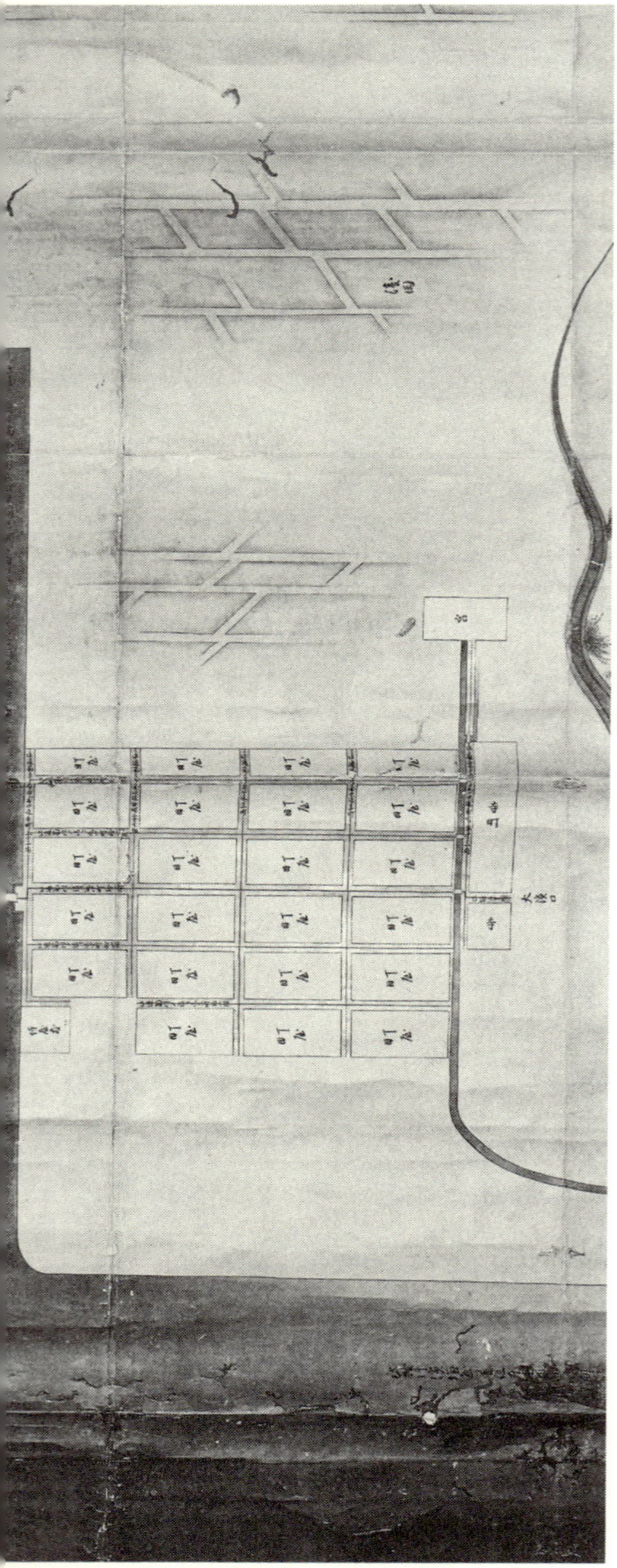

今治

今治では、正保とみられる絵図（今治市立図書館蔵）によると、三重の堀で囲まれた郭内に城郭と武家屋敷を設け、その郭外の北に接して規則正しく町割された町人地が置かれている（図71）。両者をつなぐものは、外堀に架けられた一本の橋のみであり、地域的には接していても都市空間としてのつながりは極めて弱い。この部分以外に町屋敷はなく、また郭外には小さな地区一個所を除いて武家屋敷はない。考え方によっては、武家屋敷の散在する岡などより以上に、両者の分離は厳しいものとも思われる。

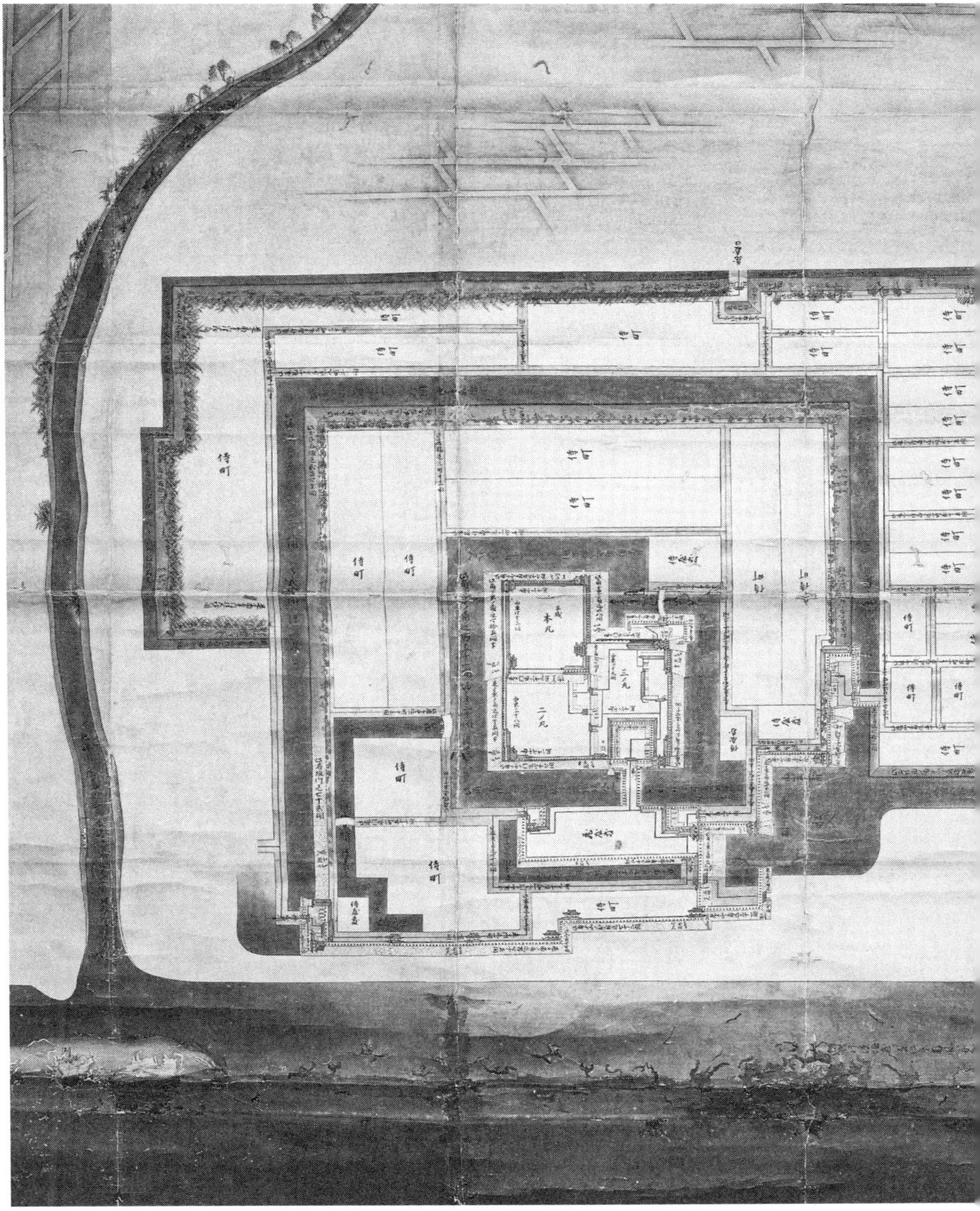

図 71　今治（正保）

篠山

篠山は、その城郭の周囲を武家屋敷が取り囲み、そのさらに外の東と北側に沿って城郭を半周する形で一条の街路が通され、それを挾んで町屋敷が置かれている。南と西側の外縁部には下級武士の屋敷が配されている。正保頃とみられる絵図（内閣文庫蔵）には、町屋敷の両側に藪らしきものと水路が描かれており、それが武家屋敷との境界および都市域の外郭をなしている（図72、73）。つまり町人地は、ちょうど一本のトンネルのような形で城下を通り抜けており、地域的には密着しているとはいっても、城郭や武家屋敷地とは空間的にも視覚的にも遮ぎられているといえよう。とくに旅する者にとっては、この町人地と城郭あるいは武家地とが、一体化したものとして認識することは殆んど不可能であったと思われる。

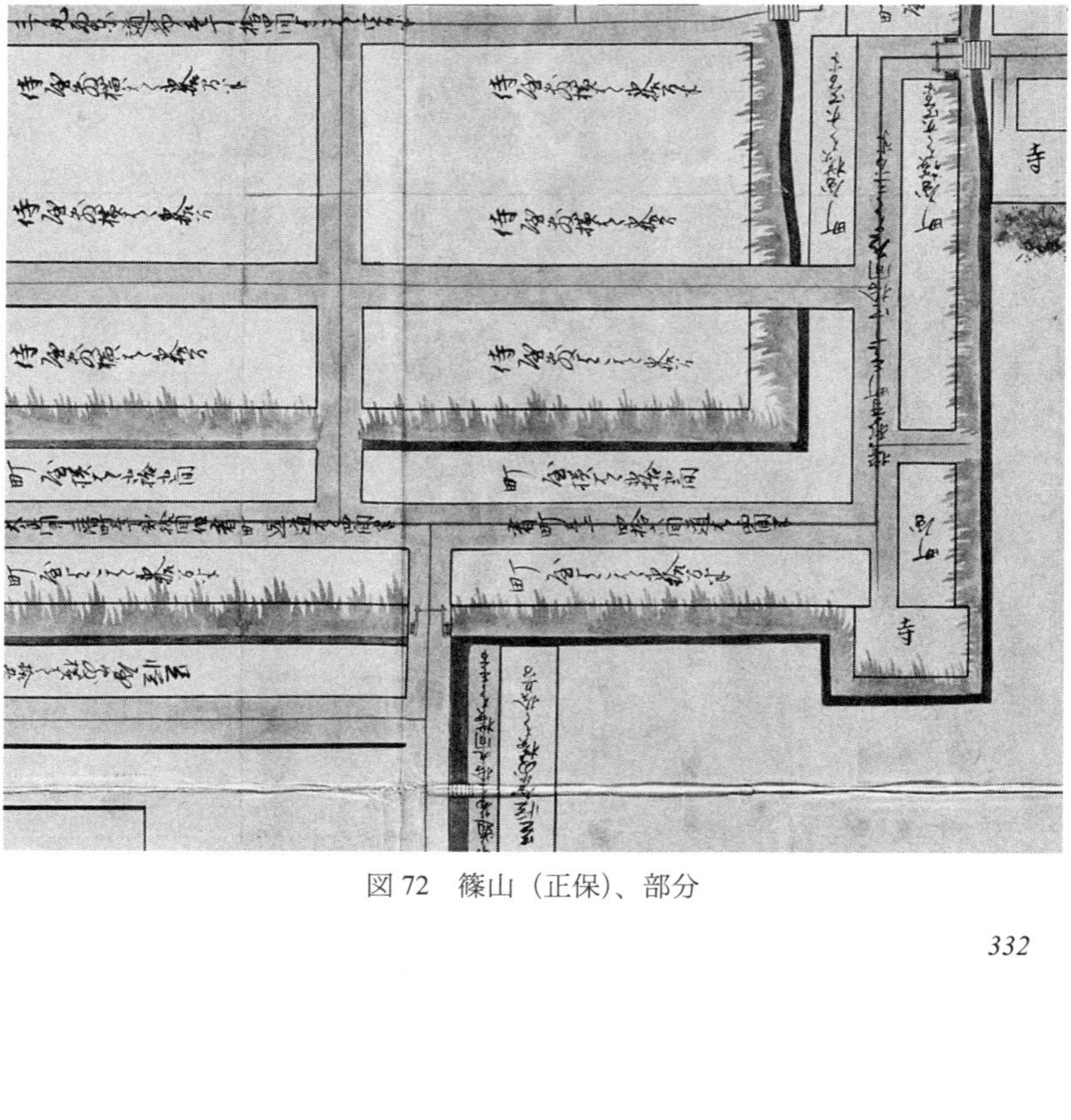

図 72　篠山（正保）、部分

近世城下町では、縄張的・郭的計画に基づく地域と、町割的計画に基づく地域が、さまざまな方法で結びつけられ、二重の構造をつくっていた。一方、武家地と町人地は分離されることを原則としておりしたがってこのいわば多くの場合矛盾する問題に対し、上にみてきたように、色々な方法で対処していた。さらにこのような形態は、近世を通じて少しずつ変化してゆく。初期においては、一般に前者の計画理念が優先し強調されていたが、後にはその実質性が稀薄になってゆき、例えば多くの城下町にみられた「総構」は、近世を通じてその機能を失なったり、消滅してしまう例もあった。また、城郭のいわゆる「内山下」に設けられた大身の武家屋敷も、後には外に出されてゆく傾向があった(119)がこれも城下町の軍事的性格の低下と対応すると同時に、性格の異なった地域を整理してゆく意味あいがあったものとも思われる。また、為政者側による町人地の隔離も、都市の発展の中においては、逆に武家地が隔離される結果となっていったともみられよう。城下町に対してなされる、城郭の方向へのアプローチが自然にそらされ遂には町を通り抜けてしまうように計画されている、といった表現は、その防御性の説明とされることが多いが、逆に町人地の側からみると、都市へのアプローチが自然に町の中心部へ導かれるということが可能であろう。

明治維新以後は、城郭・武家地の軍事性はまったくその意味を失ってしまった。しかしそのことは逆に、旧武家地において、官庁街やオフィスビル街あるいは工場といった、まったく新しい性格のものを受入れる余地を与えたものとも考えられる。

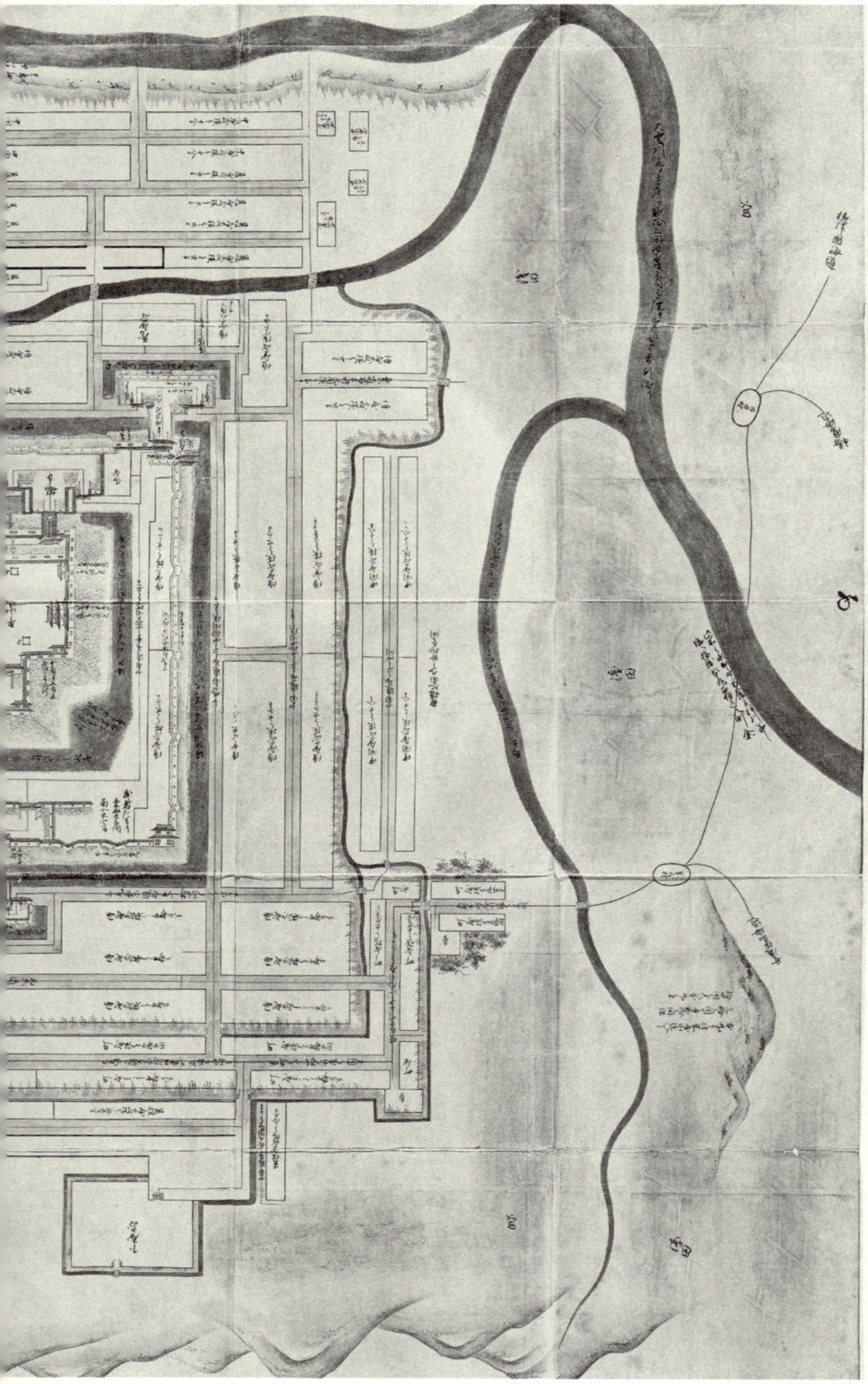

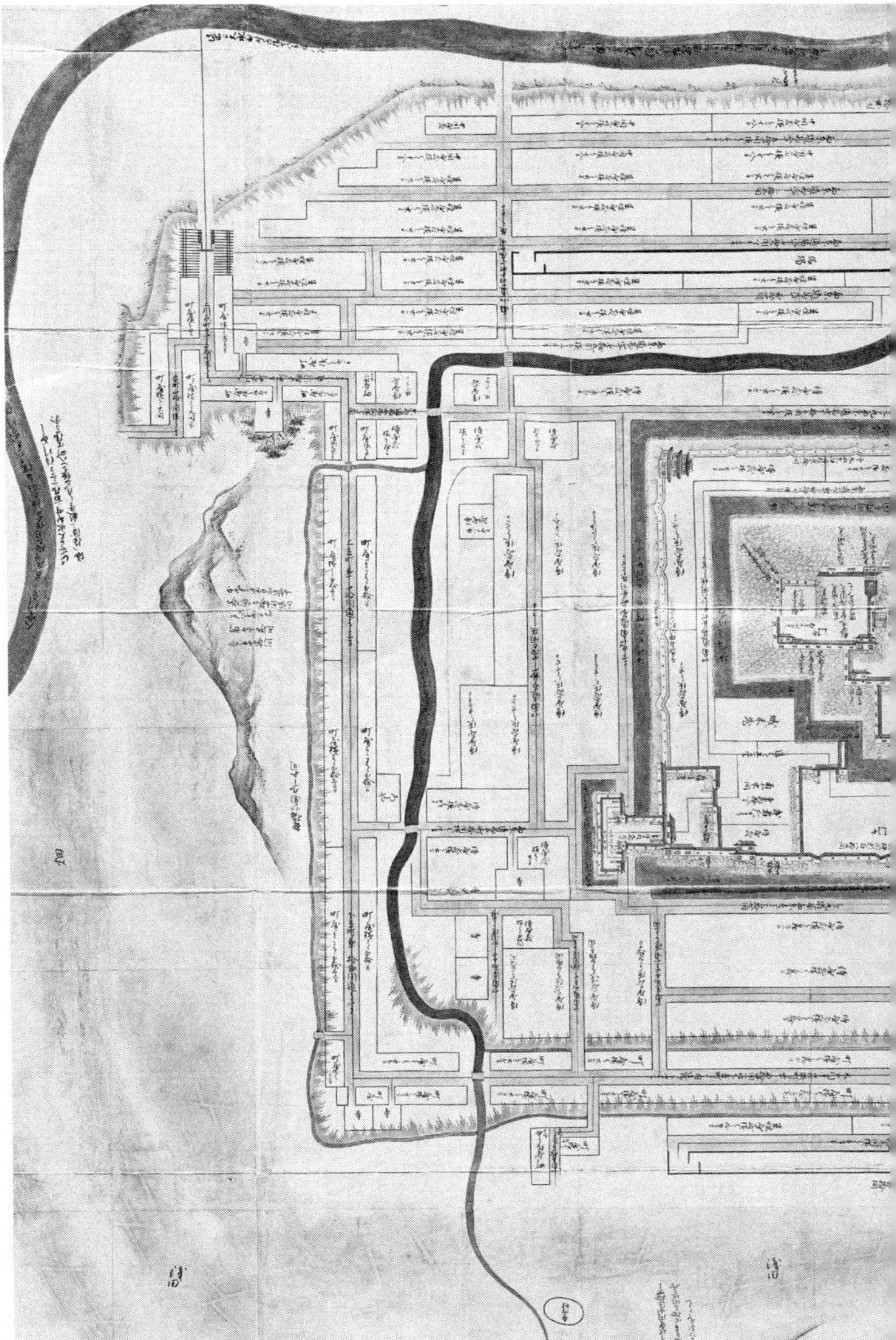

図73　篠山（正保）

小結

十六世紀末から十七世紀初頭にかけて、数多く来日した西欧人の目に映った日本の都市は、彼等の都市と比較してあまり見劣りのするものではなかったらしい(120)。この時期はわが国の都市発達史の上からも近世への移行期であり、豊臣秀吉の京都再編成に始まり、さらに諸大名によって城下町が新しい計画理念の下に次々と建設されていった時期であった。また城下町でなくても、例えば慶長十六年(一六一一)の尾州熱田は『和蘭印度商会史』に「頗る大なる町にして、専ら材木商売に従事し、家屋及び材木の置場は和蘭に於けるが如し(121)」と報告されている。これらを文字通りに受取ることは危険かも知れないが、少なくとも幕末から明治にかけて来日した西欧人の記録と較べれば、わが国近世の鎖国期を通じて生じた彼我の差は、甚だ大であるといわねばならない。しかし今われわれが問題にしようとしているのは、十九世紀ヨーロッパ進歩史観に基づく西欧人の筆致が示しているような、文明的優劣では無論なく、まったく対照的な社会環境に育った文化の空間的あらわれの差をそこにみるべきであろう。ここに近世の都市・建築の今後の研究課題の一つがあると考える。

永禄十一年(一五六八)、織田信長に矢銭二万貫という莫大な貢納を命じられた港湾都市堺は、三十六人衆を中心にそれを拒否し、能登屋、紅屋を大将として浪人の傭兵隊を組織し、櫓を上げ堀を深くし、都市の守りを固めた。しかしこの抵抗も一時的なもので、翌年には脆くも屈し、堺は信長の直轄領とされたのである。もし堺のこのような「自由都市」としての形態が近世を通じて続いていたとすれば、都市建築の形もかなり変っていたのではなかろうか。つまり、能登屋、紅屋などはイタリアにみられるような都市貴族に発展する可能性をもっており、さらにその建築として、いわゆる「パラッツオ」ができていったのではないかと思われるのである。

近代になってわが国も西欧の後を追うのだが、その近代化は主として旧武家出身者達によって推進された。近世において、武家の生活空間は、その生活形態とともに、町人のそれとはまったく異なったものであり、文化的にはむしろ農村を志向するものであったといえよう。近代において都市がさらに発展し、近代的都市計画が問題となっている時期においてすら、為政者や知識人の間に根強い精神主義的・農本主義的な都市弊害論が認められるのである。[122]

中根千枝氏は、異なった文化の比較のため、いくつかの国の、典型としての「中流の上」の住様式を示しておられ、日本の場合は「地方都市の何代かつづいた家で、屋敷が二〜三百坪ぐらいの広さの、洋間などのない家で、父あるいは息子が、大学を出ている。というぐらいの水準」を挙げておられるが[123]、ここに示されている住居形式は旧武家屋敷のそれであり、述べられている文化形態も町屋敷のそれではない。これを日本の「中流の上」の典型として挙げられたことに異論があるわけではない。むしろこのことが、わが国の近世から近代を通じてのいわゆる都市民の、文化の担い手としての役割の稀薄さを示唆するものと思われるのである。

しかしながら、やはり大へん日本的であったと思われる「まち」[124]という都市空間と町屋敷の系統をひく都市文化が、まったく失われたとは考えられない。ある意味ではもっとも都市と結びついた文化であったからである。京都の西陣では、隣同志の人がお互いにその隣家の建物の店より奥へは決して立入らない、などといったさまざまな不文律があるといわれる。[125]これらは現在でも「お町内」や祭礼の「山鉾」などを中心として生きている、共同体における生活のための、極めて都市的なルールであり、おそらく長い間の都市生活を通じて造り上げられてきたものに違いない。しかし一般的には、旧町人地においても、近代を通じて「まち」や町屋敷に対する共同・

共有意識は薄れてゆき、人々の目を次第に都市空間から土地そのものへ向けさせてきたと考えられる。このことは、建築と都市空間の緊密な関係の崩壊を招き、場合によっては都市空間自体の秩序を破壊してゆく要因ともなっていったと思われる。

なお本章では、日本の都市の性格をできるだけマクロに把えようとして、個々の都市の特質や、さらに細かい時代的な変化については殆んど触れていない。この空隙を詰めてゆくことも今後の課題の一つである。

註

1　建物と敷地の両者を総称する場合、正式には「家屋敷」と書かれる場合が多い。

2　『徳川禁令考』前(3)—一五六五、享和元酉年二月、(前略)「一、町屋敷と申候ハ、町奉行一手之支配場所を町屋敷と唱申候」。つまりここでは、町屋敷という言葉が、地域としてのいわゆる町人地に対して用いられている。

3　『御触書天保集成』五六二五。

4　このことは倹約令とも結びついている(大熊喜邦「江戸住宅に関する法令と其影響」『建築雑誌』一九二一年十月)。また、各町の名主は玄関を設けることが特に許されていたらしく、名主のことを「御玄関」と称したという(石井良助編『江戸町方の制度』一九六八、二七七頁)。これらには時代的な差もあり得よう。

5　戸田芳実「中世の封建領主制」『岩波講座日本歴史』(一九六三)、二三九〜二四〇頁。

6　倹約令などによる梁間の制限は、結果的には屋根高をも制限する。またこれは明暦頃以後の書院における一列住居形式の増加とも無関係ではあり得まい。また江戸城本丸御殿も万治度以後はコの字形の平面になり、屋根の棟もコの字になっていたと思われる(井上充夫『日本建築の空間』一九六九、二六八頁)、屋根高もそれ以前のものに比して、一段と低くなったに違いない。また寺院でも、寛文八年の禁令はその梁間を京間三間に制限しているが、ここでは桁行については自由とされていることは興味深い（『御触書寛保集成』一一七七）。

7 宮本常一『町のなりたち』（一九六八）、一六七頁。

8 例えば信州松代（『松代町の民家』長野県民俗資料調査報告十、一九七〇）。

9 新見吉治『下級士族の研究』（一九五三）によれば、幕末の名古屋の御手筒組組屋敷での共同体的生活は、天王祭のオヒマチの酒宴など（三〇七頁）町人のそれに近い。また内職としての商業も手広く行なっており、明治維新後はその商売に専念するものも多かった（三一一〜三二五頁）。一方、一般に教養は高く、このような生活の中から、都市文化の担い手としての下級武士も育っていったものと考えられよう。

10 「町屋の一例」『折口信夫全集』第十五巻、（一九六七）。

11 ただ、都市の場末などの農家で、門屋的に店をつくったものはあったかも知れない。最近発見された明暦大火以前の江戸を表わす屏風には、そのような形態のものが認められる（『江戸図屏風』一九七一）。

12 城下町では、後にも触れるように、本来住居専用の町屋は存在しない筈であったが、後にはいわゆる「仕舞屋」と呼ばれる専用住居が出来する。しかしそれは文字通り「しもうたや」であり、その形態はあくまで店をもった町屋である。

13 巻九上　天保十三年雑記　二四（『日本庶民生活史料集成』第十一巻）。

14 近代都市計画においても、旧大連市の商店街で建築線を合わせるために前庭を禁じた例がある（前田松韻「大連市に施行せし建築仮取締規則の効果」『建築雑誌』一九〇八年三月）。

15 西川幸治『日本都市史研究』（一九七二）二五三〜二五四頁。

16 『徳川実紀』寛文十年八月十三日条。

17 小林弌「近世在町の一・二の問題〈越後蒲原郡亀田町をとおして〉」『日本の町』（一九五八）、二三七頁。

18 『御触書寛保集成』一二八四。

19　後には「雨戸」も現われてくるが、近世においてはあまり一般的とはならなかったようである。また一つの場所に、格子としとみ戸あるいは雨戸を組合せて使う場合もあった。

20　例えば元禄期の西鶴の『世間胸算用』（巻三―四）にもみられ、また荻生徂徠は為政者側の立場から、仕舞屋の存在つまりそのような町人のあり方を非難している（『政談』巻一、二）。

21　註10参照。

22　『守貞漫稿』（第二編、家宅）参照。

23　巻九上、天保十三年雑記　三一（『日本庶民生活史料集成』第十一巻）六六二頁。

24　田村栄太郎氏の引用されている『甲駅新話』（蜀山人）によると、内藤新宿ではこの店の奥の戸が、大見世では舞良戸、小見世では唐紙となっていた（『江戸時代町人の生活』一九六六、二五六頁）。現在遺されている町屋でも、この部分にもっともよい建具が入っており、夏冬によって替える場合もある。

25　中世の京都の町において、林屋辰三郎氏が指摘された「裏のつきあい」（林屋辰三郎『京都』一九六二、一四九頁）は、近世においてはあまり認められないようである。また、中世の京都においても積極的には認め難いように思われる（第4章三節、註161参照）。

26　「面」と「敷」という言葉には、間口と敷地といった具体的なもの以上に、より概念的なものが含まれているように思われる。町屋敷に対するものには、「面三間半、舗へ拾九間半」といった例がみられるが（山中寿夫「広島城下における商家の研究――平野屋を中心とする――」『大名領国と城下町』一九五七、二四七頁）、それ程一般的ではなかったようである。

27　前に述べた京都の饅頭屋町のように、町の申合せで裏借屋を禁じているところもあるが、これはむしろ京都の、あるいはこの町の特殊性とみるべきであろう。

28　太田博太郎『図説日本住宅史』（一九四八）、日本建築学会編『日本建築史図集』（一九六三）などに引用されている。

29　竹内誠「寛政─化政期江戸における諸階層の動向」『江戸町人の研究』第一巻一九七二、三九六頁。

30　寛政三年（一七九一）の江戸では、町方人口の六〇％以上が地借・店借層であったとされる。この期の江戸打こわしは、このような都市下層民によるものであった（竹内誠　前掲論文〔註29〕、三九一～三九三頁）。

31　『御触書寛保集成』二二四九。

32　近代に入ってからも、東京では借家人が多数を占めていたにも拘らず、明治五年の銀座煉瓦街の建設や関東大震災の復興事業においては常に地主への対策に主眼がおかれ、借家人は殆んど無視された（稲垣栄三『日本の近代建築』一九五九、一一七、二二二頁）。

33　大阪での天保十三年六月の町触（『堂島旧記』）。佐古慶三「大阪」『日本の市街古図（西日本編）解説』（一九七二）。

34　江戸時代の初期においては、一棟一役のいわゆる棟役があった。これは当初の間口がほぼ一定であったことに裏付けされるものと考えられるが、後には屋敷の統合・分割が進み実状を合わなくなっていったと思われる。したがって一町切の役高がきめられることが多くなっていった。

35　『御触書寛保集成』二二三五。

36　石井良助編　前掲書（註４）、二七七頁。

37　幸田成友『江戸と大阪』（一九四二）七二頁。

38　その最も典型的なものは、敷地が矩形ではなく、奥で拡がったような形のものができてきたことであろう。

39　『西尾城──城郭城下町──』西尾市史史料II、（一九七一）二六八～二八〇頁。

40　前掲書（註39）、二七六頁。

41　『御触書寛保集成』二二一七。

42　衣棚町西村家所蔵の家屋敷売渡状（安政二年）。野口徹『近世京都に於ける宅地所有の実態と町──主に三条衣棚町を中心として──』（私家版、東京大学工学部建築学科一九六八年度修士論文）による。

43　都市貴族という言葉はあいまいであるが、ここでは貴族的・封建的な支配者層に出自し、その特権的地位を介して商業資本家となり、都市の実権を掌握したような者を指す（谷和雄「ギルド革命に関する一考察」『西洋都市の発達』一九六五、五六〜五七頁）。

44　熊沢蕃山、荻生徂徠、藤田東湖などによる幕政あるいは都市の再建論にみられるもの（伊藤鄭爾「日本都市史」『建築学大系』二、一九六〇、一六九〜一七二頁。西川幸治『日本都市史研究』一九七二、三三六〜三六〇頁）。

45　江戸では空地のままにしておけば収公すると令され（『徳川実紀』寛永二年五月五日条）、名古屋でも細かい規定が設けられていた（『尾張国御法度古記』『尾州御定書』名古屋叢書第二巻）。

46　『御触書寛保集成』二二〇三。

47　道と建物の敷地を明確に分離することが、都市空間としての秩序を回復する第一の条件であったといえよう。火災後、往還筋などは為政者の手で板囲いがなされることもあった（『津市史』第二巻〔一九六〇〕、七四六〜七四八頁）。また天保十三年、大阪に出された町触には、焼地のままにしておくのは、第一に不用心であり、土地の外聞にもかかわるので、家持はせいぜい家を建てるように心掛け、やむを得ぬ場合は板囲だけでもつくって「往来同様猥の義無之様」にとりはからえ、とある（『有世の有様』〔『日本庶民生活史料集成』〕第十一巻）。

48　石井良助「地租改正と土地所有権の近代化」『日本歴史』二三六、（一九六八）。

49　名古屋での例が『鸚鵡籠中記』元禄六年十一月二十五日、正徳二年四月二十四日条などにみられる。

50　近世の「所持」は近代的な「所有」と殆んど変らないものと考えられ、中田薫氏は近世のそれに対しても所有権という言葉を使っておられるが（『法制史論集』第二巻、一九三八、四九三〜四九四頁）、石井良助氏（前掲論文〔註48〕、九〇頁）や北島正元氏（『江戸幕府の権力構造』一九六四、二六六〜二六九頁）は、より厳密に所持権という言葉を用いられている。

51　新見吉治『下級士族の研究』（一九五九）。

52　『幕朝故事談』諸侯（古事類苑　政治部三）

53　時代はやや下るが、江戸では拝領町屋敷を町人に貸して処罰された例がある（『続徳川実紀』寛政六年五月十八日、文政九年六月十四日条）。しかし次の町与力の拝領町屋敷の場合や、寛政の改革の際に設けられた江戸町会所が、地代・店賃上り高のある拝領町屋敷を対象として貸付金を出していること（吉田伸之「江戸町会所の性格と機能について㈠」『史学雑誌』一九七三年七月）などを考えると、事情はより複雑であり、なお細かい検討が必要である。

54　「町与力の話」『旧事諮問録』。享保年間に改めて町役を掛けられた組屋敷の町屋は、このような町長屋であったのかも知れない（『御触書寛保集成』二二三八）。

55　このような場合、成立当初の町を古町・内町・古来町などと称して、後に出来した新町・外町・出来町と呼ばれる町と地子免などの待遇を区別する場合が多い（豊田武『日本の封建都市』一九五二　一九〇頁）。

56　北島正元　前掲書（註50）、二六六～二六九頁。

57　北島正元　前掲書（註50）、五五〇頁。つまり当初は「領知」的形態であったかもしれないが、その規制は弱く、後には一般の町屋敷のように所持権が確立していったといえよう。

58　瀬田勝哉「近世都市成立史序説」『日本社会経済史研究　中世編』（一九六七）、三八四～三八七頁。

59　第三編、人事。

60　伊藤鄭爾『中世住居史』（一九五八）九七頁。

61　宮本又次『大阪町人論』（一九五九）二六二～二六三頁。

62　福島正夫「明治初年の建物取引制度と家券」『法律時報』一一―七、三二頁。

63　福島正夫　前掲論文（註62）、二八～三〇頁。

64　瀬田勝哉　前掲論文（註58）、三八七～三八八頁。無論この「共同体的所有」は幕府権力と関連して無条件なものではなく、「幕府権力あるいはその現実的行使機関である町共同体による所有（共同体的所有）と、各共同体成員による占取即ち保有に具現されるもの」が近世における土地所有関係であるとしている。

65 安岡重明「近世京都商人の家業と相続」『京都社会史研究』（一九七一）三一六頁。

66 安岡重明　前掲論文（註65）、三一七頁。

67 例えば三井家では、幕府の御為替組を勤める担保として町屋敷の沽券が必要であった（北島正之「近世都市の社会問題」『都市構造と都市計画』一九六八、二三六頁）。

68 かかる例には松山がある（田中蔵雄「松山城下町における古町と外側との歴史的関係についての一考察」『大名領国と城下町』一九五七）。さらに松本豊寿氏もいくつかの例を論じられている（『城下町の歴史地理学的研究』一九六七）。また、現金掛値なしの新商法を採った江戸の越後屋三井は、本町を去って（あるいは排斥されて）駿河町に移ったが、益々繁栄していった。

69 『政談』巻之二、改二武家旅宿之境界一制度之事。

70 註8参照。

71 巻之六　江戸町境論之事。

72 『徳川実紀』安永八年八月二十日条、『御触書天明集成』三〇〇六。

73 例えば町奉行所において吟味を受けるとき、同じ浪人でも武家屋敷に住むものは下縁にあげ、町宅のものは砂利の上に坐らされる作法であったという（石井良助編　前掲書〈註4〉、二五頁）。

74 明治五年六月二十七日の大蔵省より東京府への達の中に「……第三、地税無相違相納ルニ於テハ空地ノ儘又ハ家屋ヲ建テ人ニ貸共　持主ノ存意通リタルヘシ」とわざわざ述べられている。中田薫　前掲書（註50）四九九頁。

75 さらに具体的にいえば、両者の水平的距離、床の高低などによる垂直的距離、左右の差などである。

76 西山松之助「続江戸ッ子」『江戸町人の研究』第三巻（一九七四）、二〇頁。

77 『御触書天保集成』六四九二。

78　『御触書寛保集成』二二五一、享保三年。
79　『御触書天保集成』六二九四、寛政八年。
80　第二編　家屋。
81　『御触書寛保集成』一六三三。
82　田村栄太郎『江戸時代町人の生活』(一九六六)二九〜三〇頁。
83　『大阪商業習慣録(上)』第三巻、四六頁。
84　往還へ品物を出すことに対する禁令は、例えば江戸では、延享元年(『御触書宝暦集成』一一八六)寛延三年(同、一五六二)、文化三年(『御触書天保集成』五五九七)などしばしば出されている。また大阪では天保十三年六月の町触にもみられる(『堂島旧記』)。
85　屋敷の前を自らの占有地と見做す考え方は、中世の門屋や門田などの中にもみとめられる。土地との中世的なつながりを断ち切られたような形で集住せしめられた近世城下町で、そのような考え方がどのように変質していったか、興味ある問題である。
86　『東京道路誌』(一九三九)第九章。
87　天明期の『西遊雑記』には、肥前神崎の家並には醜い家居が入れまじっているが、上方ではかかることはない、と述べられている。
88　『新潟市史』(上)(一九三四)一〇八七頁。
89　とくに近世中期以降の香具商人は、むしろ芸能をもって業とする性格が強かったという(伊藤好一『近世在方市の構造』一九六七、八四〜八六頁)。この性格は現代まで受け継がれている。
90　伊藤好一　前掲書(註89)、第三章。
91　和歌森太郎『神事の中の日本人』(一九七二)八五頁。

92 原田伴彦『日本封建都市研究』(一九五七) 一八三頁。
93 『四日市市史』(一九六一) 五六頁。
94 『山形市史』近世編 (一九七一) 五八六頁。
95 前掲書 (註94)、五八六頁。
96 例えば、村山修一『日本都市生活の源流』(一九五三) 二八三頁、林屋辰三郎『町衆』(一九六四) 一五九頁。
97 村山修一 前掲書 (註96)、九五〜九六頁。
98 『名古屋叢書』第六巻。また京都でも山鉾の名がその町名となっているところがあるが、それも祭礼と町単位の密接な関係を示すものであろう。
99 天保期の『桑名日記』には、祭りのはやしの音で、下級武士の子供達がかけ出していった様子が描かれている。ある意味では彼等は中途半端な立場にあったといえるだろう。
100 同じく『桑名日記』には、町の祭りに参加して叱責を受けた藩士のことが記されている。
101 新見吉治『下級士族の研究』(一九五三) 三〇六〜三一〇頁。
102 『御触書寛保集成』二〇九四 (享保六年閏七月)、二〇九六・二〇九七 (同十一月)。
103 「町触」『名古屋叢書』第三巻、元文四年正月。
104 これも死去した者の身分によって段階的な差があるが、名古屋では店の「しとみ」を下半分だけ下し、「しとみ」の内部だけで商売させたりしている。
105 町屋の表の格子などを取外すことなどのほかに、前に述べたように、とくに遊廓などでは、格子の疎密なども町の華やかさに影響を与えている。
106 井上充夫 前掲書 (註6)、二三九頁以下。ここで井上氏は、江戸時代本丸御殿を「行動的空間」の例として論じられている。敷地との関連では、当然その前後関係、つまり不規則な敷地がこのような建築空間構成を生み出したのではないかという疑問も出されようが、すでに中世において京都などの比較的敷地の形状の整っている所でもこのような傾向は認められるので、やはり建築空間の構成原理が不規則な敷地に建つことをも可能にせしめたといってよいだろう。

107　例えば仙台の例（籠瀬良明「仙台市街の町割形態」『歴史地理学紀要』一〇、一九六八、二二六頁）。

108　註8参照。

109　秀吉の京都再編成は、聚楽第を中心とした城下町的再編成であり、全体的な計画においても近世城下町の魁となった。ただこの場合、他の城下町と異なり、聚楽第とその周辺の武家屋敷の形態は、京都の歴史的な街路パターンに規制され、結局あまり実戦的な城郭の形態はとり得なかったものと思われる。このことは後の二条城でも同様であろう。

110　島田豊寿『城下町の歴史地理学的研究』（一九六七）一九一頁。なお島田氏は、これら二つの部分域の地域的な不整合な結びつきが、初期城下町の地域構造上の特色であり、これらは接合はしているが決して合一したものではないとされている（一九一頁）。しかし後で触れるように、都市空間の構造から考えると、後の城下町でも両者は合一せず、あくまでも接合しているに過ぎないものと思われる。

111　具体例は、島田豊寿　前掲書（註110）、第二部第一編第一章、および矢守一彦『都市プランの研究』（一九七〇）第二編第一章に詳しい。なお矢守氏は城下町プラン変容過程として、地域制に基づいた五つのパターンを示されている。これらも今問題としている二つの計画理念に対する重点の置き方のバランスの差によって、ある程度説明しうるのではないかと考えている。

112　名古屋、彦根、福山など。この場合、城の門前を堅めるとか、あるいは町人地での片町の出来を避けるとかいう意味合いも含まれていたと思われる。

113　例えば徳川家康により、あるいはその強い影響下に計画された江戸、名古屋、駿府などは、ほぼ例外なく町人地がとくに規則正しく町割され、くい違いなども殆んどみられない。いずれも大都市だからといえばそれまでだが、共通するほぼ正方形のブロックによる碁盤目状の町割や、町人地の重視などを考えると、やはり計画者としての家康の存在が無視できないように思われるのである。

114 『淀古今真砂子』(『日本庶民生活史料集成』第八巻)。

115 この種の分類では、歴史地理学の立場からされた矢守一彦氏のものが代表的と思われる(前掲書〔註111〕、第二編第一章)。

116 元禄十三年七月十八日条、『名古屋叢書続編』一〇。

117 同上、同年八月十八日条

118 「町触」一、『名古屋叢書』第三巻。

119 島田豊寿　前掲書(註110)、第二部第一編第三章。

120 原田伴彦「中世都市の景観」『日本封建都市研究』(一九五九)。岡本良知『豊臣秀吉』(一九六三)。

121 『大日本史料』一二—八、六七八頁。

122 例えば大正十一年(一九二二)の全国都市計画協議会での元東京市長阪谷芳郎の講演(「都市計画と其精神」『建築雑誌』一九二三、四)。

123 『適応の条件』(一九七二)、九七頁。

124 例えば天明三年(一七八八)にアリューシャン列島に漂着し、ペテルスブルグへ行った伊勢の船頭光太夫よりの聞書に、「商人の舗店は一廓にかまへ、方二丁計、三層の土瓦造にて背合に両面に店を開く。……四方に門を開き、其中は空地にて諸方より積送りたる貨物、また積出す荷物等を取捌く故、常に数十匹の馬出入たえす」(『北槎聞略』日本庶民生活史料集成第五巻)とある。これは当然日本の町を念頭においてそれと比較しながらの説明であろう。

125 上田篤編「義理の共同体」『都市住宅』(一九七二、十)。

補遺　町屋敷という語について

本章に用いられている町屋敷という語についての説明が不充分かと思われるので、ここに補足させていただきたい。

町屋敷とは、論文中にも述べられているように（二六〇頁、第7章註2）、制度上は町奉行一手の支配地のことであり、その屋敷地も当然含まれる。一方、屋敷という言葉は厳密には建物の敷地を表わすものであるが、一般的には建物と敷地を特に区別せず、両者の総称として用いられてきた（二六〇頁）。したがって町屋敷という語も一般的には建物と敷地の総称として用いられてきており、本論文でも特に断わらない限り、この用法に従うものとする。そしてこのような敷地と建物との分離し難い関係が近世都市の特色である、ということが、本論文の主旨の一つでもある。

〔編者補記〕

本章は、あとがきに示される原論文初出時には簡単な解説にとどまっていた四節の個別事例解説に図版を増補して一章をなしている。今回の出版にあたって各城下町の絵図は版を改めている。城下町の空間的な特質とそこで展開される生活と文化の関係について本章の考察を深めた著者の論考として、「「町」をめぐって1～6」（『ARCHITECT』三三～四三号、一九九一年六月～一九九二年四月〔隔月掲載〕、新日本建築家協会東海支部）がある。町の空間、景観、ハレとケ、町屋の形態、町屋のデザインについて本章の考察を深めている。なお図47に関しては、学位論文時点の図版に不十分な点があり、上記論考では『西尾市史史料Ⅱ』所収の「（二）三州西尾城絵図之覚」を下図としたものを用いているため、本書でも一部調整のうえ差し替えることとした。

第8章　近世名古屋の会所地

　これまで、近世城下町の武家地と町人地について、その形状や性格を対比的に述べてきたが、これらとやや性格の異なるものとして、いわゆる「会所地」がある。これは町人地の町割がほゞ正方形のブロック割の場合、道に接する四周に町屋敷を割りつけた後に生ずる、ブロック中央のいわば割残し地である。江戸、名古屋、甲府、熊本などにみられ、江戸、名古屋では「会所」「会所地」と呼ばれている。

　この土地は、町人地にありながら道に接しておらず、したがってその形態は、周囲を塀などで囲まれた武家屋敷のそれに近い。町からみれば裏地に当り、名古屋の場合町役もかけられていなかったようである。江戸では明暦大火後の再編成にあたり、一部を除きこれらのブロック内に「新道」が貫通され、会所地にも町屋敷が割りつけられたが、名古屋ではその殆んどが近代にまで遺された。

　なお水野時二氏は、会所を名古屋では閑所とよぶとされているが(1)、近世の記録ではすべて会所となっている。閑所はより一般的名称で、裏の空地といった意味であり、ここにつくられた長屋を閑所長屋などといったのではあるまいか。これはむしろ町屋敷の地尻である場合が多く、会所地である必要はない。

このやや特殊な空間である会所地の性格や意味を都市計画あるいは都市史上に位置づけるには、これらの都市のすべてについてあたってみる必要があるが、[2] ここでは近世名古屋の会所地について、その形状や利用形態の考察を試みる。

一　会所地の形状

名古屋の町人地の中心部の町割は、いわゆる碁盤割で、各ブロックは京間方五〇間を基本とし、[3] 一部に五〇×七〇間のものがある。町屋敷の奥行は南北通および主要な東西通（京町筋および伝馬町筋）に面しては二〇間、他は一五間であり、その地割は、水谷盛光氏の示された基本形（図74A）[4] のほか、京町筋に面するもの（同、B）、伝馬町筋に通するもの（同、C）が、明治年間の地籍図[5] などによって推定される。これらによれば会所地は、一〇×二〇間、一〇×一五間、一〇×三五間の三種類が考えられるが、それを他の資料によって検討する。

（A）一〇×二〇間の会所地にあたるものとしては、旧針屋町の正敬寺の寺地の一部があるが、その寺地は名古屋市史によると、[6] 一二七・五坪の役地と「外に東西十間、南北二十間の会所、東西九尺、南

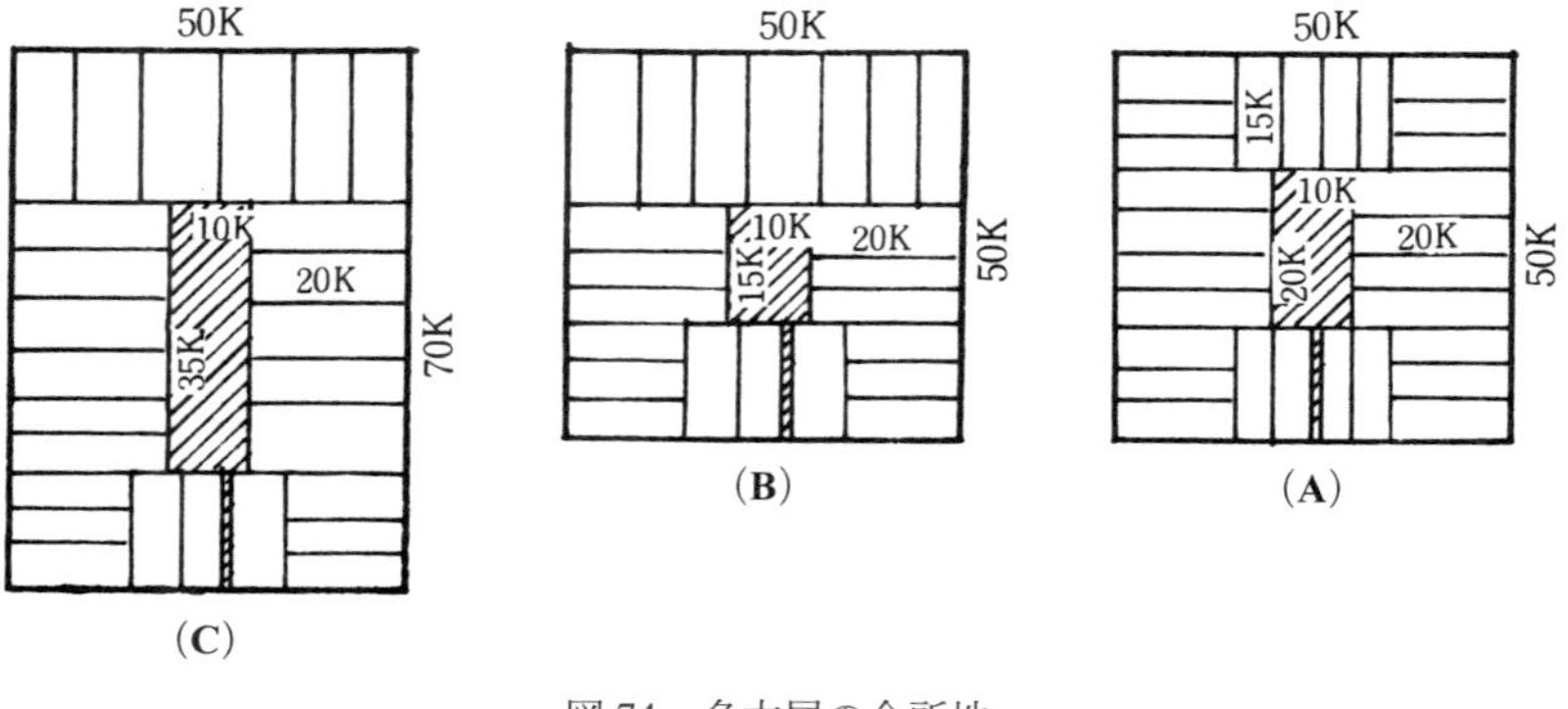

図74　名古屋の会所地

北十五間の会所道有り、除地なりき」とされている。また安清院（旧常盤町）の寺地は、同じく名古屋市史によると、(7)二二二・五坪除地とされており、これは二〇〇坪（一〇×二〇間、会所地）＋二二・五坪（一・五×一五間、会所道）と解されよう。禅芳寺（旧朝日町）も、二九〇坪のうち二二二坪が除地、(8)あるいは六七・五坪が役地とされ、(9)同様な会所地と会所道が推察される。

（B）一〇×一五間の会所地に当るものには、福生院（旧袋町）があり、その寺地は一七二坪除地(10)あるいは一七二・五坪除地(11)とされている。同様に、一五〇坪（一〇×一五間、会所地）＋二二・五坪（一・五×一五間、会所道）が考えられる。大黒堂（旧常盤町）の寺地一七二・五坪、(12)円輪院（旧朝日町）の寺地二八五坪のうち除地一七三坪も、(13)同様とみることができる。

（C）一〇×三五間の会所地を示す例では、旧永安寺町の中島屋藤左衛門の由緒書がある。

（前略）
御当地永安寺町通、久屋町と関鍛冶町の間北側
一、会所地西東拾間北南三十五間、会所道西東九尺北南拾五間
右是は慶長十六亥年、平岩主計頭殿ゟ私先祖山田意斉申受……（下略）(14)

また、茶屋町に茶屋家がもっていた屋敷は、その絵図によると（図75）、(15)会所地および南から入る会所道をも含んでおり、会所地の部分は記入寸法によると、東西一〇間四尺、南北三六間二尺五寸、会所道は東西一間半、南北一五間である。これらの記載が、京間によるのか田舎間によるのか明らかでないが、東面の二一間三尺五寸

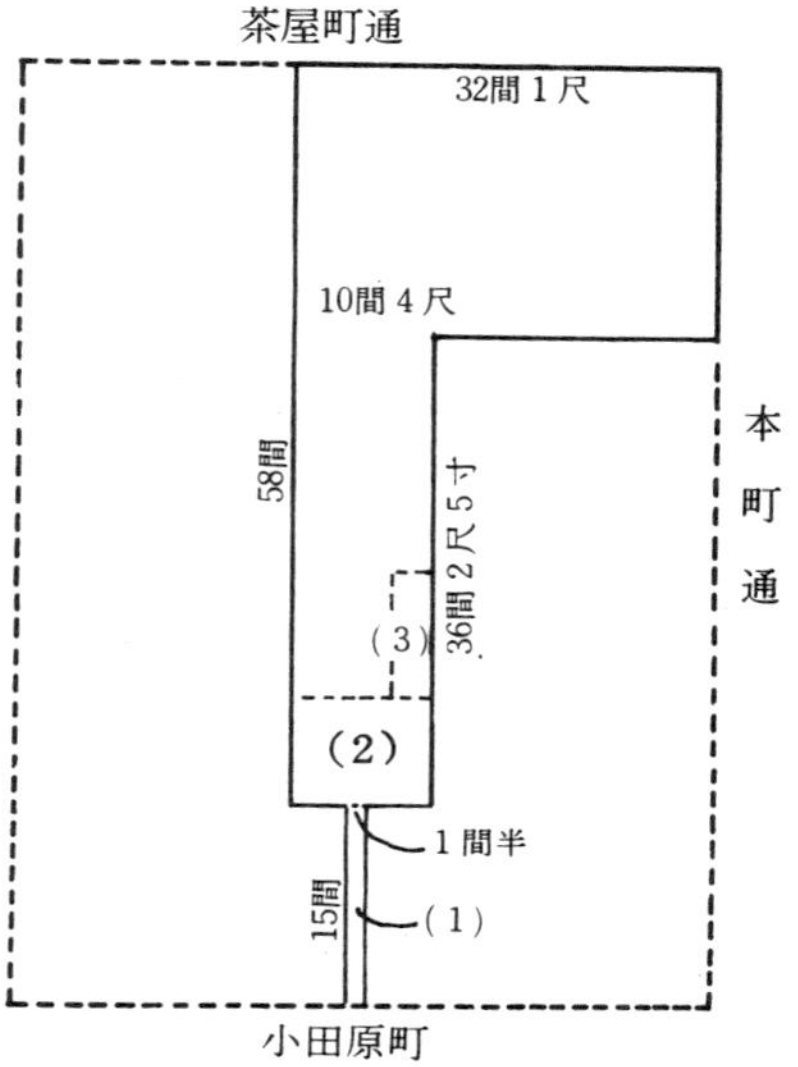

図75　茶屋屋敷図

＋三六間二尺五寸が西面の五八間と等しいとすれば田舎間（一間＝六尺）が示唆されるし、会所地東西の寸法の一〇間四尺、北面の三二間一尺、西面の二一間三尺五寸などは、京間（一間＝六・五尺）のそれぞれ一〇間、三〇間、二〇間の田舎間による値に近いので、田舎間による記入と見るのが妥当のように思われるのだが、一方会所道の一間半×一五間は、むしろ会所道の基準寸法として、京間による記載とみられるので、なお確定はできない。あるいは会所道のみは慣例として京間で示すといった使いわけがあるのかも知れない。なお前出の資料にみられる会所道幅「九尺」も、『守貞漫稿』も述べているように[16]、京間の一間半つまり実寸法九尺七寸五分を示すものと思われるが、このような表現が慣例となったこと自体、ある種の混用を示唆するものであろう。いずれにせよ、茶屋家の会所地も中島屋藤左衛門の場合と同様に、当初の計画としては京間一〇間×三五間と見なすことは可能と考えられる。

名古屋の会所地は基本的には、一〇×二〇間、一〇×一五間、一〇×三五間として計画され、南北いずれかの道から、一・五×一五間の会所道によってアプローチされていたと考えてよいだろう。

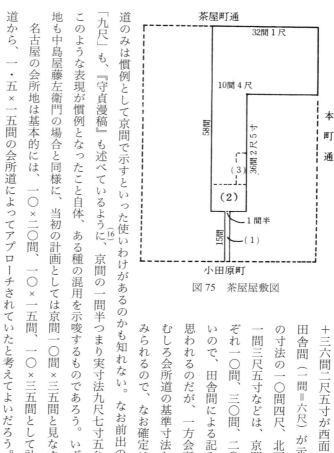

二　会所地の利用状態

a　寺社地

前出の資料にも示されているように、これが最も多い。会所地と道筋に面する部分を合わせ持っているものもあり、この場合道筋に面する敷地は、会所道を除いて役地とされている。このように会所地に社寺をおく例は熊本にもみられ、大へん合理的な土地利用計画のように思われるのだが、江戸ではこのような形はみられず、また名古屋でも当初より屋敷地であったものもみられるので、必ずしも一般的な計画であったともいえない。なお考察を必要とする。なお、すでに江戸時代において、後述するように、この会所地から移転していった寺もあった。

b　屋敷地

これには町人・武家の両方の場合がある。始めは、前の中島屋藤左衛門や茶屋家のように、有力な町人が拝領したものであろう。もっとも近世初期においては、町人と武家との差は必ずしも明確でなく、有力な町人もかつてはいわゆる武士であったことも多い。築城の際の大工棟梁中井大和守も、旧大和町に会所地付の屋敷を拝領していたらしい(17)。この屋敷は元和三年（一六一七）に清須越の有力町人である中村（岡田）佐次右衛門に売り渡されている(18)。また、杉之町に設けられた御馳走所の一部は、やはり清須越の有力町人、宮治浄盛控の会所屋敷の一部が、慶安元年（一六四八）にさし上げられたものであった(19)。前出の中島屋のもっていた会所地は、延宝八年（一六八〇）に藩士の彦坂平太夫に売渡された(20)。このように武士で町地の会所に屋敷をもつものはほかにもあったようで、『尾藩令条』所収の承応二年（一六五三）六月二十日の廻文に「一、御家中諸侍衆、町屋、会所持、住居 借屋を持候仁、（下略）[21]」とみえている。

また、前に述べた茶屋屋敷絵図をみると、茶屋では会所地の一部、すなわち図75の(1)（会所道）を滝本屋へ、(2)を駒屋へ、(3)は大黒屋へ貸している。茶屋では会所地に北側から使えるので、不要な南側の会所道は他人に貸したものであろう。駒屋、大黒屋の借地は、そのアプローチから考えて、それぞれ自分の屋敷地の裏つづきの場所を借りたものと思われる。蔵などを建てたものであろうか。井桁屋久助御用留の中の「天明ニ寅年四月富田市兵衛居住表間口九間半裏行拾五間、会所地土蔵共……[22]」とあるのも、このような形態を示すものとも思われる。むろんこの場合借地ではなく買入れられたものかもしれない。茶屋の会所地はこれら以外には、小さな土蔵が一棟と稲荷社しかなく、この会所地の利用密度は低いものといわざるを得ない。

c　中道と借家

『鸚鵡籠中記』の正徳二年（一七一二）五月十一日条に、「伊勢町と大津町の間、本重町とかばやき町の突き抜け、当春より作事借屋等出来、一両日前より通路有之、是は法林寺の売屋敷を、新田庄屋源右衛門求置、願申而東西両がわ借屋にし、新に突抜出来[23]」とある。法林寺は宝林寺のことで、宝永七年（一七一〇）東田町へ移ったとされている[24]。この「つきぬけ」は、ブロックの中央を南北に貫ぬいている。つまり会所地の寺地を買い取り、いわば投機の対象として借屋を建てたものと思われる。これは会所地の高密度な利用法といえようが、名古屋ではこのような形態は一般的ではなく、ブロック内の貫通路もこれ以外には、ただ田町に袋町筋から本重町筋へ抜ける中道があるのみで、享保十四年（一七二九）に出来たとされているが[25]、その事情についてはわからない。なお玉屋町に、蒲焼町筋から広小路筋まで旅籠町（天蓋町）とよばれる中道があったのが、万治三年（一六六〇）の大火後に廃されたとされている。[26] この大火後、火除地として広小路がつくられており、そのためこの部分のブロックが小さくされており、中道もその存在意義を失なったものと思われる。

江戸では前述したように、明暦の大火後ほとんどすべてのブロックに計画的に新道が通されている。都市としての発展の速度と密度の差とみるべきであろう。

d　公共的施設

会所地におかれた公共的施設としては、広小路南側の牢屋敷、札の辻東北の火之見楼、前出の御馳走所などがあげられる。また寛文五年（一六六五）防火のため四個所に設けられた水溜は「大代官自分ニ調置候会所屋敷へ一ケ所[27]」おかれていた。しかし一般には、公共地としての性格をもつ会所地は、その利用形態からみて、むしろ少なかったといえよう。

以上名古屋の会所地について概略的にみてきたが、一般に会所地はかなり早くから、特定の寺社や人に渡されており、その名称の呼び起すある種の公共性はほとんど認められず、わずかに寺社の境内に辛うじてとどめられたかに思われる。前述の御馳走所に会所屋敷の一部を差し出した宮治家も、その代地として畑三反を藩からもらっている。[28]

また、上記のように会所地は、一般の町屋敷と同様、売買・貸借が行われており、また地子も免除されていたと思われ、その意味では正に町地であるが、形態的には道に面した町屋敷と明らかに異なっている。天保十四年

（一八四三）の町触には、「一、町中無役之会所地買請候筋、（中略）、分一銀懸り物等取立候儀堅致間敷事」[29]とある。この会所地が無役（町役のことと考えられる）であることは、この地が道に面していず、したがって、いわゆる町屋をつくることができないことによるものであろう。一方、このような形態の町地は、前章で述べてきた、武家地と町人地の性格からやや外れたものともいえよう。しかし、これがすべての会所地にあてはまるのか、例えば前に述べた正徳二年につくられた借屋の場合にも町役は免除されていたのか、明らかでなく、なお考察が必要であるが、少なくとも前に述べた瀬田勝哉氏のいわゆる「共同体的所有[30]」には相当しないところといえよう。とくに名古屋の会所地は、町人、武士、寺社の間でも売買が行われているようであり、その点を含め、他都市の例とともになお追求してゆく必要がある。

註

1　水野時二「名古屋城下町の方格式町割」『人文地理』一六―二、三八頁。

2　江戸では宅地の土盛りをするための土採場とされていたとみられ（柴田孝夫「地割からみた江戸城下町の成立」『人文地理学の諸問題』一九六八、二五三頁）また医師、画師、能役者などの屋敷地もあったようである（藤田元春『尺度綜考』一九二九、四〇四頁）。一方熊本では寺院がおかれている（「旧藩時代熊本市全図」『熊本市史』一九三二所収）。

3　水谷盛光「名古屋城下町碁盤割の形成尺度考察」（一九六五）。

4　水谷盛光　前掲論文（註3）、四頁。

5　名古屋市役所蔵、水谷氏より明治十一～十九年、おそらく十八年に作成されたと推定されている。

6　『名古屋市史』社寺編（一九一五）八四九頁。

7　前掲書（註6）、五八〇頁。

8　前掲書（註6）、五八一頁。

9　『金鱗九十九之鹿』巻第廿四（『名古屋叢書』）。

10　『金鱗九十九之鹿』巻第三十三。

11　前掲書（註6）、四四八頁。

12　前掲書（註6）、九四九頁。

13　前掲書（註6）、七六二頁。

14　『名古屋市史』地理編、八八頁。

15　「尾州表茶屋屋敷絵図面」中島建次郎氏蔵。ただし蓬左文庫蔵の写図によった。

16　第二編、家宅。

17　岡田佐治右衛門の由緒書。ここには中井藤十郎から中村（岡田）佐次右衛門へ元和三年（一六一七）に家屋敷を百五十両で売渡した証文が引かれており、それには、

　　なごや大和町、表口卅五問、うらへ
合壱所者　弐拾間、但くわい所共に、東どなり
　　は尾原市兵衛、西は長嶋町通也

と記されている。（『名古屋市史』地理編、一六〇頁）。

18　註17参照。

19　『金鱗九十九之塵』巻第十八。

20　前述の由緒書、『名古屋市史』地理編、八八頁。

21　『名古屋叢書』第二巻。

22 水谷盛光「元禄・正徳の〝福井町家並帳〟と町割」(一九六四)、五七頁。
23 『名古屋叢書続編』第十二巻。
24 『名古屋府城志』(中)(『名古屋叢書』第九巻)。
25 前掲書(註14)、一二四頁。
26 前掲書(註14)、一二一頁。
27 「武家命令究事」『名古屋叢書』第二巻。
28 註19参照。
29 『名古屋市史』政治編第二、九八一頁。
30 第7章註64参照。

〔編者補記〕

本書以後の城下町名古屋に関する著者の論考として、『新修　名古屋市史』第三巻(名古屋市、一九九九年三月)がある。「第2章　名古屋開府」第一節〜第三節を執筆し、名古屋の都市計画について取り上げて、武家地と町人地の概要、碁盤割の町割りの特徴が示され会所地と会所道について言及している。名古屋城下の街路幅については、従来の研究では、本町通りを五間、それ以外を三間と見る見解が有力であったが、一九九三年に徳川美術館で発見された『正保絵図』の写しではすべて四間と記されている。著者は万治三年(一六六〇)の大火後の改変の可能性を指摘する。なお著者の絶筆となった「近世名古屋城下町に関する若干の考察」(林董一編『近世名古屋享元絵巻の世界』二〇〇七所収、本章初出論文と同題)では、七代宗春治世下の名古屋城下を描いたとされる『享元絵巻』に描かれる建物、尾州茶屋家の屋敷、会所地について考察しているが、会所地に関しては、本章の内容が再録に近い形で収められている。

あとがき

本論文は、以下に示すように、すでに発表された数編のものを加筆・訂正し、一部を改編したものである。

第1章「歴史時代における都市空間」『建築史研究』三五（一九六四）。

第2章「平安京の空間的変遷に関する考察(1)、(2)」『日本建築学会論文報告集』第一六五号（一九六九）、第一六六号（一九六九）。

第3章「歴史時代における都市空間(2)」『建築史研究』三七（一九六七）。

第4章「中世京都の都市空間に関する考察(1)(2)(3)」『日本建築学会論文報告集』第二三八号（一九七五）、第二三九号（一九七六）、第二四〇号（一九七六）。

第5章「中世京都の都市空間に関する考察(3)」。

第6章「歴史時代における都市空間」。「日本の都市――近世「町」の成立」『建築雑誌』（一九六五）。

第7章「近世都市における武家屋敷と町屋敷」『日本建築の特質――太田博太郎博士還暦記念論文集』（一九七六）。

「近世名古屋城下町に関する若干の考察」日本建築学会東海支部研究報告（一九七三）（本書では第8章）。

この研究にあたっては、学生時代より、太田博太郎博士、稲垣栄三博士に終始指導を賜わってきた。また福山敏男博士からはいくつかの論文に対し懇切丁寧な御批判をいただいた。そのほか都市史に関する先学である伊藤鄭爾博士、西川幸治博士をはじめ多くの方々から直接間接に学恩を受けている。深く謝意を表すものである。

〔編者補記〕

右記「あとがき」に示された初出論文のうち、第7章の初出論文「近世名古屋城下町関する若干の考察」は、本書第8章に収録した「近世名古屋の会所地」に対する初出論文である。

編者解説

本書は、編者序で記したとおり、著者である故小寺武久博士が一九七七年九月に東京大学に提出した博士学位論文『都市の空間形態に関する史的研究』の書名を『都市・建築空間の史的研究』に改め、一部の章立てを整理して刊行したものである。あとがきに示されるように、各章のもととなった論文は一九六四年から一九七六年にかけて発表されており、著者の前半生に発表された日本都市史に関する論文の主要なものからなっている。学位論文としてまとめられるにあたって論考の対象と時代別に再編され加筆もなされており、元論文とは別個の一書となっているが、論旨に大きな変更はみられない。

本書は、序で示されるように日本の都市とその変遷を空間的な視点から究明することを目的として、各時代における実態としての都市空間とその変遷を論じたものである。本書に収められた著者の研究については、古代都市に関する一連の論考を中心に井上満郎『研究史　平安京』（一九七八）において、都市計画的な観点から平安京の全体的な空間構成を扱う研究として六頁にわたって取り上げられている。戦後の都市の荒廃に対する問題意識を背景としたものと位置づけられ、建築史研究上の問題点も指摘されている。中世以降の論考を対象としては、伊藤毅「学界展望　日本都市史」（『建築史学』六号、一九八六年三月）で日本都市史の観点から取り上げられており、そこでは本書の序に示されている四つの課題を「現在なお建築史学における都市史研究の基本的課題として設定しうるものであろう」と評している。また中世京都の町屋の成立を論じて建物先行の町並み形成を指摘した野口徹の遺稿『中世京都の町屋』（一九八八）の解説で、義江彰夫は町屋と町並みの生成史に関する問題提起を示した先駆的論考として本書のもとをなす著者の学位論文を取り上げ、野口の研究が誕生する上で多大な示唆を与えたことを指摘する。以後、建築学の分野からの都市史研究は時代毎の考察が大きく進展し、関連分野との連携も進んで深まりを見せている。その広がりと深まりはめざましく、本稿でまとめ得るものではないが、一九八〇年代後半以後の動向については、伊藤毅『都市の空間史』（二〇〇三）の序において的確に総括されているので参照されたい。広汎な著者の論点は以上の論考に委ねることとし、以下では本書の形でまとめられることとなった著者の視点の形成過程と各章の関係から、編者の解説を記す。

伊藤毅『都市の空間史』の序では、戦後第一次の都市論ブームとなる一九六〇年代は都市デザイン論の時代と位置づけられるが、著者はまさにその時代に都市に関する研究を進めたことになる。「都市デザイン」の特集号である『建築文化』一九六一年一一月号の編集主体である、伊藤ていじ・川上秀光・磯崎新を中心とする都市デザイン研究体へ参加している（この特集は、後に再編成されて『現代の都市デザイン』（一九六九）として出版）。著者に確認することができない今日、編者の憶測に留まるのだが、都市をデザインするための分類学として「都市をその総体―部分―媒体の三つの観点から分析していく」（磯崎新）ことを意図したこの特集号編集への参画が、著者が都市について考察を深める端緒のひとつであったのであろう。当然、研究体への参加の前提として、都市に関する著者自身の関心があったものと考えられる。

著者は一九六二年にタンカーに乗船してペルシャ湾に至り、中近東・ギリシャ・イタリアの建築と都市を踏査している（『インド建築について』小寺武久先生退官記念事業会、一九九六、四頁）。日本の都市を扱った学位論文の性格上、本書には収められていないのだが、この調査をもとにイランの都市と建築について記した「中近東の都市」（『国際建築』三〇巻六号、一九六三年七月）は、都市に関する著作として最初に位置づけられるものであり、本書で示される著者の都市への視点がすでに示されている。

取り上げられる対象は、カナート、都市のスカイライン、寺院とバザール、街路と広場と多様であるが、市壁に囲まれた真円形の都市遺跡フィルザバードに、囲繞を伴う純粋幾何学的な都市の全体形に記念性を示そうとする古代の意志を見出し、街路やバザール、中庭や広場といった「閉ざされた空間の連続」として形成され「トポロジカルな空間」となる実態に、中近東の都市の造型原理を見出す。都市形態に秩序を与える囲繞性、方格線などの幾何学的ルールは、自然と対置される人間の営みとして古代都市に普遍的に採用された、いわば神の空間を作り上げる造型原理であり、モスクやバザール、街路にみてとれる、空間と人間が関係性を持ってできあがるヒューマンスケールの街区が、アミニティを生み出す都市空間であることが示されている。著者の関心は、都市の形態そのものではなく、なぜそのようになったのかという造型原理、そしてその原理を生みだした空間文化にあったことがわかる。ヒューマンスケールで成り立つ街路と、そこを貫通する近代の都市計画道路がもたらす不整合は、人を抜きに計画される都市への疑問として示され、以後の著者の論考にも繰り返し述べられることとなる。本書では「日本的」「日本化」といった表現が用いられ、上述した井上満郎によって説明不足を指摘されているのだが、日本からアジアを経てヨーロッパに及ぶ、このような比較都市論的な意識があったから用いられたものであろう。そして憶測するならば、それは故郷、大連を原風景とする筆者の空間的な実体験に基づいているものとも考えられる。

いささか乱暴ではあるが、本書では、記念性を持つ神の造型原理ともいえる都城制がいかにして日本に受容されたか（されなかったか）が、第1章から第3章までのテーマであり、人の尺度を持つ空間としての街路と建築が相関してできあがるまちの形成過程と空間的実態が、4章から8章までのテーマであると整理できるのではなかろうか。連載のエッセイではあるが「日本の都市1～6」（『ARCHITECT』八五～九五号、一九九五年一〇月～一九九六年八月〈隔月掲載〉、新日本建築家協会東海支部）では、囲繞と記念性・部分と全体・方格線と方位・空間と尺度・町と街路といった項目で、同様な視点から本書のエッセンスが示されている。

著者の研究の進め方は、線形的に源流を溯るようなあり方ではなく、全体を俯瞰するなかで疑問に感じた事例から、研究すべき事象の方向性を把握し、後はそれを学術的に確認するといった形で進められるもので、いくつもの研究テーマが同時多発的に進められていた。著者が作成した成稿順の論文リストでは「日本の都市――近世「町」の成立」（一九六五年一月）、「歴史時代における都市空間」（一九六四年九月）の順で執筆されたようで、発表順とは前後する。本書にも収録されたこれらの論文では、前者が近世の「町」を対象とし、後者の過半は古代平安京を扱う。上述のエッセイを加えれば、時代も地域も対象も多様な論考が進められていたことになる。

これらの研究をつなぎ合わせるような本書の課題に関しては、序において四点に整理されて簡潔に述べられている。一点目は、物理的空間と、そこで展開される人間の行動を合わせての都市空間の復原的な実態把握、二点目は、都市建設における計画（造型）理念の把握、三点目は、都市空間の形成過程における建築と都市の相互関係の把握、四点目は、都市空間に育まれた文化と空間との関係の把握である。では、研究を進める上で、具体的には何を扱い、どのような方法が採用されるのか。時代に応じて再編された本書では省略され一部言及されているが、発表第一論文となる「歴史時代における都市空間」の冒頭に詳述されるので、以下に引用する。

都市空間を形成する要素は、建築その他の建造物のみではない。「新京朱雀のしだり柳」（補記：催馬楽「浅緑」）と歌われた並木もここでは重要な要素となっているし、新年に飾られる門松や祭日に軒下に連なる提灯、さらにそこに群がる人々、気候天候、すなわちそこにおいて五感によって感じられるすべてのものが、空間を構成する要素となっている。したがってそれは常に変貌しており、それを復原することは不可能である。もし復原できたとしても、それはその変貌の経過の微分にすぎず、空間の本質を現わすものではない。しかし我々の研究の方法としては、その変貌の舞台ともいうべき、比較的変動の少ない狭い意味での都市空間を先ず復原し、その上で行われた様々なことがらを通じて、その空間の造型的意義を変遷の過程としてとらえて行くべきであろう。また逆に、その舞台で行われたさまざまなことがらを通じて、その舞台を知ることもありうる。

このように、失われた都市空間を研究するためには、遺構の資料のほかに文献的資料の援けが必要である。文献的資料の扱い方の難しさは、そこにある「文字」あるいは「図」などに置きかえられた「虚像」を、いかに翻訳してゆくかにある。都市空間の復原などの場合、それは特に困難である。たとえば、もしある時代に空間的な概念がなかったとすれば、当然それを表わす「ことば」もありえない。しかしそれが都市空間がなかったという理由にはならないのである。さらにそのような研究の結果書かれる歴史は、必然的に再び「ことば」に置き換えられるものであり、描かれる都市空間はあくまでも虚像であることをまぬかれえない。したがって最終的に都市の復原像を決定するのは、研究の態度であり、我々はそれを造型的意義の解明におくのである。

この研究には2つの方向が考えられる。すなわち、都市空間に関するある問題を選び、それを歴史時代を通じて、主としてその変遷の造型的意義を追求する方向と、時代を限定しその時代における都市空間の持つ特質を見出してゆく方向である。むろん両者は、方法としてまったく別個にあるのではなく、常に両側から提起される問題意識を、からみあわせてゆくことが必要であろう。

序の冒頭では都市とその変遷を「空間的視点から究明」することを本書の目的とする。しかしながらここでは、空間的な実態として都市空間を復原することの困難さが示される。本書の各章で参照される文献は、日記などの一次史料のみならず時代相を示す文学作品にも及んでおり、著者の様々な分野への造詣の深さと関心の広さを示すものといえるのだが、これは多様な要素から成り立つ都市空間を、実像として解明しようという著者がとるべき方法でもあった。それゆえ前述、伊藤毅「学界展望　日本都市史」において「都市を物理的に捉え、そこから空間構成上の意味を探り、魅力的な仮説を構築していく方法は、建築史学における都市史研究の一つのあり方を示しているように思える」とされる反面、「ここの論証にもの足らぬ面があることは否定できない」と指摘される側面も生じるのだろう。

困難さを踏まえた上で遂行される都市史研究の二つの方向（方法）も示される。著者の意識では本書における第6章が前者となる変遷の造型的意義の追求、第1章が後者となる限定した時代の都市空間の特質の解明に相当するという。そして著者は自身の研究を、建築学から進める都市史研究と定位し、その特性が都市の空間性に焦点をあてることにあるとする。この点については「都市史研究の問題点Ⅱ　中世の都市史研究」（『建築雑誌』一一二号、一九七六年九月）での以下の記述が、明解である。

建築学および都市工学側からのアプローチでもっとも一般的なものは、都市形成・発展史あるいは都市計画史というべき面であり、これまでも多くなされてきている。ここでは造型的側面を中心におくが、しかし他学問分野との境界領域が多く含まれており、いわゆる学際的な研究方法が必要である。建築はここでは主要な構成要素として取扱われよう。一方、建築そのものを研究する上でも、その環境は無視できないし、建築は都市をその大きな発展母胎としている。ここでは「都市建築」といった視点、あるいは建築空間の延長として都市空間をとらえてゆくアプローチも考えられる。

このような建築学あるいは都市工学側からの研究の特性の一つは、それのもつ「空間性」にあるものと考える。この点において、他学問分野への示唆も可能であろう。平安時代の王朝文化あるいは江戸時代の町人文化は、それらを支える幅八五メートルの朱雀大路、あるいは四間たらずの町といった空間とも深くかかわるものと思われる。

このような都市史研究の基礎となるのは、都市の空間的復原であり、その方法はいまのところ、基本的には建築史学におけるそれから踏み出してはいない。

本書の直接的な分析対象、すなわち「歴史時代における都市空間」で述べる「比較的変動の少ない狭い意味での都市空間」とは、近世以降であれば「建築の密集によって造られる空間」としての「まち」(「日本の都市――近世「町」の成立」)であり、三次元の広がりを持つ物理的な都市空間である。本書では収録されないが、幅八五メートルの朱雀大路が、いかにスケールアウトした「神の尺度」(「日本の都市4――空間の尺度」)に基づく空間であったかが「歴史時代における都市空間」において断面図で示されており、林屋辰三郎が指摘する街路の背面となる裏同志の繋がりを生ずるには方一町のブロックがスケールアウトしているとの指摘は、断面で示された図39により了解される。図43に示される「まち」の断面は、街路を中心に形成される空間と建築の相関が、如実に示されているといえるし、第3章における行幸路などの一連のプロット図を見れば、左京の都市軸と空間的な実態が理解される。これらの図にみるような、可視化されうる形でのスケール的な実態を踏まえることこそ、建築史学の特質といえる「空間性」の議論なのだと著者は考えていたと理解できる。

上述した既往の評価が示しているように、本書の論じた課題は、今日においても未だ根源的な意味を持つものと考えられるが、四〇年の研究の進展は大きく、本書以後に関連する著者の論考も発表されている。記述内容に関わる部分については補記を付したが、扱うテーマを踏まえて以下で簡単な各章の解説を記すこととしたい。

第1章と第3章は、古代都市の造型原理に関する考察である。第1章は、古代平安京を対象に据え、日本の都城にみられる造型原理の特質を示したものである。著者は中国古代都城の形式的な模倣、街区割りにみる合理性に、中国や平城京と平安京との決定的な相違を見いだす。近年明らかになりつつある藤原京、平城京、長岡京の実態を踏まえると、歴代都城の変遷の中に中国に見られるような確固たる造型理念が見いだせないことに、著者が示す「日本的」な造型原理を見ることも可能であろう。第3章は、古代の地方都市の造型原理を考察したもので、編者補記で示したように、国府における方八町の規模設定と方格地割りの存在には否定的な研究者も多いが、図20に示される二つのタイプは、明らかになった都城の変遷を参照するならば更なる考察が可能となるであろうし、方八町と方九里という日中の分割原則の相違は、やはり看過できないものでもある。

第2章は、平安京の都市空間としての実態について、天皇の行幸などの経路の変遷をもとに論じたもので、著者の代表的な論文と位置づけられるものであろう。『池亭記』に記される右京の衰退はかねてから指摘されてきたが、その結果として平安京はどのように空間的に再編されていったかが示されている。左京の新たな都市軸の形成と空間的な実態が行幸路などの変遷の図として可視化され、グリッド・パターンを採用する古代都市に存在した街路のヒエラルキーが崩壊し再編されていった過程と、閉ざされた街区の集積から街路を中心に開かれた街区へ変容する都市空間の実態が鮮やかに描かれている。

第4章と第5章は、「まち」を主体とする都市の形成過程としての中世都市に関する考察である。第4章は中世京都を対象に、街区を細分化する辻子と道路幅員を調整する巷所の発生によって道を中心に再編された「まち」の形成過程を示す。著者は「朱雀大路を広すぎて不合理だと感じたとき、都市空間の中世化が始まる」（『日本の都市4――空間の尺度』一九九四）とする。2章でみた大路小路のヒエラルキーの消滅は、まさに中世化の始まりであったが、中世における街区の変化の様相を追うことで、実空間として「神の尺度」から「人間の尺度」への再編の実態を明らかにして近世への胎動をみる。中世京都に関しては、内裏と将軍邸、相国寺との関係から都市的なスケールで王都の実態を解明した髙橋康夫の特筆すべき論考があるが、著者の関心は、あくまでも空間的な観点からみた「まち」の母胎としての中世であり、髙橋が描くような中世を論じる上では欠かすことはできない王都としての側面についての興味が示されない点で対照的である。第5章は、原論文の「鎌倉――京都と対比して」という一節分を一つの章として独立させた小論である。著者は中世鎌倉と平安京との造型原理の相違を指摘し、特に様々な都市禁制に示される為政者による一元的な支配のあり方に近世城下町との類似をみて、鎌倉を「近世城下町へつながる武家を中心とした都市の出発点」として注目する。保元の乱以後、新たな都市禁制とともに京都が中世都市として再編される点については五味文彦の指摘がある（『大系　日本の歴史』第五巻、一九八八）。また「京中」「洛中」「鎌倉中」といった領域的な理解を考慮するならば、平氏政権による中世都市としての京都の再編過程とともに、改めて対比的にみる場合の鎌倉の独自性の適否は再検討されることとなろう。そのような問題提議の論考と位置づけることができる。

第6章、第7章、第8章は近世城下町についての論考である。第6章は、近世における町という概念とそれを示す物理的空間、すなわち「まち」と都市の関係を示している。都市の構成要素として街路に開放され空間的な関係を持つ町屋と街路によって空間としての「まち」が構成され、その「まち」の集合体として町が形成され、都市空間が成り立つものとする。そして「まち」の成立過程で、町屋は「みせ」と「奥」に空間的に分割されると指摘する。第7章は、近世城下町が、武家地と町人地という性格が異なる二つの領域から構成され、その性格の相違が街路と建築との空間的な関係に顕在化することを論じている。武家地と町人地との形態的な不整合が近世城下町を特徴づける街路の食い違いを生じさせたとする指摘は、従来の縄張り論とは異なる説得力を持つものとなっている。第8章は、学位論文の第7章の付録として扱われていたが、本書では独立した一章とした。近世名古屋城下町の都市計画と関連づけながら、名古屋の会所地を近世都市の特徴を示すものとして位置づけている。会所地は江戸、熊本にも見られるが、江戸の会所地が度重なる大火を経て「町屋敷」となっていく一方で、名古屋の会所地が近代まで存続する実態を指摘している。

なお前述の通り本書の序において示される四点に整理されて示される視点のうち四点目として示される、都市空間に育まれた文化と空間や建築との関係の把握について、序では「問題指摘の域を出ていない」と記すが、この視点による論考のひとつとして、「まち」に育まれた文化を、まったく文脈の異なる武家地で壺中天のごとく現出させた尾張藩江戸下屋敷の御町屋に関する「尾張藩江戸戸山荘とその「御町屋」について」(『建築史論叢』一九八八所収)がある。

本書の論述の特徴として、時代的、あるいは地域的な観点から差異を示すふたつの事象を対比的に示し、その差異が生じた原因は何かを示す点がある。古代平安京においては中国と日本、平城京と平安京、平安京においては古代と中世、京と鎌倉、近世においては武家地と町人地がそれに対応する。本書の全体を通じては、古代と近世が対置される。しかしこれは空間的にみた結果としての古代と近世であったとみるべきであろう。著者が本書で対置させたのは、「中近東の都市」において示されるような、都市を題材にして時代を超えて存在する神と人、全体と部分、ソリッドとボイドという造型的、空間的な指向の二極であって、相反する両者のバランスの中で実態としての都市空間は形成されているのだということなのであろう。序に示される都市史の研究課題としては「都市史研究の基礎となる都市の空間的復原」が示されるものの、著者の関心は、むしろ人間の建築的な営みの結果として形成される都市とはなにかを、空間の造型的な実態から語ることにあったとも考えられる。空間的にみてポジとネガの関係にあり、主客が時に逆転する都市と建築の相関についての視点は先駆的である。

なお本書としてまとめるにあたって、第1章と第3章の表題にいずれも「造型」という語を加えている。現在では造形という語が用いられる場合が多いとも考えられるが、原書では一貫して造型と表記されている。残念ながら今日では著者の意図は確認できないが、著者の用語は極めて厳格で、形（カタチ）ではなく型（カタ）を用いた含意があるとも考えられる。すなわち形（実態）にあらわれる型（理念）はなにか、あるいは型がどこまで形に反映されたのかが、著者が本書で考察したところであって、造型という用語さえもが改めて議論されるべきものであろう。また本書では、単に日本に留まらない建築や都市についての広汎な知識を前提とした簡略な記述も多いが、それは当時の都市論的な観点からみて多言を要しない常識的な論考を踏まえた上での記述であったとみるべきであろう。

今日、個々の論証の細部に関しては追考すべき点もあるが、日本において前近代に形成された都市を空間的に把まえ、その実態から浮かび上がる都市の普遍性と日本における特徴を俯瞰的に論じた点で、時代ごとに精緻に研究が進められている今日の都市史研究においても、本書は、改めて参照すべき部分が多いのではなかろうか。

本書は、都市とは何かという問題意識のもと、著者の建築と都市に対する思索の一端をまとめたものと考えられるのであるが、以後、著者は、建築や都市を形成する背景ともいうべき造型から、直接的なものとしての造形に関心を深めていく。晩年の戯作建築やインド建築に関する著作は、そのような著者の関心の有り様を示しているものとも考えられる。

本書は、独立行政法人日本学術振興会平成二十八年度科学研究費補助金（研究成果公開促進費）の交付を受けた出版である。

著者略歴

小寺武久（こでら・たけひさ）

1933年生まれ。東京大学大学院博士課程満了。名古屋大学教授、中部大学教授を歴任。名古屋大学名誉教授。著書に『民家と町並　名宝日本の美術二五』（小学館、1983年）、『妻籠宿』（中央公論美術出版、1989年）、『尾張藩江戸下屋敷の謎――虚構の町をもつ大名庭園』（中央公論社、1989年）、『古代インド建築史紀行――神と民の織りなす世界』（彰国社、1997年）など。

2006年逝去。

編者略歴（五十音順）

片木　篤（かたぎ・あつし）

1954年生まれ。現在、名古屋大学大学院教授。

西澤泰彦（にしざわ・やすひこ）

1960年生まれ。現在、名古屋大学大学院教授。

野々垣篤（ののがき・あつし）

1965年生まれ。現在、愛知工業大学准教授。

堀田典裕（ほった・よしひろ）

1967年生まれ。現在、名古屋大学大学院助教。

溝口正人（みぞぐち・まさと）

1960年生まれ。現在、名古屋市立大学大学院教授。

都市・建築空間の史的研究 ©

平成二十九年二月十五日印刷
平成二十九年二月二十八日発行

著者　小寺武久
発行者　日野啓一
印刷　理想社
製本　松岳社
用紙　北越紀州製紙株式会社

中央公論美術出版
東京都千代田区神田神保町一-一〇-一
IVYビル六階
電話〇三-五五七七-四七九七

製函　株式会社加藤製函所

ISBN 978-4-8055-0777-3